本项研究得到

国家社会科学基金项目（编号：10BKG006）

资助

本书出版得到

国家重点文物保护专项补助经费

资助

云南省文物考古研究所田野考古报告第25号

澄江金莲山

（上）

云南省文物考古研究所
玉溪市文物管理所　编著
澄江市文物管理所

文物出版社

图书在版编目（CIP）数据

澄江金莲山 / 云南省文物考古研究所，玉溪市文物
管理所，澄江市文物管理所编著. -- 北京：文物出版社，
2025.3

ISBN 978-7-5010-8280-3

Ⅰ．①澄… Ⅱ．①云… ②玉… ③澄… Ⅲ．①墓葬(
考古)—发掘报告—澄江 Ⅳ．①K878.85

中国国家版本馆CIP数据核字(2023)第230193号

审图号：玉溪S（2023）011号

澄江金莲山

编　　著：云南省文物考古研究所
　　　　　玉溪市文物管理所
　　　　　澄江市文物管理所

责任编辑：乔汉英
责任印制：张　丽

出版发行：文物出版社
社　　址：北京市东城区东直门内北小街2号楼
邮　　编：100007
网　　址：http://www.wenwu.com
邮　　箱：wenwu1957@126.com
经　　销：新华书店
印　　刷：天津裕同印刷有限公司
开　　本：889mm×1194mm　1/16
印　　张：45.25
插　　页：2
版　　次：2025年3月第1版
印　　次：2025年3月第1次印刷
书　　号：ISBN 978-7-5010-8280-3
定　　价：680.00元（全二册）

JINLIANSHAN CEMETERY IN CHENGJIANG

(I)

by

Yunnan Provincial Institute of Cultural Relics and Archaeology

Yuxi Cultural Relics Management Institute

Chengjiang Cultural Relics Management Institute

Cultural Relics Press

目　录

上册

下册

插图目录

上册

下册

彩版目录

第一章 绪论

第一节 地理位置与地理环境

澄江位于昆明东南面，距昆明50余千米，现属玉溪市管辖。地理坐标为北纬24°29′~24°55′，东经102°47′~103°04′，南北长47.6、东西宽26千米。全市总面积773平方千米。南跨抚仙湖与玉溪市江川区、华宁县为邻，西隔梁王山、麒麟山和昆明市呈贡、晋宁两区接壤，东沿南盘江与宜良县接界，北衔阳宗海与宜良毗连（图1-1）。

金莲山墓地位于澄江市右所镇旧城村、抚仙湖北岸。抚仙湖为我国境内最深的淡水湖之一，是一个呈南北向的高原断陷湖泊，三面环山，北面为澄江坝子。形如葫芦，北部宽阔而深，南部狭小而浅，中部细长，湖底不平，到处是岩石暗礁，起伏很大。

抚仙湖流域面积为1084平方千米，湖面海拔1722.5米，湖面面积216.6平方千米，湖水平均深度95.2米，最深处为158.9米，湖容量达206.2亿立方米，相当于12个滇池的水量，占全国淡水湖泊蓄水量的9.16%。湖水呈蓝绿色，含磷量高，透明度一般4~5米，最深可达12.5米，是我国内陆淡水湖中水质最好的湖泊之一，居云南省湖泊之最。明末徐霞客在他的滇游日记中写道："滇山唯多土，故多涌流成海，而流多浑浊，唯抚仙湖最清。"湖水主要来自雨水聚积，北有梁王河、东大河、西大河及西龙潭、热水塘等的水流注入，但流程很短，南有星云湖注入，东面的海口河是唯一的出水口，注入南盘江，为珠江源头第一大湖。

抚仙湖一词最早见于明代，据《明史·地理志》记载：澄江府"北有罗藏山（现名梁王山），南有抚仙湖，一名罗伽湖。"抚仙湖的得名，可能与宋、元时南诏、大理段氏在澄江设罗伽部有关。唐代樊绰所写《蛮书》称抚仙湖为大池。《澄江府志》载："量水川即唐书架水县（今澄江、江川一带），大池，抚仙湖也。"后称罗伽湖。

1. 地形与地貌

澄江在地质学上属"康滇地轴"与"滇黔川鄂台坳"交界区，地质构成复杂。地质构成为南北和华夏构造体系，由新生代、中生代和古生代岩层组成。

距今5.7亿~2.3亿年的古生代早期，澄江境内是一片汪洋；晚期受地壳运动的影响，曾一度隆起。境内帽天山动物化石群就是证明。中生代由于古夷平面被抬升、错断，经河流切割改造而成的滇中高原丘陵地带，山脉属云岭向东延伸的乌蒙山系，多呈南北走向，南低北高。梁王山（罗藏山）自西向

图 1-1 金莲山墓地位置示意图

东横亘中部,形成澄江、阳宗两个坝子。东、西、中部为中山山原地带,东部南盘江深切峡谷为温暖河谷地区;向南北倾斜的凹陷部分为坝子和湖泊,其中,南为澄江坝和抚仙湖,北为阳宗坝和阳宗海,总体地貌呈 H 形。最高海拔梁王山主峰 2820 米,最低海拔南盘江与海口河交汇处 1328 米。山地面积占总面积的 73.4%,水域占 18.6%,坝区占 8%,形成"七山、二水、一分坝"的天然格局。

境内主要河流有梁王河、东大河、西大河、牛屎河、代村河、虎山河、阳宗大河、七星河、海口河、七江河和西汇河,分属长江流域金沙江水系和珠江流域西江水系。

2. 气候

澄江属北亚热带、低纬度高原季风气候区,具有"光照充足,冬暖夏凉,积温多,干湿季节分明,雨热同季,光温不同步"的特征。又由于受梁王山天然屏障和抚仙湖、阳宗海的调节,光、热、水、气等的再分配和不同组合,使澄江形成"天气常如二三月,花枝不断四时春"的特点。

境内形成中亚热带、北亚热带、南温带和中温带四个气候类型的立体气候,由于海拔不同,立体气候明显。年平均气温 16.8℃,年降水量 900~1200 毫米,全年无霜期 320 多天,雨量充沛,相对湿度76%，盛行西南风。

3. 植被

境内森林植被多为半湿型常绿阔叶林。植被水平和垂直分布差异不明显，小地域和小气候的差异较多。常见有华山松、云南松、水冬瓜、杉树、柏树、桉树、银槐树、楸木、樟木等。灌木有栎树、野梨枝、小红木、水马桑等。果树有桃、梨、核桃、板栗、枣子、柿子、软枣、拐枣、花红、石榴、山楂、柑橘、黄果、杏和李树等。竹类有金竹、水竹、楠竹、棉竹和箭竹等。

境内常见的粮食作物有稻谷、小麦、苞谷、蚕豆、马铃薯、红薯、荞、黄豆、刀豆和杂豆等30多个品种。

经济作物有烤烟、油菜籽、向日葵、花生、芝麻、甘蔗、甜叶菊、胡麻、油茶和油桐等20多个品种。

蔬菜有青菜、白菜、花菜、萝卜、葱、大蒜、菠菜、慈姑、韭菜和瓜类等30多个品种。

山林特产菌类有鸡枞、摆依、干巴菌、谷熟菌、青头菌、黑牛肝和黄赖头等。

4. 野生动物

境内野生动物种类丰富，野生禽鸟有野鸭、箐鸡、麻雀、猫头鹰、喜鹊、八哥、啄木鸟、燕子、岩燕、鹧鸪、竹鸡、画眉、绿翠、布谷、白头翁、猪屎雀、鹭鸶、老鹰、鹞鹰、乌鸦、斑鸠、鱼鸭、海鸥、秧鸡、屎咕咕、点水雀、找工雀、竹雀和瓦灰雀等。

爬行类有穿山甲、四脚蛇、青蛇、乌梢蛇、青竹标、翠蛇、秤杆蛇等。

野兽类有麂子、狼、狐狸、野猪、豹子（极少量）、花脸獐、狗獾、黄鼠狼、刺猪、岩羊、松鼠、野兔、獭猫、竹鼠、山鼠、猴子和野猫。

水产丰富。抚仙湖、阳宗海两湖中本地习称的主要鱼种有鲮鲗鱼、青鱼、花鱼、马鱼、鲫鱼、金线鱼、鲤鱼、小白鲢、蛇鱼、钻鱼、石扁头、小花鳅、小洞鱼、银鱼和非洲鱼。在水库坝塘饲养的鱼有草鱼、白鲢、鲤鱼、武昌鱼等。此外还有螃蟹、石蚌、青蛙、虾、螺蛳、黄鳝和泥鳅等。

5. 矿产资源

境内矿藏主要有煤、铁、铅、铜、石灰石、石英砂和磷等。大多不具备开采价值，唯有磷矿总储量丰富。

6. 水力资源

水资源丰富，为玉溪市之最。水能资源可开发的河流有海口河、南盘江、七江河、甸朵龙潭等。据勘测，全市主要河流水能理论蕴藏量达7.85万千瓦，可开发利用量为4.19万千瓦。

7. 土壤

境内土壤分为棕壤、酸性紫色土、红壤、红色石灰土、冲击性旱地土和水稻土6个种类，10个亚类，13个土属，28个土种。以红壤为主，占陆地面积的68.1%，酸性紫色土占陆地面积的13.54%，其余4类占18.36%。

8. 行政区划

1950年以来，数次调整，1996年，全县设3乡3镇，15个村公所，25个办事处，328个自然村，360个农业生产合作社。该年全县总人口140327人，其中农业人口125632人，非农业人口14659人。2020年撤县设市，下辖2个街道、4个镇。

第二节　建制与历史沿革

一、建制

澄江古为梁州界，先秦属滇国地。

西汉元封二年（公元前 109 年），置俞元县，属益州郡。

唐南诏时改称河阳郡，大理国时称罗伽部。

元至元十三年（1276 年），升为澄江路。

明、清时为澄江府治，辖三县两州（清康熙后为两县两州）。

民国二年（1913 年），废府改称河阳县。后因与河南省河阳县重名，故改称澄江县。县城凤麓镇，建于明隆庆五年（1571 年）。

二、历史沿革与大事记

西汉武帝元封二年（公元前 109 年），设俞元县，属益州郡。

蜀汉建兴三年（225 年），改益州郡为建宁郡，俞元县属建宁郡。

西晋武帝泰始七年（271 年），俞元县沿袭旧制，仍属建宁郡。

怀帝永嘉二年（308 年），改建宁郡为晋宁郡，俞元县属晋宁郡。

西晋末至东晋初，晋惠帝复设宁州后，郡县制屡有分合，而俞元县分属不同的郡，或分立新县，仍属晋宁郡。

隋开皇十年（590 年），俞元县隶属于南宁州总管府管辖。

唐武德元年（618 年），俞元县划属南宁州都督府。

天宝末年（756 年），改俞元县为罗伽部（今澄江，罗伽一名始此）。

上元元年（760 年），改罗伽部为河阳郡（今澄江，河阳一名始此）。

宋乾德三年（965 年），赵匡胤以大渡河为界，蒙氏在滇东设 37 部，后将其中强宗部（今澄江市阳宗镇）、休制部（今玉溪）、步雄部（今江川）3 部合并为罗伽部（今澄江）。

蒙古宪宗四年（1254 年），忽必烈统一云南，改罗伽部为罗伽万户府。

元至元三年（1266 年），改罗伽万户府为中路，领河阳县、江川县、双龙县、畔龙县、休纳县。至元十六年（1279 年），将罗伽中路升为澄江路。

大德四年（1300 年），知府严斌主修阳宗城。

明洪武十五年（1382 年）三月，改澄江路为澄江府。知府王砚设西关（上关、中关、下关）。始建府治于绣球山。

洪武十九年（1386 年）九月，沐英奏请屯田，以左、前、广、后四卫分屯河阳县。

洪武二十七年（1394 年），沐春派兵 1.5 万人，命王砚开挖阳宗汤池大沟，引阳宗海（明湖）水流出。

天顺四年（1460年），在海口河南岸修建石坝，北岸修建梅子箐石坝。

弘治十七年（1504年），知府温廉迁府治于金莲山。

正德十三年（1518年），迁府治于阳浦山麓。建黉学于绣球山。

嘉靖十八年（1539年），迁府治于金莲山。

隆庆元年（1567年），在城南筑鲁溪营堰塘，周围一里，深七尺，引西龙潭水注入。

隆庆四年（1570年），知府徐可久迁府治于舞凤山麓（今凤麓街道）。

隆庆五年（1571年），知府徐可久在太平桥下建太平闸，于西浦龙泉坝开三河，引泉水南流入抚仙湖。县城东建黉学（文庙），又称孔庙。

清顺治三年（1646年），张献忠部将孙可望、李定国、刘文秀入滇。孙可望派将张胜镇守河阳。

康熙八年（1669年），云南巡抚李天裕裁阳宗县归并河阳县，属澄江府辖。

康熙三十一年（1692年），新设迤南道，澄江府仍属迤东道管辖。

康熙五十六年（1717年），李丕垣主修、李应绥等编纂《河阳县志》，计20卷。

道光二十七年（1847年），李星源主修、李熙龄等编纂《澄江府志》。

同治末年（1874年），划新兴州归澄江府管辖，设千总一人，驻新兴州。

光绪三十三年（1907年），推行癸卯学制，开办新学，府署设儒学制。创办澄江府属师范传习所。创办县属两等小学堂，后改为县立第一小学堂。

光绪三十四年（1908年），开办澄江府属中学堂。县衙设实业所。

宣统二年（1910年），县境内开办公办和私营采煤业八个，分别在乌鸦洞、沙坝、牛场等地开采。开办私营联发铜厂和宝丰铜厂。

第三节　金莲山墓地历次工作情况

金莲山为澄江市右所镇旧城村东面的一座小山，紧挨村子，海拔1806米，从山顶到山脚垂直高度约为56米。墓地位于金莲山的山顶、北坡和东坡。旧城村在元、明时，为澄江府的府治，隆庆五年（1571年）才将城址迁到现今市区所在地。传说此地历史上为澄江的一处胜景，称"金莲捧日"，当夕阳西下时，此山红光映照，灿若星辰，又因山上生长有野金莲花，与夕阳相辉映，犹似金莲捧日而得名。

一、墓地历次发掘基本情况

1. 2006年抢救性发掘

2006年2月7日，玉溪市文物管理所接到金莲山墓地被盗的情况报告后，立即邀请云南省文物考古研究所的有关专家实地勘察，初步认为是一处青铜时代的墓地。经报请省文物局同意后，由云南省文物考古研究所、玉溪市文物管理所、澄江县文化体育局等单位组成联合考古队，于3月初开始对金莲山墓地进行抢救性发掘。发掘历时3个月，发掘区域主要集中在受盗扰严重的山顶部位。发掘面积近2000平方米，共清理墓葬144座。出土文物600余件，采集了部分人体骨骸，制作了3个叠肢葬套箱。出土文物分为陶器、铜器、铜铁合制器、铁器、骨器、木器以及玛瑙、玉器等。器类主要有釜、盆、罐、尊、碗、杯、矛、剑、斧、戈、镞、锄、铲、五铢钱以及各类珠、管、扣、带钩、环等饰品，按用途分为武器、生产工具、生活用具、装饰品、明器以及钱币等。首次在墓葬中发现了使用铜锄、铜铲等明器随葬的现象。

2. 2007 年勘探

为探明该墓地的分布范围和墓地规模，2007 年云南省文物考古研究所委托陕西龙腾勘探有限公司对金莲山墓地进行为期 4 个月的野外考古勘探。这也是云南省第一次大规模利用洛阳铲对墓地进行考古勘探，取得了较好的效果。经勘探，金莲山墓地的墓葬分布极为密集，多集中在山顶、北坡和东坡。

3. 2008~2009 年主动发掘

2008 年 10 月 15 日~2009 年 4 月，云南省文物考古研究所联合市、县文物部门对金莲山墓地进行了主动发掘。发掘区位于金莲山山顶 2006 年发掘区的南部，发掘面积 600 平方米，清理墓葬 262 座。墓葬叠压打破关系复杂。明显存在西北—东南向和南北向两个墓区。墓葬均为土坑竖穴墓，未发现木质葬具。葬式多样，有单人葬、多人合葬、叠肢葬、堆骨葬、垫肢葬和叠层葬等。出土器物相对较少，按质地分为陶器、铜器、铜铁合制器、铁器、玉器、玛瑙器、海贝、玻璃器等，主要器类与 2006 年抢救性发掘的大体相同。

墓葬中清理出大量人骨遗骸，考古队邀请了吉林大学边疆考古研究中心的专家到现场进行体质人类学的鉴定，同时还采集有关标本进行病理学、古 DNA 和食谱等方面的分析和研究。

二、墓地周边的古遗存

1. 澄江学山遗址[1]

位于玉溪市澄江市右所镇旧城村北部边缘，东南与金莲山相望。学山遗址顶部较平坦，东、南、西三坡山顶下为三级台地。遗址为一聚落遗存，面积达 15000 平方米。考古工作者在 2009 年、2010 年和 2011 年进行过两次考古发掘，发掘面积达 3000 余平方米，遗迹现象有房屋、墓葬、灰坑等，出土物有石器、陶器、铜器等。其中，陶器主要有罐、盘（带同心圆纹）、釜等生活器具，多为陶片；墓葬中出土的陶器与遗址出土的有别，为橄榄形陶罐，器身饰满戳印纹。此外，在房屋的一角发现有人骨，二者当存在某种关联，是否为房屋的奠基牲？遗址出土的许多陶器属于石寨山文化的典型器物。遗址年代初步定在距今 3000~2500 年。

学山遗址是目前所发现的唯一一处经过正式发掘的石寨山文化大型聚落。由于与金莲山墓地相距非常近，二者是否有某种联系，还有待以后考古工作的开展。

另在澄江坝子西面山脚下的低山丘陵地带，发现有数处青铜时代的墓地。

---

[1] 吉林大学边疆考古研究中心、云南省文物考古研究所、玉溪市文物管理所等：《云南澄江县学山遗址试掘简报》，《考古》2010 年第 10 期。

2. 晋宁石寨山墓地[1]

位于昆明市晋宁区上蒜镇石寨村西,距滇池东岸约 1 千米的小山丘上。分别在 1955 年、1956 年、1958 年、1960 年和 1996 年进行过 5 次发掘,发掘面积 1700 平方米。共清理墓葬 87 座,分为大中、小型墓。清理的墓葬都为土坑竖穴墓,存在叠压打破关系,小型墓之间的打破关系居多。个别大型墓发现有葬具,其余均未见。墓葬大多没有遗留人骨或者人骨痕迹,从发现的人骨来看,葬式有仰身直肢、叠肢、断肢以及二次葬等,以仰身直肢葬为主。墓向基本为东西向。墓葬中出土大量随葬品,按质地分为铜器、陶器、铁器、铜铁合制器、金器、银器、玉石器、玛瑙器等。以铜器和陶器为主,铜器以兵器和生产工具为大宗,陶器较少。其中,M6 出土一枚蛇钮篆文"滇王之印"的金印。石寨山墓地为滇王及其亲族的墓地。墓葬年代为春秋至东汉初期。

3. 江川李家山墓地[2]

位于玉溪市江川区西北 19 千米的龙街镇早街村西的李家山上,星云湖的西北岸。墓葬分布在山顶、南坡和西南坡,背山面湖。在 1972 年、1992 年有过两次正式发掘。共清理墓葬 87 座,有大、中、小型墓。大墓分布在山顶和南坡,小型墓分布在大墓周围和西南坡,多未见葬具。出土大量随葬品,按质地分为铜器、铜铁合制器、金器、玉器、玛瑙器、海贝以及极少量陶、石、木、漆、竹、琉璃器等,以铜器为主。按用途分为兵器、生产工具、生活用具、纺织工具、礼器、乐器和装饰品等。墓葬时代为战国至东汉中期。

李家山为古滇国的另一处贵族墓地。

4. 昆明羊甫头墓地[3]

位于昆明市官渡区小板桥镇东约 500 米的羊甫头村后小山上。墓地面积约 4 万平方米。墓葬主要分布于山坡西面和南面。于 1998~1999 年进行过抢救性发掘,清理面积 1 万余平方米,共清理 810 座石寨山文化墓葬和 28 座汉代墓葬。

墓坑都为土坑竖穴墓,墓向西南或东北。墓葬多为口大底小,四壁拍打光滑。葬具多为一棺,大、中型墓葬带椁。葬式有合葬、解肢葬、叠葬、仰身直肢葬和侧身屈肢葬等。部分墓葬有腰坑和人殉现象。出土随葬品有铜器、铁器、金器、银器、玉器、玛瑙器、石器、漆木器和陶器等。分为兵器、生产工具、生活用具和饰品等。陶器主要有釜、罐、壶、尊和纺轮等,陶器是羊甫头墓地的一大特色,另一重要发现是在 M113 中发现的大量带有木柄或者漆柄的兵器和工具。

墓地时代为战国至东汉时期。出土的大量陶器弥补了石寨山文化陶器的缺环,而大量带有木柄或者漆柄的兵器,则为我们探索石寨山文化兵器和农具、工具的装柄方式提供了实物例证。

[1]云南省文物考古研究所、昆明市博物馆、晋宁县文物管理所:《晋宁石寨山——第五次发掘报告》,文物出版社,2009 年。
[2]云南省文物考古研究所、玉溪市文物管理所、江川县文化局:《江川李家山——第二次发掘报告》,文物出版社,2007 年。
[3]云南省文物考古研究所、昆明市博物馆、官渡区博物馆:《昆明羊甫头墓地》,科学出版社,2005 年。

第二章　墓葬综述

第一节　墓葬概况

2006 年，在金莲山 2000 平方米的发掘范围内，清理墓葬 144 座；2008~2009 年，在 600 平方米的发掘范围内，清理墓葬 262 座，两次共清理墓葬 406 座（图 2-1；彩版一、二）。

1. 墓葬形制

金莲山墓葬均为土坑（石坑）竖穴墓，相当部分墓葬直接打在土层中，也有部分墓葬是直接凿在岩石层中，只是这种石头容易风化而已。墓坑绝大部分为长方形或圆角长方形，平面形状略有差异。山顶土壤堆积很厚，墓葬十分密集，墓葬较多。

2. 层位关系

金莲山墓地的层位关系十分复杂，在全部 406 座墓葬中，共有 85 组叠压打破关系。其中，2006 年清理的 144 座墓葬中，有 26 组叠压打破关系，2008~2009 年度清理的 262 座墓葬中，有 59 组叠压打破关系。分别是：

2006 年发掘墓葬：

M2 → M142；[1]

M5 → M6 → M7；

M23 → M22；

M11 → M21 → M12；

```
                    M26
                     ↑
M39 → M36 → M35、M48
      ↘
        M48、M49、M50
         ↑
       M51 → M52；
```

M41 → M42、M43；

```
M55 → M80
    ↘   ↙
      M84；
```

M59、M67 → M66；

M60 → M61 → 08M236；

M68 → M72；

M69 → M77 → M78；

```
M70 → M95
    ↘   ↙
      M96；
```

M71 → M69 → M77、M78、M110

↓

M110；

---

[1]→表示打破关系，—表示叠压关系。

北

M34

M33

M32

M31

M121

M122

灰坑 2

灰坑 1

D

看守房

M142

M1

D

M6

M2

D

M7

D

M32

M68

D

M93

M31

M94

M171 M21

D

M45

M17

M123 M20

M52

M37

2006 年发掘墓葬

2008~2009 年发掘墓葬

D 盗洞

表示墓葬范围

M94
↑
M75 → M76、M93、M94；

M80 → M84；

M86、M97 → M91；

M88 → M135；

M141
↗
M90 → M103 → M89
↘　↑　↗
M102；

M98 → M99 → 08M250；

M104 → M140；

M128
↗　↑
M111 → M127 → M107
↘　　↓
M129 → M128；

M113 → M118、M131；

M116 → M117
↘　↙
M130；

M124 → M115；

M125 → M132；

M138 → M136 → M139；
↑
M137

2008 年发掘墓葬：

M1 → M255；

M2 → M245
↖　↗
M188；

M12、M19 → M14 → M3；

M248　M4　　M33
↑　　　　↓
M6 → M13 → M34
↘　↓　↗
M112 → M248；

M40、M41
↗　↓
M5 → M231
⤬　↓
M27 → M255；

M8 → M136
↘　↗
M149 → M137 → M75
↑　　↘
M56 → M150；

M61 → M63
↓　↗　↓
M9 → M24 → M62 → M75
↓　　↓　　　↑
M140　M145　　M137；

M10 → M117、M151、M152、M153、M154
↖　　↗
M184；

M16 → M22、M55、M197、M203
↓
M171；

M18 → M163；

M21 → M20、M171；

M25 → M30、M224
↓　　|
M144；

M246
↗
M26 — M122 → M114
↘　↙
M233；

M27 → M28 → M207、M224
↘　↓　　　↓
M29　　　　M236；

M32 → M93 → M31 → M94；

M111
↗　↑
M36 → M42、M230
↑　↘　↓
M43 → M78；

M38 → M51 → M203 → M197 → M198
|　↘　↑　⤬　↓
M204　M55 → M204；

M39 → M199；

M98 → M110
↗　↓
M44 → M48
↘　↑
M228；

M52 → M45
↘　↙
M123；

M232
↑
M47 → M46 → M81；

M54 → M175
M53 → M107
　　　M258；

M57 → M192 → M211
　　　　M58；

M59 → M60 → M115 → M116；

　　　M174 → M257
M64 — M200 → M258
　　　　M257；

　　　　M157
M161　M165 → M185
M65 → M131 → M119 → M169 → M164
　　M182　　M170；

M126
↑
M66 → M141 → M190
　　　M142；

M101 → M68 → M86
↓
M124；

　　　　06M99
M69 → M91、M250、M225
　　M219、M220　　M226；

M70 → M71 → M109
　　　M113；

M73、M106 → M173 → M179
　　　　M105；

M77 → M262
↓
M79 → M80；

M82 → M99；

M85 → M202；

M89、M130 → M125 → M227；

M89、M90 → M129 → M130 → M227
　　　　　　M124；

　　　　M227
M90 → M89 → M67、M124、M125、M129、M130
　　　M67、M129、M130、M227；

M95 → M159 → M238
　　M166 → M222；

　　　　M203
M97 → M88、M198、M256
　　M87　M204；

M103 → M133 → M186 → M190
　M119 → M169；

　　　　M147
M108 → M104 → M92、M109、M139
　　　　M98 → M110 → M113；

M117 → M152、M154、M246；

　　　M189
M118 → M96 → M201
　　M176；

M121 → M153 → M183
　　M151 → M152
　　M154；

　　M105 → M217、M260、M265
M128 → M74 → M187、M241、M247、M253、
　　　　　　M259、M264、M265
　　M160；

M132、M223 → M239
　　M249 → M235；

　　　　　　M135
M134 → M146 → M167、M179、M186、M190；

```
        M168            M168                              06M4
         ↓               ↓                                 ↓
M134、M156 → M146 → M167、M179           M206 → M223、M237、M249
         ↓    ✕    ↓                                      ↓
        M186 → M190;                                    M267;
M143 → M155 → M263;                      M213 → M209 → M208;
M148 → M162 → M218                                    M240
              ↓   ↓                                     ↓
             M221;                      M210 → M229、M240、M242、M251、M238
M181 → M205;                                    ↓    ↓   ↙
M184 → M214 → M215 → M216;                      M254;
M189 → M201;                                    M247 → M253
M193 → M195、M212                               ↗    ↓   ↘
    ↑      ↘    ↑                        M241 → M251
   M76 → M194 → M266;                           ↓    ↓   ↘
                                                M253 → M254;
                                        M260 → M259
                                                ↓   ↙
                                               M265。
```

3. 葬具

金莲山墓地的墓葬绝大部分没有葬具。除极少数的墓葬发现疑似有木炭（板灰）痕迹以外，其余墓葬均未见葬具的痕迹。

4. 葬式

金莲山墓地以单人葬为主，也有合葬，而且合葬所占比例还很高[1]。

金莲山墓地墓葬的葬式以仰身直肢葬为主，还有仰身屈肢葬、侧身直肢葬、俯身葬、断肢葬和二次葬等，二次葬中以堆骨葬、叠肢葬和叠层葬等为多见。叠层葬是该墓地最为特殊的葬俗。在整个石寨山文化中也最有代表性。

5. 随葬品出土情况

金莲山墓地墓葬的随葬品摆放有一定的规律，耳环、手镯等装饰品大多位于耳部和手臂的相应位置，铜矛大多尖部朝上（与人体摆放同向），而铜剑则剑刃朝下，这两种兵器大多位于男性的体侧。陶器的摆放没有定式，有的位于头端，有的位于足下，还有的位于体侧。其他的兵器、手工工具和农具等的摆放亦无定式。尤其在部分叠葬墓中，很难分清随葬品是属于哪个个体的。

根据墓圹规模不同，大致将金莲山墓地的墓葬分为小型墓葬和中大型墓葬两大类，面积在 3 平方米以下（长多数在 1.5~3 米、宽多数在 1 米以下）的为小型墓葬，3 平方米以上（长多数在 3 米以上、宽多数在 1 米以上）的为中大型墓葬。由于墓葬分布密集，打破关系较多，因此有一部分墓葬的长宽尺寸并不完整，其中一部分能根据残存部分大致推测其规模，但也有一部分遭到严重破坏，仅存一角，无法判断其规模，此类单独列出。

---

［1］蒋志龙、吴敬：《关于云南金莲山墓地的初步认识》，《考古》2011 年第 1 期。

第二节　随葬品概况

金莲山墓地的随葬品由陶器、铜器、铜铁合制器、铁器、石器和木器等组成，根据其功用，分为武器、生产工具、生活用具和装饰品等，有极少墓葬出土有礼器，相当部分墓葬没有任何随葬品。

一、陶器

金莲山两次发掘清理的 406 座墓葬中，仅 111 座墓葬出土陶器，298 件器物可辨器形。出土的陶器主要为生活用具，包括尊、罐、瓮、壶、瓶、釜、鼎、钵、盘、盒、豆、器盖、器纽和圈足等，此外，还有纺轮、弹丸和器形不明的器物。

尊　61 件。

罐　65 件。分为侈口罐、单耳罐、四足罐和敛口罐四种，分别有 33、29、2、1 件。

瓮　3 件。

壶　18 件。

瓶　2 件。

釜　40 件。

鼎　7 件。

钵　3 件。

盘　6 件。

盒　3 件。

豆　7 件。

器盖　16 件。

器纽　2 件。

圈足　10 件。

纺轮　54 件。

弹丸　1 件。

二、金属器

金莲山墓地出土的金属器包括武器、工具、农具、生活用具、装饰品、车马器、钱币和印章等几大类，其中，以武器、工具及装饰品种类最全、数量最多。这些器具绝大多数是用铜制作，也有一部分是由铜铁合制，还有部分是铁制的。

1. 武器

363 件。有矛、戈、剑、镞、镦、镈、钺、啄等，这些武器包括铜、铜铁合制和铁制。

（1）铜器

矛　59 件。

戈　21件。

剑　28件。

镞　180件，分为双翼镞和三棱镞两种。分别有179、1件。

镦　3件。

镈　9件。

箭箙　3件。

臂甲　2件。

铍　3件。

钺　3件。

啄　1件

刺　1件。

（2）铜铁合制器

铜骹铁矛　24件。

铜柄铁剑　21件。

（3）铁器

矛　2件。

剑　3件。

2. 工具

125件。有斧、刀、削、凿、锛、锥、刻刀和錾等，以斧、刀、削、凿的数量为多。这些手工工具有铜、铜铁合制和铁制。

（1）铜器

斧　34件。根据銎部形态的不同，分为椭圆銎、方銎斧和半圆銎斧三种，分别有9、22、3件。

削　12件。

凿　21件。

锛　1件。

锥　7件。

刻刀　2件。

錾　2件。

针　6件。

鱼钩　3件。

铜夹　1件。

（2）铜铁合制器

铜銎铁斧　1件。

铜柄铁削　6件。

（3）铁器

斧 7 件。

环首刀 15 件。

削 1 件。

凿 1 件。

锥 4 件。

卷刃器 1 件。

3. 农具

60 件。有铜锄、铲、锄明器、铲明器、镰、爪镰和铁锸等。

（1）铜器

锄 9 件。

铲 1 件。

锄明器 25 件。

铲明器 22 件。以长方形、梯形为主，三角形空心銎，至器身下部分两叉，直至刃部两端。

镰 1 件。

爪镰 1 件。

（2）铁器

锸 1 件。

4. 生活用具

8 件。有铜鼎、釜和鍪等，数量比较少。

釜形鼎 1 件。

釜 3 件。

鍪 1 件。

鐎斗 2 件。

镜 1 件。

5. 装饰品

119 件。主要有铜扣饰、扣、带钩、发笄、镯（钏）、铃、铜泡和项链等。扣饰包括圆形、长方形、不规则形和动物造型的扣饰以及形制比较小的扣饰等，以前两者为多，为金莲山墓地的主要类型。

扣饰 46 件。分为圆形、长方形、动物形和小型扣饰四种，分别有 33、7、5、1 件。

小铜扣 3 件。

带钩 8 件。

笄 5 件。

镯、钏 单个为镯，多个为钏，依大小顺序重叠在一起。

镯 6 件。

钏 12 件。

铃 9 件。

铜泡　7件。

小铜泡　8件。

泡钉　8件。

项链　1件。

环　6件。

6. 车、马器

2件。分为铜策、镳等。

策　1件。

镳　1件。

7. 钱币与印章

39件。

铜钱币　38件。包括五铢钱24件、大泉五十12件和大布黄千2件。

铜印章　1件。

8. 礼器

3件。有铜鼓或者铜鼓贮贝器残片数件。

三、其他

1. 石器

有砺石、石砚、石范和磨制石器等。它们的功用本不同，砺石、石范和纺轮当属工具类，而石砚当属文具类，本不好归类，暂将其按质地归类。

砺石　30件。

石砚　1件。

石范　5件。

纺轮　4件。

磨制石器　3件。用途不明。

印章　1件。

2. 玉、玛瑙等质地的装饰品

（1）玉器

主要有镯、玦和管等。

镯　2件。

玦　60件。

管　18件。

坠　1件。

（2）玛瑙器

主要有扣、玦、管和珠等。

扣　28件。

玦　1件。

管　2件。

珠　25件。

（3）绿松石器

主要有扣、管和珠等。

扣　41件。

管　2件。

珠　20件。

琉璃珠　1件。

玻璃珠　1件。

（4）孔雀石器

仅珠一类。

珠　37件。

3. 骨、牙器

包括骨管、骨玦、骨锥和骨饰等，其中一小部分可能是骨笛和骨筒（用以装盛细小器物的容器，极可能是针筒）。通常是用动物骨头加工制作而成。

骨管　6件。

骨玦　2件。

骨饰　9件。利用动物或者人骨制成的饰物，形状不一，加工打磨并在上面施以红色的彩绘做装饰，以装盛小物件如针等。

骨镞　5件。

牙饰　4件。

4. 木器

有镯和木牌饰等。

镯　9件。

漆木器　1件。仅发现残痕，器形、尺寸不明。

木牌饰　1件。

5. 海贝

天然海贝　若干枚。

6. 水晶

水晶　5件。

7. 纺织品

在08M74、08M91、08M206和06M113有纺织品残痕。

8. 螺壳

在部分墓葬中有天然螺壳，见于08M50、08M93、08M101、08M105、08M143和06M6等。

第三章　墓葬分述

第一节　2008~2009 年发掘清理的墓葬

一、小型墓葬

小型墓葬大致面积在 3 平方米以下（长多数在 1.5~3 米、宽多数在 1 米以下），除此之外，部分残墓从保存情况来看，亦可归入小型墓葬。此类墓葬规模较小，随葬品相对较少，有的甚至无随葬品（附表一）。

（一）M1

土坑竖穴墓，西北—东南向，墓圹大部分被盗洞打破，打破 M255 西部。墓坑残长 0.5、残宽 0.7、深 0.5 米。未见人骨和葬具，葬式不明。无随葬品，仅在填土中有陶器盖 1 件。

陶器　1 件。

器盖　1 件。

M1∶1（T）[1]，夹细密白色掺和料颗粒，褐色。喇叭口形，抓手缺失。素面。轮制，规整，内外壁抹平，内外壁均施褐色陶衣，大部分脱落。残径 7.5 厘米。

（二）M2

长方形土坑竖穴墓，墓向 290°，被 M188 打破，并打破 M245。墓坑残长 1.8、宽 0.6、深 0.3 米。墓主人仰身直肢，骨骼保存一般，经鉴定为 40 岁左右男性[2]。墓主人左侧尺桡骨以东顺向排列了另一个体的肢骨，墓主人头骨西侧、右侧肱骨上还压有肢骨，所属个体不明。未见葬具。墓底随葬品有铜镞 2 件、铜斧 1 件、铜残片 1 件、铜骹铁矛 2 件、铜柄铁剑 1 件、铁削 1 件、玉管 1 件、绿松石珠 1 件，并在填土中有铜镞 1 件、海贝 1 件（图 3-1A）。

---

[1] 器物编号后带"（T）"者，表示该器物出土于墓葬填土中。为行文方便，省略编号前"08"。

[2] 报告正文的墓主性别均参照现场体质人类学鉴定结果（参见附录一）。

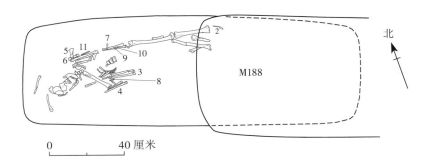

图 3-1A 08M2 平面图

2、8.铜镞 3、4.铜骹铁矛 5.铜斧 6.铜柄铁剑 7.玉管 9.绿松石珠 10.铜残片 11.铁削

1. 铜器 5件。

镞 3件。

M2：1（T），长三角形扁平镞身，前端内收成锋，两面中线有血槽，及底不及锋。圆形空心铤，一面近镞身处有穿孔，形制不规整。下端残断不存。残长 5.18、镞身长 3.68、宽 1.49、血槽长约 2、铤径约 0.7 厘米（图 3-1B，1；彩版三，1）。

M2：2，短三角形扁平镞身，两面中线有血槽，不及底不及锋。长圆锥状空心铤，一面近镞身处有穿孔。穿孔以下的铤部残断。总长约 9.9、镞身长 3.36、宽 1.42、血槽长 2、铤长 6.54、铤径 0.69 厘米（图 3-1B，2；彩版三，2）。

M2：8，长三角形扁平镞身，前端内收成锋，两面中线有血槽，及底不及锋。圆形空心铤，一面近镞身处有穿孔，形制不规整。有穿孔的一面铤中线末端有一尖状翼，另一面似有对称的翼，残，不明。铤两侧起脊明显，可能为经打磨的范线。总长 4.81、镞身长 3.46、宽 1.35、厚 0.11~0.33、血槽宽约 0.4、

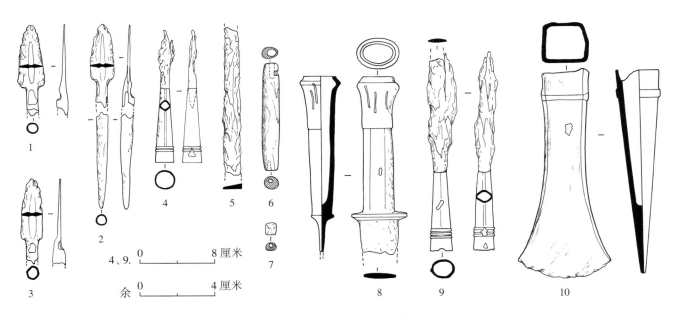

图 3-1B 08M2 出土器物

1.铜镞 M2：1（T） 2.铜镞 M2：2 3.铜镞 M2：8 4.铜骹铁矛 M2：4 5.铁削 M2：11 6.玉管 M2：7 7.绿松石珠 M2：9 8.铜柄铁剑 M2：6 9.铜骹铁矛 M2：3 10.铜斧 M2：5

链径 0.72~0.76 厘米（图 3-1B，3）。

斧　1 件。

M2：5，空心方銎，瘦长器身，双面弧刃，较宽。近銎口处饰一周凸棱纹，棱下斧身两面正中对称各有一椭圆形穿孔。合范铸造，器体两侧范线明显，从銎口边缘至刃角，仅经大致打磨。銎口边缘不平直，可能为铸造时铜液流淌不均所致。銎内残存木柄痕迹。总长 11.15、銎口长（与刃平行）2.54、宽 2.38、刃宽 4.69 厘米（图 3-1B，10；彩版三，3）。

残片　1 件

M2：10，共 2 块。器形不明。长分别为 1.7、2.4 厘米。

2. 铜铁合制器　3 件。

铜骹铁矛　2 件。

M2：3，铜质空心骹，骹口呈椭圆形，下部逐渐内收，剖面为菱形（凸棱纹下至骹底）。近骹口处饰三周凸棱纹，两侧的凸棱纹上对称各有一倒三角形穿孔，不甚规整。此外，一个倒三角形穿孔之上的骹口边缘还有一椭圆形穿孔；骹中部偏上的两面中线处各有一穿孔，一个呈小孔状，另一个呈斜长条状。铁质矛叶，近骹端窄，再渐扁宽。锋残断不存。表面锈蚀。骹部合范铸造，两侧范线经大致打磨，较明显。残长 22、骹长约 9.5、骹口径 2.16~2.48、矛叶宽约 3.17、厚约 1.1 厘米（图 3-1B，9）。

M2：4，铜质空心骹，骹口近圆形，下部逐渐内收，剖面为菱形（凸棱纹下至骹底）。近骹口处饰两周凸棱纹，两侧的凸棱纹上对称各有一倒三角形穿孔，一侧不甚规整。骹中部偏上的一面中线处有一小穿孔。铁质矛叶，近骹端窄，向前渐宽，残。骹部合范铸造，两侧范线打磨平整光滑，基本不见痕迹，起脊明显。残长 15.4、骹长 8.36、骹口径 2.14、矛叶残宽 1.39、厚约 0.8 厘米（图 3-1B，4；彩版三，4）。

铜柄铁剑　1 件。

M2：6，茎、格及剑身底部均为铜质。椭圆空心茎，茎首上部一周向外凸起，顶部内收，顶面为椭圆空心形，凸起部分以下渐内收，表面饰一周短线状镂孔。茎平直，中部两面中线处对称各有一椭圆形穿孔，两侧起脊明显。一字格，较窄。剑身底部扁窄。铁质剑身部分残断不存。残长 10.14、茎首顶面径 1.7~1.97、凸起部分直径 2~2.37、茎长 7.8、格长 3.09、宽 1.16、剑身残断处厚 0.52 厘米（图 3-1B，8）。

3. 铁器　1 件。

削　1 件。

M2：11，细长条状，扁平。可能为削之类的刃部。残长 8.36、宽约 0.98、厚约 0.43 厘米（图 3-1B，5）。

4. 玉器　1 件。

管　1 件。

M2：7，细长柱状，横剖面为椭圆形，通体打磨光亮。上下面较平。器体中心有穿孔，顶面孔径大于底面。上端在器身一侧又切割出一穿孔，与中心穿孔相通。长 6.14、直径 0.8~0.93、顶面穿孔孔径 0.33~0.4、底面孔径 0.28 厘米（图 3-1B，6；彩版三，5）。

5. 绿松石器 1 件。

珠 1 件。

M2：9，短小柱状，横剖面为椭圆形，纵剖面为长方形。器体中心有纵向穿孔。直径 0.53~0.64、孔径约 0.23、高 0.67 厘米（图 3-1B，7）。

6. 海贝 1 件。

海贝 1 件。

M2：12（T），天然海贝 1 枚。长 2.07 厘米。

（三）M3

长方形土坑竖穴墓，墓向 295°，西部被 M14 打破。墓坑残长 1.5、宽 0.6、深 0.7 米。墓主人仰身直肢，双手压于盆骨下，双膝双足并拢。头骨缺失，残存部分肢骨，经鉴定为成年男性。未见葬具。随葬品仅有铜镞 1 件（图 3-2）。

铜器 1 件。

镞 1 件。

M3：1，扁平镞身，似为柳叶形，两面中线为血槽，不及锋。血槽近底部似为穿孔，残，不明。细长实心铤，近镞身处侧剖面为长方形，末端剖面近三角形。镞身表面布满蓝色的锈。镞身残长 2.84、宽 1.39、厚 0.16、铤残长 2.39 厘米（图 3-2，1）。

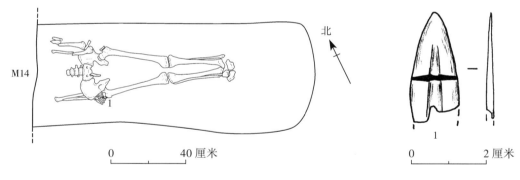

图 3-2　08M3 平面图及出土器物
1. 铜镞 M3：1

（四）M4

长方形土坑竖穴墓，墓向 290°，被 M13 打破。墓坑残长 2.2、宽 0.55、深 0.9 米。墓主人仰身直肢，头西脚东，面向南，双手置于同侧腿上，双足并拢，足尖向南。骨骼保存基本完整，经鉴定为 35~40 岁男性。未见葬具及随葬品（图 3-3；彩版三，6）。

（五）M5

长方形土坑竖穴墓，墓向 290°，打破 M40、M41、M231、M255。墓坑残长 2.2、宽 0.55、深 0.91

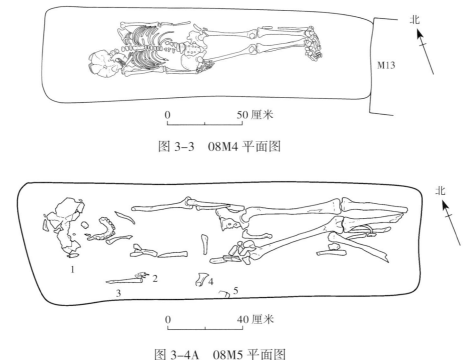

图 3-3 08M4 平面图

图 3-4A 08M5 平面图
1、2.铜镞 3.铜骹铁矛 4.铜斧 5.磨制石器

米。墓主人仰身直肢，头西脚东，双手似置于盆骨上，或紧贴于身体两侧。骨骼腐朽严重，墓主人右侧还见肢骨、肋骨等，应属于另一个体。未见葬具。随葬品有铜镞 3 件、铜斧 1 件、铜骹铁矛 1 件、磨制石器 1 件（图 3-4A；彩版四，1）。

1. 铜器 4 件。

镞 3 件。

M5：1，长三角形镞身，前端内收成锋，后端两侧有翼（后锋明显），一侧残断不存，中线为空心脊，不及锋，脊两侧扁平。空心圆铤，与镞身空心脊为一体，侧面凸棱明显，应该为范线，仅经大致打磨。残长 5.61、宽 1.74、镞身厚约 0.1、铤径约 0.77 厘米（图 3-4B，1）。

M5：2-1，宽扁镞身，两侧刃微弧，后端两侧有翼，中线起脊，凸棱稍宽，不及锋。实心铤，分为两段，上段（近镞身侧）剖面为菱形，下段细长，剖面近圆形，两侧范线不明显，经打磨。总长 6、镞身长（含翼）3.77、宽 1.74、厚 0.13、铤下段长 1.48、铤径约 0.4 厘米（图 3-4B，5；彩版四，3）。

M5：2-2，镞身近圭首状，前端内收成锋，两侧刃较平直，后端两侧外弧，各有一翼。中线起脊，逼近前锋，凸棱明显。中线两侧镞身扁薄，两侧刃呈凸棱状。镞身与铤部有分界。细长实心铤，两侧范线未经打磨，起棱明显，剖面近四边形。总长 5.65、镞身长（含翼）4.13、宽 1.62、分界厚 0.67、铤长 2.45、铤径 0.24~0.32 厘米（图 3-4B，4；彩版四，4）。

斧 1 件。

M5：4，空心方銎，瘦长器身，双面刃，较平直。近銎口处饰一周凸棱纹，其下斧身两面正中对称有穿孔，一面一个，另一面两个，形制不规整。合范铸造，器体两侧范线明显，从銎口边缘至刃上部，

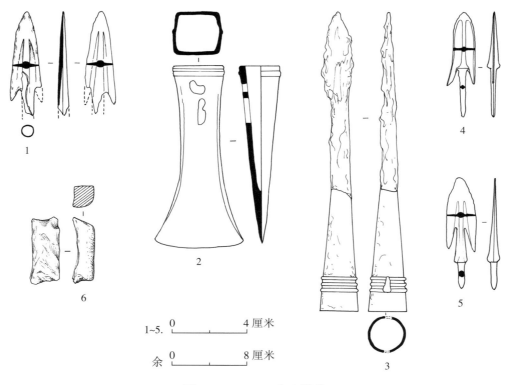

图 3-4B　08M5 出土器物

1. 铜镞 M5：1　2. 铜斧 M5：4　3. 铜骹铁矛 M5：3　4. 铜镞 M5：2-2　5. 铜镞 M5：2-1　6. 磨制石器 M5：5

仅经大致打磨，起棱明显，刃部两侧范线打磨光滑，呈脊状，无凸棱。銎内残存木屑痕迹。总长 9.81、銎口长 2.96、宽 2.37、刃宽 4.72 厘米（图 3-4B，2；彩版四，2）。

2. 铜铁合制器　1件。

铜骹铁矛　1件。

M5：3，铜质空心骹，骹口近圆形，下部逐渐内收，剖面近菱形（1/2 下部），两侧起脊明显，两面起脊不明显。近骹口处饰三周凸棱纹，两侧的凸棱纹上对称各有一倒三角形穿孔。骹中部偏上两面中线处各有一小穿孔。铁质矛叶，近骹端剖面为椭圆形，前锋较宽扁，近三角形，稍残。表面锈蚀。骹部合范铸造，两侧范线打磨光滑平整，仅骹口下见痕迹，不明显。总长 16.4、骹长 6.39、骹口径约 2、矛叶宽 1.52、厚 0.83~0.4、近骹端的细长段长 6.9、前锋长 2.61 厘米（图 3-4B，3）。

3. 石器　1件。

磨制石器　1件。

M5：5，长条状，剖面近方形，表面磨制平整，交界处呈圆弧状。用途不明。残长 7.29 厘米，磨制面残宽 2.55、2.23 厘米（图 3-4B，6）。

（六）M6

长方形土坑竖穴墓，墓向 290°，打破 M13、M112、M248。墓坑残长 2.05、宽 0.78、深 0.92 米。

捡骨二次葬，仅有少量肢骨呈东西向摆放于墓底东端。未见葬具。无随葬品，仅在填土中有陶纺轮 1 件、孔雀石珠 1 件（图 3-5）。

1. 陶器　1 件。

纺轮　1 件。

M6：2（T），泥质灰陶。圆饼形，中部钻一圆孔。素面，手制，器表抹平。直径 3.9、孔径 0.5、厚 0.9 厘米（图 3-5，1）。

2. 孔雀石器　1 件。

珠　1 件。

M6：1（T），共 2 粒。细小，圆柱形，纵剖面为长方形，中心有穿孔。M6：1-1（T），直径 0.39、高 0.28 厘米（图 3-5，2）；M6：1-2（T），直径 0.28、高 0.18 厘米。

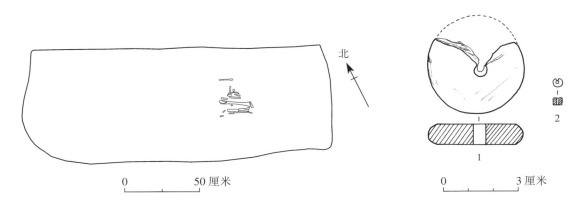

图 3-5　08M6 平面图及出土器物

1. 陶纺轮 M6：2（T）　2. 孔雀石珠 M6：1-1（T）

（七）M7

长方形土坑竖穴墓，墓向 0°，打破关系不明。墓坑长 1.8、残宽 0.6、深 0.08 米。葬人骨一具，仰身直肢葬，头北脚南，上肢紧贴于身体两侧，双手压于盆骨以下，双膝双足并拢，足尖朝南。骨骼保存基本完整，头骨破碎。未见葬具。随葬品有陶单耳罐 1 件、陶纺轮 1 件、铜镜 1 件、铜釜形鼎 1 件、环首铁刀 1 件、绿松石扣 1 件、海贝 1 件（图 3-6A）。

1. 陶器　2 件。

单耳罐　1 件。

M7：5，夹细砂，因烧制时火候不均器表颜色斑驳，主要是黑色和浅褐色。尖唇，侈口，短弧颈，溜肩，鼓腹，小平底，单宽耳。素面。器表抹平，但略显粗糙，估计为手制。内外均施一层黄褐色陶衣，大部分已脱落。器耳与器身一次成型。口沿部分残缺。腹径 9.2、高 11.8 厘米（图 3-6B，1；彩版五，1）。

纺轮　1 件。

M7：6，夹砂黑陶，圆饼形。器形规整，中部一周略鼓，中心有穿孔。器表施褐色陶衣，部分已

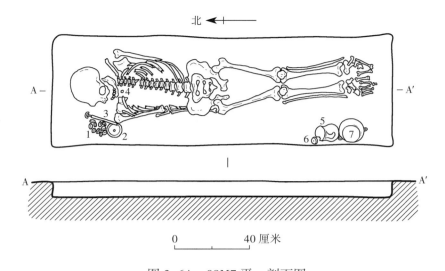

图 3-6A 08M7 平、剖面图
1.海贝 2.铜镜 3.环首铁刀 4.绿松石扣 5.陶单耳罐 6.陶纺轮 7.铜釜形鼎

脱落。边缘稍残。直径 4.5、孔径 0.5、厚 1.45 厘米（图 3-6B，4；彩版五，3）。

2. 铜器 2 件。

镜 1 件。

M7：2，镜面光滑平整，呈银白色。背面正中为半球状钮，圆形钮座，钮座外饰四叶纹、弧形纹一周；其外为一周几何纹，间以文字"久不相见常勿相忘"。纹饰带最外为一周短斜线。边缘高于纹饰带，素面，保存基本完整。直径 6.86、边缘厚 0.27 厘米（图 3-6B，2；彩版五，2）。

釜形鼎 1 件。

M7：7，敞口，长颈，折肩，微鼓腹，平底，底接三足。肩部饰对称两环耳，一大一小。折肩下饰一周凸棱纹。底部有烟炱痕迹。器身与耳、足分铸，器身合范铸造，范线打磨平整光亮，仅在两侧耳附近见痕迹。保存基本完整，近底部有一孔。口径 10.1、腹径 12.5、高 11.7 厘米（图 3-6B，5；彩版五，4）。

3. 铁器 1 件。

环首刀 1 件。

M7：3，椭圆形首，长条状刃，背侧稍厚。锈蚀。环首残存一半，刃部前端残断不存。残长14.26、刃部残长 12.64、宽 1.34、背侧厚约 0.4 厘米（图 3-6B，6）。

4. 绿松石器 1 件。

扣 1 件。

M7：4，平面呈圆角长方形，正面中心有尖状凸起。背面不甚平整，正中有两穿孔，斜钻对穿。通体打磨光亮。长 1.48、宽 1.42、高 0.48、孔径约 0.24 厘米（图 3-6B，3；彩版五，5）。

5. 海贝 1 件。

海贝 1 件。

M7：1，天然海贝，共 20~25 枚，其中完整或基本完整者 17 枚。已开始粉化。

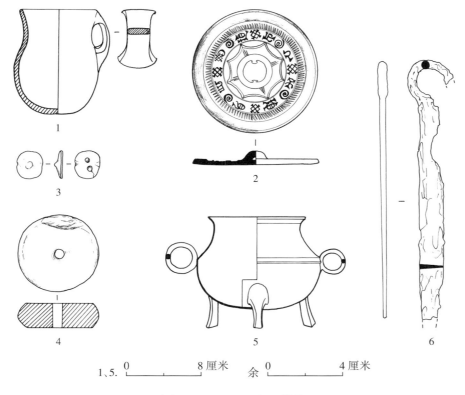

图 3-6B　08M7 出土器物

1. 陶单耳罐 M7：5　2. 铜镜 M7：2　3. 绿松石扣 M7：4　4. 陶纺轮 M7：6　5. 铜釜形鼎 M7：7　6. 环首铁刀 M7：3

（八）M8

长方形土坑竖穴墓，西北—东南向，打破 M136、M149。墓坑长 2、宽 0.65~0.7、深 0.2~0.97 米。墓坑分为三层：第①层底部深 0.2 米，残存部分人骨，经鉴定为 25 岁左右女性；第②层底部深 0.42 米，骨骼凌乱，至少有属于五个个体的人骨；第③层底部深 0.7~0.8 米，骨骼摆放有一定厚度，最上部为一具相对完整的个体，可能为墓主人，头向西北，经鉴定为 30~35 岁男性，在墓主人周边和腹部摆放着属于其他个体的肢骨若干。未见葬具。第③层随葬品有铜矛 1 件、铜镞 4 件、铜削 1 件、铜锄明器 1 件、铜铲明器 1 件、铜扣饰 1 件（图 3-7A；彩版六，1~3）。

铜器　9 件。

矛　1 件。

M8③：2，空心骹，骹口近圆形，骹口下的两面中线处对称各有一圆角方形穿孔，下部稍扁，剖面为椭圆形。长三角形矛叶，前端内收成锋。骹之空心部分延续到矛叶底部。骹两侧起脊明显，可能为范线，经打磨平整光滑。骹内残存木屑痕迹。总长约 15.9、骹长 6.57、骹口径 2.09~2.1、矛叶宽约 2.82 厘米（图 3-7B，1）。

镞　4 件。

M8③：4-1，明器。制作粗糙。细长柳叶状扁平镞身，一面平，另一面中部有血槽，偏离中线。一侧刃未封闭，可能为铸造时铜液流淌不均所致。扁平实心铤，镞身与铤无明显分界。长 4.06、宽 0.7、

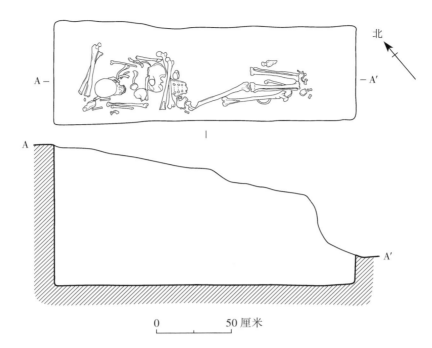

图 3-7A　08M8 第③层下部平、剖面图

厚 0.09 厘米（图 3-7B，5）。

M8③：4-2，扁平镞身，前端急收成锋，镞身最宽处位于锋部。一面起脊，凸棱不甚明显，不及锋。细长实心铤。整器一面平，两侧未经打磨，较粗糙。长 5.17、宽 1.14、镞身厚 0.1、铤长 1.53 厘米（图 3-7B，6）。

M8③：7，三角形扁薄镞身，细长实心铤。不知是否为实用器。残长 4.12、宽 1.14、镞身厚 0.06、铤长约 1.6、铤厚 1.12 厘米（图 3-7B，4）。

M8③：8，圭首形扁平镞身，细长实心铤。铤部不平直，略弯曲。长 3.73、宽 0.85、镞身厚 0.1、铤长 1.39、铤厚 0.13 厘米（图 3-7B，3；彩版六，5）。

削　1 件。

M8③：5，实心柄，剖面近半圆形。刃部背侧与柄部上缘在同一直线上，刃侧斜直，前端上扬与背侧相交。背侧起脊较明显，剖面为窄长三角形。总长 16、柄长 4.6、宽 1.39、厚 0.72、刃部背侧厚 0.32 厘米（图 3-7B，2；彩版六，4）。

铲明器　1 件。

M8③：1，平面呈长方形，正面上部凸起三角形空心銎，向下渐收，再分两叉，呈实心凸棱状，指向两侧刃角。背面不甚平整，边缘不平直，均未经打磨。总长 4、銎口长（即顶宽）1.77、宽 0.8、刃宽 2.57 厘米（图 3-7B，7）。

锄明器　1 件。

M8③：3，平面呈尖叶形，肩部较平，两侧刃近尖部微弧。正面中线凸起三角形空心銎，逐渐内收，及尖。銎口似高于肩部，銎口边缘不平直。右侧肩部有穿孔，可能为铸造时铜液流淌不均所致。左侧

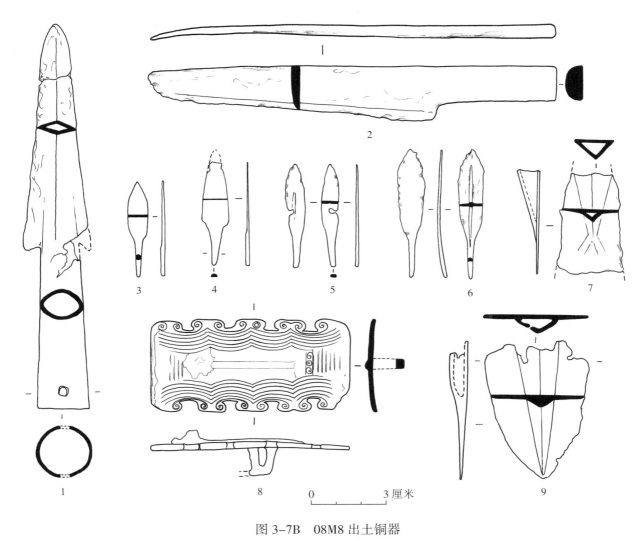

图 3-7B 08M8 出土铜器

1. 矛 M8③:2 2. 削 M8③:5 3. 镞 M8③:8 4. 镞 M8③:7 5. 镞 M8③:4-1 6. 镞 M8③:4-2 7. 铲明器 M8③:1
8. 扣饰 M8③:6 9. 锄明器 M8③:3

器体较右侧规整。背面不甚平整。长 5.6、肩宽 4.17、銎口长 1.85、左侧厚 0.16、右侧厚 0.11 厘米（图 3-7B，9）。

扣饰 1件。

M8③:6，平面呈长方形，正面中央有一凸棱，平行于长轴。凸棱上下对称饰阴线重线波浪纹，上下缘各为五对浪花纹；两侧为阴线直线纹，间于波浪纹之间。背后有一横扣，残。器表有黑色粉末状物质。长 7.84、宽 3.84 厘米（图 3-7B，8；彩版六，6）。

（九）M9

长方形土坑竖穴墓，西北—东南向，打破 M24、M140。墓坑长 2.45、宽 0.66~0.82、深 0.2~1 米。墓坑分两层：第①层，墓主人仰身直肢，双膝双足并拢，盆骨及以上部分被破坏，下肢骨保存基本完整，未鉴定，左侧小腿骨旁见属于另外个体的骨骼；第②层，葬三人，仰身直肢，头向东南，头枕横放的

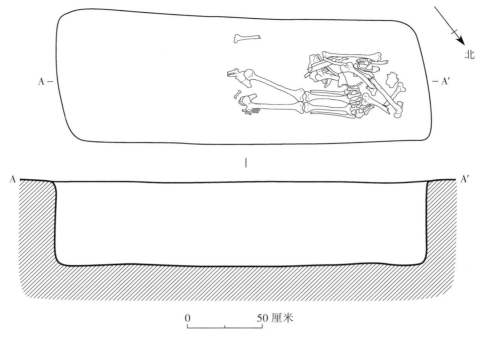

图 3-8　08M9 第①层平、剖面图

两根肢骨，身体紧缩，似被包裹，右侧肱骨压于肋骨之上，经鉴定分别为 30 岁左右女性、25~30 岁男性和一年龄、性别不详的个体。未见葬具及随葬品（图 3-8；彩版四，5）。

（一〇）M10

长方形土坑竖穴墓，墓向 0°，被盗洞打破，并打破 M117、M151、M152、M153、M154，叠压 M183。墓坑长 2.5、宽 1、深 0.25 米。墓内葬三人，墓主人仰身直肢，头向北，残存的右侧手骨置于腿骨上，双膝双足并拢。墓主右侧小腿骨以西约 0.3 米处见二次葬人骨，排列紧密，基本呈长方体。分别为两成年男性和一成年女性。未见葬具。随葬品有陶单耳罐 3 件、铜锄 1 件、铜骹铁矛 1 件、铁斧 1 件（图 3-9A；彩版七，1）。

1. 陶器　3 件。

单耳罐　3 件。

M10：1，夹细砂黑褐陶，颈、耳部橙黄色。圆唇，盘口，直颈，溜肩，扁圆腹，圈底，单宽耳。颈部起三周凸棱。轮制，规整，器表内外皆抹平，内外壁均施一层褐色陶衣，大部分脱落。器耳与器身一次成型。颈、腹部残缺。口径 8.6、腹径 10.06、高 11.59 厘米（图 3-9B，1；彩版七，2）。

M10：3，夹砂略粗，颈、肩部橙黄色，腹部黑褐色，内壁褐色与橙黄色相杂。圆唇，侈口，短斜直颈，溜肩，圆鼓腹，圈底，单宽耳。素面。轮制，规整，口沿内壁隐约可见轮修痕迹。内外壁抹平，胎薄。内外壁均施一层褐色陶衣，大部分脱落。器耳与器身一次成型。口径 14.6、腹径 18、高 17.21 厘米（图 3-9B，2；彩版七，3）。

M10：5，夹粗砂红陶。束颈，弧腹。轮制，内外壁抹平，内外壁施一层深褐色陶衣，绝大部分

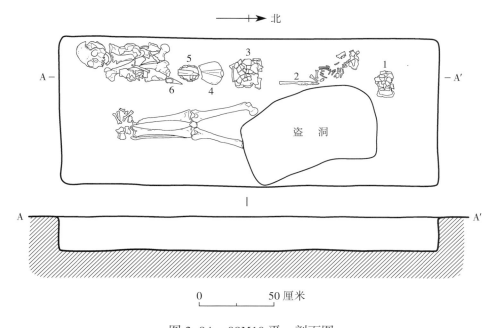

图 3-9A　08M10 平、剖面图

1、3、5. 陶单耳罐　2. 铜骹铁矛　4. 铜锄　6. 铁斧

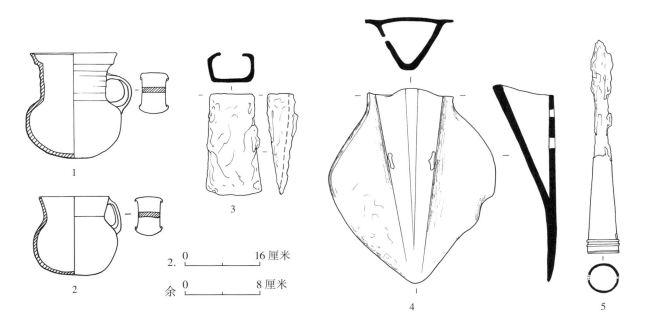

图 3-9B　08M10 出土器物

1. 陶单耳罐 M10：1　2. 陶单耳罐 M10：3　3. 铁斧 M10：6　4. 铜锄 M10：4　5. 铜骹铁矛 M10：2

脱落。残碎较严重，无法拼接成器。

2. 铜器　1 件。

锄　1 件。

M10：4，平面呈阔叶形，最大径位于器体中部。正面中线凸起三角形空心銎，及底。銎口高于

肩部。銎中部凸起的两面各有一穿孔，近椭圆形。背面基本平整，近銎口及中部的中线处各有一穿孔，近圆形。边缘不平直，有一凹口，似为铸造时铜液流淌不均所致。长21.2、宽17.8、顶部宽9、銎口长6.9、銎口宽5.6、厚约0.3厘米（图3-9B，4；彩版七，4）。

3. 铜铁合制器 1件。

铜骹铁矛 1件。

M10：2，铜质圆形空心骹，骹口下饰两周凸棱纹，两侧的凸棱纹上对称各有一倒三角形穿孔。骹下部内收，接铁质矛叶。矛叶近骹侧呈细条状，前端渐宽扁，近似长三角形，锈蚀严重，不甚明了。骹为合范铸造，仅凸棱两侧见范线痕迹，凸棱稍有错位，器表范线经打磨平整光滑，不见痕迹。总长23.8、骹长10.2、骹口径2.88、骹口厚0.34、矛叶上端长约5.74、宽约1.8厘米（图3-9B，5）。

4. 铁器 1件。

斧 1件。

M10：6，平面呈梯形。断銎。刃部略弧。锈蚀。总长10.8、銎长4.42、宽2.68、刃宽5.8厘米（图3-9B，3）。

（一一）M13

长方形土坑竖穴墓，墓向300°，被M6打破，并打破M4、M34、M112。墓坑长2、宽0.7、深0.72米。墓主人仰身直肢，双手似压于盆骨之下，双膝双足并拢。骨骼保存不完整，且错位严重，足骨可能为清理时被移位，经鉴定为40岁左右男性。未见葬具。随葬品有陶片1件、残铜器1件（图3-10A；彩版八，1）。

1. 陶器 1件。

陶片 1件。

M13：1，残碎严重，器形不明。

2. 铜器 1件。

残铜器 1件。

M13：2，一部分为折回形细条状，一部分为长方形薄片状。器形、用途不明。细条长约3.21厘米，

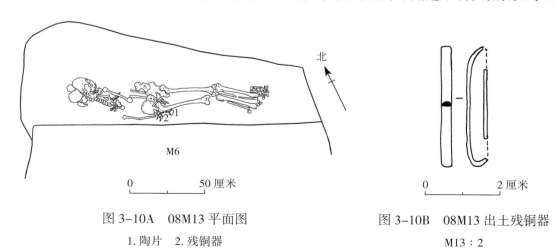

图3-10A 08M13平面图
1.陶片 2.残铜器

图3-10B 08M13出土残铜器
M13：2

薄片部分长 2.7、宽 0.96、厚 0.06 厘米（图 3-10B）。

（一二）M14

长方形土坑竖穴墓，墓向 300°，被 M12 及盗洞打破，并打破 M3。墓坑长 2.5、残宽 0.75、深 0.8 米。墓坑中上下叠置两具人骨，均为仰身直肢，头向一致。上层人骨双膝双足并拢，头骨破碎严重，上肢骨不完整，下肢骨基本完整，经鉴定为成年女性。下层人骨左手压于盆骨下，右手置于盆骨上，双膝双足并拢，头骨破碎，其余骨骼保存较完整，经鉴定为 20~25 岁男性。在西壁中部还见一破碎的头骨。未见葬具。随葬品有陶壶 1 件、砺石 1 件，并在填土中有陶尊 1 件（图 3-11A；彩版八，2）。

1. 陶器　2 件。

尊　1 件。

M14：3（T），夹较多稍粗白色掺和料颗粒，黑陶。侈口，弧颈，鼓肩，圈足。素面。轮制，规整，外壁抹平，内壁因陶土夹砂凹凸不平。肩部外壁、圈足内外壁施褐色陶衣，部分脱落。仅剩肩部、圈足残片。足径 10、高 2.5 厘米（图 3-11B，1）。

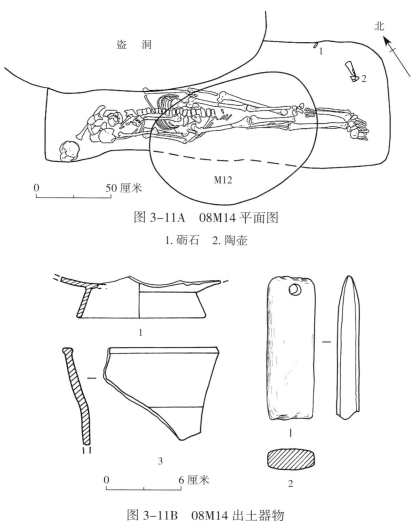

图 3-11A　08M14 平面图
1. 砺石　2. 陶壶

图 3-11B　08M14 出土器物
1. 陶尊 M14：3（T）　2. 砺石 M14：1　3. 陶壶 M14：2

壶 1件。

M14：2，夹粗砂黑陶。方唇，斜颈。轮制，规整，内外壁抹平，口沿内壁局部有浅坑。内外壁均施褐色陶衣，部分脱落。仅剩口沿部分，纹饰不明。残高8、厚0.5~0.75厘米（图3-11B，3）。

2. 石器 1件。

砺石 1件。

M14：1，长条状，横剖面近圆角长方形，顶部稍薄，有一穿孔，两面对钻，走钻。器体表面打磨光亮。残长11.4、宽3.6、厚1.7厘米（图3-11B，2；彩版八，3）。

（一三）M15

可能为长方形土坑竖穴墓，墓向280°。墓坑长1.14、宽0.48~0.52、深0.5米。葬人骨一具，仰身直肢，双手置于盆骨下。头骨破碎，右侧肱骨近端、双侧股骨远端及以下不存，其余骨骼保存较完整。未见葬具及随葬品。

（一四）M16

长方形土坑竖穴墓，墓向5°，中部被盗洞打破，并打破M22、M55、M197、M203。墓口长2.45、宽1米，墓底长2.1、宽0.85米，深0.9米。二次葬，人骨无规律叠置。未见葬具。随葬品有陶器盖1件、陶纺轮1件、骨管1件。

1. 陶器 2件。

器盖 1件。

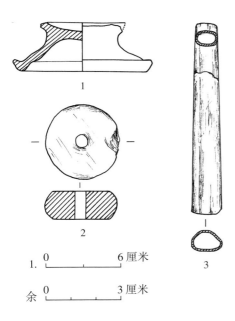

图3-12　08M16出土器物

1. 陶器盖 M16：2　2. 陶纺轮 M16：1
3. 骨管 M16：3

M16：2，夹细砂黄褐陶。喇叭形，边缘较厚，凸起。轮制，规整，器身施一层黄褐色陶衣，局部脱落。直径10.5、高4.1厘米（图3-12，1；彩版八，6）。

纺轮 1件。

M16：1，夹细砂灰白陶。圆饼形。素面。规整，器表抹平，施一层黄褐色陶衣，绝大部分脱落。直径3.02、孔径0.54、厚1.17厘米（图3-12，2；彩版八，5）。

2. 骨器 1件。

管 1件。

M16：3，截取动物肢骨骨干部分，两端茬口基本修整光滑。用途不明，可能为针筒。长7.85、宽1.17、高0.88厘米（图3-12，3；彩版八，4）。

（一五）M17

长方形土坑竖穴墓，墓向355°。墓坑长2.14、残宽1.05、深1.2米。墓坑分两层：第①层，有一具人骨，仰身直肢；第②层，

1号个体保存较好,位置居中,为仰身直肢,经鉴定为25~30岁女性,2号个体仅是一些残破的幼儿骨骼,其余骨骼堆放散乱,葬式不明。未见葬具。第①层随葬品有铜镞1件、铜臂甲1件;第②层填土中有陶侈口罐1件(图3-13A;彩版九,1、2)。

1. 陶器 1件。

侈口罐 1件。

M17②:1(T),夹细砂褐陶,有部分黑色,从部分断面观察外黑内红。尖唇,口微侈,短斜直颈,扁鼓腹,小平底,颈部近唇处有一周凸棱。手制,经过慢轮加工,在口沿内外、颈、腹部可见弦纹,器表粗糙。内外均施一层浅黄色陶衣,大部分已脱落。口径9.6、腹径11、底径5.2、高9.44厘米(图

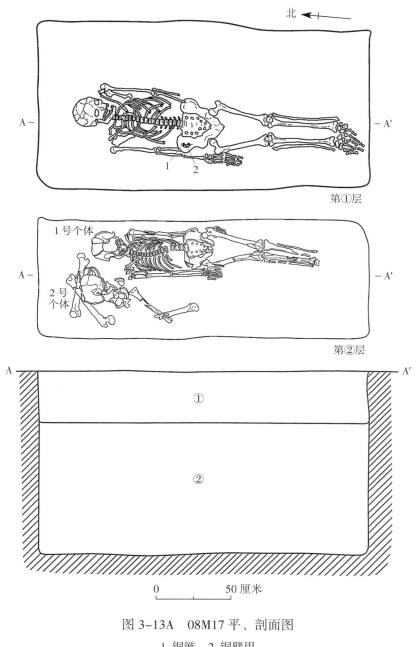

图3-13A 08M17平、剖面图

1. 铜镞 2. 铜臂甲

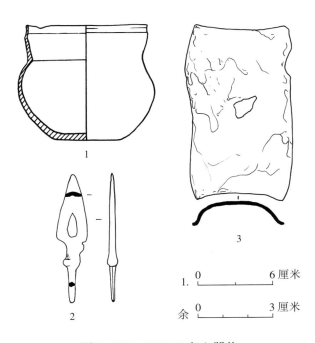

图 3-13B 08M17 出土器物

1. 陶侈口罐 M17②：1（T） 2. 铜镞 M17①：1
3. 铜臂甲 M17①：2

3-13B，1；彩版九，5）。

2. 铜器 2 件。

镞 1 件。

M17①：1，三角形扁平镞身，镞身一面有明显的血槽，不及锋，较宽，近铤侧有穿孔。实心铤，分两段，上段较下段粗，中间有一环状凸棱为分界，上段一侧有一凸起。合范铸造，铤两侧见明显的范线，仅经大致打磨。总长 5.15、宽 1.27、厚 0.24、铤长 2.37、环状凸棱直径 0.48~0.73、下端直径 0.24~0.31 厘米（图 3-13B，2；彩版九，3）。

臂甲 1 件。

M17①：2，弧形铜片，平面近长方形。正中有穿孔，形制不规整。器表见放置物包裹痕迹，另有绳索粘于其上。长 7.02、宽 4.07、厚约 0.2 厘米（图 3-13B，3；彩版九，4）。

（一六）M18

长方形土坑竖穴墓，西北—东南向，西侧上部被盗洞打破，并打破 M163。墓坑残长 1.6、宽 0.5、深 1 米。墓坑分两层：第①层，共两个个体，其中幼儿个体一具，仰身直肢，骨骼保存较差，幼儿个体头骨北侧见一对成年个体的胫腓骨，其余骨骼不见；第②层，仰身直肢，双手置于盆骨上，双膝双足并拢，右腿稍有弯曲，经鉴定可能为成年男性。未见葬具。随葬品仅在第②层有玉玦 1 件（图 3-14；彩版九，6）。

玉器 1 件。

玦 1 件。

M18②：1，内外缘均近圆形，缺口两侧由两面对磨成刃状，无穿孔。内缘呈缓坡状，可能为一面钻成。通体打磨光亮。外径约 1.62、内径约 0.6、厚 0.12 厘米（图 3-14，1；彩版九，7）。

（一七）M20

长方形土坑竖穴墓，墓向 7°，被 M21 和盗洞打破。墓坑长 2、宽 1、深 1.55 米。墓坑被严重破坏，未见人骨、葬具及随葬品。

（一八）M21

长方形土坑竖穴墓，墓向 180°，打破 M20、M171。墓坑长 1.68、宽 0.44~0.48、深 0.1 米。墓主人为仰身直肢，身体紧缩，双手置于盆骨上，双膝双足并拢，似被包裹。骨架保存相对较好，经鉴定为 30~40 岁女性。未见葬具及随葬品（图 3-15）。

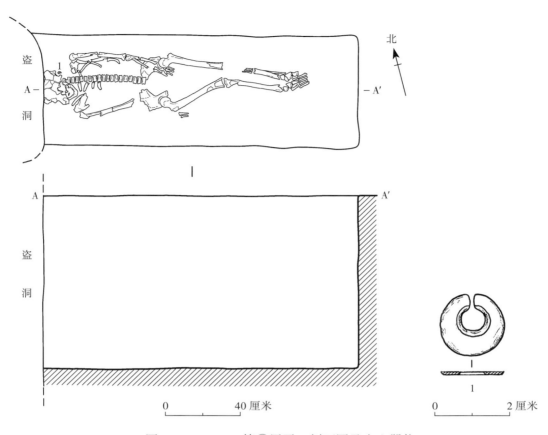

图 3-14 08M18 第②层平、剖面图及出土器物
1. 玉玦 M18②:1

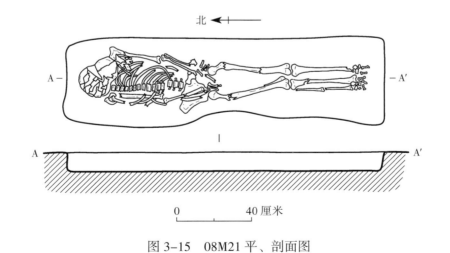

图 3-15 08M21 平、剖面图

（一九）M22

长方形土坑竖穴墓，墓向 290°，被 M16 打破，并打破 M171。墓坑长 2.45、宽 0.85、深 1.5 米。墓主人仰身直肢，骨骼保存相对较好，经鉴定为 40 岁左右女性。未见葬具。随葬品仅有玉玦 1 件（图 3-16）。

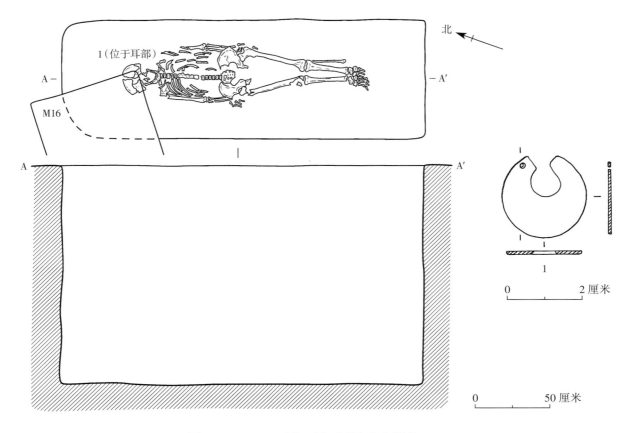

图 3-16 08M22 平、剖面图及出土器物
1. 玉玦 M22：1

玉器 1件。

玦 1件。

M22：1，外缘近圆形，内缘有凸棱，似为两面钻形成。缺口一侧残，残断的一侧有一穿孔，由背面向正面钻成，完整的一侧无穿孔，由两面对磨成刃状。通体打磨光亮。外径 2.16、内径 0.78、厚 0.12 厘米（图 3-16，1；彩版一〇，1）。

（二〇）M23

长方形土坑竖穴墓，墓向 295°。墓坑长 1.73、宽 0.53、深 0.5 米。葬人骨一具，仰身直肢，双手紧贴身体压于盆骨之下，双膝双足并拢。骨骼保存基本完整，仅左侧手骨缺失，经鉴定为 15 岁少女。未见葬具及随葬品（图 3-17A；彩版一〇，2）。

（二一）M24

长方形土坑竖穴墓，墓向 9°，被 M9 打破，并打破 M62、M145。墓室长 2.1、宽 0.54~0.56、深 0.35 米。葬人骨一具，头骨稍完整，残存肩胛骨、锁骨、部分脊椎、肋骨、肱骨残段等，以下骨骼不存。经鉴定为 40 多岁女性。未见葬具。随葬品有陶单耳罐 1 件、海贝 1 件（图 3-17B；彩版一〇，3）。

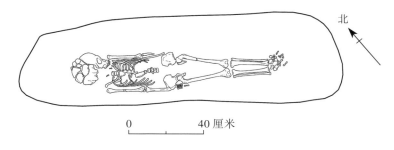

图 3-17A　08M23 平面图

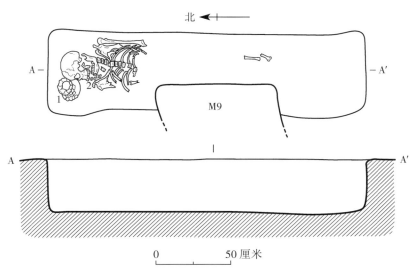

图 3-17B　08M24 平、剖面图

1. 陶单耳罐　2. 海贝

1. 陶器　1 件。

单耳罐　1 件。

M24：1，夹细砂，深红褐色、黑褐色相间。敞口，短斜直颈，斜肩，鼓腹。素面。轮制，规整，口沿内壁有慢轮修整弦纹，内外壁抹平。仅剩部分口部、腹部。

2. 海贝　1 件。

海贝　1 件。

M24：2，天然海贝 5 枚，完整者 3 枚，残片至少属于 1 枚。

（二二）M26

长方形土坑竖穴墓，墓向 295°，叠压 M122，打破 M233、M246。墓室长 1.9、宽 0.7~0.74、深 0.15 米。葬人骨一具，仰身直肢，两侧上肢紧贴于身体，双手贴于大腿，双膝双足并拢。骨骼保存基本完整。经鉴定为 40 岁左右女性。人骨左侧还见有另一个体的散骨，成年，性别不明。未见葬具。随葬品仅有玉玦 1 件（图 3-18；彩版一〇，4）。

玉器　1 件。

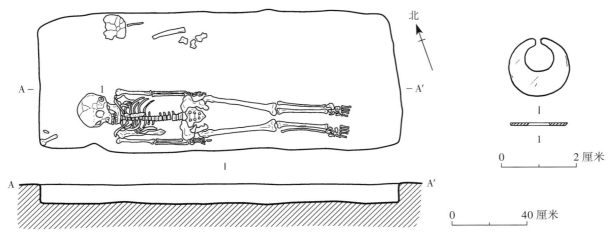

图 3-18　08M26 平、剖面图及出土器物

1. 玉玦 M26∶1

玦　1 件。

M26∶1，外缘为椭圆形，中心圆形穿孔偏向缺口一侧。缺口无穿孔，边缘较平直。中心穿孔似一面钻，由背面向正面钻成，但内缘壁较平直。器形规整，通体打磨光亮。外径 1.51~1.6、内径 0.7、厚 0.07 厘米（图 3-18，1；彩版一〇，5）。

（二三）M27

长方形土坑竖穴墓，墓向 280°，打破 M28、M29、M231、M255。墓坑长 1.9、宽 0.55、深 0.4 米。墓主人仰身直肢，双手置于腿上，双足并拢偏向南。骨骼腐烂严重，经鉴定为 40 岁左右女性。未见葬具。无随葬品，仅在填土中有孔雀石珠 1 件（图 3-19）。

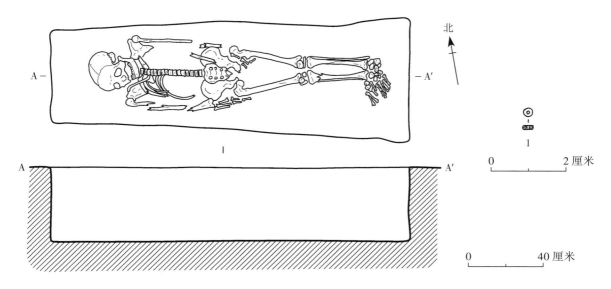

图 3-19　08M27 平、剖面图及出土器物

1. 孔雀石珠 M27∶1（T）

孔雀石器 1件。

珠 1件。

M27：1（T），1粒。细小圆柱形，纵剖面为长方形，中心有穿孔。外径0.23、高0.1厘米（图3-19，1）。

（二四）M28

长方形土坑竖穴墓，墓向290°，被M27打破，并打破M29、M207、M224。墓坑长1.8、宽0.7、深0.8米。墓坑内有两具较为完整的骨架，但腐烂严重，一具人骨仰身直肢，头西脚东，头骨平放于墓底，破碎，残存少量肋骨，集中于左侧尺骨、桡骨内侧，右侧肱骨、尺骨、桡骨不完整，盆骨破碎严重，下肢骨较完整；另一具人骨为断肢葬，头东脚西，头骨破碎严重，尺骨、桡骨、胫骨、腓骨及肋骨摆放于头骨南侧，或压于头骨之上，脊椎、盆骨及股骨呈仰身直肢状，股骨以下缺失。经鉴定均为40岁左右男性，另有其他残断的肢骨位于墓底，不能确定是否属于同一个体。未见葬具。随葬品有铜矛1件、铜泡1件，并在填土中有铜镞2件、铜残片1件、玉玦1件、孔雀石珠1件（图3-20A；彩版一一，1）。

1. 铜器 5件。

矛 1件。

M28：7，椭圆空心骹，鸭嘴形骹口，骹口两侧较宽，略弧。三角形短小矛叶，底部两侧折角明显，前端内收成锋。矛叶中线起脊，凸棱宽而明显，空心，为骹之延续。骹口下的两面中线处、骹底部、矛叶近骹端均见穿孔，大部分形制不甚规整，可能是铸造时因铜液流淌不均所致。总长12.5、骹口径2.18~2.95、矛叶长约6.3、宽2.44、厚0.21~1.09厘米（图3-20B，1）。

镞 2件。

M28：3（T），残存铤部，细长圆锥状空心铤（断面较平齐，或不是铜镞之残断铤）。残长3.3、直径0.62厘米（图3-20B，7；彩版一一，2）。

M28：4（T），明器。宽短柳叶形扁薄镞身，细长实心铤。铤末端由两侧的薄片状铜片向内卷曲包裹，形成圆形铤。制作较粗糙。总长3.12、镞身长1.62、宽1.03、铤宽0.18~0.37、铤厚0.19厘米（图

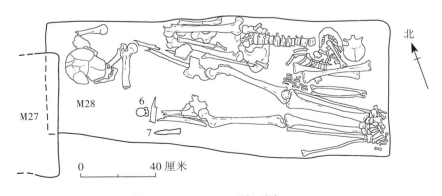

图3-20A 08M28平面图

6. 铜泡 7. 铜矛

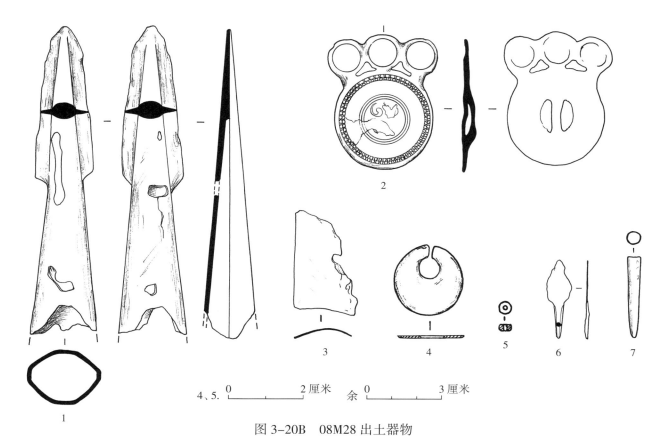

图 3-20B　08M28 出土器物

1. 铜矛 M28：7　2. 铜泡 M28：6　3. 铜残片 M28：5（T）　4. 玉玦 M28：2（T）　5. 孔雀石珠 M28：1（T）　6. 铜镞 M28：4（T）　7. 铜镞 M28：3（T）

3-20B，6）。

铜泡　1件。

M28：6，一较大的圆片一侧并列三个小圆片。大圆片中间大部分呈缓丘状凸起，凸起部分底缘饰两周阴线圆圈纹，圆片边缘饰一周小圆点纹，背面凹陷部分内有一横挡，与三个小圆片的连线方向垂直。三个小圆片中间略凸，近边缘饰一周阴线圆圈纹。总长 5.36、大圆片直径 3.82、小圆片直径约 1.5、横挡长 1.66、宽 0.33 厘米（图 3-20B，2；彩版一一，3）。

残片　1件。

M28：5（T），残存一角，似呈弧形。残长 4、残宽 2.43、厚 0.13 厘米（图 3-20B，3）。

2. 玉器　1件。

玦　1件。

M28：2（T），外缘近圆形，不甚规整。中心圆孔偏向缺口一侧，由背面向正面钻，再由正面向背面加工修整。缺口两侧由两面对向磨制成刃状。通体打磨光亮。外径 1.71~1.77、内径 0.53、厚 0.11 厘米（图 3-20B，4；彩版一一，4）。

3. 孔雀石器　1件。

珠　1件。

M28：1（T），1粒。细小圆柱形，纵剖面为长方形，中心有穿孔。直径0.37、孔径0.26、高0.1~0.16厘米（图3-20B，5）。

（二五）M29

长方形土坑竖穴墓，墓向310°，被M27、M28打破。墓坑长2.1、宽0.6、深0.55米。墓主人仰身直肢，骨骼保存较好，经鉴定为20~25岁女性，墓主人腿骨下还垫有其他人骨，墓底周边也散置一些人骨，所属个体不明。未见葬具。随葬品有陶壶1件、陶纺轮1件、玉珠1件（图3-21A；彩版一一，5）。

1. 陶器　2件。

壶　1件。

M29：2，夹细砂，黑色与褐色相间。尖唇，侈口，长斜直颈，小平底。轮制，规整，少数残片内壁可见轮修细弦纹。内外壁抹平，内壁略粗糙，内外壁皆施一层黄褐色陶衣，部分脱落，胎薄。仅剩口部及器底，腹部形状和纹饰不明。口径11.2、底径6.8厘米（图3-21B，1）。

纺轮　1件。

M29：3，夹细砂灰褐陶。圆饼形，中部厚，边缘略薄，素面。器表抹平，施黄褐色陶衣，大部分脱落。仅剩一半。直径4、边缘厚0.33、中间厚1.2厘米（图3-21B，3）。

2. 玉器　1件。

珠　1件。

M29：1，圆柱形，纵剖面为长方形。中心有穿孔，不甚规整。表面未经打磨，粗糙。直径1.1、孔径0.4、高0.67厘米（图3-21B，2；彩版一一，6）。

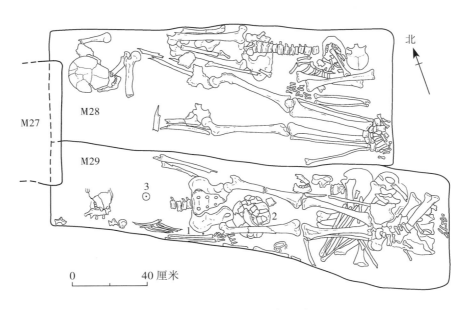

图3-21A　08M29平面图

1. 玉珠　2. 陶壶　3. 陶纺轮

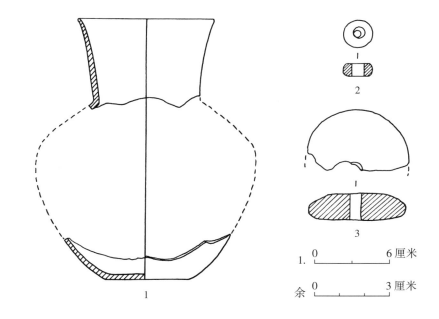

图 3-21B　08M29 出土器物

1. 陶壶 M29：2　2. 玉珠 M29：1　3. 陶纺轮 M29：3

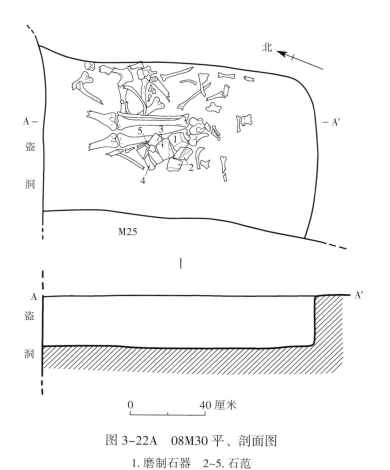

图 3-22A　08M30 平、剖面图

1. 磨制石器　2~5. 石范

（二六）M30

长方形土坑竖穴墓，墓向 300°，被
M25 及盗洞打破，并叠压 M144。墓坑长 1.4、
宽 0.8、深 0.15 米。墓主人仰身直肢，骨
骼保存较好，经鉴定为成年男性，墓主人
脚下还垫有属于其他个体的人骨。未见葬
具。随葬品有石范 4 件、磨制石器 1 件（图
3-22A；彩版一二，1）。

石器　5 件。

石范　4 件。

M30：2，红砂岩，易粉。一块有范腔，
应为铜铲明器的范，可见为三角形銎，銎
底部分两短叉指向刃角；另一块铸造面平
整。两块的铸造面均有一层黑色物质，背
面均较粗糙。长 9.7、宽约 5.6、厚约 3 厘
米（图 3-22B，1；彩版一二，3）。

M30：3，红砂岩，易粉。一块有范腔，
应为铜锄明器的范，铜锄近三角形，两侧
刃近尖部微弧，有三角形銎，及底；另一

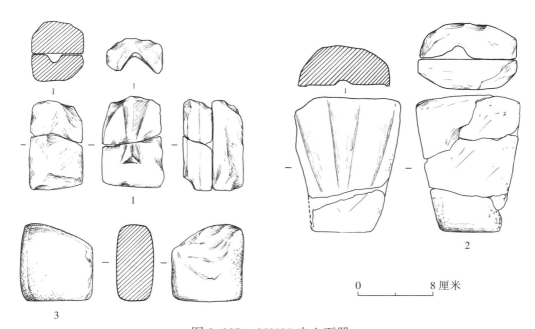

图 3-22B　08M30 出土石器

1. 石范 M30：2　2. 石范 M30：3　3. 磨制石器 M30：1

块铸造面平整。两块的铸造面均有一层黑色物质，背面均较粗糙。长约 14.8、宽 5.8~10.8、厚 4 厘米（图 3-22B，2）。

M30：4，残甚。尺寸不明。

M30：5，压于 M30：3 下。残甚。尺寸不明。

磨制石器　1 件。

M30：1，平面呈梯形，剖面均为长方形。通体磨制光滑，一平面及部分边缘见崩疤，用途不明。长约 8.1、宽 6.8、厚 4.05 厘米（图 3-22B，3；彩版一二，2）。

（二七）M31

长方形土坑竖穴墓，墓向 10°，被 M93 打破，并打破 M94。墓坑长 2.7、宽 0.8、深 1.7 米。墓坑分三层：第①层底部深 0.2~0.3 米，可辨别五个个体，仰身直肢，存留头骨、肋骨、股骨、胫骨及腓骨等，较为散乱；第②层底部深 0.56 米，可辨别三个个体，1 号个体位于东北角，为仰身直肢的幼年个体，2 号个体位于东侧，残存股骨、肩胛骨及少量头骨残片，3 号个体骨骼缺失较多，仅存股骨、髋骨残部及少数肋骨；第③层底部深 0.7 米，中部墓主人骨骼保存较好，仰身直肢，经鉴定为 15~20 岁女性，右侧近足部为另一个体，人骨堆积成方形，存留大部分骨骼，推测为捡骨二次葬。未见葬具。第①层随葬品有陶盘 1 件、螺壳 4 件；第②层随葬品有铜镞 2 件、海贝 1 件、螺壳 2 件；第③层随葬品有陶盘 1 件、玉玦 3 件、玛瑙珠 1 件、孔雀石珠 1 件、螺壳 2 件（图 3-23A；彩版一三，1~3）。

1. 陶器　2 件。

盘　2 件。

M31①：3，夹细砂红陶。平面呈圆形，T 形剖面。素面。手制，器表抹平，但仍显粗糙，内外

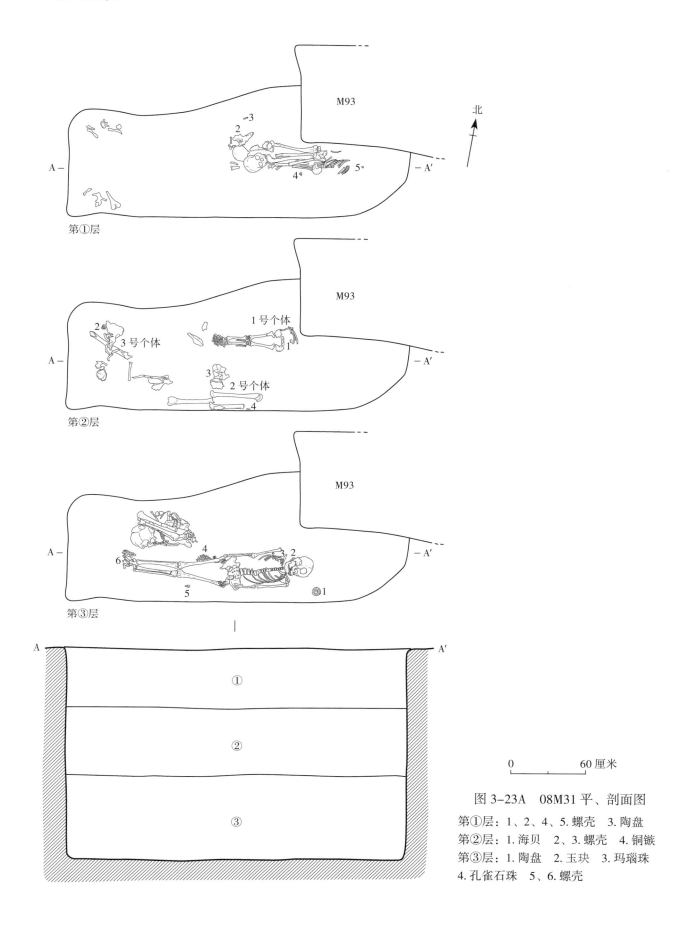

图 3-23A　08M31 平、剖面图

第①层：1、2、4、5. 螺壳　3. 陶盘

第②层：1. 海贝　2、3. 螺壳　4. 铜镞

第③层：1. 陶盘　2. 玉玦　3. 玛瑙珠

4. 孔雀石珠　5、6. 螺壳

壁皆施深褐色陶衣，胎薄。仅剩若干残片，无法拼接。残长8.3厘米（图3-23B，1）。

M31③：1，夹细砂橙红陶。平面呈圆形，T形剖面。素面。手制，器表粗糙，内外壁均施黄褐色陶衣，部分脱落，胎薄。仅剩残片，无法拼接。

2. 铜器　2件。

镞　2件。

M31②：4-1，细长柳叶形扁平镞身，近铤侧的中线处有一长条形穿孔。镞身与铤无明显分界。器身中部弯曲变形。器表锈蚀严重。残长4.19、宽1.03厘米（图3-23B，2）。

M31②：4-2，明器。镞身上部卷曲，变形严重。器身扁薄，一面中线似起脊，不明显。残长1.7、宽约0.7、厚0.1厘米（图3-23B，3）。

3. 玉器　3件。

玦　3件。

M31③：2-1，半环状，两侧不对称，两端各有一穿孔，孔壁笔直。两面平整，但表面粗糙，可能经打磨，表层脱落。外径约2.9、内径约1.52、厚0.18厘米，两端宽分别为0.54、0.88厘米（图3-23B，4；彩版一三，4）。

M31③：2-2，半环状，两侧不对称，两端各有一穿孔，似为一面钻。两面平整，但表面粗糙，可能经打磨，表层脱落。外径约2.43、内径约1、厚0.17厘米，两端宽分别为0.38、0.95厘米（图3-23B，5；彩版一三，5左）。

M31③：2-3，形制不明。一端有穿孔，似为一面钻。两面平整，但表面粗糙，可能经打磨，表层脱落。残长2.42、宽0.51~0.88、厚0.1厘米（图3-23B，6；彩版一三，5右）。

4. 玛瑙器　1件。

珠　1件。

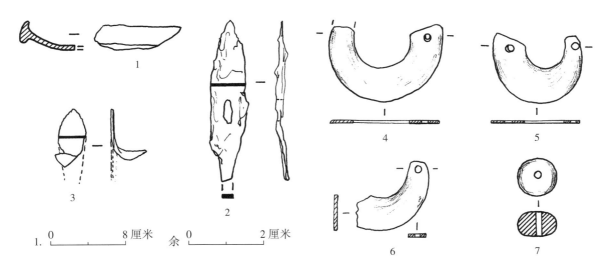

图3-23B　08M31出土器物

1. 陶盘 M31①：3　2. 铜镞 M31②：4-1　3. 铜镞 M31②：4-2　4. 玉玦 M31③：2-1　5. 玉玦 M31③：2-2　6. 玉玦 M31③：2-3　7. 玛瑙珠 M31③：3

M31③：3，算珠状，中心有穿孔。上下两面不平整，似为钻孔时留下的痕迹。直径1.07、孔径0.22、高0.66厘米（图3-23B，7；彩版一三，6）。

5. 孔雀石器 1件。

珠 1件。

M31③：4，有若干粒。粗细、长短不一，可能组成一件饰品（彩版一三，7）。

6. 海贝 1件。

海贝 1件。

M31②：1，天然海贝4枚。均完整。

7. 螺壳 8件。

螺壳 8件。

M31①：1，天然螺壳1枚。

M31①：2，天然螺壳2枚，一大一小。

M31①：4，天然螺壳1枚。基本完整。长约5.3厘米。

M31①：5，天然螺壳1枚。残甚。

M31②：2，天然螺壳1枚。基本完整。长约5.24厘米。

M31②：3，天然螺壳1枚。基本完整。长约4.52厘米。

M31③：5，天然螺壳1枚。尾部残，人为敲碎。

M31③：6，天然螺壳1枚。细小。长约1.98厘米。

（二八）M32

长方形土坑竖穴墓，墓向10°，被盗洞打破，并打破M93。墓口长2.05、宽1.24、墓底宽1米，深3.2米。墓坑分三层。人骨散乱，保存较差。未见葬具。各层都有随葬品，第①层有海贝1件；第②层有铜锄明器1件、铜铲明器1件；第③层有陶尊3件，并在第①层填土中有陶壶1件。

1. 陶器 4件。

尊 3件。

M32③：1，夹砂略粗，灰褐色、橙黄色相间。尖唇，大喇叭口，束颈，肩近平，折腹。颈肩交接处饰一周剔刺纹，肩部可见四个圆形穿孔。轮制，规整，口沿内壁可见轮修弦纹。内外壁抹平，口沿内壁抹光，内外壁均施黄色陶衣，大部分脱落。器形大，口部、肩部完整，其余残缺。口径18.8、残高14.55~16.73厘米（图3-24，1）。

M32③：2，夹砂极细，黑褐色、橙红色相间。尖唇，大喇叭口，斜直颈，肩近平，折腹。素面。轮制，规整，口沿内壁可见轮修弦纹。内外壁抹平，外壁及口沿内壁抹光，内外壁均施黄色陶衣，大部分脱落，器形大。仅剩部分口沿及腹片，推测器形为尊。口径15厘米（图3-24，2）。

M32③：3，夹砂略粗，橙黄色、黑褐色相间。尖唇，大喇叭口，束颈，喇叭口形高圈足。素面。轮制，规整，口沿外壁、圈足内壁可见明显轮修弦纹。内外壁抹平，内外壁均施一层黄色陶衣，大部分脱落，器形大。仅剩部分口沿及圈足，无法拼接成整器。足径26、高16厘米（图3-24，3）。

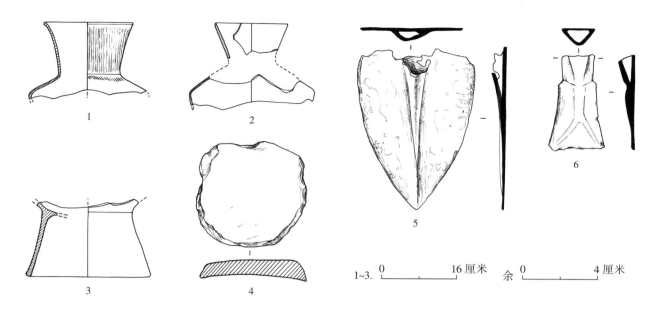

图 3-24 08M32 出土器物

1. 陶尊 M32③：1　2. 陶尊 M32③：2　3. 陶尊 M32③：3　4. 陶壶 M32①：2（T）　5. 铜锄明器 M32②：2　6. 铜铲明器 M32②：1

壶　1件。

M32①：2（T），夹粗砂黑陶，器表浅褐色。平底。器表粗糙。底径 6 厘米（图 3-24，4）。

2. 铜器　2件。

锄明器　1件。

M32②：2，平面呈尖叶形，两侧肩部折角较明显，近尖的两侧刃微弧。正面中线为凸起三角形空心銎，及尖，銎口低于肩部，且凸起的两面未闭合，可能为铸造时铜液流淌不均所致。背面平。总长 8.64、肩宽 6.24、銎口长 2.16、宽 1.07、器身厚约 0.2 厘米（图 3-24，5）。

铲明器　1件。

M32②：1，平面近梯形，底部刃微凹。中央凸起三角形空心銎，銎口远远高于肩部。銎至铲身中部分两叉，呈凸棱状至刃两侧。背面平。总长 5.1、銎口长 1.73、宽 0.99、刃宽 3、器身厚约 0.2 厘米（图 3-24，6）。

3. 海贝　1件。

海贝　1件。

M32①：1，天然海贝 1 枚，残。

（二九）M33

长方形土坑竖穴墓，墓向 315°，打破 M34。墓坑长 2.1、宽 0.55、深 0.65 米。墓主人仰身直肢，双手置于身体两侧，双足相向并拢。除头骨外其余骨骼保存相对较好，经鉴定为 25~30 岁男性。未见葬具及随葬品（图 3-25；彩版一二，4）。

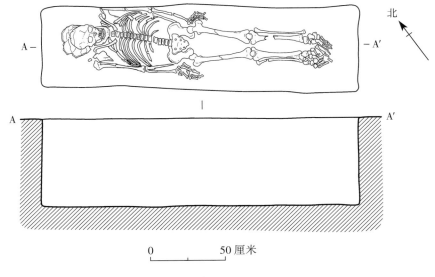

图 3-25　08M33 平、剖面图

（三〇）M34

土坑竖穴墓，墓向、形状不明，被 M13、M33、M112 打破。墓坑残长 0.8、残宽 0.6、深 0.4 米。未见人骨及葬具。随葬品仅有石镞 1 件。

石器　1 件。

镞　1 件。

M34：1，近三角形扁平镞身，前端急收成窄长的锋。底部两侧有尖状翼，一侧残。通体磨制光滑。残长 2.74、宽 1.39、厚 0.14 厘米。

（三一）M36

长方形土坑竖穴墓，墓向 300°，被 M43 打破，并打破 M42、M78、M111、M230。墓口长 2.1、宽 0.8 米，墓底长 1.9、宽 0.6 米，深 0.9~1 米。西壁深约 0.65 米处有黄土夹杂大量灰白小石子的二层台，宽约 0.2、高约 0.25 米。墓坑分三层：第①层底部深 0.55~0.6 米，南、北壁中部各见一头骨和少量肢骨；第②层底部深 0.85 米，有一具未成年个体，保存状况较差，应为仰身直肢，头西脚东；第③层底部深 0.9~1 米，墓主人仰身直肢，面向北，上身骨骼保存较差，盆骨破裂，下肢骨保存较完整，经鉴定为 30 岁左右女性。未见葬具。各层都有随葬品，第①层有陶尊 2 件、陶侈口罐 1 件、陶壶 2 件、陶盘 1 件、陶口沿 1 件、陶片 2 件、残陶器 1 件；第②层有陶侈口罐 2 件、残铜器 1 件；第③层有陶侈口罐 1 件、陶纺轮 1 件，填土中有陶圈足 1 件（图 3-26A；彩版一三，8；彩版一四，1、2）。

1. 陶器　15 件。

尊　2 件。

M36①：1，夹粗砂灰黑陶。折腹。轮制，外壁抹平，器表施黄色陶衣，大部分脱落。根据腹部残片推测为尊。

M36①：8，夹砂黑陶。残甚。长 6.33 厘米（图 3-26B，1）。

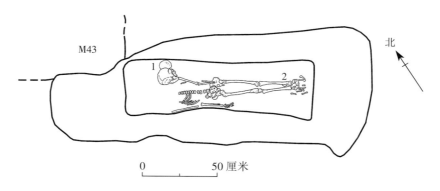

图 3-26A 08M36 第③层平面图
1. 陶侈口罐 2. 陶纺轮

侈口罐 4 件。

M36①：4，夹少量细砂，褐色、黄色相间。尖唇，口微侈，短斜直颈，圆鼓腹。颈部饰五周刻划细弦纹，从残存腹片上亦可见刻划细弦纹。轮制，规整，内外壁抹平，内外壁均施一层黄色陶衣，大部分脱落。口径 10.8、残高 5.8~8.4 厘米（图 3-26B，9）。

M36②：1，夹砂黑陶，局部褐色。尖唇，侈口，长斜直颈，溜肩，圆鼓腹，平底。领部有自上而下刻划的细线纹，颈部饰一周宽约 1.2 厘米的网格纹、弦纹组合纹带，肩部饰刻划复线三角形纹。轮制，器形规整，内外壁抹平，内外壁施一层黄色陶衣，大部分脱落，腹部胎壁较薄，器底较粗糙。口径 10、底径 6.6 厘米（图 3-26B，8）。

M36②：2，夹砂褐陶，内胎黑色。尖唇，侈口，短斜直颈，扁鼓腹，小平底。颈肩交接处饰一周宽 0.9 厘米的刻划短斜线纹和弦纹，肩部左右各有一泥钉状小耳，泥钉周围饰刻划短线纹。手制，略经慢轮加工，器形规整，器表抹平。内外器壁均施一层黄褐色陶衣。口径 9.2、腹径 11.2、底径 5.2、高 12 厘米（图 3-26B，5；彩版一四，3）。

M36③：1，夹砂褐陶。尖唇，侈口，长斜直颈，溜肩，扁鼓腹，平底。素面。轮制，规整，内外壁抹平，外壁由于陶质夹砂略显粗糙。内外壁均施一层黄色陶衣，局部脱落。口径 9.6、腹径 12.7、底径 7、高 12.6 厘米（图 3-26B，4；彩版一四，4）。

壶 2 件。

M36①：2，夹砂黑褐陶。尖唇，侈口，高斜直颈，扁鼓腹，平底。素面。轮制，规整，内壁从口沿至器底可见明显轮修细弦纹。内外壁抹平，均施一层黄褐色陶衣，局部脱落，胎薄。口径 12.4、腹径 18.5、底径 7.2、高 18.5 厘米（图 3-26B，3；彩版一四，6）。

M36①：3，夹砂灰陶。尖唇，侈口，长斜直颈，圆鼓腹，小平底。素面。颈部左右各有一泥钉。轮制，器形规整，内外壁抹平，内外器壁均施一层黄褐色陶衣，局部脱落。口径 10.4、腹径 18.2、底径 6、高 21.6 厘米（图 3-26B，2；彩版一四，5）。

盘 1 件。

M36①：7，夹砂橙红陶。残甚。长 13.33 厘米（图 3-26B，6）。

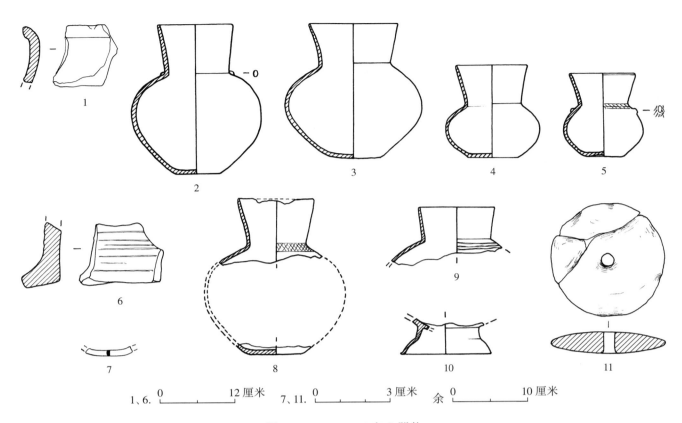

图 3-26B　08M36 出土器物

1. 陶尊 M36①：8　2. 陶壶 M36①：3　3. 陶壶 M36①：2　4. 陶侈口罐 M36③：1　5. 陶侈口罐 M36②：2　6. 陶盘 M36①：7　7. 残铜器 M36②：3　8. 陶侈口罐 M36②：1　9. 陶侈口罐 M36①：4　10. 陶圈足 M36①：5（T）　11. 陶纺轮 M36③：2

圈足　1 件。

M36①：5（T），夹白色掺和料颗粒，黑陶。高圈足外折，喇叭口形。轮制，规整，内外壁抹平，内外壁均施一层黄色陶衣，大部分脱落。足径 12、高 3.5 厘米（图 3-26B，10）。

纺轮　1 件。

M36③：2，夹粗砂橙黄陶。圆饼形。素面。规整，器表抹平，施一层褐色陶衣，绝大部分脱落。直径 4.75、孔径 0.55、厚 0.95 厘米（图 3-26B，11）。

口沿　1 件。

M36①：2-1，夹细砂褐陶。圆唇，侈口，弧颈。内外壁抹平。

陶片　2 件。

M36①：2-2，夹粗砂橙红陶。底部残片，平底。内底可见同心圆纹。规整，粗糙，内壁施褐色陶衣。

M36①：2-3，夹细砂红褐陶。腹部残片，折腹。轮制，规整，内外壁抹平，内壁可见轮修弦纹，施褐色陶衣，大部分脱落。

残陶器　1 件。

M36①：6，残，器形不明。

2. 铜器　1件。

残铜器　1件。

M36②：3，残存2段，细小长条状，器形、用途不明。残长1.76~1.94、宽约0.28、厚0.13厘米（图3-26B，7）。

（三二）M37

不规则形土坑竖穴墓，墓向270°。墓坑长0.7、宽0.62、深0.23米。仅有下颌骨、少量牙齿及肢骨，应为二次葬。未见葬具及随葬品。

（三三）M38

长方形土坑竖穴墓，南北向，被盗洞打破，并打破M51、M55，叠压M204。墓坑残长1.26、宽0.6、深0.55米。骨骼散乱，应为捡骨二次葬。未见葬具及随葬品。

（三四）M39

长方形土坑竖穴墓，墓向280°，打破M199。墓坑长1.35、宽0.48米。葬人骨一具，残长1.10米，仰身直肢。头骨缺失，肢骨也不完整，胫骨、腓骨均残存一半，无手骨、足骨，未鉴定。未见葬具。随葬品有铜削1件、铜扣饰1件、玉管1件（图3-27A；彩版一五，1）。

1. 铜器　2件。

削　1件。

M39：2，扁圆空心柄，鸭嘴形銎口，銎口两侧较宽。下缘近銎口处有单系，未穿透。刃部背侧与柄上缘在同一直线上，刃斜直，前端与背侧呈圆弧状相交。合范铸造，范线经打磨平整，单系至銎口边缘见范线痕迹。表面锈蚀。总长22.4、刃长13.8、宽2.11、刃背厚0.36、銎口径1.33~2.39厘米（图3-27B，1；彩版一五，2）。

扣饰　1件。

M39：1，平面呈圆形，正面略内凹，整器呈浅盘状。中心为一小尖状凸，其外饰一周

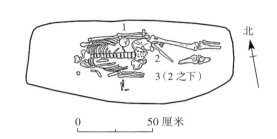

图 3-27A　08M39 平面图
1. 铜扣饰　2. 铜削　3. 玉管

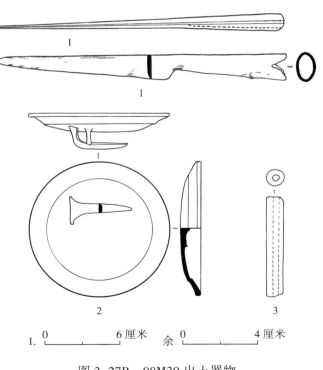

图 3-27B　08M39 出土器物
1. 铜削 M39：2　2. 铜扣饰 M39：1　3. 玉管 M39：3

凸棱纹，主体部分为一周环带状凹槽。边缘较高。背后浅盘中心的一侧有一横扣。环带状凹槽可能有意为之，也可能为镶嵌孔雀石片的纹饰带，但因为某些原因并未再加工。直径7.38、高2.11、环带状凹槽宽约1.2、横扣长约2.5厘米（图3-27B，2；彩版一五，3）。

2. 玉器 1件。

管 1件。

M39：3，长圆柱形，中心穿孔，两面对钻而成，能见到走钻的痕迹。部分器表呈黑色。通体打磨光亮。残长5.27、直径约0.96厘米（图3-27B，3）。

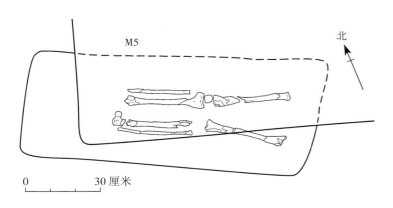

图3-28A 08M40平面图

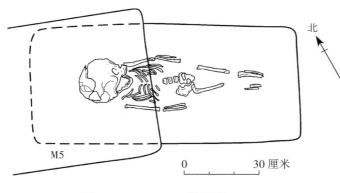

图3-28B 08M41平面图

（三五）M40

长方形土坑竖穴墓，墓向295°，被M5打破。墓坑长1.16、宽0.4米。人骨残长0.73米，成年，性别不明。未见葬具及随葬品（图3-28A）。

（三六）M41

长方形土坑竖穴墓，墓向300°，被M5打破，并打破M231。墓坑长1.05、宽0.5米。葬人骨一具，残长0.78米，仰身直肢，头偏向北。头骨破碎，股骨、胫骨、腓骨残，无手骨、足骨。年龄为2~5岁，性别未知。未见葬具及随葬品（图3-28B）。

（三七）M42

长方形土坑竖穴墓，墓向230°，被M36和盗洞打破，并打破M78、M111。墓坑残长2.1、宽0.6、深0.4米。墓底东侧有一头骨，经鉴定为20岁左右女性。未见葬具。随葬品有陶纺轮2件（图3-29）。

陶器 2件。

纺轮 2件。

M42：1，夹粗砂黑褐陶。圆饼形，器身中部起一周凸棱，不甚明显。素面。规整，器表抹平，施一层褐色陶衣，绝大部分脱落。直径4.15、孔径0.5、厚1.04厘米（图3-29，1）。

M42：2，夹细砂，一面灰色，一面橙红色。圆饼形。素面。规整，器表抹平，施一层褐色陶衣，绝大部分脱落。仅剩一半。直径3.4、厚1.05厘米（图3-29，2）。

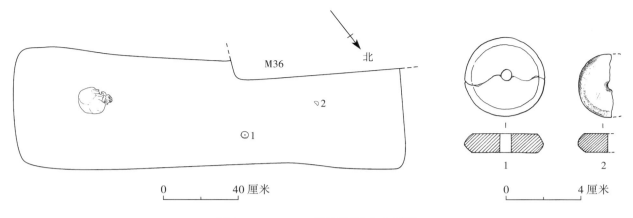

图 3-29　08M42 平面图及出土器物

1. 陶纺轮 M42：1　2. 陶纺轮 M42：2

（三八）M43

长方形土坑竖穴墓，墓向 305°，打破 M36、M78。墓坑长 1.9、宽 0.55~0.65、深 0.4 米。墓主人仰身直肢，左手置于盆骨上，右手压于盆骨下，双膝双足并拢。骨骼保存较好，经鉴定为 45~50 岁女性，墓主人脚下垫有大量肢骨，墓底两侧也有散置的肢骨。未见葬具。随葬品有陶纺轮 1 件、玛瑙珠 3 件、绿松石珠 1 件（图 3-30A；彩版一五，4）。

1. 陶器　1 件。

纺轮　1 件。

M43：3，夹细砂黑陶。算珠状，器身中部有一周凸棱。素面。器形不甚规整，器表抹平，施褐色陶衣，大部分脱落。直径 5.7、孔径 0.9、厚 1.8 厘米（图 3-30B，1；彩版一五，6）。

2. 玛瑙器　3 件。

珠　3 件。

M43：2-1，算珠状，中心有穿孔，可能为一面钻。上下两面基本平整，留有较多小凹坑未完全磨平，

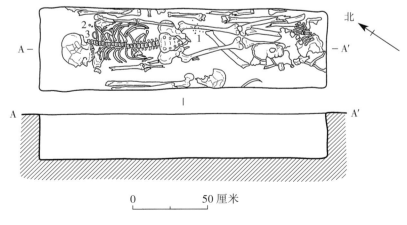

图 3-30A　08M43 平、剖面图

1. 绿松石珠　2. 玛瑙珠　3. 陶纺轮

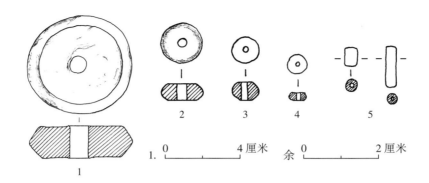

图 3-30B　08M43 出土器物

1. 陶纺轮 M43：3　2. 玛瑙珠 M43：2-1　3. 玛瑙珠 M43：2-2　4. 玛瑙珠 M43：2-3　5. 绿松石珠 M43：1

可能为制作痕迹。器体一周打磨光亮，较规整。直径 1.13、孔径 0.25、高 0.46 厘米（图 3-30B，2；彩版一五，5 左）。

M43：2-2，算珠状，中心有穿孔，两面对钻。上下面留有制作痕迹，基本平齐。器体一周打磨光亮，较规整。直径 0.71、孔径 0.13~0.17、高 0.5 厘米（图 3-30B，3；彩版一五，5 中）。

M43：2-3，细小，较扁平。中心有穿孔，两面对钻。器体一周光滑但不圆滑，有多条不甚明显的纵向凸棱，横剖面近圆角多边形。直径 0.58、孔径约 0.2、高 0.26 厘米（图 3-30B，4；彩版一五，5 右）。

3. 绿松石器　1 件。

珠　1 件

M43：1，有若干粒，长短、粗细不一，可能为一件饰品。最大径 0.41、最小径约 0.21、最高 1.09 厘米（图 3-30B，5）。

（三九）M44

长方形土坑竖穴墓，墓向 355°，被盗洞打破，并打破 M48、M98、M228。墓坑残长 1.4、宽 0.7、深 0.6 米。墓坑分两层：第①层底部深 0.42 米，仰身屈肢葬，股骨、腓骨、足骨叠压在肋骨之上，经鉴定为 25~30 岁男性；第②层底部深 0.6 米，计有七个个体，人骨保存良好，但骨骼缺失，大部分存留头骨、胸骨、肋骨、股骨、胫骨、腓骨的残段，少数个体仅存下颌骨及牙齿，堆积较为散乱，推测为二次葬。未见葬具。第①层随葬品有陶纺轮 1 件、铜镯 1 件、五铢钱 2 件、海贝 1 件；第②层随葬品有五铢钱 4 件、玉管 1 件（图 3-31A；彩版一六，1）。

1. 陶器　1 件。

纺轮　1 件。

M44①：2，夹细砂黄褐陶。算珠形，器身中部有一周凸棱。素面。规整，器表抹平，施一层褐色陶衣，局部脱落。直径 3.23、孔径 0.38、厚 1.6 厘米（图 3-31B，1；彩版一六，5）。

2. 铜器　7 件。

镯　1 件。

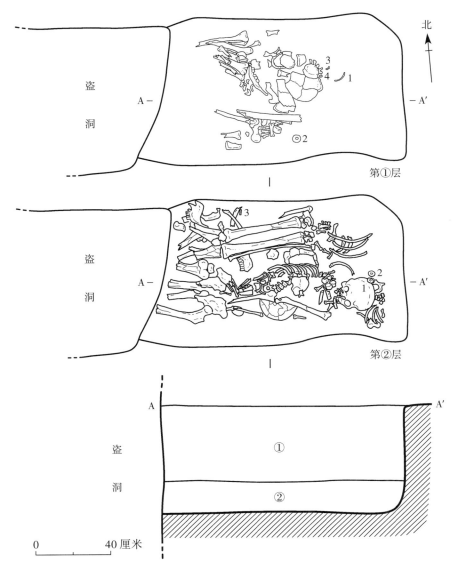

图 3-31A　08M44 平、剖面图
第①层：1.铜镯　2.陶纺轮　3.五铢钱　4.海贝
第②层：1、2.五铢钱　3.玉管

M44①：1，细长窄条状，剖面近长方形，镯面微鼓。残长（两端相距）6.1、镯面宽 0.24、厚 0.13 厘米（图 3-31B，2）。

五铢钱　6 件。

M44①：3-1、M44①：3-2，方孔圆钱，内外有郭，内郭一面明显。"五"字两斜线交叉处微曲，"钅"字为三角形，"朱"字折角明显，上下均呈直角。直径 2.55、孔径 0.96、厚 0.14 厘米（图 3-31B，4、5；彩版一六，2）。

M44②：1-1、M44②：1-2，方孔圆钱，内外有郭，一枚两面均有内郭，一枚仅背面有内郭。"五"字两斜线交叉处微曲，"钅"字为三角形，"朱"字折角明显，上下均呈直角。直径 2.58、孔径 0.99、厚 0.15 厘米（图 3-31B，8、9；彩版一六，3）。

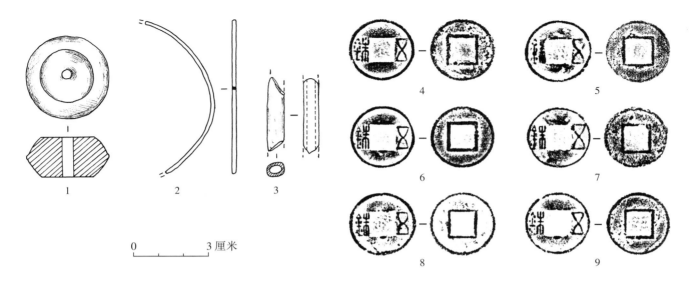

图 3-31B　08M44 出土器物

1. 陶纺轮 M44①：2　2. 铜镯 M44①：1　3. 玉管 M44②：3　4. 五铢钱 M44①：3-1　5. 五铢钱 M44①：3-2　6. 五铢钱 M44②：2-1　7. 五铢钱 M44②：2-2　8. 五铢钱 M44②：1-1　9. 五铢钱 M44②：1-2

M44②：2-1、M44②：2-2，方孔圆钱，内外有郭，内郭仅背面有。"五"字两斜线交叉处较弧，"钅"字为三角形，"朱"字折角明显，上下均呈直角。"铢"字与内郭齐边。直径 2.54、孔径 0.94、厚 0.16 厘米（图 3-31B，6、7；彩版一六，4）。

3. 玉器　1 件。

管　1 件。

M44②：3，横剖面呈方形，中心有椭圆形穿孔，两面对钻而成。通体打磨光亮。残长 2.82、直径 0.68~0.73、孔径 0.34~0.45 厘米（图 3-31B，3）。

4. 海贝　1 件。

海贝　1 件。

M44①：4，天然海贝 1 枚，小。长 1.8 厘米。

（四〇）M45

长方形土坑竖穴墓，墓向 20°，被 M52 打破，并打破 M123。墓坑长 2、宽 0.7、深 0.5 米。墓主人位于墓底中部，仰身直肢，面向东，左手置于盆骨上，右手压于盆骨下，双足并拢。除左侧股骨缺失外其余骨骼保存完整，经鉴定为 45~50 岁女性。墓主人头骨下枕一股骨，但非墓主缺失的股骨，墓主人身体两侧还有其他个体数不明的人骨。未见葬具及随葬品（图 3-32；彩版一六，6）。

（四一）M46

长方形土坑竖穴墓，墓向 280°，被 M47 打破，并打破 M81、M232。墓坑长 2.12、宽 0.7、深 0.15 米。合葬，共四个个体：1 号个体位于西侧，仰身直肢，头北脚南，头骨破碎，骨骼保存基本完整，

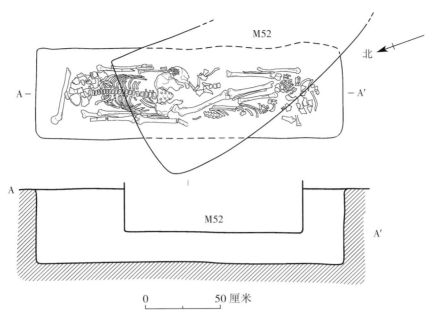

图 3-32　08M45 平、剖面图

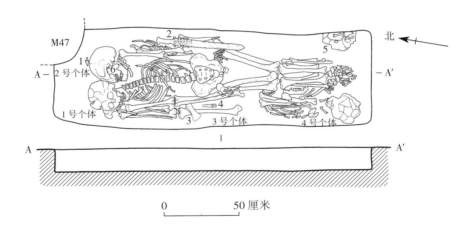

图 3-33A　08M46 平、剖面图

1. 铜镞　2. 铜柄铁剑　3. 铜斧　4. 铜骸铁矛　5. 陶片　6. 绿松石珠

经鉴定为 35 岁左右男性；2 号个体位于 1 号个体东侧，侧身直肢，头北脚南，面向西，保存较为完整，经鉴定为 30~35 岁男性，1 号个体大部分压于 2 号个体之上；3 号个体俯身直肢，头南脚北，胫腓骨远端交叉，压于 1 号个体肩部之下，头骨破碎，上肢骨和躯干骨保存较差，下肢骨保存较好，经鉴定为成年男性；4 号个体位于墓底西南角，推测为侧身，头向南，仅存头骨和少量碎骨，经鉴定为 35 岁左右男性。未见葬具。随葬品有陶片 1 件、铜镞 1 件、铜斧 1 件、铜骸铁矛 1 件、铜柄铁剑 1 件、绿松石珠 1 件（图 3-33A；彩版一七，1）。

1. 陶器　1 件。

陶片　1 件。

M46：5，夹细砂黄陶。内外壁均施褐色陶衣，大部分脱落。仅剩残片，无法拼接，器形、纹饰不明。

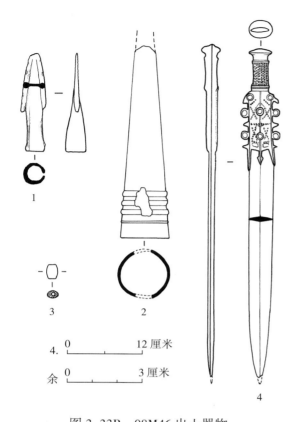

图 3-33B　08M46 出土器物

1. 铜镞 M46：1　2. 铜骹铁矛 M46：4　3. 绿松石
珠 M46：6　4. 铜柄铁剑 M46：2

2. 铜器　2 件。

镞　1 件。

M46：1，三角形扁平镞身，镞身一侧有翼，对称的另一侧似为铸造时并未铸造，也可能有翼，残断后锈蚀，断茬不明显。镞身两侧较中部厚，无刃。圆形空心铤，铤部器壁较厚。总长 4.22、镞身长（包括翼）2.54、两侧厚 0.17~0.24、铤径 0.98 厘米（图 3-33B，1；彩版一七，2）。

斧　1 件。

M46：3，空心方銎，瘦长器身，双面宽刃，较平直。近銎口处饰一周凸棱纹，一面的凸棱纹下还饰两个近三角形的凸棱纹，不甚规整，不对称。凸棱一侧有单系，未穿透。凸棱纹下，斧身两面正中对称各有一穿孔，近长方形。合范铸造，器体两侧范线明显，从銎口边缘至刃角，仅经大致打磨。銎口基本平直，未经打磨。銎内见少量木屑。总长 12.8、銎口长 3.81、宽 3.44、刃宽 6.7 厘米（彩版一七，4）。

3. 铜铁合制器　2 件。

铜骹铁矛　1 件。

M46：4，铜质圆形空心骹，骹口下饰三周凸棱纹，两侧凸棱纹上对称各有一穿孔，一侧呈倒三角形，另一侧形制不规整，可能原本为倒三角形，但因铜液流淌而破坏其形制。骹下部内收，接铁质矛叶，矛叶不存。骹合范铸造，仅凸棱至骹口部分两侧见明显的范线，其下的范线打磨平整光滑，不见痕迹，仅有不甚明显的起脊。骹内残存木屑。残长 8.14、骹口径 2.19~2.21 厘米（图 3-33B，2）。

铜柄铁剑　1 件。

M46：2，椭圆空心茎，覃形茎首，茎首顶面正中有长条形凸起，表面有铁锈，茎表面饰排列整齐的小凸点。非字形长格，两面饰连珠几何纹、圆圈纹等，两侧边缘为三角形和圆形凸起相间的扉棱。格以上均为铜质。格底部呈三叉状，内接铁质剑身。剑身宽扁，锈蚀，前端内收成锋。铜质部分为合范铸造，两侧范线明显，仅茎首经打磨平整光滑不见痕迹，其余部分因有纹饰而未经打磨。铁质剑身表面见木质物质痕迹，可能带木鞘。总长 55.5、茎长 8、茎首直径 3.28~4.08、格长 10.8、宽 4.77~5.25、厚 1.5（三叉处）、剑身宽约 4.1 厘米（图 3-33B，4；彩版一七，3）。

4. 绿松石器　1 件。

珠　1 件。

M46：6，柱状，横剖面为椭圆形，纵剖面为长方形。中心有圆形穿孔，孔壁笔直。通体打磨光亮。直径 0.4~0.49、高 0.6 厘米（图 3-33B，3；彩版一七，5）。

（四二）M49

长方形土坑竖穴墓，墓向 305°，打破 M210。尺寸不明。人骨总长约 0.55 米，仰身直肢，头西脚东，头部低于足端，高差约 30 厘米。头骨残存少量碎片，左侧上肢骨不存，右侧残存肱骨；脊椎骨基本不存，左侧股骨远端缺失，右侧股骨及双侧胫腓骨保存较完整；趾骨缺失，应为清理时被破坏。为幼年个体。未见葬具及随葬品。

（四三）M51

长方形土坑竖穴墓，墓向 270°，被 M38、M55 打破，并打破 M203、M204。墓坑残长 0.65、宽 0.5、深 0.5 米。仅有少量散乱人骨，葬式不明。未见葬具及随葬品。

（四四）M52

长方形土坑竖穴墓，墓向 340°，打破 M45、M123。墓坑长 2.1、宽 0.75、深 0.12 米。墓底有两具骨架，北侧骨架侧身直肢，面向东，头骨及颈椎明显变形，可能下葬时受到挤压，经鉴定为 45~50 岁男性；南侧骨架为屈肢，骨骼凌乱，紧贴北侧骨架的脚部，似为二次葬。未见葬具。随葬品有铜剑 1 件、铜镞 2 件、铜斧 1 件、铜骹铁矛 2 件、铁削 1 件、铁锥 2 件、砺石 1 件、海贝 1 件（图 3-34A；彩版一八，1）。

1. 铜器 4 件。

剑 1 件。

M52：1，椭圆空心茎，喇叭口茎首，茎首横剖面呈椭圆形，边缘较平直，表面饰一周竖线状镂孔。茎两面中部对称饰三周螺旋纹，其下为两组纵向麦穗纹。一字格，剑身窄长，中线起脊，大部分凸棱较明显，近锋侧渐扁平。两侧刃微曲。合范铸造，茎两侧的范线经打磨修整，呈起脊状，规整。总长 33、茎长 8、茎首直径 3.34~3.6、格长 5.81、格宽 1.14、剑身中部宽 2.1、厚 0.36 厘米（图 3-34B，

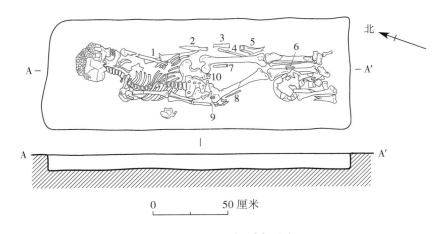

图 3-34A 08M52 平、剖面图

1. 铜剑 2、3. 铜骹铁矛 4. 铁削 5. 铜斧 6. 铜镞 7. 砺石 8、10. 铁锥 9. 海贝

1；彩版一八，2）。

镞 2件。

M52：6-1，宽短柳叶形扁平镞身，两侧不对称。空心圆铤，一侧有倒刺，锋利。合范铸造，铤两侧见范线，呈凸棱状，经大致打磨。倒刺与镞的一半属同一范腔。残长4.4、宽1.29、厚约1.2、铤径0.68厘米（图3-34B，8；彩版一八，3）。

M52：6-2，镞身近三角形，两侧刃较平直，镞身前端呈圆弧状内收成锋，底部两侧近直角，规整。两面中线大部分为血槽，前端不及锋，后端延续至铤中部。空心铤，剖面近圆角方形。铤一面末端中线带细长的翼，另一面也应有对称的翼，残断不存。锋两面中线起脊，不明显。铤两侧范线明显，呈凸棱状；两面中线起脊，一面有两穿孔，形制不规整，其中一个穿孔在铤末端边缘处，未封闭，可能为铸造时铜液流淌不均所致。总长5.29、镞身长2.95、宽1.08、厚0.19~0.33、铤径约0.63、翼长0.86厘米（图3-34B，9；彩版一八，4）。

斧 1件。

M52：5，空心方銎，瘦长器身，双面弧刃，较宽。近銎口处饰一周凸棱纹，其下斧身两面正中

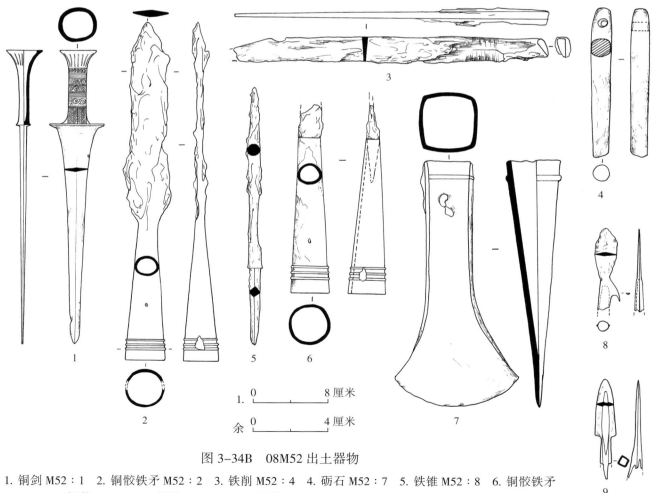

图3-34B　08M52出土器物

1. 铜剑 M52：1　2. 铜骹铁矛 M52：2　3. 铁削 M52：4　4. 砺石 M52：7　5. 铁锥 M52：8　6. 铜骹铁矛
M52：3　7. 铜斧 M52：5　8. 铜镞 M52：6-1　9. 铜镞 M52：6-2

对称各有一穿孔，一面近长方形，另一面形制不规整，可能为铸造时铜液流淌不均所致。合范铸造，器体两侧范线明显，从錾口边缘至刃角，仅经大致打磨。侧面范线偏离中线，一面宽一面窄，两侧不对称。錾内残存木柄。总长 13.4、錾口长 3.27、宽 3.27、刃宽 6.52 厘米（图 3-34B，7；彩版一八，5）。

2. 铜铁合制器　2 件。

铜骹铁矛　2 件。

M52：2，铜质圆形空心骹，骹口下饰三周凸棱纹，两侧的凸棱纹上对称各有一倒三角形穿孔，不甚规整。骹下部内收，剖面为椭圆形。铁质矛叶，与骹呈八字相交，底部两侧折角较明显，两侧刃斜直，前端内收成锋，锈蚀。骹合范铸造，仅凸棱至骹口部分的两侧有范线痕迹，其下范线打磨平整光滑，仅有不甚明显的起脊。骹内残存木屑。总长 18.7、骹长 7.6、骹口径 2.15~2.33、矛叶宽约 2.8 厘米（图 3-34B，2；彩版一八，8）。

M52：3，铜质圆形空心骹，骹口下饰三周凸棱纹，两侧的凸棱纹上对称各有一小倒三角形穿孔，不甚规整。骹下部内收，接铁质矛叶，残甚，形制不明。骹表面锈蚀，有范线痕迹，经打磨不明显。可能为合范铸造。骹长 8.18、骹口径 2.12~2.24、铜铁相交处直径 1.26~1.35 厘米（图 3-34B，6）。

3. 铁器　3 件。

削　1 件。

M52：4，背侧在一条直线上，刀背近尖部内收，刃平直。柄部两侧垫木块，再以竹、蔑类物质缠绕。刃部一面见木质痕迹，可能为木鞘。总长 17、刃长 10.16、宽 1.67、柄宽 1.43、厚 1.14 厘米（图 3-34B，3；彩版一九，1）。

锥　2 件。

M52：8，锥身细长，剖面呈圆形，锥部剖面近方形，锈蚀，表面见木质痕迹。锥身与锥部有明显分界。总长 14、锥长 4.16、锥身直径 0.69 厘米（图 3-34B，5；彩版一八，7）。

M52：10，仅剩尖部，位于盆骨下方。

4. 石器　1 件。

砺石　1 件。

M52：7，细长条状，上部略粗于底部，横剖面近圆角方形。顶部略内收，有一穿孔，两面对钻而成。底部表面有横向短小的痕迹。残长 8.14、上部直径 1.1、残断处直径 0.88、孔径 0.43~0.52 厘米（图 3-34B，4；彩版一八，6）。

5. 海贝　1 件。

海贝　1 件。

M52：9，天然海贝 1 枚。长 1.95 厘米（彩版一九，2）。

（四五）M53

长方形土坑竖穴墓，墓向 270°，打破 M107、M175、M258。墓坑长 2.25、宽 0.7、深 0.25 米。合葬，共三个个体：1 号个体侧身直肢，头西脚东，骨骼较为散乱，为 5 岁左右未成年人；2 号个体压于 1 号个体之下，头向东，似为仰身直肢，骨骼总体保存较好；3 号个体位于 1 号个体南侧，侧身直肢，

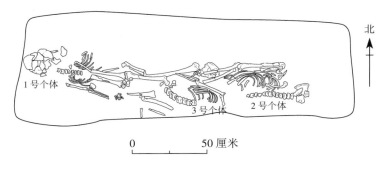

图 3-35A　08M53 平面图

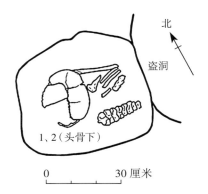

图 3-35B　08M54 平面图
1、2. 玉玦

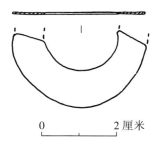

图 3-35C　08M54 出土玉玦
M54：1

头西脚东，骨骼总体保存较好，经鉴定为 40~45 岁男性。未见葬具及随葬品（图 3-35A；彩版一九，3）。

（四六）M54

土坑竖穴墓，平面近似长方形，墓向 290°，被盗洞打破，并打破 M175。墓坑长 0.55、宽 0.4 米。人骨残长 0.4 米，残存破碎头骨、少量脊椎和肋骨，头向西，从脊椎情况看，应为侧身直肢葬，头向西。经鉴定为 45~50 岁女性，右侧顶骨有外伤。未见葬具。随葬品有玉玦 2 件（图 3-35B；彩版一九，4）。

玉器　2 件。

玦　2 件。

M54：1，仅剩半环状器身，内缘稍厚，边缘扁薄。通体打磨光亮。外径约 3.45、内径约 1.9、厚 0.12 厘米（图 3-35C）。

M54：2，内外缘均近圆形，中心圆孔偏向缺口一侧，缺口两端无穿孔，由两面对磨成刃状。中心穿孔由一面加工，内缘壁斜直。通体打磨光亮。外径 1.96~2.03、内径 0.91、厚 0.1 厘米（彩版一九，5）。

（四七）M55

长方形土坑竖穴墓，墓向 0°，被 M16、M38 和盗洞打破，并打破 M51、M203、M204。墓坑长 2.2、宽 1.15、深 1.32 米。墓底有散乱人骨，葬式不明，可能为捡骨二次葬。未见葬具及随葬品（图 3-36A；彩版二〇）。

（四八）M56

长方形土坑竖穴墓，南北向，被盗洞打破，并打破 M149、M150。墓室长 2.11、宽 0.69~0.75 米，深度不明。墓坑分两层：第①层，仅在墓室南侧见一堆散骨，以残断的肢骨为主；第②层，葬一具人骨，仰身直肢，头骨缺失，身体至股骨近端被盗洞破坏，其余骨骼基本完整，其足端还被少量散骨所压。经鉴定，第①层有五个个体，包括成年男性、成年女性各一个，性别未知的12~13岁少年一个，还有性别未知的成年、未成年各一个；第②层人骨为一成年女性。未见葬具。随葬品有陶单耳罐1件、陶纺轮1件（图3-36B；彩版二一，1、2）。

陶器 2件。

单耳罐 1件。

M56：2，夹细砂，口沿及耳部橙红色，器身黑褐色。尖唇，侈口，直颈，溜肩，鼓腹，圜底，单宽耳。素面。器表抹平，施一层褐色陶衣，大部分脱落。颈、肩部分残缺。口径9.4、腹径11.4、高12.98、耳宽2.5~3厘米（图3-36B，2；彩版二一，3）。

纺轮 1件。

M56：1，夹细砂，橙黄、橙红色相杂。圆饼形，器身中部起一周凸棱，不甚明显。素面。器表抹平，施一层褐色陶衣，绝大部分脱落。直径4.68、孔径0.64、厚1.43厘米（图3-36B，1；彩版二一，4）。

（四九）M57

长方形土坑竖穴墓，墓向310°，打破M58、M192，叠压M211。墓坑长2.25、宽0.7、深1米。合葬，有较为明显的三

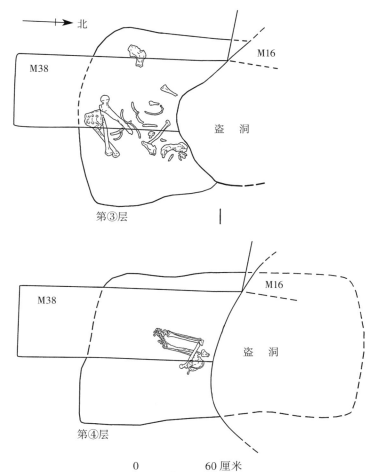

图3-36A 08M55第③、④层平面图

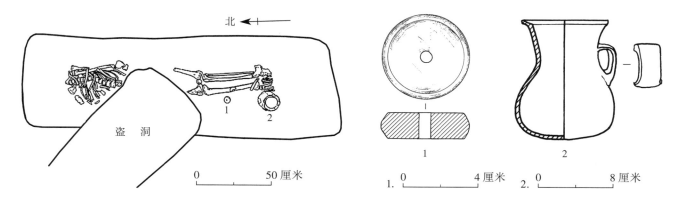

图3-36B 08M56第②层平面图及出土器物

1. 陶纺轮 M56：1　2. 陶单耳罐 M56：2

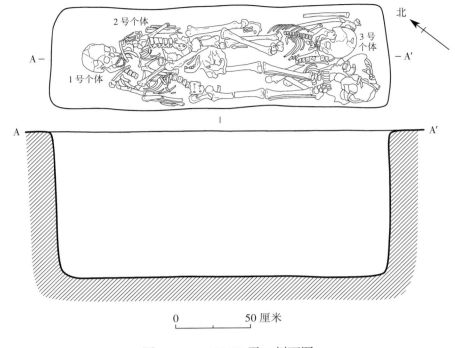

图 3-36C　08M57 平、剖面图

个个体：1 号个体仰身直肢，头西脚东，骨骼保存基本完整，经鉴定为 25~30 岁男性，其足端下压另一个或几个个体的散骨堆；2 号个体位于 1 号个体北侧，不见头骨，从脊椎情况看，似为侧身，头向西，右腿伸直，左腿弯曲而压于右小腿之上，经鉴定为 35 岁男性；3 号个体侧身直肢，头向东，经鉴定为 30~35 岁男性。其余散骨所属个体不明。未见葬具及随葬品（图 3-36C；彩版二一，5）。

（五〇）M58

长方形土坑竖穴墓，墓向 310°，东北角被盗洞打破，被 M57、M192 打破，并打破 M211。墓室长 2、宽 0.6、深 0.95~1 米。墓主人仰身直肢，骨骼腐朽严重。头骨破碎，脊椎、肋骨基本不存，上肢骨及盆骨呈粉状，右侧手骨缺失，左侧手骨位于同侧股骨上。下肢骨保存相对较好，双膝双足并拢。其胫骨、腓骨上压有另一个或几个个体的骨骼，堆放在一起，为二次葬。其中，1 号个体头向西北，颅骨破碎，可见牙齿，肱骨、尺骨、桡骨、左手部分骨骼、双侧髋骨残，还有股骨、胫骨、腓骨、足骨，膝部至足部被束缚，经鉴定为 25~30 岁男性。2 号个体，骨骼散乱摆放，应为捡骨放入，发现有颅骨、下颌、肱骨、若干肋骨、肩胛骨、桡骨、腓骨、左侧髋骨和股骨等，经鉴定为 20~25 岁男性。未见葬具。随葬品有陶盘 1 件、铜矛 1 件、铜剑 1 件、铜镞 5 件、铜斧 1 件、铜锄明器 2 件、铜铲明器 1 件、铜扣饰 1 件，并在填土中有铜镞 2 件、铜扣饰 1 件（图 3-37A；彩版二二，1、2）。

1. 陶器　1 件。

盘　1 件。

M58：8，夹细砂橙红陶。平面呈圆形，T 形剖面。盘心饰数道刻划同心凹弦纹。手制，粗糙，器表施一层浅褐色泥浆，器底粗糙，有较多细密浅坑。仅剩三分之一。口径 8.3、残高 1.87 厘米（图

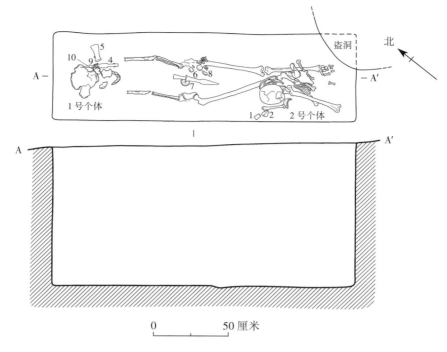

图 3-37A　08M58 平、剖面图

1. 铜铲明器　2、10. 铜锄明器　3、9. 铜镞　4. 铜矛　5. 铜斧　6. 铜剑　7. 铜扣饰　8. 陶盘

3-37B，1）。

2. 铜器　15 件。

矛　1 件。

M58：4，圆形空心骹，两侧骹口下对称各有一穿孔，一侧为圆形，另一侧近椭圆形，穿孔下对称各有一系。骹表面饰两周 S 形螺旋纹，正中的一对 S 形螺旋纹纵向相背并列，较清晰，近两侧的被铜锈覆盖；纹饰带之间以直线间以锯齿纹作为界线；螺旋纹下，即骹与矛叶相交处，两面饰重线倒三角形纹。三角形矛叶，与骹呈直角相交。近骹侧的一半矛叶中线起脊，凸棱明显，为骹之延续，前端起脊渐趋平缓，内收成锋。骹两侧仅下部有不甚明显的起脊，不见制作痕迹（或被铜锈覆盖）。骹口表面见黑色灰烬。骹内残存木柲。总长 25.5、骹长 8.8、骹口径 2.3、矛叶长 16.7、宽 3.34、厚 0.16~1.29 厘米（图 3-37B，2；彩版二二，3）。

剑　1 件。

M58：6，椭圆空心茎，喇叭口形茎首。茎表面饰两周 S 形螺旋纹，正中的一对 S 形螺旋纹纵向相背并列，两侧的相向并列；螺旋纹饰带之下，两面对称饰重线竖向菱形纹，其外为大半周勾连 S 形纹。一字格，剑身窄长、扁平，曲刃，中部外弧，前端渐收。表面见黑色粉末状物质。合范铸造，茎两侧、格近剑身面的范线未经打磨，明显。总长 29.5、茎长 8.7、茎首直径 3.04~3.5、格长 5.8、格宽 1.66、剑身长 20.8、剑身底部宽约 4、中部宽 3、剑身厚 0.15~0.45 厘米（图 3-37B，16；彩版二二，6）。

镞　7 件。

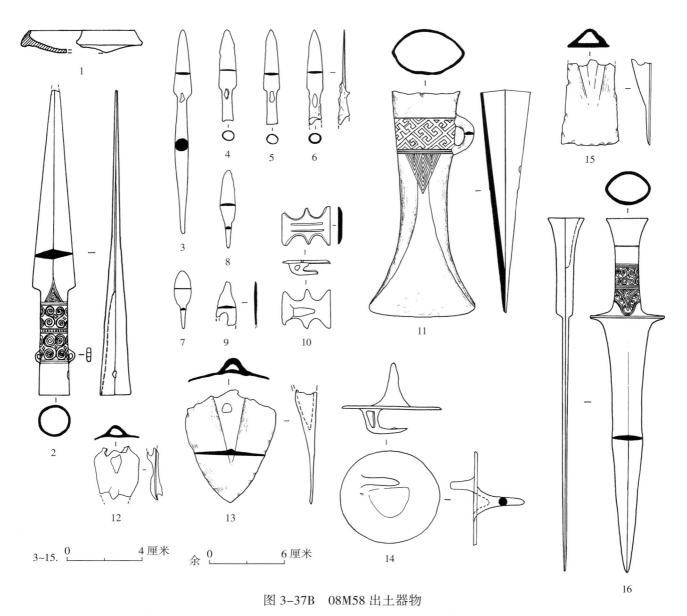

图 3-37B　08M58 出土器物

1. 陶盘 M58∶8　2. 铜矛 M58∶4　3. 铜镞 M58∶3-1　4. 铜镞 M58∶3-2　5. 铜镞 M58∶3-3　6. 铜镞 M58∶9　7. 铜镞 M58∶3-4　8. 铜镞 M58∶12（T）　9. 铜镞 M58∶13（T）　10. 铜扣饰 M58∶11（T）　11. 铜斧 M58∶5　12. 铜锄明器 M58∶10　13. 铜锄明器 M58∶2　14. 铜扣饰 M58∶7　15. 铜铲产明器 M58∶1　16. 铜剑 M58∶6

M58∶3-1，三角形扁平镞身，器形规整、对称。镞身与铤交界的一面有一椭圆形穿孔。其下似另有一穿孔，或为铜液流淌不均所留下的缝隙，因残断而情况不明。圆形实心长铤，两端较细，最大径在中上部，底端近圆锥形。通体打磨光滑，不见制作痕迹。总长 11.23、镞身长 3.73、宽 1.13、厚 0.09~0.29、铤径 0.76 厘米（图 3-37B，3；彩版二二，4）。

M58∶3-2，三角形扁平镞身，镞身两侧不对称。椭圆空心铤，铤近镞身底部的一面有一椭圆形穿孔。通体打磨光滑，不见制作痕迹。总长 5.11、镞身长 3.14、宽 1.06、厚 0.28~1、铤径 0.58~0.65 厘米（图 3-37B，4；彩版二二，5）。

M58∶3-3，窄长三角形扁平镞身，前端急收成锋，锋与刃均非常锋利。椭圆空心铤，铤近镞身底部的一面有一椭圆形穿孔。铤内残存木杆。器形规整、制作精细，通体打磨光滑，不见制作痕迹。残长 5.22、镞身长 3.31、宽 0.92、厚 0.07~0.24、铤径 0.57~0.67 厘米（图 3-37B，5；彩版二三，1）。

M58：3-4，明器。阔叶形扁薄镞身，细长实心铤。长 3.22、宽 0.98、厚 0.09、铤长 1.32、铤宽 0.26、铤厚 0.14 厘米（图 3-37B，7；彩版二三，2）。

M58：9，三角形扁平镞身，近圆形空心铤。铤近镞身处两面各有一穿孔。铤两侧起脊，应为合范铸造的范线，经打磨光滑。残长 5.27、镞身长 3.26、宽 1.05、厚 0.2~0.08、铤径 0.63~0.75 厘米（图 3-37B，6）。

M58：12（T），柳叶形扁平镞身，镞身中线起脊，不明显，不及锋。镞身两侧不对称。细长实心铤，两侧范线明显，未经打磨。制作较粗糙。残长 4.13、宽 0.9、厚 0.18、铤宽 0.25、铤厚 0.17 厘米（图 3-37B，8；彩版二三，3）。

M58：13（T），镞身扁平，前端残断。中部一侧有穿孔，未封闭，上端残断，下端呈钩状，用途不明。细长实心铤，残断。整器一面平、另一面微鼓，可能为单面范腔铸造。残长 2.4、宽 1.11、厚 0.18 厘米（图 3-37B，9）。

斧　1 件。

M58：5，椭圆空心銎，束腰，双面平刃，较宽。銎口两侧微上翘。銎口下饰一周连续菱形纹，其内有两个背向的"山"字纹；其下两面对称饰重线纹。纹饰带一侧有单系，呈半环状。刃面起脊明显，呈三角形。斧身两侧起脊明显，为合范铸造的范线，经打磨修平，器形规整。銎内残存极少量木屑。总长 12.35、銎口径 2.84~3.86、刃宽 5.78 厘米（图 3-37B，11；彩版二三，4）。

锄明器　2 件。

M58：2，平面呈尖叶形，两侧肩部折角较明显，近尖的两侧刃微弧。正面中线为凸起的三角形空心銎，及尖，中部銎口下有一椭圆形穿孔。銎口背面稍高于肩部，正面凸起部分呈三角形，高于背面，边缘不规整。总长 6.12、肩宽 4.88、銎口长 2.37、宽 1.08、器身厚 0.14 厘米（图 3-37B，13）。

M58：10，平面形状不规则，肩部较宽。正面中线凸起三角形空心銎，銎口略高于肩部，边缘不平直，中间大部分未封闭。刃部变形，似残断，但从其边缘较薄且无断茬痕迹来看，应为铸造时已变形且铜液未流淌满范腔底部所致。长 3、宽 2.4、銎口长 1.51、宽约 0.64、厚 0.1 厘米（图 3-37B，12）。

铲明器　1 件。

M58：1，平面近长方形，顶端略窄于底端。器体正面中线上部凸起三角形空心銎，不及底。銎口边缘不平直，背面低于肩部，呈凹口状，正面凸起部分高于肩部。平刃。背面平。总长 4.8、顶宽 2.52、銎口长 1.91、宽 0.92、刃宽 3.07、厚约 0.19 厘米（图 3-37B，15）。

扣饰　2 件。

M58：7，平面呈圆形，正面中央有尖状凸起，边缘较厚，呈缓坡状，不甚规整。背面平，一侧有一横扣。正面有穿孔和凹坑，应为铸造时铜液流淌不均所致。直径 5.4、总高 3.87、凸起高 2.55、横扣长 2.08、宽 0.6 厘米（图 3-37B，14；彩版二三，5）。

M58：11（T），平面呈长方形，小巧精致，上下缘各外凸三齿，形成横向的"王"字。正面中央有两道平行的凹槽。背面有一横扣，表面见黑色物质。长 2.57、宽 2.29、总高 1.03、横扣长 1.49

厘米（图 3-37B，10；彩版二三，6）。

（五一）M59

长方形土坑竖穴墓，西北—东南向，打破 M60。墓室长 1.82、宽 1.1、深 1.8 米。葬人骨两具：1号个体位于墓室南侧，仰身直肢，头西脚东，右手置于盆骨上，左手置于盆骨下，双膝双足并拢。经鉴定为 30 岁左右男性；2 号个体位于 1 号个体足端，骨骼不完整，似为侧身，头向东，面向 1 号个体，部分骨骼压于 1 号个体盆骨及左侧股骨之上，经鉴定为 30 岁左右女性。未见葬具。随葬品有铜矛 1 件、铜镞 3 件（图 3-38A；彩版二四，1）。

铜器　4 件。

矛　1 件。

M59：1，圆形空心骹，一面近骹口边缘的中线处有一圆形穿孔。矛叶与骹呈八字相交，无明显分界。矛叶中线起脊，剖面为菱形，刃斜直，前端内收成锋。总长 14.56、骹口径 2.21~2.48、矛叶宽 2.73、厚 0.23~0.96 厘米（图 3-38B，1；彩版二四，2）。

镞　3 件。

M59：2-1，圭首形扁平镞身，细长实心铤。镞身与铤交界处，一面似有绳索缠绕痕迹。镞身锈蚀严重。总长 4.15、镞身长 2.42、宽 0.89、厚 0.09、铤径约 0.18 厘米（图 3-38B，2）。

M59：2-2，圭首形扁平镞身，细长实心铤。镞身锈蚀严重，表面见黑褐色粉末状物质，致密。总长 3.84、镞身长 2.42、宽 0.88、厚约 0.13、铤径约 0.26 厘米（图 3-38B，3；彩版二四，3）。

M59：2-3，圭首形扁平镞身，细长实心铤。镞身锈蚀严重，表面见木屑痕迹。残长 3.58、镞身长 2.5、宽 0.93、厚约 0.16、铤径约 0.19厘米（图 3-38B，4）。

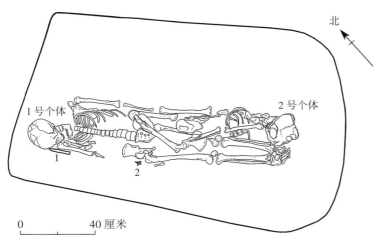

图 3-38A　08M59 平面图

1. 铜矛　2. 铜镞

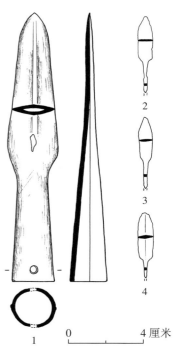

图 3-38B　08M59 出土铜器

1. 矛 M59：1　2. 镞 M59：2-1
3. 镞 M59：2-2　4. 镞 M59：2-3

（五二）M60

长方形土坑竖穴墓，西北—东南向，被 M59 打破，并打破 M115。残长 0.6、宽 0.82、深 0.8~0.83 米。合葬，墓坑分两层：第①层，葬一幼儿个体，骨骼较散乱，脊椎断裂错位，肱骨、肋骨等散乱无序，股骨残存近端，以下部分被打破，4~5 岁，性别未知；第②层，残存部分脊椎、肋骨及右侧肱骨近端，其余部分被打破，为一 30 岁左右女性。未见葬具。随葬品有陶尊 1 件、陶罐 1 件、陶纺轮 1 件、玉管 2 件。幼儿个体仅随葬陶罐 1 件，其余为女性个体的随葬品（图 3-39A；彩版二五，1~3）。

1. 陶器　3 件。

尊　1 件。

M60②：2，夹细砂黑褐陶。圆唇，侈口，斜颈，斜肩，折腹，喇叭形矮圈足。素面。轮制，规整，圈足内壁可见明显轮修弦纹。外壁抹平，内外壁均施黄褐色陶衣，大部分脱落。仅圈足完整，口、颈、肩、腹部残碎严重。足径 10、足高 4 厘米（图 3-39B，1）。

罐　1 件。

M60①：1，夹细砂黑褐陶。平底。残片中可见刻划弦纹和三角形纹的组合纹饰。轮制，内外壁抹平，内外壁均施一层褐色陶衣，大部分脱落。推测为罐的残片。

纺轮　1 件。

M60②：3，夹细砂，器表为灰白色，底部黑色。覆钵形。素面。规整，器表抹平，施一层黄褐色陶衣，绝大部分脱落。直径 3.13、孔径 0.42、厚 1.21 厘米（图 3-39B，3；彩版二五，5）。

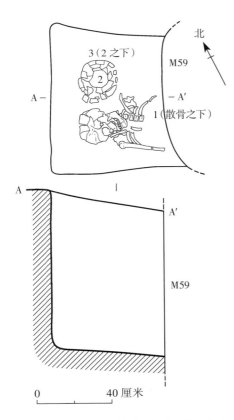

图 3-39A　08M60 第②层平、剖面图

1. 玉管　2. 陶尊　3. 陶纺轮

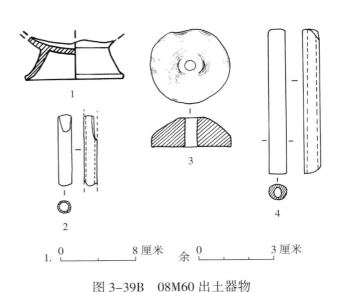

图 3-39B　08M60 出土器物

1. 陶尊 M60②：2　2. 玉管 M60②：1-2　3. 陶纺轮 M60②：3
4. 玉管 M60②：1-1

2. 玉器 2件。

管 2件。

M60②：1-1，长柱状，剖面为圆角方形，中心穿孔，两面对钻而成。两面不平直，一面边缘被穿孔破坏。通体打磨光亮。长5.81、直径0.73、孔径0.3~0.4厘米（图3-39B，4；彩版二五，4）。

M60②：1-2，圆柱形，两端边缘不平齐，但打磨光滑。中心有穿孔，两面对钻而成。通体打磨光亮。长2.85、直径0.66、孔径0.4厘米（图3-39B，2）。

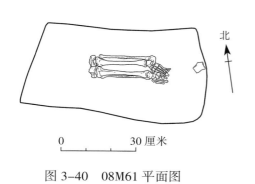

图3-40 08M61平面图

（五三）M61

长方形土坑竖穴墓，西北—东南向，打破M62、M63。残长0.79、宽0.35米，深度不明。人骨仅存胫腓骨及足骨，保存基本完整。可能为成年女性。未见葬具及随葬品（图3-40；彩版二四，4）。

（五四）M62

长方形土坑竖穴墓，西北—东南向，被M24、M61打破，并打破M63、M75。残长1.45、宽0.4~0.6、深0.4米。葬未成年个体一具，仰身直肢，头向西北，双手置于身体两侧，双膝双足并拢。头骨破碎，其余骨骼保存基本完整，左手腕部戴一铜镯（未编号）。髋骨上放置海贝约13枚（未编号），部分呈粉状，海贝上有穿孔，可能穿缀成串。另外，在头骨右侧、右侧盆骨上见有动物股骨，应为下葬时有意放置的（图3-41）。

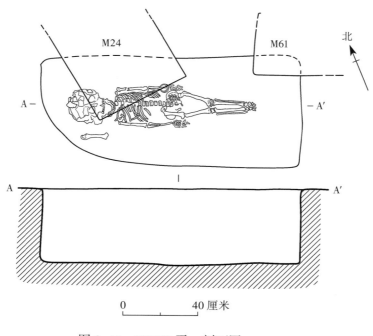

图3-41 08M62平、剖面图

（五五）M63

长方形土坑竖穴墓，西北—东南向，被 M61、M62 打破，并打破 M75。长 2.06、宽 0.7~0.72、深 0.8 米。合葬：第①层，葬两具幼儿个体，上下叠压，性别未知，一个年龄为 1~2 周，另一个为 6 个月；第②层，葬人骨一具，仰身直肢，双手置于盆骨上，双膝双足并拢，骨骼保存基本完整，为 25 岁左右男性。第①、②层间的填土中还见一个头骨和三根肢骨，集中于墓室东北角，另有一肢骨紧贴西南壁靠西端处。未见葬具。第②层随葬品有陶釜 1 件、陶圈足 2 件、陶口沿 3 件、铜矛 1 件、铜斧 1 件、铜针 1 件、铜条 1 件、铜扣饰 1 件、铜泡 1 件（图 3-42A；彩版二六，1、2）。

1. 陶器　6 件。

釜　1 件。

M63 ②：5，夹粗砂，口、腹部灰褐色，底部局部橙黄色。圆唇，侈口，距唇部约 1.7 厘米处起一周凸棱，短斜直颈，溜肩，鼓腹，圜底。素面。轮制，规整，颈、腹部内壁可见轮修弦纹。内外壁抹平，施褐色陶衣，绝大部分脱落。口径 22.35、腹径 22、高 18.2 厘米（图 3-42B，1）。

圈足　2 件。

M63 ②：5-1，夹砂略粗，褐色、橙黄色相间。喇叭形。素面。轮制，规整，可见轮修弦纹。内外壁抹平，内壁略粗糙，内壁局部可见黄色陶衣。

M63 ②：8，夹砂橙黄陶。底径 16.35、残高 4~5.1 厘米（图 3-42B，7）。

口沿　3 件。

M63 ②：5-2，夹细砂，内壁黑色，外壁褐色。平唇，直口，出沿。轮制，内壁可见轮修弦纹，

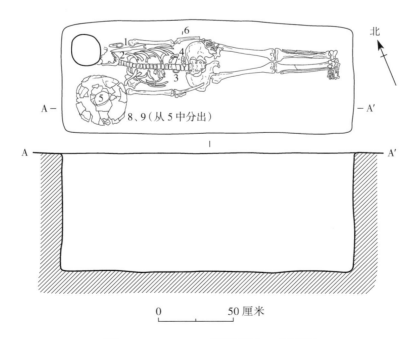

图 3-42A　08M63 第②层平、剖面图

1. 铜斧　2. 铜矛　3. 铜泡　4. 铜扣饰　5. 陶釜　6. 铜条　7. 铜针　8. 陶圈足　9. 陶口沿

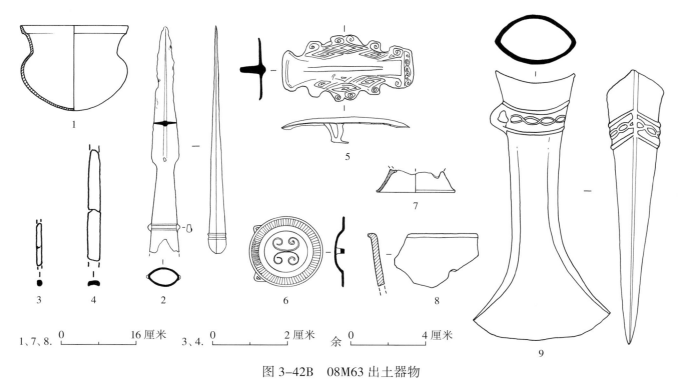

图 3-42B　08M63 出土器物

1. 陶釜 M63②：5　2. 铜矛 M63②：2　3. 铜针 M63②：7　4. 铜条 M63②：6　5. 铜扣饰 M63②：4　6. 铜泡 M63②：3
7. 陶圈足 M63②：8　8. 陶口沿 M63②：9　9. 铜斧 M63②：1

内外壁抹平。

M63②：5-3，夹粗砂，橙黄色间杂褐色。尖唇，侈口。内外壁抹平，施黄色陶衣，大部分脱落。

M63②：9，残甚，器形不明。长15.6厘米（图3-42B，8）。

2. 铜器　6件。

矛　1件。

M63②：2，椭圆空心骹，鸭嘴形骹口，骹口两侧较宽，略弧。骹口下饰两周凸棱纹，两侧对称各有一系，未穿透。凸棱纹下见绳索缠绕痕迹，缠绕两周。骹与矛叶呈八字相接，矛叶底部两侧有折角，两面正中各有一不规则穿孔；斜长刃，前端内收成锋；中线起脊，凸棱较宽较明显，为骹之延续。骹内残存少量木屑。总长13、骹口径1~2、矛叶长7.78、宽1.6、厚0.21~1.11厘米，绳索宽约0.11厘米（图3-42B，2；彩版二六，3）。

斧　1件。

M63②：1，椭圆空心銎，瘦长器身，双面宽弧刃。銎口两侧微上翘，其下饰一周绞索纹，上下各有一周凸棱纹，方向较平直。纹饰一侧有单系。斧身中部稍弯曲，似变形，不明显。斧身两侧范线打磨平整光滑，有明显的起脊。总长14.6、銎口径2.97~4.19、刃宽7.29厘米（图3-42B，9；彩版二六，5）。

针　1件。

M63②：7，细小，剖面近圆角方形。用途不明。残长约1.2、最大径0.17厘米（图3-42B，3）。

条　1件。

M63②：6，细长平直，一面微鼓，另一面较平，两侧有向内卷的趋势。一端似为尖状，残。残长3.29、宽0.31、厚0.16厘米（图3-42B，4）。

扣饰　1件。

M63②：4，平面近长方形，短轴中线较两侧长，器身中部略凸起，高于两侧。正面中央顺长轴方向有凸棱，上下对称饰三组重线菱形纹；上下边缘对称饰卷云纹（或称波浪纹）；一侧边缘饰连续圆圈纹，另一侧锈蚀不清。背面有横扣。总长6.83、中间宽3.68、两侧宽2.23、厚0.08~0.15、横扣残长1.11厘米（图3-42B，5；彩版二七，1）。

铜泡　1件。

M63②：3，平面呈圆形，一侧边缘有两个对称的小三角形凸起。正面中央大部分呈圆丘状凸起，其外缘与器体外缘间有一周凹槽，饰凸点纹或短线纹，锈蚀不清。背面凹陷范围内有一横挡。直径3.75、高0.57、横挡长2.06、边缘厚0.19厘米（图3-42B，6；彩版二六，4）。

（五六）M64

长方形土坑竖穴墓，墓向280°，被盗洞打破，并打破M174、M257，叠压M200。墓坑长1.6、宽0.6~0.8、深0.05米。发掘时并未完全发现墓圹范围，当暴露出人骨后仅存深度约0.05米。墓坑分两层：第①层，二次葬，人骨及随葬品散乱堆放，排列无序，见两个破碎头骨；第②层，残存一侧股骨、胫骨、锁骨、脊椎等，所属个体不明。未见葬具。第①层随葬品有小铜扣2件、铜环1件、玛瑙珠1件、骨笛1件、骨针筒1件；并在第①层填土中有铜扣饰1件、水晶1件，第②层填土中有铜扣饰1件、小铜泡2件、砺石1件、石纺轮1件（图3-43A；彩版二七，2、3）。

1. 铜器　7件。

扣饰　2件。

M64①：8（T），平面呈圆形。浅盘状，正面略内凹。中心为一尖状凸起的肉色玛瑙，涂红彩。

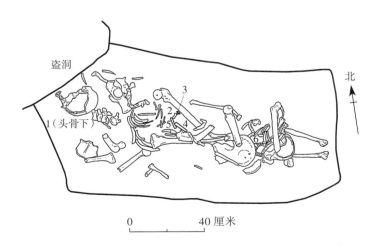

图3-43A　08M64第①层平面图
1.铜环　2、6.小铜扣　3.玛瑙珠　4.骨笛　5.骨针筒

其外饰两周环带状孔雀石，内周一圈为孔雀石片围绕玛瑙，以三片孔雀石组成一三角形，共九组三角形围成一周，残留红彩痕迹，红彩可能与孔雀石片组成正反相间的三角形纹饰组合；外周嵌满孔雀石片，大部分脱落。孔雀石片近圆形，中心无穿孔，大小不一。边缘素面。背后有一横扣。背面见织物痕迹。外周孔雀石带边缘有穿孔，似为铸造时铜液流淌不均所致。直径10.85、高2.63厘米（图3-43B，1；彩版二七，4）。

M64②：1（T），平面呈圆形。浅盘状，正面中部略内凹，中心外有一圈不甚明显的尖状凸起。纹饰呈环带状分布，由内向外分别为一周小圆点纹、一周短线纹、一周勾连S形纹、一周短线纹，边缘素面。背后有一横扣。背面见织物痕迹。直径5.94、横扣长2.36厘米（图3-43B，8；彩版二八，1）。

小铜扣 2件。

M64①：2，平面呈圆形，扣面呈伞盖状，中间高于边缘。中心为一周圆形凸棱，其外为四瓣半圆状花瓣纹，边缘为一周短直线。背面接一圆形钮座。扣面直径3.58、钮座直径1.7、高1.56、厚0.08~0.17厘米（图3-43，10B；彩版二八，3）。

M64①：6，平面呈圆形，扣面呈伞盖状，中间高于边缘。中心为一周圆形凸棱，较高，其外为四瓣半圆状花瓣纹，花瓣之间饰有垂直相交的麦穗纹，边缘为一周短直线。背面接一圆形钮座。扣面直径3.8、钮座直径1.93、高1.76、厚0.15~0.2厘米（图3-43B，9）。

铜环 1件。

M64①：1，平面呈椭圆环形，未封闭。缺口两侧横剖面近方形，中部剖面近五边形，一面平而

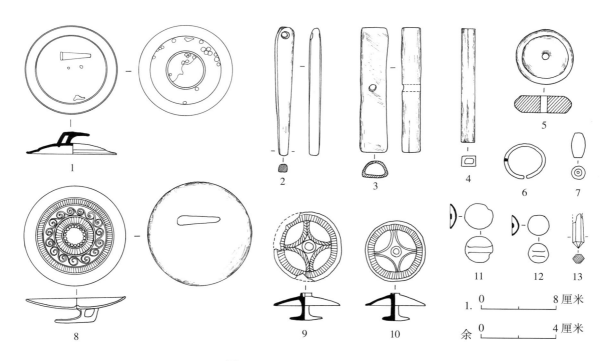

图3-43B 08M64出土器物

1. 铜扣饰M64①：8（T） 2. 砺石M64②：3（T） 3. 骨笛M64①：4 4. 骨针筒M64①：5 5. 石纺轮M64②：5（T）
6. 铜环M64①：1 7. 玛瑙珠M64①：3 8. 铜扣饰M64②：1（T） 9. 小铜扣M64①：6 10. 小铜扣M64①：2 11. 小铜泡M64②：2（T） 12. 小铜泡M64②：4（T） 13. 水晶M64①：7（T）

另一面有棱。压于头骨下，可能为耳环。外径 2.08~2.35、宽 0.21、厚 0.17 厘米（图 3-43B，6）。

小铜泡 2 件。

M64②：2（T），平面近圆形，中部凸起，纵剖面近三角形。背后有一横挡。直径 1.64、高 0.46、横挡长 1.64、宽 0.32 厘米（图 3-43B，11）。

M64②：4（T），圆丘状，背后有一横挡。直径 1.19、高 0.47、横挡长 0.92、宽 0.26 厘米（图 3-43B，12）。

2. 石器 2 件。

砺石 1 件。

M64②：3（T），长条状，横剖面近圆角长方形，底部近椭圆形。顶部宽于底部。顶部两侧内收，正中有一穿孔，两面对钻而成。通体打磨光滑。总长 7.62、宽 1.22、厚 0.78、孔径 0.45 厘米（图 3-43B，2；彩版二八，5）。

纺轮 1 件。

M64②：5（T），两面较平，器体中部有一周凸棱，不甚明显。中心有穿孔，孔壁较直。直径 3.42、孔径 0.34、厚 1.13 厘米（图 3-43B，5；彩版二八，2）。

3. 玛瑙器 1 件。

珠 1 件。

M64①：3，长柱状，中部鼓，两面平，剖面为圆形。中心有穿孔，两面对钻而成。通体打磨光亮。最大径 0.95、孔径 0.2、高 1.55 厘米（图 3-43B，7；彩版二八，4）。

4. 骨器 2 件。

笛 1 件。

M64①：4，器体中部对称有两圆形穿孔，一个非常规整，一个孔壁不平滑。大部分被铜锈渗透呈绿色。利用动物肢骨骨干部分制成，表面布满斜向磨痕。长 7.41、两端宽 1.56~1.58、厚 1.1、孔径 0.45 厘米（图 3-43B，3；彩版二八，6）。

针筒 1 件。

M64①：5，绿色。剖面为长方形，两端平直。内有铁针，残断，锈蚀。利用动物肢骨骨干部分制成，器形规整。针筒长 6.76、宽 0.86~0.95、厚 0.67 厘米，铁针残长 2.82、直径约 0.18 厘米（图 3-43B，4；彩版二八，7）。

5. 水晶 1 件。

水晶 1 件。

M64①：7（T），器体中部剖面呈六边形，一端呈六棱锥形，另一端残，似为六棱锥形。残长 2.07 厘米（图 3-43B，13；彩版二八，8）。

（五七）M65

长方形土坑竖穴墓，墓向 300°，东端被盗洞打破，并打破 M131，叠压 M182。墓坑残长 1.1、宽 0.55、深 0.1 米。墓底仅存少量幼儿骨骼，仰身直肢。未见葬具。随葬品有陶壶 1 件、玉玦 2 件、螺壳 1 件（图 3-44A；彩版二九，1）。

1. **陶器** 1 件。

壶 1 件。

M65：1，夹细砂灰黑陶。尖唇，口微侈，长斜直颈，溜肩，扁鼓腹，小平底。素面。轮制，规整，腹部内壁可见明显轮修弦纹。器表抹平，器内外皆施一层黄褐色陶衣，局部脱落，胎薄。口沿、颈、腹部局部残缺。口径 10.6、腹径 13.47、底径 5.7、高 15.72 厘米（图 3-44B，1；彩版二九，2）。

2. **玉器** 2 件。

玦 2 件。

M65：2-1，外缘呈椭圆形，内缘呈圆形，偏向缺口一侧。缺口无穿孔，由两面对磨成刃状。中心孔壁呈缓坡状。器身扁平，通体打磨光亮，表层脱落。外径 2.08~2.36、内径 0.85、厚 0.12 厘米（图 3-44B，2）。

M65：2-2，与前一件基本相同。两端残断处宽分别为 0.36、0.76 厘米，内径约 0.8、厚 0.1 厘米（图 3-44B，3）。

3. **螺壳** 1 件。

螺壳 1 件。

M65：3，天然螺壳，破碎严重，可能同属一枚。尺寸不明。

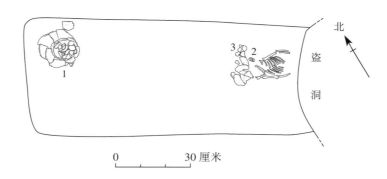

图 3-44A　08M65 平面图

1. 陶壶　2. 玉玦　3. 螺壳

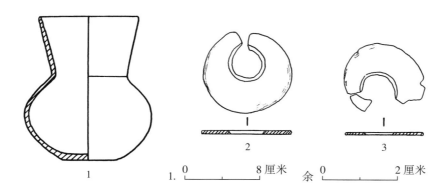

图 3-44B　08M65 出土器物

1. 陶壶 M65：1　2. 玉玦 M65：2-1　3. 玉玦 M65：2-2

（五八）M66

长方形土坑竖穴墓，墓向 310°，被盗洞打破，并打破 M126、M141、M142。墓坑长 2、宽 0.8、深 1.1 米。墓主人仰身直肢，骨骼残损严重，经鉴定应为成年男性（？）。未见葬具。无随葬品，仅在填土中有陶纺轮 1 件、砺石 1 件（彩版二九，3）。

1. 陶器 1 件。

纺轮 1 件。

M66：2（T），夹细砂黑陶。圆饼形。素面。规整，器表抹平。仅剩一半。直径 3.4、孔径 0.43、厚 0.78 厘米（图 3-45，1）。

2. 石器 1 件。

砺石 1 件。

M66：1（T），长条状，残断处剖面为圆角长方形，完整的一侧较宽，由两面对磨成屋脊状，两面微弧。器形规整，磨制光滑。可能为半成品。残长 6.48、残断处宽 1.62、厚 1.22 厘米，完整的一侧宽 1.79、厚 0.39 厘米（图 3-45，2；彩版二九，4）。

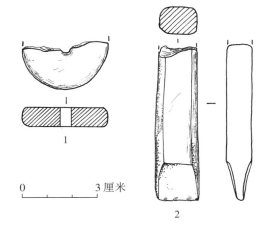

图 3-45 08M66 出土器物
1. 陶纺轮 M66：2（T） 2. 砺石 M66：1（T）

（五九）M67

长方形土坑竖穴墓，墓向 5°，被 M89、M90 和盗洞打破。墓口残长 1.78、宽 1.45 米，墓底残长 1.1、宽 0.75 米，深 1.88 米。墓坑分四层：第①层底部深 0.9 米，第②层底部深 0.98 米，第③层底部深 1.6 米，第④层底部深 1.88 米。各层均未发现完整骨架，四层人骨均为叠压堆积放置，头脚分离，为二次葬。未见葬具。第①层随葬品仅有骨管 1 件；第②层随葬品仅有孔雀石珠 1 件；第③层随葬品仅有孔雀石珠 1 件；第④层随葬品有陶纺轮 1 件、孔雀石珠 1 件（图 3-46A）。

1. 陶器 1 件。

纺轮 1 件。

M67④：2，夹细砂橙黄陶。圆饼形。素面。规整，器表抹平，施一层褐色陶衣，绝大部分脱落。直径 3.3、孔径 0.45、厚 0.9 厘米（图

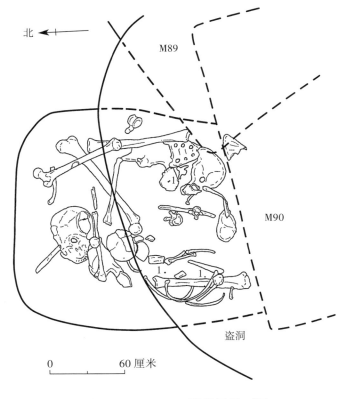

图 3-46A 08M67 第③层平面图
1. 孔雀石珠

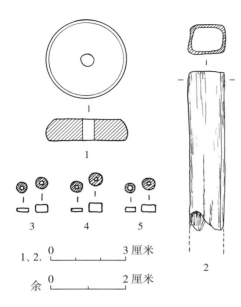

图 3-46B 08M67 出土器物

1. 陶纺轮 M67④：2 2. 骨管 M67①：1
3. 孔雀石珠 M67③：1 4. 孔雀石珠
M67②：1 5. 孔雀石珠 M67④：1

3-46B，2；彩版二九，7）。

3-46B，1；彩版二九，8）。

2. 孔雀石器 3 件。

珠 3 件。

M67②：1，共 2 粒，细小。中心有穿孔。大的直径 0.34、高 0.2 厘米，小的直径 0.33、高 0.1 厘米（图 3-46B，4；彩版二九，5）。

M67③：1，共 6 粒，细小。中心有穿孔。大的直径 0.33、高 0.2 厘米，小的直径 0.3、高 0.1 厘米（图 3-46B，3）。

M67④：1，共 18 粒，细小。中心有穿孔。大的直径 0.35、高 0.2 厘米，小的直径 0.28、高 0.13 厘米（图 3-46B，5；彩版二九，6）。

3. 骨器 1 件。

管 1 件。

M67①：1，剖面近长方形，形制较规整。完整的一端较平整，断茬经打磨。器表因铜锈渗透，部分呈绿色。利用动物肢骨的骨干部分制成。残长 6.41、宽 1.53、厚 1.27 厘米（图 3-46B，2；彩版二九，7）。

（六〇）M68

长方形土坑竖穴墓，墓向 290°，被 M101 和盗洞打破，并打破 M86。墓坑长 1.55、宽 1.35、深 1.09 米。人骨散乱置于墓坑内，为二次葬。未见葬具及随葬品。

（六一）M69

长方形土坑竖穴墓，墓向 10°，打破 M91、M225、M250。墓坑长 2.88、宽 1.3、深 2.7 米。墓坑内可分为两层：第①层底部深 0.43 米，在西南部有两个个体，人骨保存完好，但骨骼不全，包括两个头骨及部分肢骨；第②层，从西南角深约 1.2 米处发现木炭痕迹，向下至 1.6 米均有木炭痕迹，主要分布在西壁下方，长 1.3、宽 0.02~0.2 米，从 1.7 米深时开始暴露出人骨，从 1.7 米至墓底大致堆砌了一个人骨堆，骨骼保存较差，非常散乱，包括多个头骨及多个个体的肢骨，推测此堆人骨为有意堆砌，堆砌时应有木板作为挡板围成一个长方形，然后向长方形范围内堆砌骨骼（原登记表有八层，根据深度推测合并第二至八层，这几层的深度上下相加完全能够和上下层相接为一层，图按照原来的清绘）。第③层随葬品有陶纺轮 1 件、铜笄 1 件、玛瑙扣 3 件、绿松石扣 8 件、绿松石珠 6 件、海贝 1 件、螺壳 1 件；第⑧层随葬品有陶纺轮 1 件。并在第①层填土中有陶纺轮 1 件，第③层填土中有绿松石珠 2 件（图 3-47A；彩版三〇；彩版三一，1~3）。

1. 陶器 3 件。

纺轮 3 件。

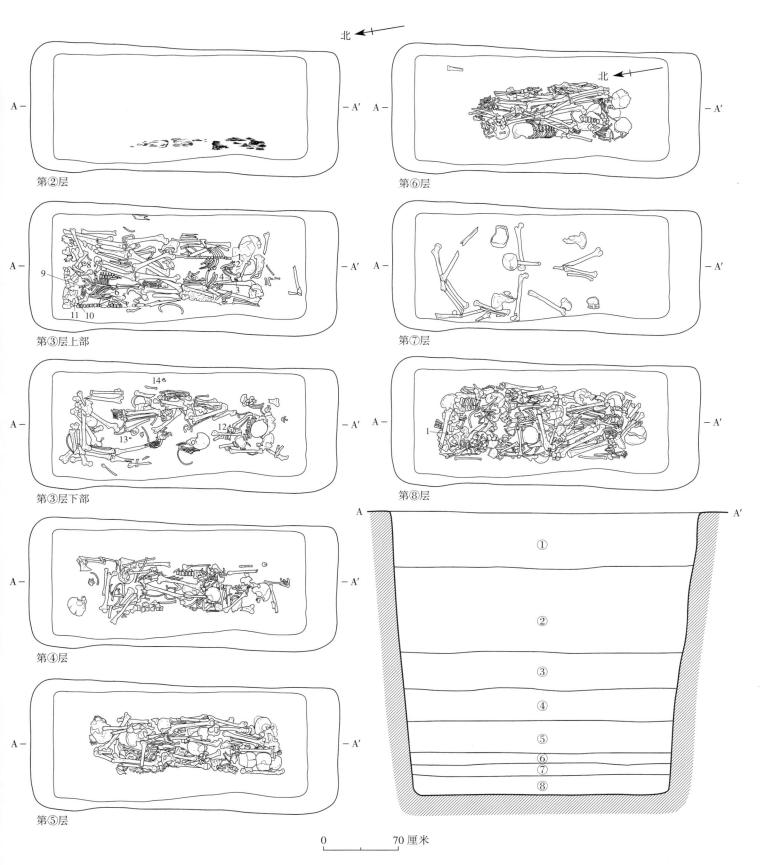

图 3-47A　08M69 平、剖面图

第③层：1、4、5、11、13.绿松石珠　2、3、9、10.绿松石扣　6.海贝　7.铜笄　8.陶纺轮　12.玛瑙扣　14.螺壳

第⑧层：1.陶纺轮

M69①：1（T），夹细砂褐陶。圆饼形。素面。规整，器表抹光，施一层黄褐色陶衣，全部脱落。直径4、孔径0.6、厚1.5厘米（图3-47B，1；彩版三二，1）。

M69③：8，夹细砂橙红陶。算珠形，器身中部有一周凸棱。素面。器表略显粗糙，施一层深褐色陶衣，大部分脱落。直径3.5、孔径0.45、厚1.18厘米（图3-47B，2）。

M69⑧：1，夹细砂黑褐陶。圆饼形。素面。规整，器表抹平。中间残。直径3、厚0.9厘米（图3-47B，3）。

2. 铜器 1件。

笄 1件。

M69③：7，笄首呈蝴蝶形，一面平，素面；另一面饰阴线圈纹。笄身似有直线凹槽。从侧面看，整器可能为四层叠在一起，铸造方式不明。残长5.37、笄首长1.77、宽1.82、笄身宽约0.52、厚0.53厘米（图3-47B，7；彩版三一，4）。

3. 玛瑙器 3件。

扣 3件。

M69③：12-1，乳白色。平面呈圆形，正面平整光亮，中央有尖状凸起，顶面平。背面微鼓，打磨光亮，正中有两穿孔，斜钻相通。直径4.8、高1.69厘米（图3-47B，5；彩版三一，5）。

M69③：12-2，肉色。平面呈圆形，正面中央有凸起，顶面平。背面较平，正中有两穿孔，斜钻相通。器形规整，正面打磨光亮，背面仅磨制平整光滑。直径4.42、高1.14厘米（图3-47B，6；彩版三二，2）。

M69③：12-3，肉色，半透明。平面呈圆形，正面中央有尖状凸起。背面较平，正中有两穿孔，斜钻相通。器形规整，正面打磨光亮，背面仅基本磨平，残留琢制痕迹。直径4.05、高1.4厘米（图3-47B，4；彩版三二，3）。

4. 绿松石器 16件。

扣 8件。

M69③：2-1，平面呈菱形，纵剖面呈长方形。背面有两穿孔，斜钻相通。菱形的一角也有一孔，但并未穿透，也未与其他穿孔相通。通体打磨光亮。长径2.23、短径1.7、高0.74厘米（图3-47B，10；彩版三二，4）。

M69③：2-2，平面形状不规则，正面有山脊状凸起，背面较宽的一侧有两穿孔，斜钻相通。通体打磨光亮。长2.28、宽1.6、高1.29厘米（图3-47B，11；彩版三二，7）。

M69③：2-3，平面形状不规则，正面中央呈尖状凸起。背面有两穿孔，斜钻相通，一个位于背面长边一侧，一个位于边缘脊上。通体打磨光亮。长1.27、宽0.92、高0.96厘米（图3-47B，15）。

M69③：3-1，平面近三角形，边缘略内凹。底较平，正面微鼓。底面中部有两穿孔，斜钻相通。通体打磨光亮。长1.73、宽1.56、高0.68厘米（图3-47B，12；彩版三二，6）。

M69③：3-2，平面近三角形，正面有尖状凸起，纵剖面近三角形。背面有两穿孔，斜钻相通。通体打磨光亮。长1.57、宽1.53、高1.02厘米（图3-47B，13；彩版三二，5）。

M69③：3-3，平面形状不规则。在一凸棱的两侧面各有一穿孔，相通。通体打磨光亮，表面有较多的被腐蚀痕迹。长约1.48、宽约1.22、高约0.89厘米（图3-47B，14）。

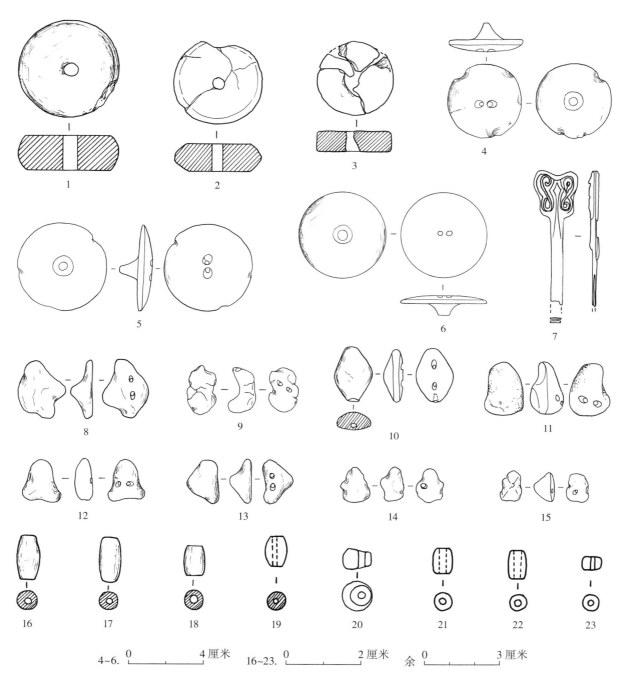

图 3-47B 08M69 出土器物

1. 陶纺轮 M69①：1（T） 2. 陶纺轮 M69③：8 3. 陶纺轮 M69⑧：1 4. 玛瑙扣 M69③：12-3 5. 玛瑙扣 M69③：12-1
6. 玛瑙扣 M69③：12-2 7. 铜笄 M69③：7 8. 绿松石扣 M69③：9 9. 绿松石扣 M69③：10 10. 绿松石扣 M69③：2-1
11. 绿松石扣 M69③：2-2 12. 绿松石扣 M69③：3-1 13. 绿松石扣 M69③：3-2 14. 绿松石扣 M69③：3-3 15. 绿
松石扣 M69③：2-3 16. 绿松石珠 M69③：13 17. 绿松石珠 M69③：15-1（T） 18. 绿松石珠 M69③：15-2（T）
19. 绿松石珠 M69③：1 20. 绿松石珠 M69③：11 21. 绿松石珠 M69③：4-1 22. 绿松石珠 M69③：4-2 23. 绿松石珠
M69③：5

M69③：9，平面形状不规则，正面中央有尖状凸起。背面平，中间有两穿孔，斜钻相通。通体打磨光亮。长约 2.5、宽约 1.98、高 0.93 厘米（图 3-47B，8）。

M69③：10，正面两端上翘，形成尖状凸起，中部内凹。背面较平，中部有两穿孔，斜钻相通。通体打磨光亮，表面有被腐蚀的沟槽。长 2.01、宽 1.25、高 1.14 厘米（图 3-47B，9）。

珠 8 件。

M69③：1，圆柱形，中部略鼓。中心有穿孔，孔壁笔直。通体打磨光亮。直径 0.59、孔径 0.1、高 0.86 厘米（图 3-47B，19；彩版三二，8）。

M69③：4-1，圆柱形，中部微鼓，两端平直。中心有穿孔，孔壁较直。通体打磨光亮。直径 0.61、孔径 0.22、高 0.71 厘米（图 3-47B，21；彩版三二，9）。

M69③：4-2，圆柱形，中部微鼓。中心有穿孔，似为两面对钻，一面穿孔为圆形，另一面为椭圆形。通体打磨光亮。直径 0.52、孔径 0.23~0.25、高 0.82 厘米（图 3-47B，22；彩版三二，10）。

M69③：5，算珠状，两面平。中心有穿孔，孔壁较直。通体打磨光亮。最大径 0.53、孔径 0.15、高 0.47 厘米（图 3-47B，23；彩版三二，11）。

M69③：11，算珠状，较扁平。中心有穿孔，一面向另一面快钻透时，再反向钻，孔径一面大一面小。通体打磨光亮。最大径 0.88、孔径 0.19~0.26、高 0.6 厘米（图 3-47B，20；彩版三二，12）。

M69③：13，圆柱形，中部微鼓，两面平整。中心有穿孔，孔壁较直。通体打磨光亮。直径 0.63、孔径 0.16、高 1.2 厘米（图 3-47B，16；彩版三二，13）。

M69③：15-1（T），圆柱形，中部微鼓，两面平。中心有穿孔，两面钻。通体打磨光亮。直径 0.65、孔径 0.18、高 1.17 厘米（图 3-47B，17；彩版三二，14）。

M69③：15-2（T），圆柱形，纵剖面呈长方形，两面平。中心有穿孔，两面对钻而成。通体打磨光亮。直径 0.55、孔径 0.21~0.24、高 0.88 厘米（图 3-47B，18；彩版三二，15）。

5. 海贝 1 件。

海贝 1 件。

M69③：6，天然海贝 1 枚，黑色。长 2.13 厘米。

6. 螺壳 1 件。

螺壳 1 件。

M69③：14，天然螺壳 1 枚。残。残长约 3.3 厘米。

（六二）M70

长方形土坑墓，墓向 350°，打破 M71、M113。范围不明。南部为一幼儿骨骼，仰身直肢，胸部有另一未成年个体的头骨；北端有两个成年个体头骨，其中一个为 25 岁左右女性，另一个性别、年龄不明。未见葬具及随葬品。

（六三）M71

长方形土坑竖穴墓，墓向 10°，被 M70 和盗洞打破，并打破 M109、M113，叠压 M139。墓坑长 1.7、

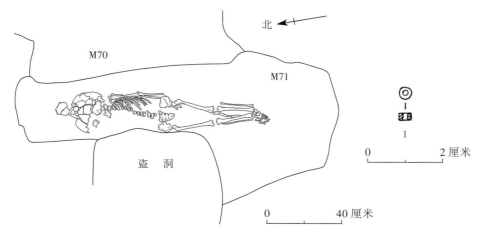

图 3-48　08M71 平面图及出土器物
1. 绿松石珠 M71：1（T）

宽 0.4、深 0.1 米。墓主人仰身直肢，双足并拢，偏向西南，骨骼较小，经鉴定为 8~10 岁的未成年个体。除此之外，墓主人腿骨下垫有一些碎骨。未见葬具。无随葬品，仅在填土中有绿松石珠 1 件（图 3-48；彩版三三，1）。

绿松石器　1 件。

珠　1 件。

M71：1（T），共 1 粒。细小。直径 0.31、高 0.21 厘米（图 3-48，1）。

（六四）M72

长方形土坑竖穴墓，墓向 5°。墓坑长 2.5、宽 0.9、深 1.35 米。墓底有人骨两具，均为头北脚南。西侧人骨仰身直肢，头偏向东南，基本完整，似与脊椎脱离（下葬时人为脱离？），经鉴定为 35~40 岁男性；东侧人骨似为侧身直肢，双侧股骨并拢，上身被压于随葬陶器下，骨骼较为残碎，经鉴定可能为 20~25 岁女性。两具人骨小腿骨之间还见有肢骨，是否属于东侧人骨缺失的胫腓骨暂时不明。未见葬具。随葬品有陶尊 1 件、陶侈口罐 1 件、陶壶 1 件、陶纺轮 1 件、铜矛 1 件、铜锥 1 件、铜铲 1 件、铜扣饰 1 件、铜筓 1 件、铜钏 1 件、残铜器 1 件、砺石 1 件、玉玦 1 件、玛瑙玦 1 件、海贝 1 件（图 3-49A；彩版三三，2）。

1. 陶器　4 件。

尊　1 件。

M72：3，夹粗砂，口部橙黄色，肩、腹部灰褐色，圈足褐色与灰褐色相杂。尖唇，喇叭口，束颈，肩近平，折腹，喇叭口形高圈足。素面。轮制，规整，圈足内壁可见明显轮修细弦纹。口、圈足内外壁抹平，腹部仅外壁抹平，内外壁均施褐色陶衣，大部分脱落。口部、腹部大部分残缺，圈足完整。口径 17~18、腹径 25.2、足径 19、高 26.8、足高 9 厘米（图 3-49B，1；彩版三五，1）。

侈口罐　1 件。

M72：2，夹细砂深褐陶，口沿局部浅褐色，底部橙黄色。尖唇，侈口，短斜直颈，溜肩，扁鼓

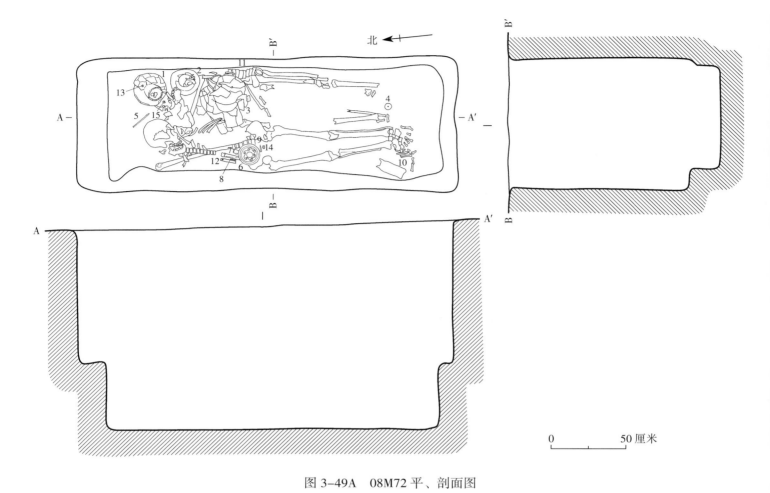

图 3-49A　08M72 平、剖面图

1. 陶壶　2. 陶侈口罐　3. 陶尊　4. 陶纺轮　5. 铜笄　6. 铜扣饰　7. 铜矛　8. 残铜器　9. 铜锥　10. 铜铲　11. 铜钏　12. 砺石　13. 玉玦　14. 海贝　15. 玛瑙玦

腹，平底。肩、颈交接处饰一周宽约 0.8 厘米的刻划弦纹和短斜线纹，左右各一泥钉，泥钉下方饰刻划叶脉纹。轮制，规整，内外壁抹平，内外壁均施一层黄色陶衣，大部分脱落。口沿、腹部局部残缺。口径 11、腹径 14.2、底径 8、高 14.3 厘米（图 3-49B，3；彩版三五，2）。

　　壶　1 件。

　　M72：1，夹细砂灰褐陶。尖唇，侈口，高斜直颈，圆鼓腹，平底。肩部饰一周宽约 2.7 厘米的刻划斜线纹与弦纹组合纹带。轮制，器形规整，颈部内壁可见明显轮修的弦纹。内外壁抹平，内外器壁均施一层黄褐色陶衣，大部分脱落。肩部以下大部分残缺。口径 11.2 厘米（图 3-49B，2）。

　　纺轮　1 件。

　　M72：4，夹细砂。仅剩一小块残片。

　　2. 铜器　7 件。

　　矛　1 件。

　　M72：7，椭圆空心骹，鸭嘴形骹口，骹口下饰凸棱纹，不甚明显，两侧对称各有一系，未穿透，骹下部内收，与矛叶呈八字相接。矛叶中线起脊，两面底部中央各有一小穿孔，表面见不甚规整但方

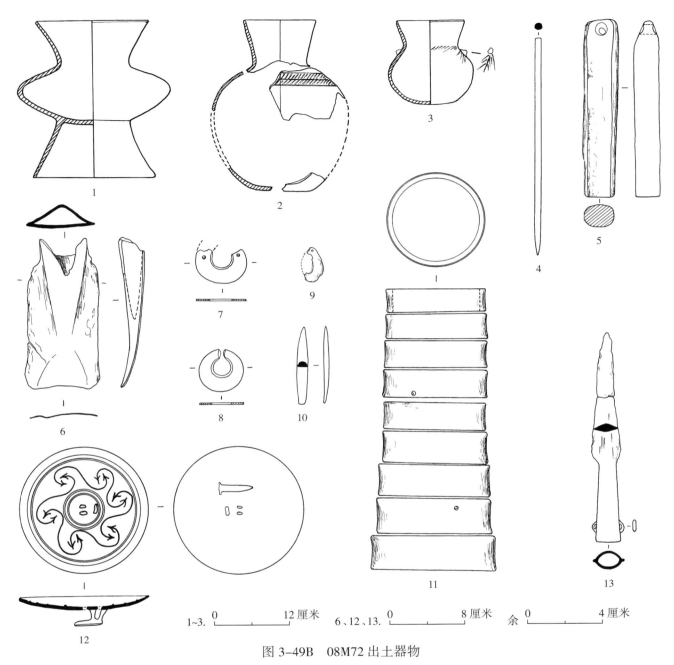

图 3-49B 08M72 出土器物

1. 陶尊 M72：3　2. 陶壶 M72：1　3. 陶侈口罐 M72：2　4. 铜笄 M72：5　5. 砺石 M72：12　6. 铜铲 M72：10　7. 玉玦 M72：13　8. 玛瑙玦 M72：15　9. 海贝 M72：14　10. 铜锥 M72：9　11. 铜钏 M72：11　12. 铜扣饰 M72：6　13. 铜矛 M72：7

向一致的短线状凹槽。器表见黑色粉末状物质。另有至少两件细长环状铜丝，残，用途不明。骹两面似有纹饰，基本被打磨平。总长 23.3、骹长 8.6、骹口径 1.93~2.55 厘米；铜丝宽 0.15、厚 0.11 厘米。铜丝可能围成封闭的长方形，长 4.36、宽 0.93 厘米（图 3-49B，13；彩版三三，3）。

锥 1 件。

M72：9，长条状，器身一面平，另一面微鼓；一端为尖，一端为双面刃。用途不明。长 4.18、宽 0.6、厚 0.26、刃宽 0.5 厘米（图 3-49B，10；彩版三三，4）。

铲 1件。

M72：10，长条形。正面中央凸起三角形空心銎，銎口高于肩部，凸起部分未封闭，有三角形豁口，两侧微外撇，呈翼状。空心銎底部分三叉，呈凸棱状，不甚明显，两侧至刃两角。刃较平直，两角呈圆弧状。背面平，稍变形。銎内残存木柄。长16.8、銎口长（背面）5.12、宽2.97、刃宽7.76厘米（图3-49B，6；彩版三三，5）。

扣饰 1件。

M72：6，平面呈圆形。正面内凹，呈盘状。主体部分饰一周首尾套接的S形纹，S两端为箭头，共六组，线条流畅，分布均匀；正中有三个穿孔，呈品字分布。边缘素面，见织物包裹痕迹。背面有一横扣。直径14.2、高约3.05、横扣长3.33厘米（图3-49B，12；彩版三四，1）。

笄 1件。

M72：5，细长。横剖面为圆形。一端趋于尖状，稍残。另一端残断。残长12.1、最大径0.38厘米（图3-49B，4；彩版三四，2）。

钏 1件。

M72：11，共9件。素面。直径、镯面宽递增。尺桡骨近端的镯直径最大、面最宽；接近腕骨的镯直径最小、面最窄。最小一件直径5.6、面宽1.4厘米，最大一件直径6.9、面宽2.1厘米（图3-49B，11；彩版三四，3~7）。

残铜器 1件。

M72：8，细小，似为螺旋状，或为一串中空的圆环状。直径约0.6、宽0.27厘米。

3. 石器 1件。

砺石 1件。

M72：12，器身横剖面为椭圆形，两面较平。顶部由两面对磨，呈屋脊状，顶部有一穿孔，两面对钻而成。器形规整，磨制光滑。残长9.75、顶宽1.73、厚0.62、器身直径1.34~1.71、孔径0.67厘米（图3-49B，5；彩版三四，9）。

4. 玉器 1件。

玦 1件。

M72：13，半环状，器身扁平，两端各有一穿孔，均先由正面向背面钻，快钻透时反向钻透，内似填有铜质物质；一端的断茬处还见一穿孔，两面钻。内缘壁呈缓坡状。通体打磨光亮。外径2.7、内径约1.15、厚0.1厘米（图3-49B，7；彩版三四，8）。

5. 玛瑙器 1件。

玦 1件。

M72：15，内外缘均近圆形，外缘光滑，内缘不平齐，似未经修整。两面平整光亮。缺口两侧断茬也未经修整。无穿孔。外径约2.38、内径约0.9、厚0.23厘米（图3-49B，8；彩版三四，10）。

6. 海贝 1件。

海贝 1件。

M72：14，背面较窄的一端，中线一侧有一穿孔，孔径小。长1.98、孔径0.16厘米（图3-49B，9）。

（六五）M73

长方形土坑竖穴墓，墓向280°，打破M173。墓坑长2.1、宽0.7~1.1、深0.6米。未见人骨、葬具及随葬品。

（六六）M74

长方形土坑竖穴墓，墓向290°，被M128和盗洞打破，并打破M160、M187、M241、M247、M253、M259、M264、M265。墓坑长2.9、宽1~1.1、深1.6米。墓坑分三层：第①层底部深1米，上部为一具完整人骨，仰身直肢，头西脚东，经鉴定为40岁左右男性，头骨及上身骨骼局部已成粉状，下肢保存相对较好，脚下和右侧身下压有较为密集的人骨，本层底部靠近西部为基岩，宽约0.3米，散置少量人骨；第②层底部深1.6米，西部为基岩二层台，宽0.3米，墓坑内堆置大量人骨[1]，厚约0.5米，骨堆四周多以股骨围绕，骨堆内以股骨居多，头骨、脊椎骨、肋骨、盆骨等散置其中，从上至下提取人骨时，在骨堆中发现一具相对完整的骨骼，颅骨已破碎，其余骨骼保存较好，经鉴定为50岁左右的女性；在第②层底部偏东有一个椭圆形腰坑（第③层），腰坑长0.9、宽0.4、深0.2米，腰坑内放置大量成年和幼儿肢骨。未见葬具。第①层随葬品有铜矛1件、铜镞2件、铜斧1件、铜锄明器1件、铜扣饰1件、铜环1件、铜骹铁矛1件、铜柄铁剑1件、铁刃1件、砺石1件、玛瑙扣3件、海贝1件、螺壳1件，第③层（腰坑）随葬品有陶纺轮1件。填土中第①层有孔雀石珠1件、水晶1件，第②层中有海贝1件（图3-50A；彩版三五，3、4；彩版三六，1~3）。

1. **陶器** 1件。

纺轮 1件。

M74③：1，夹细砂黑陶。圆饼形。素面。制作粗糙，器表施一层褐色陶衣。直径2.9、孔径0.5、厚1.1厘米（图3-50B，1；彩版三八，1）。

2. **铜器** 7件。

矛 1件。

M74①：3，圆形空心骹，骹口下饰三周凸棱纹，两侧凸棱纹上对称各有一穿孔，近圆形，不规整。骹中部两面对称各有一穿孔，一面呈长方形，另一面仅为一小孔，不明显。骹下部与矛叶呈八字相交。矛叶底部两侧折角明显，刃斜直，前端内收成锋；中线起脊，不甚明显。矛叶底部两面饰阳线卷云纹，一面四个，两两相对。总长21.8、骹长8.1、骹口径2.3、矛叶宽3.3、厚0.2~0.84厘米（图3-50B，4；彩版三六，4）。

镞 2件。

M74①：5，镞身近三角形，后锋凸出，呈尖状；中线起脊，不及锋，呈凸棱状，两侧为较深的血槽。空心圆铤，两侧范线经打磨，呈起脊状。铤末端两侧似有尖状翼。残长4.9、镞身长（尖至后锋）3.58、宽1.36、厚0.17~0.4、铤径0.87厘米（图3-50B，9；彩版三七，1）。

---

[1] 人骨稳定同位素分析见本书附录二。

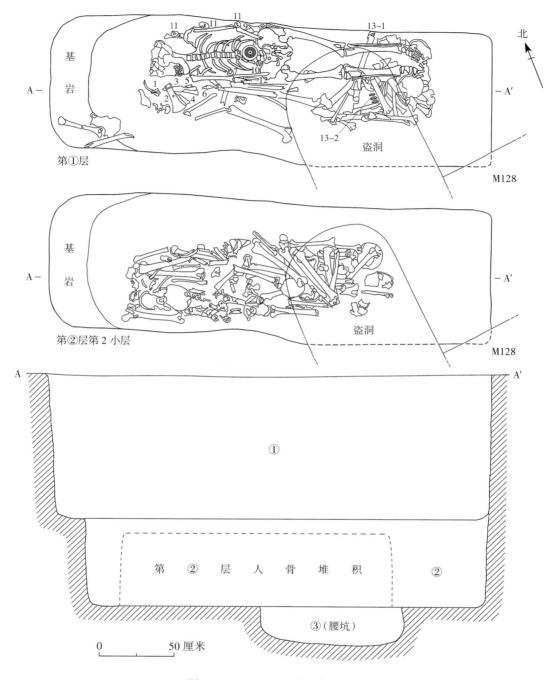

图 3-50A　08M74 平、剖面图

第①层：1. 铜锄明器　2. 铜斧　3. 铜矛　4. 铜骹铁矛　5、6. 铜镞　7. 铜环　8. 铜扣饰　9. 铜柄铁剑　10. 铁刃　11. 玛瑙扣　12. 砺石　13-1. 螺壳　13-2. 海贝

　　M74①：6，镞身近三角形，较扁平，后锋呈尖状凸出，较短；镞身下部中线起脊，两侧为血槽，均不甚明显。空心圆铤，两侧范线经打磨，呈起脊状。残长 6.09、镞身长 3.97、宽 1.5、厚 0.13~0.34、铤径（残断处）0.66~0.83 厘米（图 3-50B，10）。

　　斧　1 件。

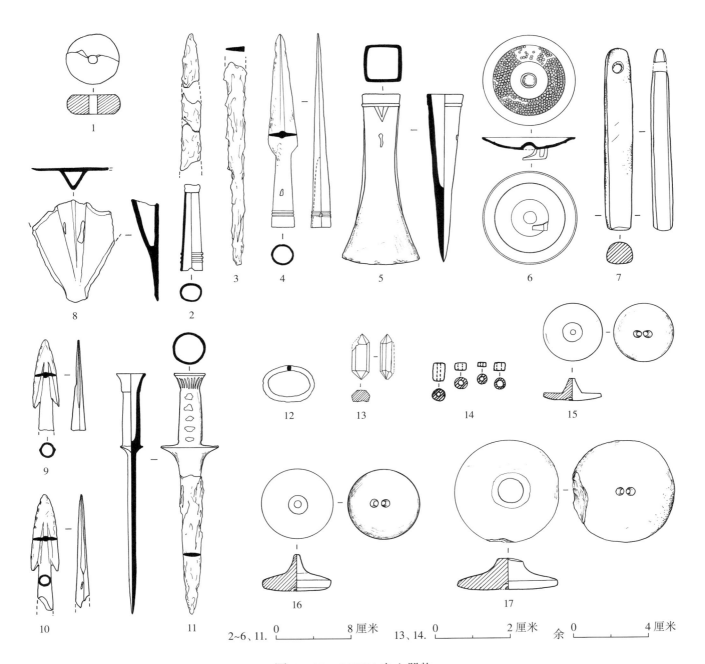

图 3-50B　08M74 出土器物

1. 陶纺轮 M74③:1　2. 铜骹铁矛 M74①:4　3. 铁刃 M74①:10　4. 铜矛 M74①:3　5. 铜斧 M74①:2　6. 铜扣饰 M74①:8　7. 砺石 M74①:12　8. 铜锄明器 M74①:1　9. 铜镞 M74①:5　10. 铜镞 M74①:6　11. 铜柄铁剑 M74①:9　12. 铜环 M74①:7　13. 水晶 M74①:14（T）　14. 孔雀石珠 M74①:15（T）　15. 玛瑙扣 M74①:11-1　16. 玛瑙扣 M74①:11-2　17. 玛瑙扣 M74①:11-3

2~6、11. ⌞0⎯⎯8厘米⌟　13、14. ⌞0⎯2厘米⌟　余 ⌞0⎯4厘米⌟

　　M74①:2，空心方銎，瘦长器身，中部略内收，双面刃，较平直，两侧微弧。近銎口处饰一周凸棱纹，一面的凸棱纹下还有重线倒三角形纹；斧身两面正中对称有穿孔，一个呈长条形，不甚规整，另一个为圆形，较规整。合范铸造，器体两侧范线明显，从銎口边缘至刃，仅经大致打磨，起棱明显。长 19、銎口长 4.35、宽 4.18、刃宽 7.94 厘米（图 3-50B，5；彩版三六，5）。

锄明器 1件。

M74①：1，平面呈尖叶形。斜肩，折角较明显，底部呈方形。正面凸起三角形空心銎，及底，銎口略高于肩部。銎中部有两穿孔，不甚规整，一侧为椭圆形，另一侧呈长条形。背面平，上部中线处有一小穿孔。器体边缘不平直，未经打磨。长5.3、肩宽4.27、銎口长1.4、宽1.25、器身厚约0.2厘米（图3-50B，8）。

扣饰 1件。

M74①：8，平面呈圆形。正面内凹，呈浅盘状。正中为圆丘状凸起，顶部镶嵌一尖状红色玛瑙珠，纵剖面为三角形，周围见红彩，圆丘表面嵌满小孔雀石片；圆丘凸起周围为一周凹槽，残存少量孔雀石片，另有四个小凸钉，此区域原应有两件玉玦或玛瑙玦，小凸钉刚好对应玦两端的穿孔，已脱落；主体区域嵌满孔雀石片，部分的直径大于圆丘凸起表面的孔雀石片；孔雀石片中心均有穿孔，形制规整；边缘为素面。背后中心一侧有一横扣。直径10、高2.41、横扣长2.87厘米（图3-50B，6；彩版三七，5）。

环 1件。

M74①：7，平面呈椭圆环形，封闭。剖面接近椭圆形。出于M74①：10残铁削附近，不确定是否为铁器的附件。长径2.73、短径1.96、宽约0.27厘米（图3-50B，12）。

3. 铜铁合制器 2件。

铜骹铁矛 1件。

M74①：4，铜质空心骹，近圆形，边缘有凹口，为铸造时铜液流淌不均所致；骹口下饰三周凸棱纹，两侧凸棱纹上对称各有一倒三角形穿孔；骹表面有穿孔四个，其中三个位于两面中线上，一个位于下部一侧。铁质矛叶，残断，与骹相接处的剖面近圆形，向上渐宽扁，近尖部剖面似为菱形。骹两侧范线经打磨光滑，仅为不甚明显的起脊，骹口至凸棱纹部分的范线明显。矛叶表面似有木屑痕迹。骹长9.7、骹口径2.29~2.44、矛叶长约15.8厘米（图3-50B，2）。

铜柄铁剑 1件。

M74①：9，扁圆空心茎，喇叭口茎首，平面近圆形，表面饰竖条状镂孔；茎两面较平，中线饰一列镂孔，一面五个，另一面四个，形制不甚规整；茎两侧范线经打磨光滑，铸造时稍有错位。一字格，平面近扁长椭圆形。柄、格、剑身底部均为铜质。剑身较窄长，两侧刃斜直，表面见木质痕迹，原可能有木鞘。总长约27、铜质部分长10.8、茎长8.2、茎首直径3.16~3.4、格长6.17、宽1.74、剑身铁质部分宽2.26、厚0.24~0.6厘米（图3-50B，11；彩版三七，3）。

4. 铁器 1件。

刃 1件。

M74①：10，细长条状，表面锈蚀，见木屑痕迹；较宽的一端还见纺织品痕迹，可能为铁削之类的刃部。残长21.8、宽1.27~1.97、两端厚0.57~1.13厘米（图3-50B，3）。

5. 石器 1件。

砺石 1件。

M74①：12，黄褐色。长条状。底面平，正面弧，剖面呈大半圆形。顶部正面、两侧内收，剖面近长方形，有一穿孔，两面对钻而成。器形规整，通体磨制光滑。长 9.64、宽 1.49、厚 1.01、顶宽 0.83、顶厚 0.49、孔径 0.55 厘米（图 3-50B，7；彩版三七，2）。

6. 玛瑙器　3 件。

扣　3 件。

M74①：11-1，乳白色，半透明。平面呈圆形。正面中心有尖状凸起，顶面平；背面平整，正中有两穿孔，斜钻相通。正面打磨光亮，背面仅磨制光滑。直径 3.1、高 1.15、孔径约 0.41 厘米（图 3-50B，15；彩版三七，4）。

M74①：11-2，乳白色，半透明，见白色平行纹理。平面呈圆形。正面中心有尖状凸起，顶面较平；背面靠近正中位置有两个穿孔，斜钻相通。正面打磨光亮，背面仅基本磨制平整，残留的崩疤应为制作痕迹。直径 3.68、高 1.9、孔径约 0.3 厘米（图 3-50B，16）。

M74①：11-3，肉色，半透明，见彩色平行纹理。平面呈圆形。正面中心有尖状凸起，残断；背面正中有两个穿孔，斜钻相通。正面打磨光亮，背面磨制光滑平整。直径 5.5、残高 1.5、孔径约 0.34 厘米（图 3-50B，17；彩版三八，3）。

7. 孔雀石器　1 件。

珠　1 件。

M74①：15（T），共 7 粒，均完整。中心有穿孔。大的直径 0.27、高 0.52 厘米，小的直径 0.24、高 0.1 厘米（图 3-50B，14；彩版三八，2）。

8. 水晶　1 件。

水晶　1 件。

M74①：14（T），器体中部呈六棱形，两端为六棱锥形。残长 2.48 厘米（图 3-50B，13；彩版三八，4）。

9. 海贝　2 件。

海贝　2 件。

M74①：13-2，天然海贝 3 枚，均残。

M74②：1（T），天然海贝 7 枚，残。

10. 螺壳　1 件。

螺壳　1 件。

M74①：13-1，天然螺壳 1 枚，残。

（六七）M75

长方形土坑竖穴墓，墓向 297°，被 M62、M63、M137 打破。墓坑长 2、宽 0.6~0.64、深 1 米。墓主一人，仰身直肢，头向西北，右手压于盆骨下，左手置于盆骨上，双膝双足并拢，为 30 岁左右（髋骨及牙齿）男性。未见葬具。随葬品仅有陶瓶 1 件（图 3-51；彩版三八，5）。

陶器　1 件。

瓶　1 件。

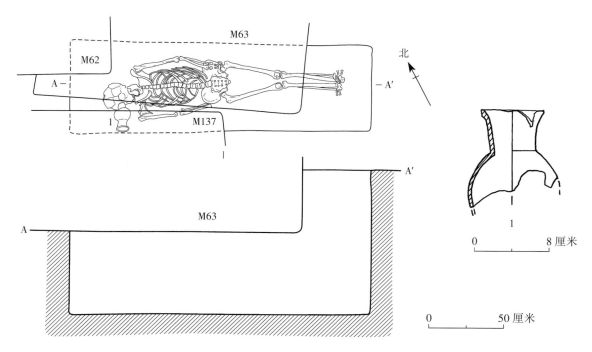

图 3-51 08M75 平、剖面图及出土器物
1. 陶瓶 M75：1

M75：1，夹粗砂黑褐陶。尖唇，喇叭口，长斜颈，溜肩，肩部以下不存。素面。轮制，内外壁抹平，内外壁均施一层黑色陶衣，部分脱落，颈部至口沿部分与器身分别制作后再粘结成整器。口径 6.6、残高 7.2~10.6 厘米（图 3-51，1）。

（六八）M77

长方形土坑竖穴墓，墓向 290°，被盗洞打破，并打破 M79、M80、M262。墓坑长 2.1、宽 0.7~1.1、深 0.75 米。填土中有四个头骨及其他骨骼碎片，墓坑分两层：第①层不见完整个体；第②层墓底有完整人骨一具，仰身直肢，墓主头端高于足端，头骨最高处与足端最高处相差 34 厘米，人骨保存基本完整，经鉴定为 55 岁左右男性，墓主人头骨西侧还紧贴有另一个体的头骨。未见葬具。第②层随葬品有铜镞 3 件、铜削 1 件、砺石 1 件、石扣 1 件，并在填土中有陶器盖 1 件、残铜条 1 件、孔雀石珠 1 件（图 3-52；彩版三九，1、2）。

1. 陶器　1 件。

器盖　1 件。

M77②：8（T），夹砂黑陶，残甚。直径 2.5、残高 1 厘米（图 3-53，1）。

2. 铜器　5 件。

镞　3 件。

M77②：3-1，细长柳叶形扁平镞身，中线大部分为长条形穿孔，一侧稍残，未封闭。细长实心铤，剖面为椭圆形。残长 3.1、宽 1.04、厚 1.09、中心穿孔长 1.86、铤径 0.19~0.25 厘米（图 3-53，5 左）。

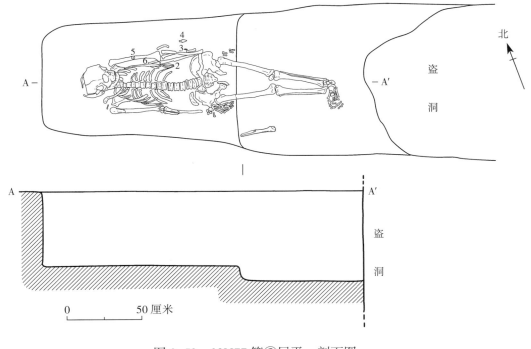

图 3-52 08M77 第②层平、剖面图
2. 铜削 3、4. 铜镞 5. 石扣 6. 砺石

M77②：3-2，形制同 M77②：3-1，残长 1.9、宽 0.7 厘米（图 3-53，5 右）。

M77②：4，扁平镞身，锋残，形制不明；底部两侧近直角，折角明显，中线起脊，不甚明显。椭圆空心铤，一面近镞身侧有穿孔，似为长条状，不甚规整。铤两侧范线打磨光滑平整，呈起脊状。铤内填满铜锈。器形规整，打磨光亮。残长 4.78、镞身宽 0.98、厚 0.17~0.31、铤径 0.66~0.78 厘米（图 3-53，4）。

削 1 件。

M77②：2，扁圆空心銎，鸭嘴形銎口，近銎口处下缘有单系，未穿透。銎表面饰螺旋纹等，呈环带状分布，锈蚀不清。刃部细长，刃背与柄上缘位于同一直线上。刃斜直，前端上翘与背侧相交。銎中部见黑色条状物质，可能为植物遗痕。刃部表面见少量黑色粉末状物质。合范铸造，柄上下缘见较明显的范线痕迹，仅经大致打磨。刃部背侧较厚，不见铸造痕迹。总长 22.2、銎口径 1.14~2、刃长 13.2、宽 1.8、背侧厚 0.2~0.5 厘米（图 3-53，8）。

残铜条 1 件。

M77②：7（T），细长条状，剖面近方形，较平直，一端微曲。器形、用途不明。残长 3.7、宽 0.16、厚 0.13 厘米（图 3-53，3）。

3. 石器 2 件。

砺石 1 件。

M77②：6，长条状，横剖面近圆形，顶部略内收。顶面有穿孔，与顶部侧面的穿孔相通。底面平整。通体磨制光滑。长 7.4、顶径 1.12~1.2、底径 1.31~1.42、顶面孔径 0.41、侧面孔径 0.5 厘

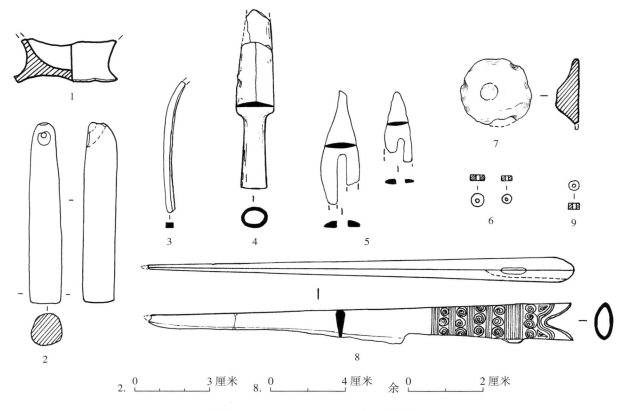

图 3-53　08M77、08M81 出土器物

1. 陶器盖 M77②：8（T）　2. 砺石 M77②：6　3. 残铜条 M77②：7（T）　4. 铜镞 M77②：4　5. 铜镞 M77②：3-1、3-2
6. 孔雀石珠 M77②：1-1（T）、1-2（T）　7. 石扣 M77②：5　8. 铜削 M77②：2　9. 绿松石珠 M81：1（T）

米（图 3-53，2；彩版三九，4）。

扣　1件。

M77②：5，正面中央有尖状凸起，背面平，无穿孔。表面粗糙不光滑。可能为半成品。直径 1.9、高 0.79 厘米（图 3-53，7；彩版三九，3）。

4. 孔雀石器　1件。

珠　1件。

M77②：1（T），有若干粒。M77②：1-1（T），最大径 0.35、孔径 0.1、高 0.2 厘米（图 3-53，6 左）；M77②：1-2（T），最大径 0.28、孔径 0.08、高 0.15 厘米（图 3-53，6 右）。

（六九）M81

长方形土坑竖穴墓，东北—西南向，被 M46 打破。墓坑长 0.87、残宽 0.23 米，深度不明。不见人骨。无随葬品，仅在填土中出土绿松石珠 1 件。

绿松石器　1件。

珠　1件。

M81：1（T），扁平算珠状，一面基本平，表面布满加工痕迹；另一面内凹，呈漏斗状。中心有穿孔，两面对钻。器体打磨光亮。直径 0.29、高 0.23 厘米（图 3-53，9）。

（七〇）M82

长方形土坑竖穴墓，墓向 330°，打破 M99。墓坑长 1.8、宽 0.4~0.5、深 0.18 米。墓主人仰身直肢，头向西北，右手紧贴于右侧股骨，左手置于股骨上，双膝双足并拢。骨骼基本完整，经鉴定为 25~30 岁男性。未见葬具。随葬品仅有陶敛口罐 1 件（图 3-54；彩版三九，5）。

陶器 1 件。

敛口罐 1 件。

M82：1，夹细砂，灰色、橙黄色相间。方唇，敛口，鼓腹，圜底。素面。轮制，规整，内外壁抹平，内外壁均施一层黑色陶衣，大部分脱落。口沿及腹部部分残缺。口径 6.4、腹径 10.39、高 8.54 厘米（图 3-54，1；彩版三九，6）。

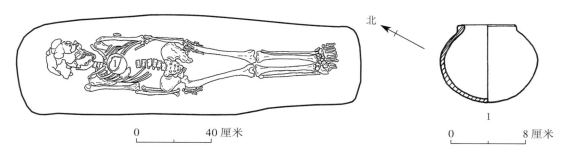

图 3-54 08M82 平面图及出土器物
1. 陶敛口罐 M82：1

（七一）M83

土坑竖穴墓，墓向 290°。墓圹范围不明显，现清理范围长 0.87、宽 0.45、深 0.05 米，清理时已发现头骨。墓主人仰身直肢，头向西北，骨骼残损严重，经鉴定为 5 岁左右未成年人。未见葬具及随葬品（图 3-55）。

（七二）M84

土坑竖穴墓，墓向 305°，打破 M151、M153。墓圹范围不明显，现清理范围长 0.88、宽 0.4、深 0.1 米。墓主人侧身直肢，头西脚东，骨骼保存较差，经鉴定为未成年人。墓底还有成年个体的股骨。未见葬具。随葬品有玉管 1 件、玛瑙管 1 件、玛瑙珠 1 件、孔雀石珠 1 件（图 3-56A；彩版四〇，1）。

1. 玉器 1 件。

管 1 件。

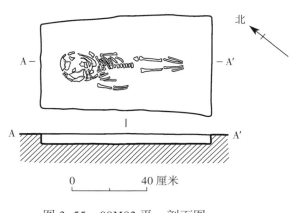

图 3-55 08M83 平、剖面图

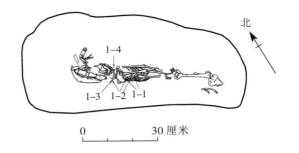

图 3-56A   08M84 平面图

1-1.玛瑙珠   1-2.孔雀石珠   1-3.玛瑙管
1-4.玉管

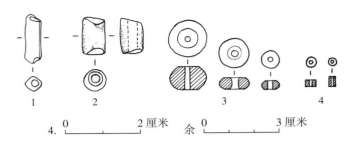

图 3-56B   08M84 出土器物

1.玉管 M84：1-4   2.玛瑙管 M84：1-3   3.玛瑙珠 M84：1-1
4.孔雀石珠 M84：1-2

M84：1-4，圆柱形，中心有穿孔。粉化严重。长 2.1、直径 0.7、孔径 0.3 厘米（图 3-56B，1）。

2. 玛瑙器   2 件。

管   1 件。

M84：1-3，圆柱形，两端为斜面，即纵剖面外缘为梯形。中心有穿孔，两面对钻而成。通体打磨光亮。长 1~1.51、直径 1.05、孔径 0.54 厘米（图 3-56B，2；彩版四〇，2）。

珠   1 件。

M84：1-1，共 3 粒。算珠状，中心有穿孔，最大的一粒单面钻，较小的一粒两面对钻，最小的一粒单面钻。通体打磨光亮。从大到小，尺寸分别为最大径 1.53、孔径 0.22、高 0.85 厘米，最大径 1.22、孔径 0.37、高 0.58 厘米，最大径 0.71、孔径 0.24、高 0.41 厘米（图 3-56B，3；彩版四〇，3）。

3. 孔雀石器   1 件。

珠   1 件。

M84：1-2，有若干粒。其中 2 粒尺寸分别为直径 0.3、孔径 0.1、高 0.2 厘米，直径 0.2、孔径 0.08、高 0.3 厘米（图 3-56B，4）。

（七三）M85

长方形土坑竖穴墓，墓向 285°，东南角被盗洞打破，并打破 M202。墓口长 1.98、宽 0.53 米，墓底长 1.2、宽 0.53 米，深 1.1 米。未见人骨、葬具及随葬品。

（七四）M86

长方形土坑竖穴墓，墓向 300°，被 M68 打破。墓坑长 2.4、宽 0.76、深 1.3 米。墓主人仰身屈肢，骨架完整，牙齿残缺，经鉴定为 35 岁左右男性。墓主人盆骨上方压一大磨制石器，足骨部位有捆绑痕迹，左侧手骨呈握姿，紧贴于同侧股骨体上。推测该个体在生前曾被行刑，其左腿上部肌肉被削去，暴露股骨体，因疼痛等原因使该墓主将手直接紧握股骨所致。未见葬具。随葬品有铜戈 1 件、铜镞 1 件、铜镈 1 件、铜锛 1 件、骨镞 2 件，并在填土中有陶片 1 件（图 3-57A；彩版四〇，4）。

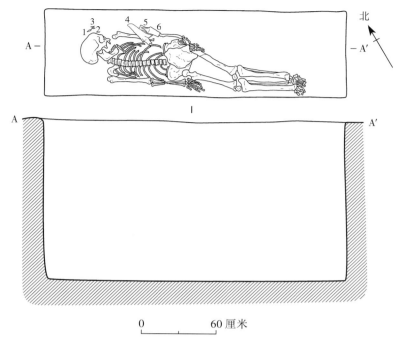

图 3-57A 08M86 平、剖面图

1、3. 骨镞 2. 铜镞 4. 铜戈 5. 铜锛 6. 铜镈

1. 陶器 1 件。

陶片 1 件。

M86：7（T），夹极细掺和料颗粒，黑色。平底。表面施戳印点纹。内外壁抹平。长 5.14、厚 0.7 厘米（图 3-57B，1）。

2. 铜器 4 件。

戈 1 件。

M86：4，直援，有胡，一穿，直内。援背侧平直，刃侧微弧；援末正中有一圆形穿，未穿透；两面近内处正中各有一翼，翼两端呈尖状凸出，两翼用以纳柲，其内残存木屑。内似鱼尾状，近援侧有一圆形穿孔，内下缘还有一长条形穿孔，不甚规整。总长 18.5、援长 13.3、阑长 7.3、内宽 4 厘米（图 3-57B，7；彩版四一，1）。

镞 1 件。

M86：2，细小，柳叶状扁薄镞身，较宽。长条状扁平铤，残断。残长 2.45、镞身长 1.89、宽 0.93、厚 0.11 厘米（图 3-57B，5；彩版四○，5）。

镈 1 件。

M86：6，空心銎，剖面呈半圆形。底部有纹饰，凸棱状，形制不明。器身有缝隙，应为铸造时铜液流淌不均所致。底部两面紧靠呈封闭状。长 5.45、銎口长 3.84、宽 1.83、底宽 2.55 厘米（图 3-57B，3；彩版四○，6）。

锛 1 件。

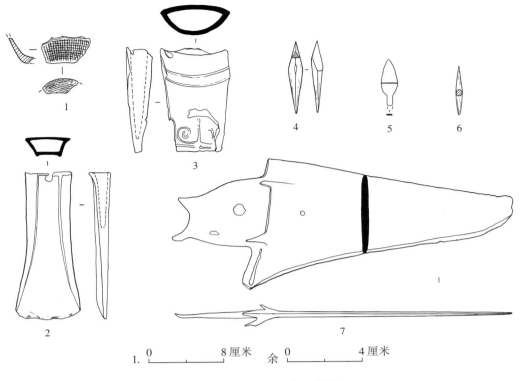

图 3-57B　08M86 出土器物

1.陶片 M86：7（T）　2.铜锛 M86：5　3.铜镈 M86：6　4.骨镞 M86：1　5.铜镞 M86：2　6.骨镞 M86：3　7.铜戈 M86：4

M86：5，梯形空心銎，銎口较平直，正面銎口下有一圆形穿孔。底面平，正面两侧起脊，凸棱明显。单面窄刃，刃微弧。长 8、銎口长 2.45、宽 1.07、刃宽 3.4 厘米（图 3-57B，2；彩版四一，2）。

3. 骨器　2 件。

镞　2 件。

M86：1，平面呈长菱形，底面平。镞身正面前端起脊，剖面为三角形，尖锋利，形制规整。铤部起脊不甚明显。长 3.94、宽 0.77、厚 0.5 厘米（图 3-57B，4；彩版四一，3）。

M86：3，细长，两端近圆锥状。一端尖稍残。残长 2.63、最大径 0.33 厘米（图 3-57B，6；彩版四一，4）。

（七五）M88

长方形土坑竖穴墓，墓向 5°，被 M87、M97 打破。墓坑长 1.95、残宽 0.65、深 0.29~0.4 米。上层有两具完整人骨，仰身直肢，头向北，两具人骨叠压放置，1 号个体经鉴定为 35~40 岁女性，2 号个体为 40~44 岁男性。在两具完整人骨的足骨位置取人骨时发现有另外三个个体，存留头骨及部分牙齿，分别为两个未成年个体和一个幼儿。下层人骨足部还叠压了三个个体，均为幼儿骨骼，且残缺不全（登记表中为两层，但是第一层深 26 厘米，第二层深 26~40 厘米，从描述来看下层应是垫在上层人骨下的骨骼，似不能分为两层，线图照原来清绘）。未见葬具。第①层随葬品有铜镞 3 件、玉玦 4 件、海贝 1 件；第②层随葬品有孔雀石珠 1 件、海贝 2 件（图 3-58A；彩版四一，5、6）。

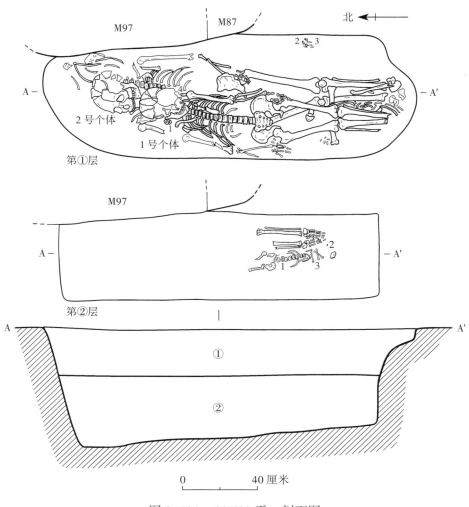

图 3-58A 08M88 平、剖面图
第①层：1、4. 玉玦 2. 海贝 3. 铜镞
第②层：1、2. 海贝 3. 孔雀石珠

1. 铜器 3 件。

镞 3 件。

M88①：3-1，明器。器体扁薄。三角形锋，镞身两侧刃斜直，镞身下部一面起脊，不甚明显。细长实心铤，不平直。镞身与铤交界处缠有两周绳索。整器一面平。总长 4.5、镞身长 2.2、宽 0.86、铤宽 0.25、厚 0.17 厘米（图 3-58B，1）。

M88①：3-2，明器。长菱形扁薄镞身，最宽处偏向锋侧。细长实心铤，铤末端有两侧向内卷曲形成圆铤的趋势。残长 2.98、宽 0.74、镞身厚 0.04、铤宽 0.21、铤厚 0.14 厘米（图 3-58B，2）。

M88①：3-3，明器。扁平镞身，前端残断，形制不明，可能与 M88①：3-1 相似。细长实心铤，不平直。残长 2.95、宽 0.83 厘米（图 3-58B，3）。

2. 玉器 4 件。

玦 4 件。

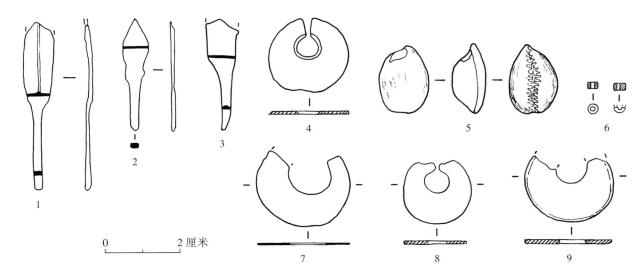

图 3-58B 08M88 出土器物

1. 铜镞 M88①：3-1 2. 铜镞 M88①：3-2 3. 铜镞 M88①：3-3 4. 玉玦 M88①：4-1 5. 海贝 M88①：2-1 6. 孔雀石珠 M88②：3 7. 玉玦 M88①：1-1 8. 玉玦 M88①：1-2 9. 玉玦 M88①：1-3

　　M88①：1-1，内外缘均近圆形，中心圆孔偏向缺口一侧。缺口无穿孔。通体打磨光亮，器体薄。外径约 2.4、内径约 1.1、厚 0.05 厘米（图 3-58B，7）。

　　M88①：1-2，内外缘均近圆形，中心圆孔偏向缺口一侧。缺口无穿孔，边缘残。通体打磨，器体部分表层脱落，不光滑。外径约 1.9、内径约 0.6、厚 0.14 厘米（图 3-58B，8）。

　　M88①：1-3，外缘似为椭圆形，内缘为圆形。中心圆孔偏向缺口一侧。器体部分表层脱落，不光滑。器身宽 0.7~1.07、厚 0.12 厘米（图 3-58B，9）。

　　M88①：4，至少 2 件，紧贴在一起无法分离，现只保留了 1 件完整器，其余粉化严重。M88①：4-1，内外缘均近圆形，中心圆孔偏向缺口一侧。缺口两端由两面对磨成刃状。通体打磨，器体部分表层脱落，不光滑。外径 1.95~2.12、内径 0.6、厚 0.12 厘米（图 3-58B，4）。

　　3. 孔雀石器　1 件。

　　珠　1 件。

　　M88②：3，共 3 粒。尺寸分别为直径 3.4、高 2.1 厘米，直径 3.2、高 1.7 厘米，直径 2.7、高 1.7 厘米（图 3-58B，6）。

　　4. 海贝　3 件。

　　海贝　3 件。

　　M88①：2，天然海贝 7 枚，6 枚完整，1 枚残。M88①：2-1，长 1.83 厘米（图 3-58B，5）。

　　M88②：1，天然海贝 1 枚，残。

　　M88②：2，天然海贝 1 枚，残。

（七六）M89

　　长方形土坑竖穴墓，墓向 300°，被 M90 和盗洞打破，并打破 M67、M124、M125、M129、

M130、M227。墓坑残长 0.9、残宽 1.05、深 0.3 米。墓底仅有少量碎骨，葬式不明。未见葬具及随葬品。

（七七）M90

长方形土坑竖穴墓，墓向 8°，被盗洞打破，并打破 M67、M89、M129、M130、M227。墓口长 2.1、宽 1.7、墓底宽 0.9、深 2.45 米。墓坑填土中发现零散人骨，至墓底有四个头骨及部分肢骨堆放成长方形，四个头骨面向不一，推测为二次葬。上颌牙齿皆有缺失，可能有凿齿习俗。未见葬具。随葬品仅有海贝 1 件（图 3-59；彩版四二，1）。

海贝 1 件。

海贝 1 件。

M90∶1，背部一侧有一穿孔。长 2.19、孔径 0.29~0.43 厘米（图 3-59，1；彩版四二，2）。

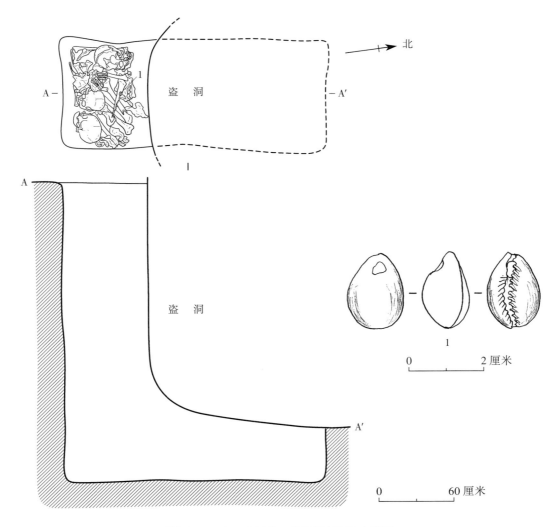

图 3-59 08M90 平、剖面图及出土器物

1. 海贝 M90∶1

（七八）M91

长方形土坑竖穴墓，墓向5°，被M69打破，并打破M219、M220。墓坑长1.9、宽0.7、深1.55米。墓主人仰身直肢，人骨保存情况略差，经鉴定为15岁左右女性，另在墓底西南角发现有三四段残断人骨。未见葬具。随葬品有陶尊1件、陶侈口罐2件、陶壶2件、陶纺轮1件、铜钏1件、铜片1件、孔雀石珠1件、海贝1件（图3-60A；彩版四二，3）。

1. 陶器 6件。

尊 1件。

M91：9，夹细砂，口、肩、圈足橙黄色，腹部褐色。尖唇，口微侈，斜肩，折腹，喇叭口形矮圈足。素面。轮制，规整，圈足内壁可见明显轮修细弦纹。内外壁抹平，施一层褐色陶衣，大部分脱落。口部、腹部大部分残缺，从残片特征推测器形为尊。足径12.6、足高3.6厘米（图3-60B，1）。

图3-60A 08M91 平、剖面图

1.孔雀石珠 2.铜钏 3.海贝 4.铜片 5.陶纺轮 6、10.陶壶 7、8.陶侈口罐 9.陶尊

侈口罐　2件。

M91：7，夹粗砂，橙红色、黑色相间。尖唇，侈口，短斜直颈，溜肩，圆鼓腹，平底。素面。慢轮制作，腹部内壁近底处可见明显轮修细弦纹。器表抹平，因陶质夹砂表面粗糙，内外壁均施一层浅黄色陶衣，绝大部分脱落。口沿及肩部部分残缺。口径11.4、腹径16.8、底径7.2、高15厘米（图3-60B，3；彩版四二，5）。

M91：8，夹砂极细，器身灰黑色，器底浅黄色。尖唇，侈口，长斜颈，溜肩，圆鼓腹，小平底。素面。轮制，规整，腹部及器底内壁可见明显轮修细弦纹。器表抹平，器内外皆施一层黄褐色陶衣，大部分脱落，胎薄。口部与器身分别制作再相互粘结。口沿及肩、腹部部分残缺。口径9、底径4.8、残高10.2厘米（图3-60B，4）。

壶　2件。

M91：6，夹砂极细，整体灰黑色，局部黄褐色。侈口，长斜直颈，平肩，平底。素面。轮制，规整，腹部内壁可见明显轮修弦纹。内外壁抹平，施黄色陶衣，绝大部分脱落，胎薄。残碎，无法拼接成整器。残口径9.47厘米（图3-60B，2）。

M91：10，夹砂略粗，器底橙黄色，腹部以上至口沿部分为灰色。尖唇，侈口，高斜直颈，溜肩，扁鼓腹，小平底。素面。手制，较粗糙，整器表面抹平，但仍可见凹凸不平的浅坑。外表施一层褐色陶衣，部分脱落。口径8.8、腹径14.8、底径5.2、高17.6厘米（图3-60B，5；彩版四三，1）。

纺轮　1件。

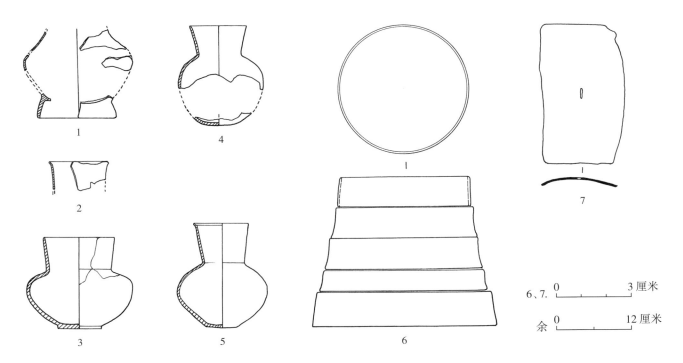

图 3-60B　08M91 出土器物

1. 陶尊 M91：9　2. 陶壶 M91：6　3. 陶侈口罐 M91：7　4. 陶侈口罐 M91：8　5. 陶壶 M91：10　6. 铜钏 M91：2　7. 铜片 M91：4

M91：5，夹极细砂黑褐陶。圆饼形。素面。器表抹平，仅剩残片。

2. 铜器 2件。

钏 1件。

M91：2，共5件，直径大小、镯面宽窄不一，有的已变形。除锈后表面呈银灰色。素面。镯面略内凹，同一件器物镯面宽窄也不统一。最大的直径7.5、镯面宽1.67厘米，最小的直径5.3、镯面宽1.4厘米，镯面最窄1.1厘米（图3-60B，6；彩版四二，4）。

铜片 1件。

M91：4，长方形片状，剖面呈圆弧线状，正面（凸起面）见纺织品包裹痕迹，背面有黑色粉末物质及绳索痕迹。长5.7、宽3.62、厚0.2厘米（图3-60B，7）。

3. 孔雀石器 1件。

珠 1件。

M91：1，有若干粒。分布集中，应为一件饰品，可能以木质器物为依托。形制、尺寸不明。

4. 海贝 1件。

海贝 1件。

M91：3，天然海贝1枚，残甚。

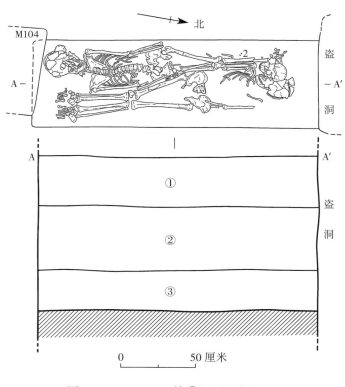

图3-61A　08M92第③层平、剖面图
2.孔雀石珠

（七九）M92

长方形土坑竖穴墓，墓向170°，被M104和盗洞打破，被M108叠压，并打破M147。墓坑残长1.9、宽0.6、深1.05米。墓坑分三层：第①层底部深0.34米，在墓的西南部有较细小的人骨，应为幼儿个体；第②层底部深0.75米，有一幼年个体，仅存部分肋骨和股骨；第③层底部深1.05米，有三个个体，均为仰身直肢，右侧成年个体头向北，左侧成年个体头向南，右侧成年个体的头部为一幼年个体，骨骼保存不完整，仅发现头骨及少量肢骨。未见葬具。第①层无随葬品；第②层随葬品有孔雀石珠1件、海贝1件、螺壳1件；第③层随葬品仅有孔雀石珠1件，并在填土中有玉玦2件（图3-61A；彩版四三，2）。

1. 玉器 2件。

玦 2件。

M92③：1（T），内外缘均近圆形，

残存一部分。外径 1.65、内径 0.88、厚 0.08 厘米（图 3-61B，1）。

M92③：3（T），残，尺寸不明。

2. 孔雀石器 2 件。

珠 2 件。

M92②：2，共 16 粒。M92②：2-1，直径 0.29、高 0.16 厘米（图 3-61B，2 左）；M92②：2-2，直径 0.24、高 0.12 厘米（图 3-61B，2 右）。

M92③：2，共 7 粒。M92③：2-1，直径 0.31、高 0.35 厘米（图 3-61B，3 左）；M92③：2-2，直径 0.33、高 0.18 厘米（图 3-61B，3 右）。

3. 海贝 1 件。

海贝 1 件。

M92②：3，天然海贝 3 枚。粉化严重，残甚。

4. 螺壳 1 件。

螺壳 1 件。

M92②：1，天然螺壳 2 枚。较大，粉化严重，残甚。

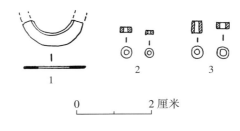

图 3-61B　08M92 出土器物

1. 玉玦 M92③：1（T） 2. 孔雀石珠 M92②：2-1、2-2 3. 孔雀石珠 M92③：2-1、2-2

（八〇）M93

长方形土坑竖穴墓，墓向 20°，被 M32 和盗洞打破，并打破 M31。墓坑残长 1.5、宽 0.8、深 1.26 米。墓坑分四层：第①层深 15 厘米，人骨不在一个平面，头骨与肢骨分离，部分肢骨残缺；第②层深 28 厘米，为幼年个体，肢骨与胫骨置于肋骨东侧，无头骨；第③层深 106 厘米，胫骨、腓骨和足骨压在盆骨之上，发现牙齿，未见头骨；第④层（墓底），人骨散乱，无完整个体。从该墓上面三层人骨残缺情况及摆放位置、方式等推测为捡骨二次葬。墓坑填土中有成年及未成年的头骨、肢骨。未见葬具。第②层随葬品有铜镞 1 件、铜渣 1 件、螺壳 1 件；第④层（墓底）随葬品有铜镞 9 件、铜镦 1 件、螺壳 2 件（图 3-62A；彩版四三，3）。

1. 铜器 12 件。

镞 10 件。

M93②：1，窄长扁平镞身，镞身底部有一长椭圆形穿孔。空心圆铤，铤两侧起脊明显，似有倒刺。残长 5.55、镞身宽 1.2、厚 0.11~0.25、铤径 0.64~1 厘米（图 3-62B，1）。

M93④：4-1，8 件中最精致。曲刃镞身，中线起脊，凸棱明显，两侧为血槽；两侧刃向后延伸，形成外撇的两翼，锋利。圆形细长实心铤，中部有一周凸棱。铤部两侧范线明显，应为合范铸造，镞身的范线已打磨成锋利的刃。器形规整。总长 5.68、铤长 3.34、尖至翼长 2.76、镞身厚 0.11~0.26、铤厚 0.31、铤中部凸棱直径 0.52~0.73 厘米（图 3-62B，3）。

M93④：4-2，扁平菱形镞身，上下部不对称，上部长，两侧刃对称平直；下部短，两侧不规整。一面镞身似有两条血槽，与刃方向平行，血槽下部中央为一椭圆形穿孔。细长扁平实心铤，两侧范线

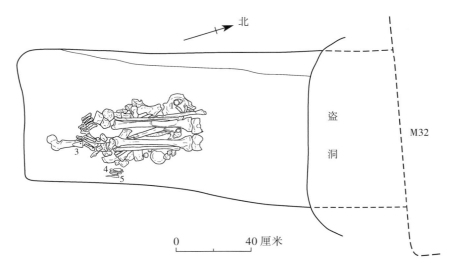

图 3-62A　08M93 第④层平面图

1、2. 螺壳　3. 铜镦　4、5. 铜镞

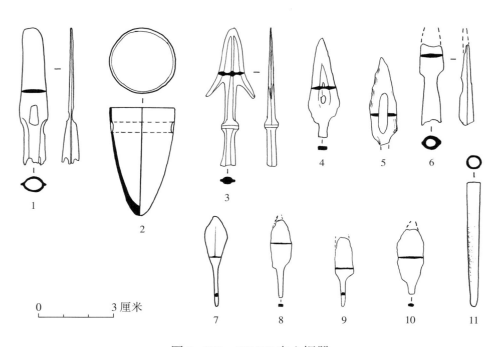

图 3-62B　08M93 出土铜器

1. 镞 M93②：1　2. 镦 M93④：3　3. 镞 M93④：4-1　4. 镞 M93④：4-2　5. 镞 M93④：4-3　6. 镞 M93④：4-4
7. 镞 M93④：4-5　8. 镞 M93④：4-6　9. 镞 M93④：4-7　10. 镞 M93④：4-8　11. 镞 M93④：5

明显，未经打磨。残长 4.02、宽 1.24、镞身厚 0.12 厘米（图 3-62B，4）。

M93④：4-3，柳叶形扁平镞身，中线大部分为长条状穿孔。铤不存，形制不明。残长 3.55、宽 1.11、厚 0.18 厘米，穿孔长 1.64、宽 0.33 厘米（图 3-62B，5）。

M93④：4-4，扁平镞身，残断，形制不明。扁圆空心铤，残，一面近镞身处有穿孔。残长 3.32、镞身宽 1.06、铤径 0.6~0.88 厘米（图 3-62B，6）。

M93④：4-5，明器。菱形扁平镞身，镞身上下部不对称，上半部宽短，下半部窄长；镞身两面中线有不明显的起脊。细长实心圆铤。总长 3.63、镞身长 1.94、宽 0.97、铤厚 0.14 厘米（图3-62B，7）。

M93④：4-6，明器。镞身扁薄，近柳叶形，不对称。细长扁圆实心铤。总长 3.12、镞身长 1.99、宽 0.87、厚 0.03~0.09、铤宽 0.22、铤厚 0.13 厘米（图 3-62B，8）。

M93④：4-7，明器。镞身扁薄，不对称，锋呈圆弧状，无尖。细长扁圆实心铤。总长 2.83、镞身长 1.69、宽 0.76、厚 0.07、铤宽 0.18 厘米（图 3-62B，9）。

M93④：4-8，明器。镞身扁薄，不对称，无尖，形制不规整。细长实心铤，残断。残长 2.58、宽 1.1、厚 0.06 厘米（图 3-62B，10）。

M93④：5，残存铤部，细长圆锥状空心铤，底面稍平。残长 5.04、铤径 0.7 厘米（图 3-62B，11）。

镦　1 件。

M93④：3，圆锥状。圆形空心銎，銎口下对称各有一方形穿。长 4.52、銎口径 2.66、穿孔边长约 0.4 厘米（图 3-62B，2；彩版四三，4）。

铜渣　1 件。

M93②：2，铜器残片。器形不明。残长约 1.47、宽约 1.1 厘米。

2. 螺壳　3 件。

螺壳　3 件。

M93②：3，天然螺壳 1 枚，残。

M93④：1，天然螺壳 1 枚，较残。

M93④：2，天然螺壳 1 枚，残。

（八一）M94

长方形土坑竖穴墓，墓向 300°，被 M31 打破。墓坑残长 2.3、宽 0.6、深 0.92 米。墓主人仰身直肢，下肢应被束缚，骨骼基本保存完好，经鉴定为 25 岁左右男性。未见葬具。随葬品仅有铜戈 1 件（图 3-63；彩版四四，1）。

铜器　1 件。

戈　1 件。

M94：1，直援，有胡，一穿，直内。援背侧平直，刃侧微弧；两面近内处正中各有一翼，翼两端呈尖状凸出，两翼用以纳柲。内似鱼尾状，近援侧有一圆形穿孔，内下缘还有一个三角形穿孔，不甚规整。残长 19.8、援残长 14.3、翼宽约 3、胡长 6.84、内近援侧宽 3.9、内末端宽 2.9、厚约 0.3 厘米（图 3-63，1；彩版四三，5）。

（八二）M95

长方形土坑竖穴墓，墓向 280°，被盗洞打破，并打破 M159、M166，并叠压 M222。墓室长 2.14、宽 0.64

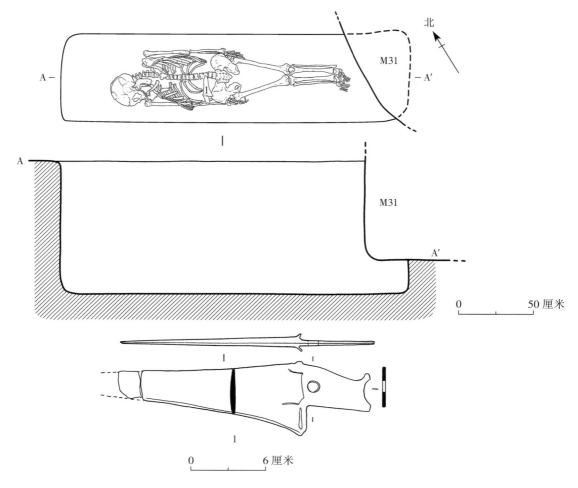

图 3-63　08M94 平、剖面图及出土器物

1. 铜戈 M94∶1

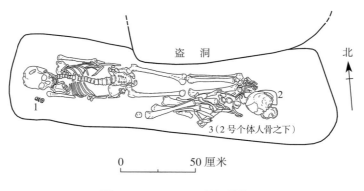

图 3-64A　08M95 平面图

1. 五铢钱　2. 铁锸　3. 陶纺轮

米，深度不明。葬人骨两具，北侧人骨仰身直肢一次葬，头西脚东，右手似置于盆骨下，为 30 岁左右男性；南侧人骨二次葬，呈东西向摆放，为成年男性。未见葬具。随葬品有陶纺轮 1 件、五铢钱 1 件、铁锸 1 件（图 3-64A；彩版四四，2）。

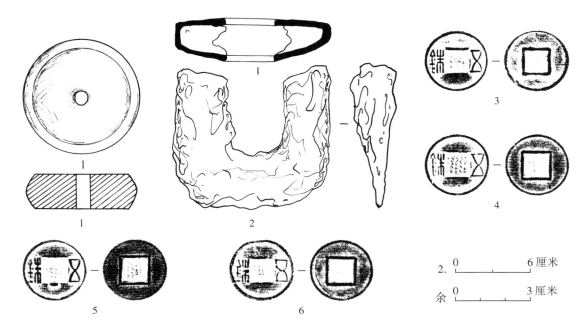

图 3-64B　08M95 出土器物

1. 陶纺轮 M95：3　2. 铁锸 M95：2　3. 五铢钱 M95：1-1　4. 五铢钱 M95：1-2　5. 五铢钱 M95：1-3　6. 五铢钱 M95：1-4

1. 陶器　1 件。

纺轮　1 件。

M95：3，夹白色细砂黑陶。圆饼形，器身中部起一周凸棱。素面。制作规整，器表施一层褐色陶衣，大部分脱落。直径 4.64、孔径 0.45、厚 1.41 厘米（图 3-64B，1；彩版四四，3）。

2. 铜器　1 件。

五铢钱　1 件。

M95：1，共 17 枚。三官五铢。内外有郭。"五"字为两斜线微曲相交状，"铢"字为三角形，"朱"下部为圆弧状折角。直径约 2.6、孔径约 0.93 厘米（图 3-64B，3~6；彩版四四，4）。

3. 铁器　1 件。

锸　1 件。

M95：2，正面为 U 形，平刃，两角微弧。两侧为三面封闭的卡槽，用以纳柄。表面锈蚀严重。总高 10.9、顶宽 12.92、厚 3.9、底部高 4.68、厚 2.24 厘米（图 3-64B，2）。

（八三）M96

长方形土坑竖穴墓，墓向 270°，被 M118、M176 和盗洞打破，并打破 M201。残长 1.8、宽 0.65、深 0.3 米。葬两个个体，仰身直肢，头西脚东，上下叠压，一个体为成年男性，另一个体为 20~25 岁男性。未见葬具。随葬品有铜矛 2 件、铜镞 1 件（图 3-65A；彩版四五，1、2）。

铜器　3 件。

矛　2 件。

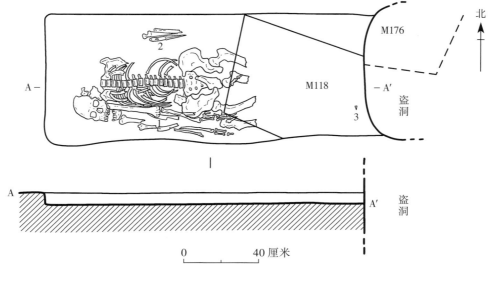

图 3-65A　08M96 平、剖面图
1、2. 铜矛　3. 铜镞

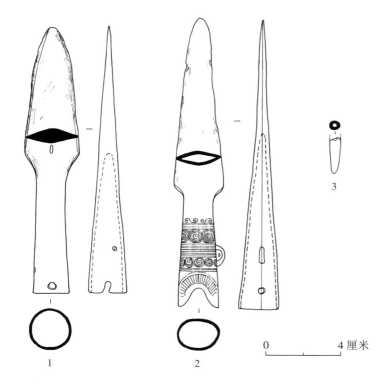

图 3-65B　08M96 出土铜器
1. 矛 M96∶1　2. 矛 M96∶2　3. 镞 M96∶3

M96∶1，圆形空心骹，骹口下正反两面正中各有一椭圆形穿孔。矛叶与骹呈八字相接，底部两侧折角较明显，矛叶短小，前端内收成锋。长 14.55、骹口径 2.18 厘米（图 3-65B，1；彩版四五，3）。

M96∶2，椭圆空心骹，鸭嘴形骹口，骹口下两侧各有一圆形穿孔；骹中部一侧有单系，未穿透；骹表面饰直线纹、螺旋纹等，呈环带状分布。长三角形矛叶，矛叶底部两侧折角明显，近直角；两面近骹侧的中线处各有一短线状镂孔。总长 15.7、骹长 6.2、骹口径 2.05~2.32 厘米（图 3-65B，2；彩版四五，4）。

镞　1件。

M96∶3，残存铤下部，空心圆锥状，但铤应为空心。残长 1.87、铤径 0.58~0.62 厘米（图 3-65B，3）。

（八四）M98

长方形土坑竖穴墓，墓向 305°，被 M44 和盗洞打破，并打破 M48、M110。墓坑长 1.65、宽 0.65、深 0.6 米。骨骼被扰乱，应为单人一次葬，经鉴定墓主为成年人。未见葬具及随葬品。

（八五）M99

长方形土坑竖穴墓，墓向
310°，被 M82 打破。墓坑长 1.7、
宽 0.4、深 0.5 米。墓主人仰身直
肢，双手紧贴于身体两侧，双膝
双足并拢。骨骼保存基本完整，
头骨破碎，脊椎有移位，似为埋
葬后自然原因形成，经鉴定为 30~35 岁女性。未见葬具及随葬品
（图 3-66；彩版四四，5）。

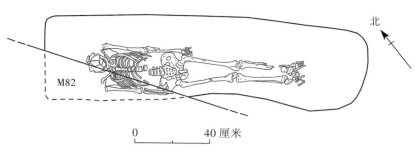

图 3-66　08M99 平面图

（八六）M100

长方形土坑竖穴墓，墓向 270°，被盗洞严重扰乱。墓坑残
长 0.8、宽 0.6、深 0.65 米。未见人骨及葬具。随葬品仅有木镯 1
件，并在填土中有铜扣饰 1 件。

1. 铜器　1 件。

扣饰　1 件。

M100：1（T），2 件残件，一件平面近椭圆形，边缘不规整，
表面见黑色粉末状物质；另一件为扁平条形薄片。较大的一件长
2.15、宽约 2 厘米。

2. 木器　1 件。

镯　1 件。

M100：2，剖面为长椭圆形，由内外两木条贴合修整而成。
宽 1.48、厚 0.67 厘米（图 3-67）。

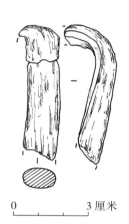

图 3-67　08M100 出土木镯
M100：2

（八七）M102

长方形土坑竖穴墓，墓向 270°。墓坑长 1.75、宽 0.62、深 0.9 米。
墓主人仰身直肢，头西脚东，上身骨骼保存较差，下身骨骼基本
完好，经鉴定为 30 岁左右男性。未见葬具。随葬品仅有陶壶 1 件（彩
版四五，5）。

陶器　1 件。

壶　1 件。

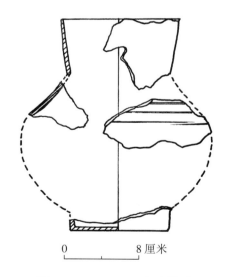

图 3-68　08M102 出土陶壶
M102：1

M102：1，泥质，褐色、黑色相间。圆唇，侈口，弧颈，平底。颈部饰数道刻划弦纹。轮制，规
整，颈部内壁可见轮修弦纹。器表抹光，内壁略粗糙，内外壁均施一层黄色陶衣，大部分脱落。除器
底基本完整外，器身大部分残缺，无法拼接成整器。口径 12、底径 10.5 厘米（图 3-68）。

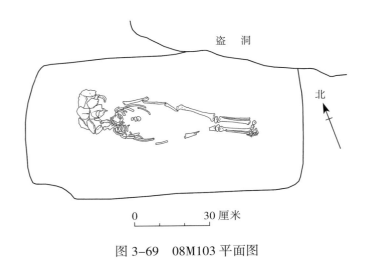

图 3-69　08M103 平面图

（八八）M103

长方形土坑竖穴墓，墓向 290°，被盗洞打破，并打破 M133。墓坑长 1.1、宽 0.5、残深 0.05 米。由于发掘时并未完全发现墓圹范围，因此清理时部分人骨已露出地表。墓主人仰身直肢，头骨保存较差，其余骨骼保存较好，经鉴定为 4 岁左右未成年人。未见葬具及随葬品（图 3-69；彩版四六，1）。

（八九）M104

长方形土坑竖穴墓，墓向 10°，被 M108 和盗洞打破，并打破 M92、M109、M139。墓坑长 2、宽 0.9、深 1.75 米。墓坑被扰乱严重，骨骼散乱，葬式不明。未见葬具及随葬品。

（九〇）M106

长方形土坑竖穴墓，墓向 300°，打破 M105、M173，叠压 M265。墓坑长 2.1、宽 0.9 米，墓底南壁有生土二层台，宽 0.2、高 0.2 米。多人合葬，至少有四个个体的人骨：1 号个体仰身直肢，头西脚东，保存基本完整，经鉴定为 30 岁左右女性；2 号个体压于 1 号个体下，仰身直肢，头东脚西，上身保存较完整，胫骨斜置于股骨下，腓骨、足骨等零散或不见，经鉴定为 20 岁左右男性；3 号个体头西脚东，残存盆骨及下肢骨，盆骨压于 2 号个体股骨远端之下，足骨伸至 2 号个体的下颌部分，上身骨骼不见，其西端有头骨、脊椎骨、锁骨、肋骨等散骨，排列无序，可能属于同一个体，经鉴定可能为男性，年龄不详；4 号个体仰身直肢，头东脚西，保存基本完整，经鉴定为 20 岁左右男性；5 号个体仰身直肢葬，头东脚西（可能与 4 号属一个个体）。未见葬具。随葬品有玉珠 1 件、玛瑙珠 3 件、绿松石扣 1 件、绿松石珠 2 件，并在填土中有孔雀石珠 1 件（图 3-70A；彩版四六，2~4）。

1. 玉器　1 件。

珠　1 件。

M106：7，算珠状，中心有穿孔。粉化严重，残存约三分之一。高 0.76 厘米。

2. 玛瑙器　3 件。

珠　3 件。

M106：2，乳白色，半透明。算珠状，两面基本平整，残留部分浅凹坑，中心有穿孔，两面钻。通体打磨光亮。最大径 1.43、孔径 0.3、高 0.83 厘米（图 3-70B，1；彩版四七，1）。

M106：5-1，肉色，有天然纹理。算珠状，一面平，另一面凹，应为钻孔痕迹。中心有穿孔，一面钻。通体打磨光亮。最大径 1.45、孔径 0.26~0.3、高 0.92 厘米（图 3-70B，4；彩版四七，2）。

M106：5-2，乳白色。算珠状，一面平，另一面凹，应为钻孔痕迹。中心有穿孔，一面钻。通体打磨光亮。最大径 1.12、孔径 0.27~0.35、高 0.62 厘米（图 3-70B，5；彩版四七，3）。

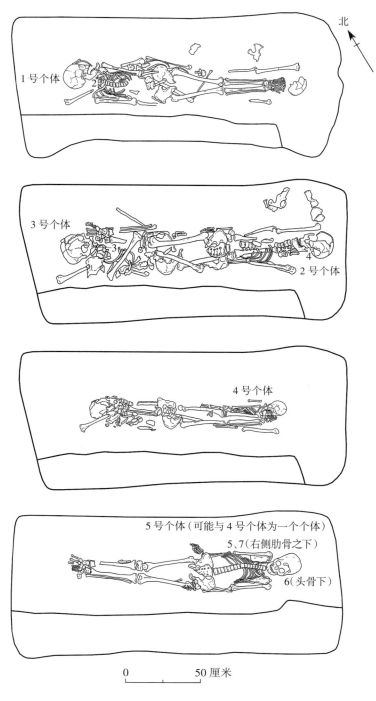

图 3-70A　08M106 平面图

2、5.玛瑙珠　3.绿松石扣　4、6.绿松石珠　7.玉珠

3. 绿松石器　3 件。

扣　1 件。

M106：3，扁平，平面形状不规则。背面正中有两个穿孔，斜钻相通。通体打磨光亮。长 1.7、宽 1.22、厚 0.43 厘米（图 3-70B，6；彩版四七，4）。

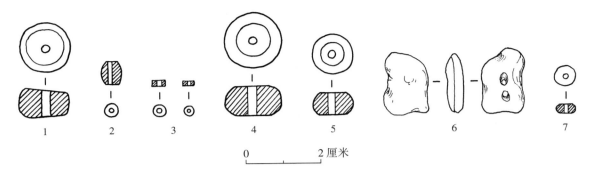

图 3-70B　08M106 出土器物

1. 玛瑙珠 M106：2　2. 绿松石珠 M106：4　3. 孔雀石珠 M106：1-1（T）、1-2（T）　4. 玛瑙珠 M106：5-1　5. 玛瑙珠 M106：5-2　6. 绿松石扣 M106：3　7. 绿松石珠 M106：6

珠　2 件。

M106：4，圆柱形，中部鼓。中心有穿孔，两面对钻而成。通体打磨光亮。直径 0.64、孔径 0.2、高 0.59 厘米（图 3-70B，2；彩版四七，5）。

M106：6，扁平算珠状，中心有穿孔，一面钻。通体打磨光亮。最大径 0.72、孔径 0.12~0.18、高 0.29 厘米（图 3-70B，7；彩版四七，6）。

4. 孔雀石器　1 件。

珠　1 件。

M106：1（T），共 5 粒。M106：1-1（T），最大径 0.38、孔径 0.15、高 0.29 厘米（图 3-70B，3 左）；M106：1-2（T），最大径 0.31、孔径 0.1、高 0.2 厘米（图 3-70B，3 右）。

（九一）M107

长方形土坑竖穴墓，墓向 290°，被 M53 打破，并打破 M175、M258。墓坑长 2.2、宽 1、深 0.9 米。墓底中部比两端窄，中部宽 0.52、两端宽 0.6~0.68 米。墓底南壁有生土二层台，宽 0.3、高 0.4 米。墓主人仰身直肢，人骨腐烂严重，经鉴定为成年男性。未见葬具。随葬品有陶尊 1 件、陶釜 2 件、铜矛 2 件、铜戈 1 件、铜剑 1 件、铜镞 10 件、铜斧 1 件、铜锄明器 1 件、铜铲明器 1 件，并在填土有孔雀石珠 1 件（图 3-71A；彩版四八，1）。

1. 陶器　3 件。

尊　1 件。

M107：10，夹细砂，口沿部分呈橙黄色，腹部及圈足为灰褐色。方唇，喇叭口，溜肩，折腹，喇叭口形高圈足。素面。轮制，规整，圈足内壁可见明显轮修弦纹。内外壁抹平，口沿内壁抹光，器表施黄褐色陶衣，大部分脱落。已修复。口径 16.2、腹径 18.6、足径 18、高 26.9、足高 11 厘米（图 3-71B，1；彩版五〇，1）。

釜　2 件。

M107：11，夹细砂，黄褐色、灰黑色相间。尖唇，侈口，近唇部宽厚，距唇部 2.5 厘米处起一

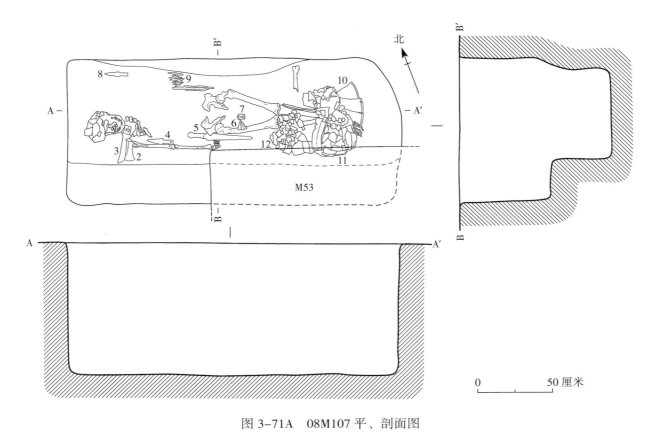

图 3-71A　08M107 平、剖面图

2. 铜斧　3. 铜戈　4、8. 铜矛　5. 铜剑　6. 铜锄明器　7. 铜铲明器　9. 铜镞　10. 陶尊　11、12. 陶釜

周凸棱，长斜直颈，溜肩，鼓腹，圜底。素面。轮制，规整，口沿内壁可见明显轮修弦纹。内外壁抹平，器表施一层褐色陶衣，大部分脱落。仅剩口沿、部分肩部及腹部，纹饰不明。已修复。口径 25、腹径 24、高 13.78 厘米（图 3-71B，2；彩版五〇，2）。

M107：12，夹细砂，橙黄色、灰褐色相间。尖唇，侈口，距唇部约 2 厘米处起一周凸棱，短斜直颈，鼓腹，圜底。轮制，规整，内外壁抹平，内外壁均施一层黄褐色陶衣，大部分脱落。仅剩部分口沿、腹部及底部残片，纹饰不明。口径 22.22、残高 3.56 厘米（图 3-71B，3）。

2. 铜器　17 件。

矛　2 件。

M107：4，圆形空心骹，骹口下两面正中各有一穿孔，近圆形，不甚规整。矛叶近长三角形，与骹呈直角相交，前端内收成锋；中线起脊，为空心骹之延伸；矛叶两面底部正中各有一穿孔，一面为细长条状，另一面为三角形。总长 15.13、骹口径 2.1、矛叶长 9.4、宽 3.18 厘米（图 3-71B，9；彩版四八，2）。

M107：8，圆形空心骹，骹口下两面正中各有一椭圆形穿孔。矛叶与骹呈八字相交，刃斜直，前端内收成锋；中线起脊，为空心骹之延伸；底部两面正中各有一细长条状穿孔。长 14.8、骹口径 2.2、矛叶宽 2.81 厘米（图 3-71B，10；彩版四八，3）。

戈　1 件。

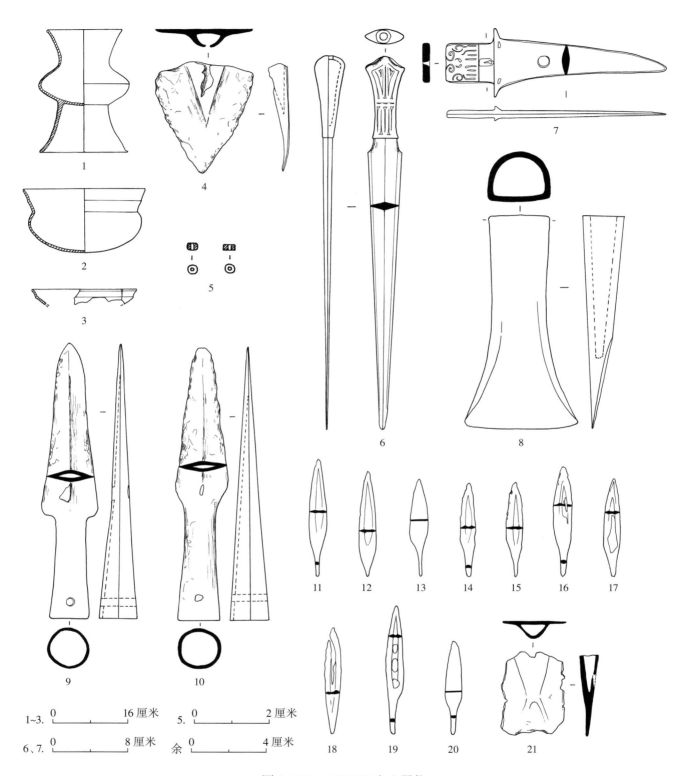

图 3-71B　08M107 出土器物

1. 陶尊 M107：10　2. 陶釜 M107：11　3. 陶釜 M107：12　4. 铜锄明器 M107：6　5. 孔雀石珠 M107：1-1（T）、1-2（T）
6. 铜剑 M107：5　7. 铜戈 M107：3　8. 铜斧 M107：2　9. 铜矛 M107：4　10. 铜矛 M107：8　11. 铜镞 M107：9-1　12. 铜镞
M107：9-2　13. 铜镞 M107：9-3　14. 铜镞 M107：9-4　15. 铜镞 M107：9-5　16. 铜镞 M107：9-6　17. 铜镞 M107：9-7
18. 铜镞 M107：9-8　19. 铜镞 M107：9-9　20. 铜镞 M107：9-10　21. 铜铲明器 M107：7

M107：3，援微曲，无胡，直内。援身中部有一圆形穿孔；上下阑各有一椭圆形穿孔；内近阑侧有一长方形穿孔，但因铜液溢出，穿孔范围并未完全穿透。内两面饰人行纹，中间一人似呈蹲踞状，左右二人侧身相向面对中间的人，末端饰卷云纹。内、援身均见黑色粉末状物质及竹篾类物质痕迹。合范铸造。总长 23、援长 16.9、援厚 0.29~0.88、内长 6.1、内宽 4.4、穿孔直径 1.08 厘米（图 3-71B，7；彩版四八，5）。

剑 1 件。

M107：5，扁圆空心茎，中部略内收，茎首似抽象的蛇首，规整；茎两面有阴线平行线条，各有五个三角形小穿孔，其中茎首并列两个，中部一个，底部并列两个，部分穿孔未穿透。无格，剑身与茎呈八字相接；剑身细长，中线起脊。器表见黑色粉末状物质。总长 41.5、茎首宽 4.32、茎首厚 1.68、剑身长 32.2、剑身宽 3.85、厚 0.32~0.78 厘米（图 3-71B，6；彩版四八，4）。

镞 10 件。

M107：9-1，细长柳叶形扁平镞身，两面中线有血槽，宽窄不一，不及尖不及底。细长扁圆实心铤，与镞身无明显分界。长 6.36、镞身宽 0.96、厚 0.12、铤径 0.17~0.2 厘米（图 3-71B，11；彩版四九，1）。

M107：9-2，细长柳叶形扁平镞身，两面中线有血槽，不对称，不及尖不及底。铤残。合范铸造，合范时错位。残长 5.67、宽 0.92、厚 0.13 厘米（图 3-71B，12；彩版四九，2）。

M107：9-3，柳叶形扁薄镞身，底部两侧不对称。细长实心铤，与镞身无明显分界。长 5.27、镞身宽 1.05、厚 0.09、铤宽 0.18、铤厚 0.14 厘米（图 3-71B，13；彩版四九，3）。

M107：9-4，明器。制作粗糙，未经打磨。镞身扁平，两侧刃较斜直，两面中线似有血槽。细长实心铤，被溢出的铜液包裹。长 5.05、宽 0.89、厚 0.12 厘米（图 3-71B，14）。

M107：9-5，整器背面平。柳叶形扁平镞身，两侧不对称，两侧刃未经打磨；正面中线有血槽，不及尖不及底。细长实心铤。长 5.15、宽 0.96、厚 0.1 厘米（图 3-71B，15；彩版四九，4）。

M107：9-6，细长柳叶形扁平镞身，两面有血槽，偏离中线位置；血槽内有长条形穿孔，不规整，可能为铜液流淌不均所致；镞身下部，两面似起脊，不明显、不对称。细长实心铤，与镞身无明显分界。长 5.95、宽 1.04、厚 0.14 厘米（图 3-71B，16；彩版四九，5）。

M107：9-7，细长柳叶形扁平镞身，两面有血槽，镞身中心大部分为长椭圆形穿孔。细长实心铤，与镞身无明显分界。制作粗糙，合范时稍有错位。长 5.3、宽 0.89、厚 0.15 厘米（图 3-71B，17；彩版四九，6）。

M107：9-8，窄长柳叶形扁平镞身，无铤。两面有血槽，大部分为长条形穿孔，底部有裂隙，穿孔未封闭。长 5.63、宽 0.93、厚 0.15 厘米（图 3-71B，18；彩版四九，7）。

M107：9-9，细长柳叶形扁平镞身，两面有血槽，血槽内并列三个椭圆形穿孔。细长实心铤，偏向中线一侧。长 6.83、宽 0.99、厚 0.14 厘米（图 3-71B，19；彩版四九，8）。

M107：9-10，柳叶形扁平镞身，细长扁圆铤，器形规整。器表见一层黑色物质；铤与镞身交界处有绳索捆绑痕迹，埋葬时可能绑有木杆。残长 5、宽 0.97、厚 0.15 厘米（图 3-71B，20；彩版四九，9）。

斧　1件。

M107：2，大半圆空心銎，器身较瘦长，单面平刃，较宽。器身一面平。銎内残存有木柄。器表见较多的黑色粉末状物质。长 11.42、銎口长 3.3、宽 2.73、刃宽 5.92 厘米（图 3-71B，8；彩版四八，6）。

锄明器　1件。

M107：6，正面顶部凸起三角形空心銎，表面有较大的裂隙，应为铸造时铜液流淌不均所致，銎下为凸棱状延伸，不及底。肩较平，两侧刃斜直，边缘不平整，未经打磨。背面平，但不平整，中部见黑色致密物质。总长 5.94、宽 5.21、銎口长 1.9、宽 0.97 厘米（图 3-71B，4）。

铲明器　1件。

M107：7，平面近长方形，正面上部凸起三角形空心銎，銎口略高于肩部，下部内收，分两叉，呈凸棱状至刃两角。刃缘及两侧边缘不平直。背面不甚平整，中部有孔，不规则，似为铜液流淌不均所致。銎内残存黑色细小致密颗粒，可能为木质腐朽痕迹；刃部背侧表面也见黑色粉末状物质。长 4.49、宽 3.41、銎口长 1.74、宽 1.03 厘米（图 3-71B，21）。

3. 孔雀石器　1件。

珠　1件。

M107：1（T），共 3 粒，2 粒完整，1 粒残。M107：1-1（T），直径 0.24、孔径 0.08、高 0.2 厘米（图 3-71B，5 左）；M107：1-2（T），直径 0.32、孔径 0.08、高 0.16 厘米（图 3-71B，5 右）。

（九二）M108

长方形土坑竖穴墓，墓向 50°，被盗洞打破，并打破 M104，叠压 M92、M147。墓坑残长 0.38、宽 0.65、深 0.4 米。墓底仅有少量头骨碎片和肢骨，推测为捡骨二次葬。未见葬具。随葬品仅有铜渣 1件。

铜器　1件。

铜渣　1件。

M108：1，表面有蜂窝状气泡孔。长 1.28、宽 0.75、厚 0.47 厘米。

（九三）M109

长方形土坑竖穴墓，墓向 350°，被 M71、M104 和盗洞打破，并打破 M110、M113。墓坑残长 0.96、宽 0.55~0.7 米。墓坑分两层：第①层，墓主人骨骼仅保存部分肢骨，推测应为仰身直肢，右侧手骨紧贴于右侧股骨，双足并拢，性别、年龄不详；第②层，墓底南部有一堆骨骼压于墓主人下。未见葬具及随葬品（图 3-72；彩版四七，7、8）。

（九四）M111

长方形土坑竖穴墓，墓向 250°，被 M36、M42 和盗洞打破。墓坑残长 1.5、宽 0.65~0.8 米，距 M42 墓底约 0.3 米。墓主人仰身直肢，上肢骨骼扰乱严重，经鉴定为女性。在墓主人盆骨位置有未成年个体一具，经鉴定为 35~38 周未出生幼儿个体。未见葬具及随葬品（图 3-73；彩版五〇，3）。

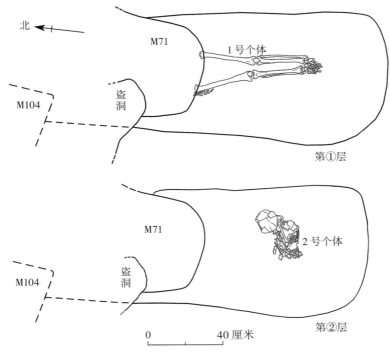

图 3-72　08M109 平面图

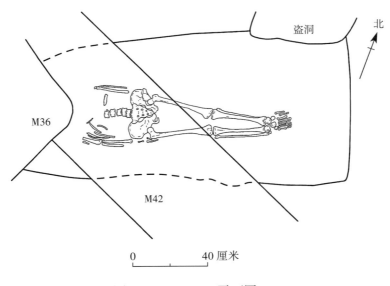

图 3-73　08M111 平面图

（九五）M112

　　土坑竖穴墓，扰乱严重，形状不明，西北—东南向，被 M6、M13 打破，并打破 M34、M248。墓坑残长 0.5、宽 0.3 米。残存墓主人部分下肢骨，推测应为仰身直肢，性别、年龄不详。未见葬具及随葬品。

（九六）M114

长方形土坑竖穴墓，墓向290°，被 M122 打破。墓坑长 1.76、宽 0.63、深 1 米。墓主人仰身直肢，头向西北，头骨破碎，股骨以下缺失较多，可能被 M122 破坏。未见葬具。随葬品有铜镞 1 件、骨镞 2 件（图 3-74A；彩版五〇，4）。

1. 铜器　1 件。

镞　1 件。

M114：2，整器一面平。阔叶形扁平镞身。长条状铤，残，铤一面中线有凹槽，延伸至镞身下部。残长 4.2、宽 1.62、厚 0.19、铤宽 0.45、铤厚 0.12 厘米（图 3-74B，1）。

2. 骨器　2 件。

镞　2 件。

M114：1-1，三棱锥状镞身，横剖面为钝角三角形，三条棱线明显。圆锥形铤，残。残长 5.85、镞身长 2.57、宽 0.83、厚 0.52 厘米（图 3-74B，3）。

M114：1-2，四棱锥状镞身，剖面为不规则梯形。扁圆铤，略残。器形较小。残长 2.97、镞身宽 0.56、厚 0.31 厘米（图 3-74B，2）。

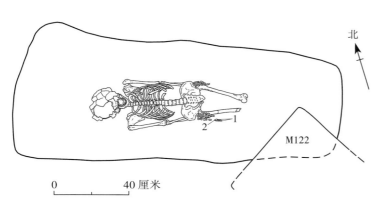

图 3-74A　08M114 平面图

1. 骨镞　2. 铜镞

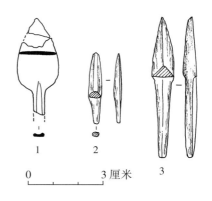

图 3-74B　08M114 出土器物

1. 铜镞 M114：2　2. 骨镞 M114：1-2
3. 骨镞 M114：1-1

（九七）M117

长方形土坑竖穴墓，墓向330°，被 M10 打破，并打破 M152、M154、M246，叠压 M183。墓坑长 2、宽 0.7、深 0.5 米。墓主人仰身直肢，头向北，左侧上肢骨微屈，右侧远离身体，双膝双足并拢。头骨破碎，其余骨骼保存较差，经鉴定为 35 岁左右男性。左肱骨近肘关节处有一段人骨，不属于该个体。未见葬具。随葬品仅有孔雀石珠 1 件（图 3-75；彩版五〇，5）。

孔雀石器　1 件。

珠　1 件。

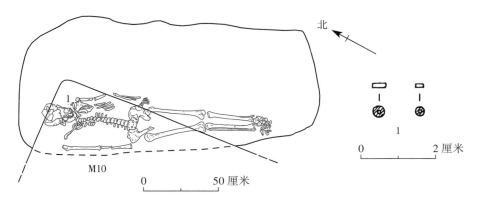

图 3-75 08M117 平面图及出土器物

1. 孔雀石珠 M117：1

M117：1，有若干粒。其中 2 粒尺寸分别为直径 0.34、高 0.13 厘米，直径 0.26、高 0.1 厘米（图 3-75，1）。

（九八）M119

长方形土坑竖穴墓，墓向 290°，被 M131、M133 和盗洞打破，并打破 M169、M170。墓坑残长 0.45~0.8、残宽 0.7~0.75、深 0.4 米。墓主人仰身直肢，经鉴定为成年女性。未见葬具。随葬品仅有陶侈口罐 1 件（图 3-76；彩版五一，1）。

陶器 1 件。

侈口罐 1 件。

M119：1，夹细砂，褐色、灰黑色相间。尖唇，口微侈，短斜直颈，扁鼓腹，腹下部内收，小平底。素面。手制，内外壁抹平，略显粗糙，内外壁皆施一层褐色陶衣，大部分脱落。腹部部分残缺。口径 14.8、腹径 16.4、底径 6、高 14 厘米（图 3-76，1；彩版五一，2）。

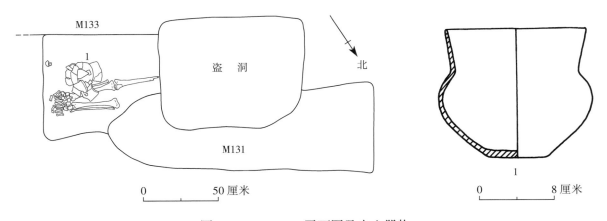

图 3-76 08M119 平面图及出土器物

1. 陶侈口罐 M119：1

（九九）M121

长方形土坑竖穴墓，墓向305°，打破M153。墓坑残长0.9~2、宽0.58、深0.62米。墓底仅存少量下肢骨和牙齿，推测应为仰身直肢，经鉴定为成年男性。未见葬具及随葬品（图3-77）。

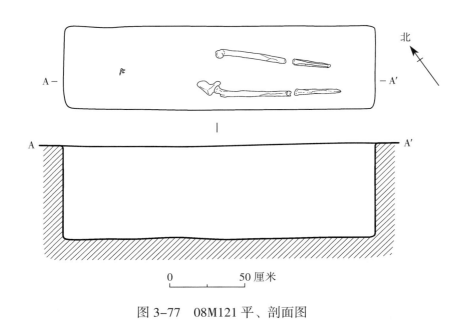

图 3-77　08M121 平、剖面图

（一〇〇）M122

长方形土坑竖穴墓，墓向340°，被M26叠压，并打破M114、M233。墓坑分两层：第①层墓坑长2.2、宽0.8、深0.25~0.55米，多人合葬，中部墓主人为仰身直肢，骨骼保存较好，经鉴定为25~30岁女性，墓主人的下肢上有一具残缺的幼年个体骨骼，头向东南，仅存部分肋骨和肢骨，墓主人西部亦有一25~30岁女性，侧身，胸前还有两个个体（其中一个小于6岁，一个14～17岁，性别不明），女性人骨在上，另两具人骨位于其下，下葬时女性可能抱着其下方的幼儿；第②层墓坑较上层略有缩小，长1.9、宽0.8、深0.8~1.25米，墓底有二层台，宽0.05~0.15米，北壁和西壁北部的二层台为沙质，较疏松，触之即碎散，西壁南部、南壁和东壁南部为黄泥质二层台，东壁中部无二层台，墓底为一具完整的人骨，仰身直肢，经鉴定为24~26岁男性，墓主人脚部垫有残碎的头骨和肢骨。第①层随葬品仅有陶盘1件，第②层随葬品有铜矛1件、铜镞5件（图3-78A；彩版五一，3、4）。

1. 陶器　1件。

盘　1件。

M122①：1，夹粗砂橙红陶。平面呈圆形，T形剖面。手制，外壁抹平，内外壁均施一层深褐色陶衣，局部脱落，器底及外壁可见稻壳印痕。仅剩三分之一，纹饰不明。底径10.31、残高2.31厘米（图3-78B，1）。

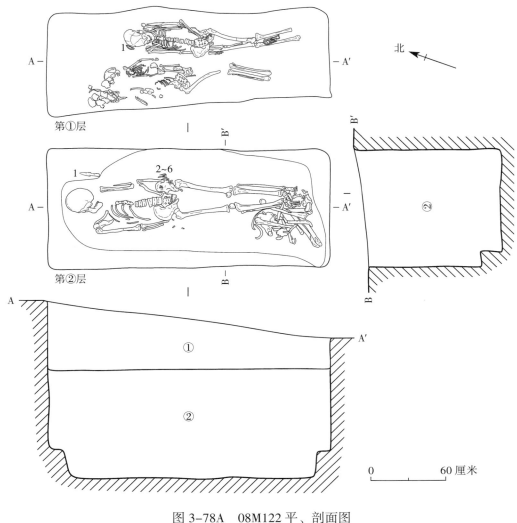

图 3-78A　08M122 平、剖面图

第①层：1.陶盘

第②层：1.铜矛　2~6.铜镞

2. 铜器　6 件。

矛　1 件。

M122②:1，圆形空心骹，两面骹口下正中各有一圆形穿孔。矛叶近长三角形，中线起脊，剖面为菱形，前端内收成锋；矛叶两面近骹侧的中线处对称各有一细长条状穿孔。总长 13.5、骹口径约 2、矛叶长 7.5、宽 2.5 厘米（图 3-78B，7；彩版五一，5）。

镞　5 件。

M122②:2，明器。扁平镞身，三角形锋。细长铤，两侧不对称，器形不规整。制作粗糙。长 4、宽 1、铤宽 0.3、厚 0.1 厘米（图 3-78B，2）。

M122②:3，镞身扁平，下部中线起脊，两侧刃斜直，三角形锋，残。细长实心铤。残长 3.5、宽 1、铤径 0.3 厘米（图 3-78B，3）。

M122②:4，明器。柳叶形扁平镞身。细长实心铤，偏离中线位置。制作粗糙。残长 4.7、宽 0.9、

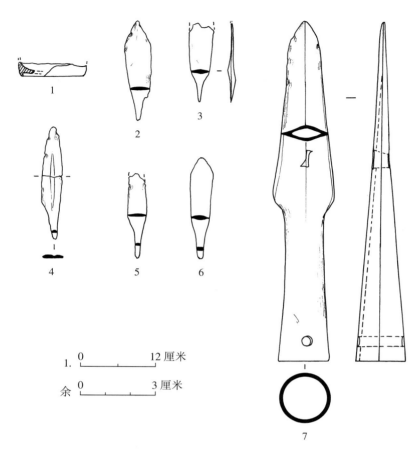

图 3-78B　08M122 出土器物

1. 陶盘 M122①：1　2. 铜镞 M122②：2　3. 铜镞 M122②：3　4. 铜镞 M122②：4
5. 铜镞 M122②：5　6. 铜镞 M122②：6　7. 铜矛 M122②：1

厚 0.1、铤径 0.4 厘米（图 3-78B，4）。

M122②：5，明器。柳叶形扁平镞身，两侧刃不平直，不对称。细长实心铤。制作粗糙。长 3.6、宽 0.9、厚 0.12、铤径 0.3 厘米（图 3-78B，5）。

M122②：6，圭首形扁平镞身，两面中部起脊。细长圆柱形铤，末端由两侧向内卷曲。长 4.3、宽 1、铤径 0.3 厘米（图 3-78B，6；彩版五一，6）。

（一〇一）M123

长方形土坑竖穴墓，墓向 0°，被 M45、M52 打破。墓坑残长 1.3、残宽 0.28、深 0.45 米。未见人骨、葬具及随葬品。

（一〇二）M124

长方形土坑竖穴墓，墓向 115°，被 M89、M101、M129、M130 和盗洞打破。墓坑残长 0.7、宽 0.7、深 1 米。墓底骨骼散乱，保存状况较差，推测应为仰身直肢，经鉴定为成年男性。未见葬具。随葬品有铜戈 1 件、铜镞 2 件（彩版五二，1）。

铜器 3 件。

戈 1 件。

M124：2，直援，有胡，一穿，直内。援背侧平直，刃侧微弧；援末正中有一圆形穿孔；两面近内处正中各有一翼，翼两端呈尖状凸出，两翼用以纳秘。内似鱼尾状，近援侧有一圆形穿孔，内下缘还有一椭圆形穿孔。内表面见排列无序但方向一致的短线状凹槽。总长18、援长13、厚0.3、阑长6.7、内末端宽2.38厘米（图3-79，1；彩版五二，4）。

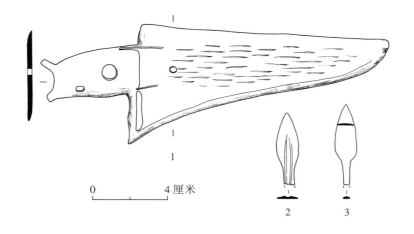

图 3-79 08M124 出土铜器

1. 戈 M124：2 2. 镞 M124：1-1 3. 镞 M124：1-2

镞 2 件。

M124：1-1，整器背面平，正面微鼓。柳叶形扁平镞身，尖锋利，两面镞身下部至铤的中线处为血槽。窄长扁平铤，残。残长3.88、镞身宽1.13、厚0.21、铤宽0.56、铤厚0.18厘米（图3-79，2；彩版五二，2）。

M124：1-2，柳叶形扁平镞身，尖锋利。细长实心铤，剖面为长椭圆形，两侧起脊。总长4.33、镞身长2.95、宽1.19、厚0.2、铤宽0.38、铤厚0.16厘米（图3-79，3；彩版五二，3）。

（一〇三）M125

长方形土坑竖穴墓，墓向25°，被M89、M130打破，并打破M227。墓坑残长1.25、残宽0.5、深0.47米。未见人骨、葬具及随葬品。

（一〇四）M126

长方形土坑竖穴墓，墓向262°，被M66、盗洞以及2006年发掘区打破。墓坑残长1.6、宽0.6、深0.6米。残存部分下肢骨，葬式不明。未见葬具及随葬品，仅在填土中有水晶1件（图3-80）。

水晶 1 件。

水晶 1 件。

M126：1（T），器身为不规则的六面体，一端为六棱锥状，另一端残，形制不明。残长4.87厘米，六面宽分别为0.55、0.82、0.79、0.47、0.88、0.7厘米（图3-80，1；彩版五二，5）。

（一〇五）M127

长方形土坑竖穴墓，墓向260°，被盗洞打破。墓坑残长1、宽0.8、深0.4米。葬两具人骨，上下叠置，均为仰身直肢、头向西，上层人骨上身保存较好，下肢被盗洞破坏严重，经鉴定为20岁左右男性；下层人骨保存相对较多，但也由于受压破损严重，经鉴定为25岁左右男性。未见葬具。随葬品仅有

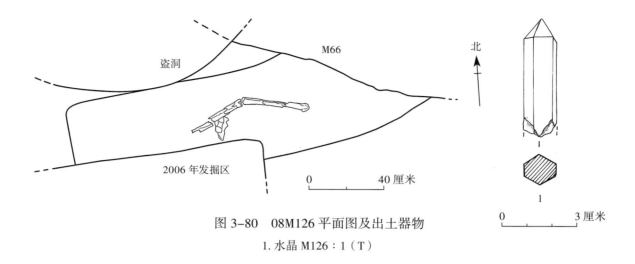

图 3-80 08M126 平面图及出土器物

1. 水晶 M126∶1（T）

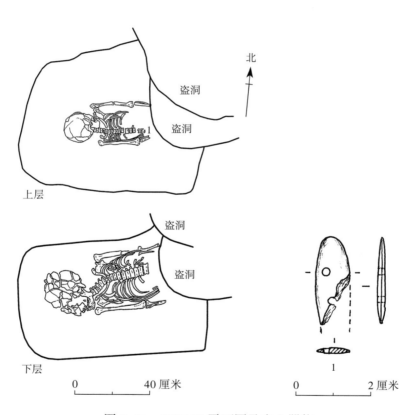

图 3-81 08M127 平面图及出土器物

1. 骨饰 M127∶1

骨饰 1 件（图 3-81；彩版五三，1、2）。

骨器 1 件。

骨饰 1 件。

M127∶1，器身扁平，边缘较薄。有两穿孔，两面对钻而成，一端残。残长 2.37、宽 0.95、厚 0.25 厘米（图 3-81，1；彩版五三，3）。

（一○六）M128

长方形土坑竖穴墓，墓向270°，被盗洞打破，并打破M74、M105、M160。墓坑长1.8、宽0.6米。墓主人仰身直肢，右手置于身体一侧。头骨被盗洞破坏，上身基本完好，下身骨骼残破，经鉴定为30～35岁女性。右侧下肢骨旁见另一个个体或多个个体的散骨，少量骨骼压于墓主下肢骨之下，排列无序，为二次葬。未见葬具。随葬品仅有绿松石扣1件（图3-82；彩版五二，6）。

绿松石器　1件。

扣　1件。

M128：1，器形小，不规则。有两个穿孔，一个两面对钻，边缘有隙，未封闭；另一个一面斜钻，未钻透，也未与另一个穿孔相通，可能为一件制作失败的残次品。通体打磨光亮。长约1.14、宽约0.78、厚0.31厘米（图3-82，1；彩版五二，7）。

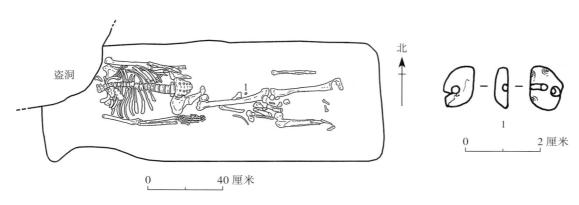

图3-82　08M128平面图及出土器物

1.绿松石扣 M128：1

（一○七）M129

长方形土坑竖穴墓，墓向270°，被M89、M90打破，并打破M124、M130。墓坑残长0.7、残宽0.4、深0.8米。墓底仅存少量骨骼残片，从保存状况来看应为二次葬。未见葬具。随葬品有陶尊1件、圈足1件。

陶器　2件。

尊　1件。

M129：2，夹粗砂，橙红、褐色相间。肩近平，折腹。泥条盘筑，内外壁抹平，内壁略粗糙。仅剩一肩部残片，推测为尊。长8.4厘米（图3-83，1）。

圈足　1件。

M129：1，夹细砂橙红陶。尖唇，侈口，短斜直颈，喇叭口形矮圈足。轮制，规整，口沿外壁可见轮修弦纹。内外壁抹平，

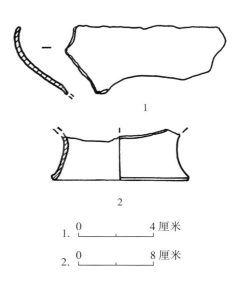

图3-83　08M129出土陶器

1.尊 M129：2　2.圈足 M129：1

内外壁均施一层深褐色陶衣，大部分脱落。仅剩部分口沿及圈足残片，纹饰不明。足径 14.31、残高 4.92 厘米（图 3-83，2）。

（一〇八）M130

长方形土坑竖穴墓，墓向 340°，被 M89、M90、M129 和盗洞打破，并打破 M124、M227。墓坑长 1.95、残宽 0.6、深 1 米。墓底人骨被盗洞扰乱严重，推测应为单人仰身直肢葬，经鉴定为成年人，性别不详。未见葬具及随葬品。

（一〇九）M131

长方形土坑竖穴墓，墓向 270°，被 M65 和盗洞打破，并打破 M119、M161、M165、M170、M182、M185。墓坑长 1.8、宽 0.4~0.6、深 0.8 米。墓主人仰身直肢，右手置于盆骨上，双膝双足并拢。头骨破碎，其余骨骼基本完整，经鉴定为 30 岁左右男性。清理墓葬填土至 0.3 米，东部发现木炭痕迹，至 0.65 米在西部发现两条平行排列的长条形木炭痕迹，可能为棺痕。随葬品有玉玦 4 件（彩版五三，4）。

玉器 4 件

玦 4 件。

M131：1-1，外缘似为椭圆形，底部较平，内缘近圆形。两端残。通体打磨。残宽约 0.5~0.8、厚 0.13 厘米（图 3-84，1；彩版五三，5 左 1）。

M131：1-2，外缘为椭圆形，内缘为圆形，中心圆孔偏向缺口一侧。缺口两端无穿孔。通体打磨。外径 3.1、内径 1.9、厚 0.1 厘米（图 3-84，2；彩版五三，5 左 2）。

M131：1-3，内外缘均为圆形，中心圆孔偏向缺口一侧。通体打磨。器形较小。外径约 1.6、内径约 0.65、厚 0.1 厘米（图 3-84，3；彩版五三，5 左 3）。

M131：1-4，残，尺寸不明（彩版五三，5 左 4）。

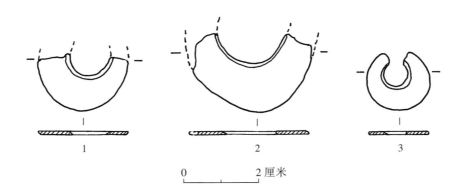

0   2 厘米

图 3-84 08M131 出土玉玦
1. M131：1-1 2. M131：1-2 3. M131：1-3

（一一〇）M133

长方形土坑竖穴墓，墓向 290°，被盗洞和 M103 打破，并打破 M119、M169、M186。墓口长 2.3、

宽 0.4~0.7 米，墓底长 2、宽 0.6 米，深 0.75 米。墓底有完整人骨两具，均为仰身直肢，上下同向叠
压在一起。上层个体头骨已成粉状，保存状况极差，性别、年龄不详；下层个体双足足尖相对，上身
腐朽严重，下肢骨保存较好，经鉴定为 35 岁左右男性，其足下压有另一个体的股骨。此外，在完整
个体的周围还散见头骨、肢骨、肋骨等，所属个体不明。未见葬具。随葬品有陶侈口罐 2 件、陶单耳
罐 2 件、陶纺轮 1 件，并在填土中有陶侈口罐 1 件、陶釜 1 件、陶圈足 1 件、铜鱼钩 1 件、残铜器 1
件（彩版五四，1）。

1. 陶器　8 件。

侈口罐　3 件。

M133：3，夹细砂，颈部以上灰黑色，腹部红褐色、灰黑色相间。尖唇，侈口，高斜直颈，溜肩，
扁鼓腹，平底。颈肩交接处饰一周宽约 1.2 厘米的倒三角形纹，左右各一泥钉，泥钉下饰叶脉纹。轮制，
规整，内外壁抹平，内外壁均施一层黄色陶衣，大部分脱落。腹部部分残缺。口径 13、腹径 18.5、
底径 8.7~9.1、高 21 厘米（图 3-85，1；彩版五四，3）。

M133：5，夹细砂灰黑陶。尖圆唇，侈口，长斜颈。轮制，口沿内壁可见轮修弦纹。内外壁抹平，
内外器壁均施一层黑色陶衣，绝大部分脱落。仅剩口部。口径 10.5、残高 8.75~9.5 厘米（图 3-85，5）。

M133：8（T），夹粗砂褐陶。圆唇，侈口，高斜直颈，斜肩。素面。轮制，内外壁抹平，略显粗糙。
仅剩部分口沿及残片。口径 14.5、残高 10.75 厘米（图 3-85，2）。

单耳罐　2 件。

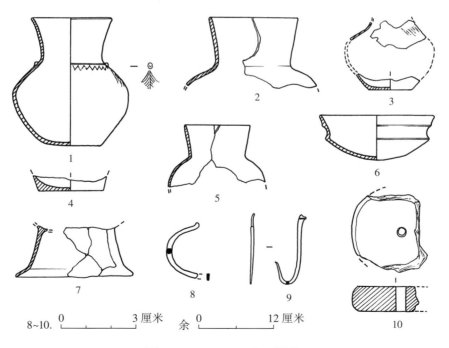

图 3-85　08M133 出土器物

1. 陶侈口罐 M133：3　2. 陶侈口罐 M133：8（T）　3. 陶单耳罐 M133：6　4. 陶单耳
罐 M133：4　5. 陶侈口罐 M133：5　6. 陶釜 M133：10（T）　7. 陶圈足 M133：9（T）
8. 残铜器 M133：2（T）　9. 铜鱼钩 M133：1（T）　10. 陶纺轮 M133：7

M133：4，夹粗砂，从残存底部看，橙红色、深褐色相杂。平底。轮制，外壁抹平，因陶土夹粗砂外表粗糙，外壁施一层黄褐色陶衣，大部分脱落。仅剩器底。底径10.9、残高1.75~2.25厘米（图3-85，4）。

M133：6，夹砂稍粗，灰黑陶。平底。轮制，外壁抹平，略显粗糙，外壁施一层黄褐色陶衣，大部分脱落。仅剩底部及部分肩部、腹部残片。底径7.2厘米（图3-85，3）。

釜 1件。

M133：10（T），夹稍大白色掺和料颗粒，灰陶，局部灰黑色。圆唇，侈口，唇部下方约1.5厘米处起一周凸棱，束颈，折腹，圜底，圈足。轮制，口沿外壁、圈足内外壁可见轮修弦纹。内外壁抹平，局部可见浅黄色陶衣遗痕。腹部、足部缺失，但底部圈足痕迹明显。带圈足的釜仅此一件。口径18、腹径15.75、高7厘米（图3-85，6；彩版五四，4）。

圈足 1件。

M133：9（T），夹极细白色掺和料颗粒，浅黄陶。素面。轮制，圈足内外壁可见轮修弦纹。内外壁抹平，内壁施一层深褐色陶衣，大部分脱落。仅剩圈足残片。足径18、残高7.5厘米（图3-85，7）。

纺轮 1件

M133：7，夹砂黑陶。残。孔径0.31、厚1厘米（图3-85，10）。

2. 铜器 2件。

鱼钩 1件。

M133：1（T），钩尖无倒刺，顶端宽扁，用以系缗。总长2.77厘米（图3-85，9；彩版五四，2）。

残铜器 1件。

M133：2（T），细长条状，弯曲成半环形，器形、用途不明。直径0.22、两端宽2.28厘米（图3-85，8）。

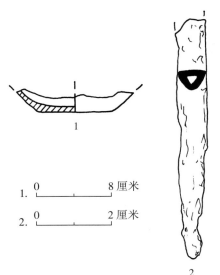

图3-86 08M134出土器物

1.陶单耳罐 M134①：1 2.铜锥 M134③：1

（一一一）M134

长方形土坑竖穴墓，墓向270°，被盗洞打破，并打破M146。墓坑残长0.48、宽0.57、深0.9米。墓坑分三层：第①层深0.2米，葬少量肢骨、头骨残片，排列无规律，应为二次葬；第②层深0.3米，有较为完整的颅骨、盆骨，从摆放位置看应属于同一个体，经鉴定为30~35岁女性；第③层深0.9米，仅有少量人骨，应为二次葬。未见葬具。第①层随葬品仅有陶单耳罐1件；第③层随葬品仅有铜锥1件。

1. 陶器 1件。

单耳罐 1件。

M134①：1，夹褐色掺和料颗粒，胎心灰黑色，胎皮米白色。平底。内外壁抹平，内外壁均施褐色陶衣，大部分脱落。底径 7.79、残高 2.21 厘米（图 3-86，1）。

2. 铜器　1 件。

锥　1 件。

M134③：1，细长条状，剖面为三角形，中空。一端封闭，另一端残断。可能为锥。残长 6.7、宽 0.91、高 0.57 厘米（图 3-86，2）。

（一一二）M135

长方形土坑竖穴墓，墓向 275°，被盗洞打破，并打破 M179，叠压 M173。墓坑残长 0.35、宽 0.5、深 0.3 米。墓主人仰身直肢，保存状况较差，经鉴定为 6 岁以下未成年人。头骨南侧见一较大块的炭渣。随葬品有铜镯 1 件、铜铃 1 件、铜项链 1 件、玉玦 1 件（彩版五五，1）。

1. 铜器　3 件。

镯　1 件。

M135：2，镯面较平直。饰两周麦穗纹。为两部分单独铸造后再对接而成，对接痕迹明显。外径 4.5、镯面宽 0.88、厚 0.25 厘米（图 3-87，1；彩版五五，2）。

铃　1 件。

M135：4，较瘦长，椭圆空心腔，器表多有裂隙，为铸造时铜液流淌不均所致；顶部有一环状钮，未穿透；钮下顶面有一孔，似有意为之。出土时，腔内填土中有骨骼。铜铃表面有织物包裹痕迹。基本完整。底径 1.69~2.04、高 4.41 厘米（图 3-87，2）。

项链　1 件。

M135：1，细长圆管若干。M135：1-1，残长 8.4、宽 0.6 厘米（图 3-87，3 左）；M135：1-2，残长 5.5、宽 0.58 厘米（图 3-87，3 右）。

2. 玉器　1 件。

玦　1 件。

M135：3，外缘似为椭圆形，底较平；内缘近圆形。粉化较严重。宽约 0.81、厚 0.1 厘米（图

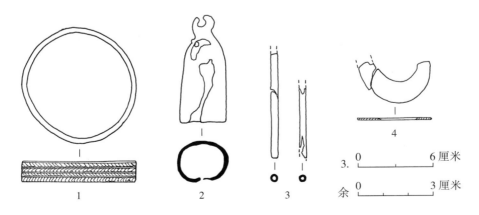

图 3-87　08M135 出土器物

1. 铜镯 M135：2　2. 铜铃 M135：4　3. 铜项链 M135：1-1、1-2　4. 玉玦 M135：3

3-87，4）。

（一一三）M136

长方形土坑竖穴墓，墓向300°，被M8、M149打破。墓坑残长1、宽0.4、深0.25米。墓底残存部分下肢骨，推测应为仰身直肢，头向西北，经鉴定可能为女性，年龄不详。未见葬具及随葬品（彩版五五，3下）。

（一一四）M137

长方形土坑竖穴墓，墓向300°，被M149打破，并打破M75。墓坑残长1.6、宽0.4、深0.7米。墓主人仰身直肢，头向西北，左手压于盆骨下，双膝双足并拢。骨骼保存状况较差，经鉴定为成年男性。未见葬具及随葬品（彩版五五，3上）。

（一一五）M138

长方形土坑竖穴墓，墓向330°。墓坑长2.2、宽0.55、深0.85米。墓坑分两层：第①层深0.55米，墓主人仰身直肢，骨骼保存较好，经鉴定为45~50岁女性；第②层深0.85米，墓主人仰身直肢，骨骼保存较好，经鉴定为25岁左右男性。未见葬具及随葬品（图3-88；彩版五五，4、5）。

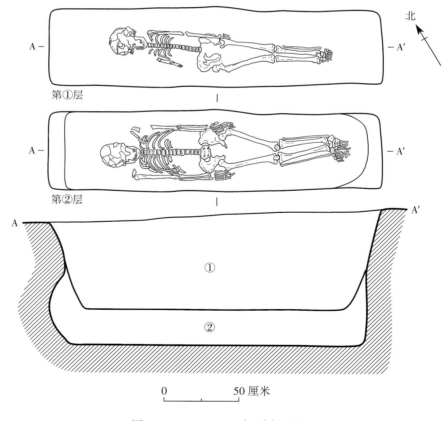

图 3-88　08M138 平、剖面图

（一一六）M139

长方形土坑竖穴墓，墓向280°，被M104打破，被M71叠压。墓坑长1.9、宽0.6、深0.92米。墓室中部被打破，仅在东半部出土残断人骨，骨骼保存较差，推测可能为单人仰身直肢葬。未见葬具及随葬品。

（一一七）M140

长方形土坑竖穴墓，墓向290°，被M9打破，并叠压M145。墓坑残长1.2~1.8、宽0.45、深0.45米。墓底仅存少量肢骨和牙齿，葬式不明。未见葬具及随葬品。

（一一八）M141

长方形土坑竖穴墓，墓向235°，被M66、M142和盗洞打破，打破M190。墓坑残长1.29、宽0.63、深0.42米。墓底仅存两段肢骨，葬式不明。未见葬具及随葬品。

（一一九）M142

长方形土坑竖穴墓，墓向110°，被M66打破，并打破M141。墓坑残长1.1、宽0.47、深0.47米。未见人骨、葬具及随葬品。

（一二〇）M143

长方形土坑竖穴墓，墓向270°，被盗洞打破，并打破M155。墓坑残长1.14、宽0.89、深1.67米。墓坑分两层：第①层深1.4米，墓室西北角残存一堆人骨，排列无规律，应为二次葬；第②层深1.67米，所葬人骨以肢骨为主，基本顺一个方向放置，与墓壁方向呈一定角度，周围还散见盆骨、肋骨等，应为二次葬。未见葬具。无随葬品，仅在填土中有砺石1件、螺壳1件（彩版五六，1、2）。

1. 石器　1件。

砺石　1件。

M143：1（T），长条状，一端较另一端粗，剖面为圆角菱形，较细的一端剖面近圆形。可能为半成品。残长5.97、较粗端直径1.24~1.49、较细端直径0.96~1.03厘米（图3-89；彩版五六，3）。

2. 螺壳　1件。

螺壳　1件。

M143：2（T），天然螺壳1枚。残。残长2.94厘米。

（一二一）M144

长方形土坑竖穴墓，墓向290°，被M25打破，被M30叠压。墓坑残长

图3-89　08M143
出土砺石
M143：1（T）

0.4~1.75、宽0.42、深0.05米。墓主人骨架仅存右侧肢骨和左侧部分小腿骨，推测应为仰身直肢。未见葬具及随葬品。

（一二二）M145

长方形土坑竖穴墓，墓向310°，被M24打破，被M140叠压。墓坑长1.85、宽0.55、深0.8米。墓主人仰身直肢，右手置于身体边缘，左手置于身体一侧，双足并拢。骨骼保存较差，经鉴定为25~30岁男性。未见葬具。随葬品仅有陶釜1件（图3-90；彩版五六，4）。

陶器 1件。

釜 1件。

M145：1，夹粗砂深红褐陶。尖唇，侈口，短斜直颈，折腹。唇部有一周凹弦纹，唇下2.2厘米处起一周凸棱。轮制，规整，内外壁抹平，内外壁均施一层黄褐色陶衣，大部分脱落。仅剩部分口沿、肩部及腹部残片。从口沿特征看与釜类相似。长5.36厘米（图3-90，1）。

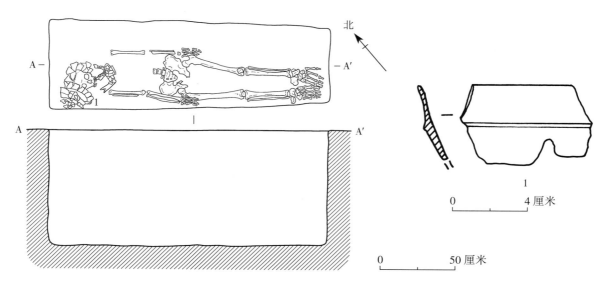

图3-90　08M145平、剖面图及出土器物

1. 陶釜 M145：1

（一二三）M146

长方形土坑竖穴墓，墓向270°，被M134、M156和盗洞打破，并打破M167、M179、M186、M190。墓坑残长1.6、宽0.83、深0.97米。未见人骨、葬具及随葬品。

（一二四）M147

长方形土坑竖穴墓，墓向290°，被M92打破，被M108叠压。墓坑长1.65、宽0.6、墓底宽0.4、深0.6米。墓主人骨骼保存不完整，根据头骨判断应为单人仰身直肢葬，年龄在30岁左右，性别不详。未见葬具及随葬品。

（一二五）M148

长方形土坑竖穴墓，墓向 305°，被盗洞打破，并打破 M162。墓坑残长 1.1、宽 0.5、深 0.35 米。墓底出残断的肢骨，根据残余人骨分析应为单人仰身直肢葬。未见葬具。随葬品有陶尊 1 件、陶单耳罐 1 件（彩版五六，5）。

陶器　2 件。

尊　1 件。

M148：1，夹粗砂，口、颈部灰黑色，腹部浅黄色，圈足橙红色。尖唇，喇叭口，斜直颈，斜肩，折腹，喇叭口形高圈足。素面。轮制，规整，圈足内壁可见明显轮修细弦纹。整器除腹部外内外壁皆抹平，器表及圈足内壁施一层黄色陶衣，大部分脱落。口、颈、肩、腹部残损严重，无法拼接成整器。口径 19.8、圈足高 10.8 厘米（图 3-91，1）。

单耳罐　1 件。

M148：2，夹粗砂黑陶。尖唇，喇叭口。

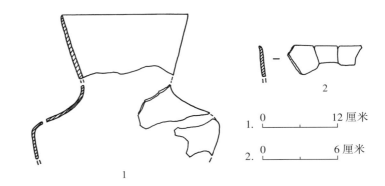

图 3-91　08M148 出土陶器
1. 尊 M148：1　2. 单耳罐 M148：2

轮制，规整，内外壁抹平，内外壁施褐色陶衣，绝大部分脱落。长 6 厘米（图 3-91，2）。

（一二六）M149

长方形土坑竖穴墓，墓向 310°，被 M8、M56 和盗洞打破，并打破 M136、M137、M150。墓坑残长 1.4、宽 0.6 米。墓主人仰身直肢，头向西北，右手稍远离身体，左手紧贴于身体放置，双膝双足并拢。上半身被扰乱，下半身保存基本完整，经鉴定为 40~45 岁男性。未见葬具。随葬品仅有铜针 1 件（彩版五七，1）。

铜器　1 件。

针　1 件。

M149：1，细长条状，剖面近方形，两端均残断。一端渐扁，可能为针孔端。残长 7.6、宽 0.2、厚 1.17 厘米（图 3-92）。

（一二七）M150

梯形土坑竖穴墓，墓向 280°，被 M56、M149 和盗洞打破。墓坑残长 0.8、宽 0.4~0.6、深 0.37 米。墓底残存双侧下肢骨，骨骼较腐朽，推测应为单人仰身直肢葬，头向西北。未见葬具及随葬品。

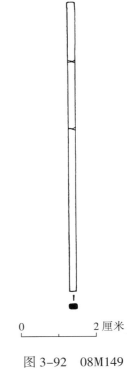

图 3-92　08M149
出土铜针
M149：1

（一二八）M151

长方形土坑竖穴墓，墓向295°，被 M10、M84 和盗洞打破，并打破 M152、M153、M154、M183。墓坑长 2.4、宽 1、深 2.6 米。墓室分三层。第①层：葬人骨一具，仰身直肢，左手置于盆骨上，右手压于盆骨下，手骨紧贴于股骨，盆骨以下被盗洞破坏，其余骨骼腐朽较严重，头骨破碎，呈粉状，锁骨、肩胛骨、胸骨、肋骨和脊椎基本完整，肢骨较残破，尺桡骨远端及手骨不存；另在残断的右侧股骨头附近，还见一股骨远端关节部分，墓主周围还见少量脊椎、肋骨等，所属个体不明。第②层：二次葬，人骨大致堆砌成长条几何形，头骨多集中于东侧，肢骨多集中于西侧，不见完整个体。第③层：二次葬，人骨基本呈长方形堆砌，置于墓底基岩形成的二层台圹内，仅在墓室西北角见一稍完整的脊椎，呈仰身状，旁边还有另一俯身状脊椎；头骨集中于墓室东西两侧，肢骨集中于北侧，基本顺墓室长墓壁方向放置，其余少量骨骼散于其中，多垫于上述骨骼之下。第①层随葬品有铜矛 1 件、铜剑 1 件、铜镞 8 件、铜斧 1 件、铜夹 1 件、铜锄明器 1 件、铜铲明器 1 件、玉玦 3 件，并在填土中有水晶 1 件；在第②层填土中有铜镞 1 件（彩版五七，2）。

1. 铜器　15 件。

矛　1 件。

M151①：8，圆形空心骹，骹口下两侧对称各有一圆形穿孔。柳叶形矛叶，底部两侧圆钝；中线起脊，凸棱明显。器表见黑色粉末状物质及大量纤维状物质。残长 28.3、骹口径 2.2~2.3、矛叶长 17.5、宽 3.8 厘米（图 3-93，1；彩版五七，3）。

剑　1 件。

M151①：6，圆形空心茎，中部略内收，大喇叭口茎首。一字格。剑身扁平，两侧刃微曲；两面剑身底部饰树形卷云纹，部分被打磨平整，纹饰不清。茎表面见织物包裹痕迹，剑身残留小块皮革类物质的痕迹。总长 24.4、茎首直径 3.23、格长 5.85、格宽 1.72、剑身长 16.4、宽 4.63 厘米（图 3-93，5；彩版五七，5）。

镞　9 件。

M151①：7-1，长三角形扁平镞身。圆形空心铤，铤一面近镞身处有一椭圆形穿孔，铤下部残断不存。器形规整。残长 5.61、镞身长 3.81、宽 1.22、厚 0.18、铤径 0.62~0.72 厘米（图 3-94，1；彩版五八，1）。

M151①：7-2，长三角形扁平镞身，锋残。空心铤，剖面呈不规则圆角方形，镞身与铤呈八字相接，铤末端残断不存。铤一面近镞身处有一长椭圆形穿孔。铤内残存木屑。残长 5.91、镞身长 3.11、宽 1.19、厚 0.2、铤径 0.66~0.83 厘米（图 3-94，2；彩版五八，2）。

M151①：7-3，三角形扁平镞身，较宽短，前端内收成锋。扁圆空心铤，末端似鸭嘴状。一侧近铤末端有一椭圆形穿孔，另一面近镞身处还有一椭圆形穿孔。铤两侧起脊。总长 4.29、镞身长 2.37、宽 1.06、厚 0.2、铤径 0.56~0.73 厘米（图 3-94，3；彩版五八，3）。

M151①：7-4，扁平镞身，宽短，前端内收成三角形锋，底部正中为一长条形穿孔，底部两侧不对称。圆形空心铤，末端似鸭嘴状。保存基本完整。总长 4.49、镞身长 2.35、宽 1.26、厚 0.23、铤

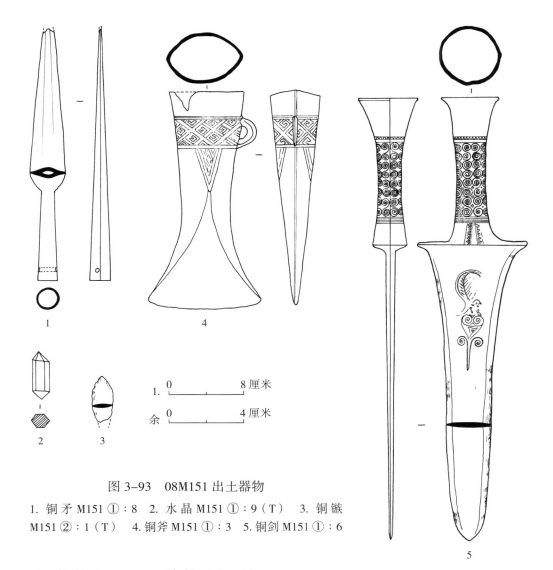

图 3-93　08M151 出土器物

1. 铜矛 M151 ①：8　2. 水晶 M151 ①：9（T）　3. 铜镞
M151 ②：1（T）　4. 铜斧 M151 ①：3　5. 铜剑 M151 ①：6

径 0.64~0.75 厘米（图 3-94，4；彩版五八，4）。

　　M151 ①：7-5，扁平镞身，宽短，前端内收成三角形锋，两侧刃微曲，底部有两翼，一侧翼稍残。椭圆空心铤，其剖面短径与镞身横剖面平行，一侧有较大的裂隙。总长 3.83、镞身长 1.94、宽 1.04、铤径 0.68~0.8 厘米（图 3-94，5）。

　　M151 ①：7-6，扁平镞身，宽短，前端内收成锋，与铤呈八字相接。圆形空心铤，两面各有一长条形穿孔，孔径大。铤下部残断。残长 3.94、镞身长 1.98、宽 1.01、厚 0.24、铤径 0.6 厘米（图 3-94，6；彩版五八，5）。

　　M151 ①：7-7，镞身残断不存，仅存铤部。细长锥状空心铤，剖面为椭圆形，底部封闭，呈短刃状。残长 5.48、最大径 0.6~0.76 厘米（图 3-94，10）。

　　M151 ①：7-8，残存铤部，空心圆锥状，底较平，口至器身有一条裂隙。或者是套于箭杆末端的帽。残长 2.55、最大径 0.69~0.79 厘米（图 3-94，11）。

　　M151 ②：1（T），残存镞身，宽扁，近阔叶形。残长 2.54、宽 1.14、厚 0.23 厘米（图 3-93，3）。

　　斧　1件。

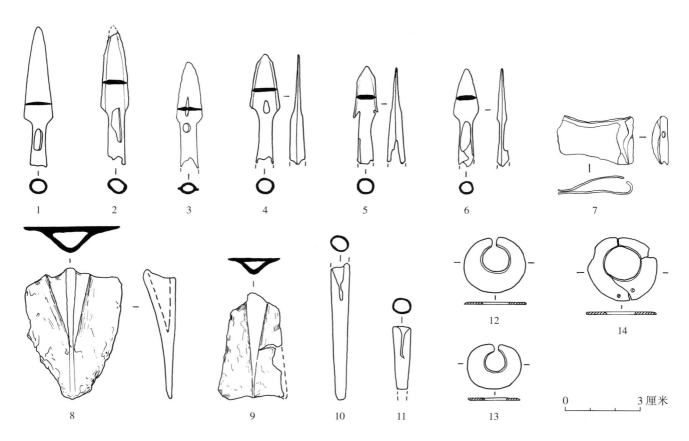

图 3-94　08M151 出土器物

1. 铜镞 M151①：7-1　2. 铜镞 M151①：7-2　3. 铜镞 M151①：7-3　4. 铜镞 M151①：7-4　5. 铜镞 M151①：7-5
6. 铜镞 M151①：7-6　7. 铜夹 M151①：4　8. 铜锄明器 M151①：2　9. 铜铲明器 M151①：5　10. 铜镞 M151①：7-7
11. 铜镞 M151①：7-8　12. 玉玦 M151①：1-1　13. 玉玦 M151①：1-2　14. 玉玦 M151①：1-3

M151①：3，椭圆空心銎，瘦长器身，束腰，双面平刃，较宽。銎口两侧微上翘。銎口下饰一周连续菱形纹，内饰两背向的"山"字；两面正中还饰倒三角形纹。纹饰带一侧有单系，呈半环状。两面刃的刃面起脊明显，呈三角形。斧身两侧起脊明显，为合范铸造的范线。器形规整。銎内残存木柄痕迹。长 12.1、銎口径 3.09~4、刃宽 6.02 厘米（图 3-93，4；彩版五七，4）。

夹　1 件。

M151①：4，长条形薄片状对折，折棱处有一穿孔。用途不明。长 3.13、宽 1.75~1.95 厘米（图 3-94，7）。

锄明器　1 件。

M151①：2，平面呈尖叶形。正面上部凸起三角形空心銎，不及底，銎口不平齐。肩较平，两侧刃微弧，边缘不平整，未经打磨，底部平。背面平。总长 5.47、銎口长 1.7、宽 1.1 厘米（图 3-94，8）。

铲明器　1 件。

M151①：5，平面近梯形，肩部略窄于刃部。正面中线凸起半圆形空心銎，不及底。斜肩，两侧及刃不平直，未经打磨。背面平。锈蚀严重。长 4.35、宽 2.25 厘米（图 3-94，9）。

2. 玉器　3件。

玦　3件。

M151①：1-1，外缘为椭圆形，内缘为圆形，中心圆孔偏向缺口一侧。缺口两端无穿孔，边缘由两面对磨成刃状。通体打磨，表层脱落。外径2.23~2.45、内径1.1、厚0.15厘米（图3-94，12；彩版五八，6）。

M151①：1-2，外缘为椭圆形，底平；内缘为圆形，中心圆孔偏向缺口一侧。缺口两端无穿孔，边缘由两面对磨成刃状，两侧宽窄不一。通体打磨，表层脱落。外径1.84~2.2、内径0.84、厚0.15厘米（图3-94，13；彩版五八，7）。

M151①：1-3，内外缘近圆形，中心圆孔偏向缺口一侧。缺口两端无穿孔，边缘由两面对磨成刃状，两侧宽窄不一。底部有两个穿孔，两面对钻而成，为残断后穿孔串起来继续使用。通体打磨。外径2.63~2.76、内径1.44、厚0.13厘米（图3-94，14）。

3. 水晶　1件。

M151①：9（T），两端呈六棱锥状，中间为六面体。长2.81厘米（图3-93，2；彩版五八，8）。

（一二九）M156

长方形土坑竖穴墓，墓向290°，被盗洞打破，并打破M146、M168、M186、M190。墓坑长1.7、宽0.4、深0.9~1米。墓主人仰身直肢，颈椎弯曲，头骨偏向右肩，双手紧贴于身体两侧，双足并拢，足尖朝东。人骨保存基本完整，经鉴定为35岁左右男性，墓主人股骨及胫腓骨上各压有一肢骨，所属个体不明。未见葬具。随葬品仅有陶尊1件，并在填土中有铜铃1件（图3-95A；彩版五九，1）。

1. 陶器　1件。

尊　1件。

M156：1，夹细砂黑褐陶。尖唇，侈口，斜弧颈，斜肩，折腹，喇叭口形矮圈足。素面，矮圈足上有六个直径约0.3厘米的圆孔。轮制，规整，内外壁抹平，内外壁均施一层黄色陶衣，局部脱落，胎薄。口、腹部部分残缺。口径12、足径10.8、足高4厘米（图3-95B，1）。

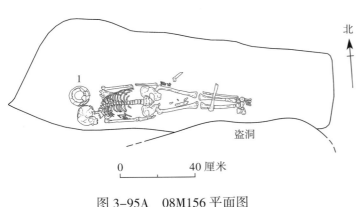

图3-95A　08M156平面图

1. 陶尊

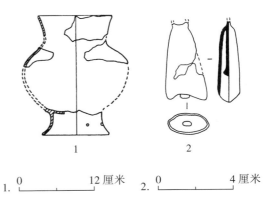

图3-95B　08M156出土器物

1. 陶尊 M156：1　2. 铜铃 M156：2（T）

2. 铜器　1件。

铃　1件。

M156：2（T），瘦长器身，纵剖面近长梯形。椭圆空心腔，两侧起脊明显，底部向下延伸，使底部两面略内凹。顶部两侧各有一小凸起，或为残断的环状钮。腔内顶部有一横梁，其上挂一长条状舌。器表有多处裂隙。顶宽 0.96、底径 1.23~2.2、高 4.13 厘米（图 3-95B，2；彩版五九，2）。

（一三○）M157

长方形土坑竖穴墓，墓向 290°，被盗洞打破，并打破 M185。墓坑残长 0.4、宽 0.5、深 0.22 米。墓底西侧残存头骨及颈椎，头骨破碎，推测为仰身直肢，经鉴定为 20~25 岁女性。未见葬具。随葬品有陶釜 1 件、陶纺轮 1 件，另在墓主人头骨以北还发现红、绿色漆皮，器形不明（图 3-96；彩版五九，3）。

陶器　2件。

釜　1件。

M157：1，夹细砂黄陶，仅口沿部分呈灰黑色，内壁全黑。尖唇，盘口，短斜直颈，鼓腹，圜底。颈部内壁可见弦纹。规整，内外壁抹光，外壁由于陶质夹砂略显粗糙，内壁光滑，器底有烟熏的灰黑色使用痕迹。口、腹部部分残缺。口径 15、腹径 14.3、高 11 厘米（图 3-96，1；彩版五九，4）。

纺轮　1件。

M157：2，夹细砂灰白陶。算珠形，器身中部有一周凸棱。制作规整，器表抹平，施一层黄褐色陶衣，大部分脱落。直径 3.88、孔径 0.51、厚 1.92 厘米（图 3-96，2；彩版五九，5）。

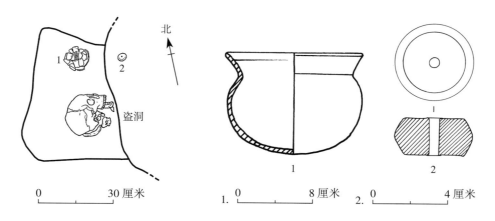

图 3-96　08M157 平面图及出土陶器
1. 釜 M157：1　2. 纺轮 M157：2

（一三一）M159

长方形土坑竖穴墓，墓向 290°，被 M95、M166 打破，并打破 M238。墓坑残长 0.95、宽 0.8、深 0.3 米。墓主人骨骼被扰乱，推测应为仰身直肢，头西脚东，双足相向并拢，左足压于右足之上，性别、年龄不详。填土中见大量散骨，包括头骨、肋骨、盆骨、股骨等。未见葬具。随葬品有铜镞2件（彩版五九，6）。

铜器　2件。

镞　2件。

M159：1，镞身扁平短小，前端内收成锋，中线起脊，不明显，两侧刃缘残。空心长铤，剖面为圆角菱形，两侧范线经打磨，呈起脊状。残长4.89、镞身长2.22、铤径0.57厘米（图3-97，1）。

M159：2，窄长三角形扁平镞身，锋残。圆形空心铤，一面近镞身侧有一椭圆形穿孔，末端残，或有翼。铤两侧范线基本打磨平整。残长5.6、镞身宽0.96、厚0.13~0.24、铤径0.66厘米（图3-97，2；彩版五九，7）。

（一三二）M160

长方形土坑竖穴墓，墓向290°，被M74、M128打破。墓坑残长1.6、宽0.8、深0.55米。墓主人盆骨以上被扰乱，推测应为仰身直肢，头西脚东，双手置于身体两侧，双足并拢，经鉴定为成年男性。未见葬具。随葬品有铜锛1件、铜凿1件（图3-98A；彩版六〇，1）。

铜器　2件。

锛　1件。

M160：2，平面近长方形，底部弧。长椭圆形空心銎，两面平，銎口两侧微上翘。銎口下两面对称饰两周凸棱纹，凸棱纹下为三个并列的倒三角形凸棱纹。器体两侧范线明显。先铸造器身，再由底部向上卷曲包裹形成封闭结构。长6.23、銎口径1.77~3.66、壁厚0.31、底径1.83~4.69厘米（图3-98B，

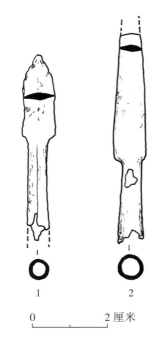

图3-97　08M159出土铜镞
1. M159：1　2. M159：2

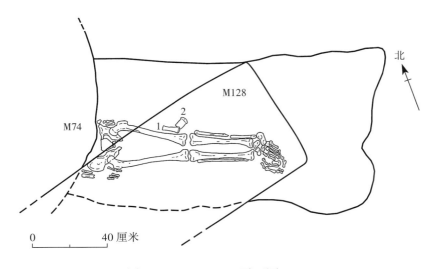

图3-98A　08M160平面图
1. 铜凿　2. 铜锛

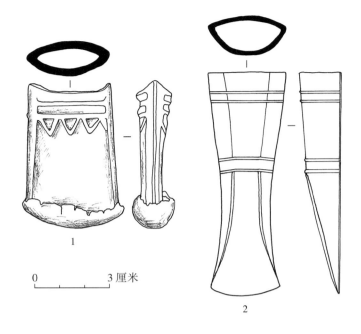

图 3-98B　08M160 出土铜器
1. 镈 M160：2　2. 凿 M160：1

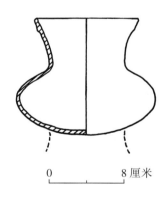

图 3-99　08M161 出土陶尊
M161：1

1；彩版六〇，2）。

凿　1件。

M160：1，瘦长器身，束腰，单面窄刃，微弧。半圆形空心銎，背面上部微外弧。銎口下饰两周凸棱纹；正面中部也饰两周凸棱纹，与刃面凸棱相接；刃面较平，剖面为梯形。銎内残存木屑。长 9.29、銎口长 3.27、宽 1.66、刃宽 2.77 厘米（图 3-98B，2；彩版六〇，3）。

（一三三）M161

长方形土坑竖穴墓，墓向 0°，被 M131 打破。墓坑残长 1.3、宽 0.23~0.3、深 0.25~0.34 米。未见人骨及葬具。随葬品仅有陶尊 1件。

陶器　1件。

尊　1件。

M161：1，夹粗砂灰黑陶。圆唇，喇叭口，弧颈，鼓肩，鼓腹，喇叭口形矮圈足。素面。轮制，规整，圈足内壁可见轮修弦纹。内外壁抹平，内外壁皆施一层褐色陶衣，大部分脱落。口、颈、肩、腹、足部大部分残缺，无法拼接成整器。口径 11.2、腹径 15、残高 13 厘米（图 3-99；彩版六〇，4）。

（一三四）M162

长方形土坑竖穴墓，墓向 280°，被 M148 打破，并打破 M218、M221。墓坑残长 1.6、宽 0.6~1、深 0.4 米。墓底仅存脚骨，葬式不明。未见葬具。随葬品有陶尊 1件、陶釜 1件、陶口沿 5件、陶片 1件（彩版六〇，5）。

陶器　8件。

尊　1件。

M162：1，夹粗砂，口、圈足局部橙红色，肩、腹部灰黑色。圆唇，喇叭口，斜直颈，肩近平，折腹，喇叭口形矮圈足。颈肩交接处饰一周锥刺纹。轮制，规整，圈足内壁可见明显轮修弦纹。内外壁抹平，施黄色陶衣，绝大部分脱落，胎厚。残碎，无法拼接成整器。足径 15.2、足高 6.8 厘米（图 3-100，1）。

釜　1件。

M162：3，夹砂，黑色、灰褐色相间。尖唇，侈口，束颈。口沿下部有一周凸弦纹。仅剩口部残片。口径 18.61、残高 4.41 厘米（图 3-100，2）。

口沿　5件。

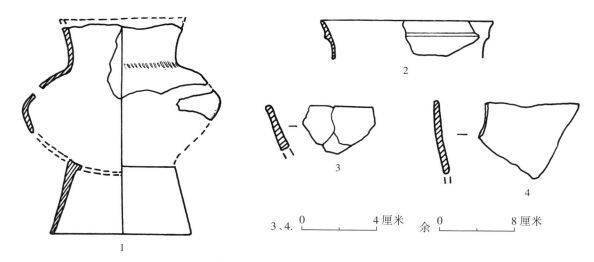

图 3-100 08M162 出土陶器

1. 尊 M162：1 2. 釜 M162：3 3. 口沿 M162：1-5 4. 口沿 M162：1-4

M162：1-1，夹细砂灰白陶。圆唇，侈口，弧颈，唇部下方 1.7 厘米处起一周凸棱。轮制，规整，内外壁抹平。

M162：1-2，夹粗砂，外壁橙红色，内壁褐色。圆唇，直口。轮制，内外壁抹平，施一层褐色陶衣，大部分脱落。

M162：1-3，夹粗砂，外壁褐色，内壁黑色。平唇，直口。轮制，内外壁抹平，施一层褐色陶衣，大部分脱落。

M162：1-4，夹砂，一面黄色，一面灰褐色。长 5.06 厘米（图 3-100，4）。

M162：1-5，夹细砂灰白陶。圆唇，侈口，弧颈，唇部下方 1.7 厘米处起一周凸棱。轮制，规整，内外壁抹平。长 3.43 厘米（图 3-100，3）。

陶片 1 件。

M162：2，夹砂，一面黄色，一面黑色。器形、尺寸不明。

（一三五）M164

长方形土坑竖穴墓，墓向 280°，被 M169 打破。墓坑残长 0.7、残宽 0.4、深 0.48 米。墓主人仰身直肢，双足并拢。盆骨及以上不存，性别、年龄不详。未见葬具及随葬品（图 3-101；彩版六一，1）。

（一三六）M165

长方形土坑竖穴墓，墓向 280°，被 M131 打破，并打破 M185。墓坑长 1.65、

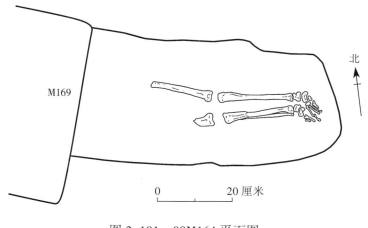

图 3-101 08M164 平面图

残宽 0.35~0.45、深 0.32 米。墓主人仰身直肢，双手置于身体两侧，双膝双足并拢。右侧上身被打破，其余骨骼基本完整，经鉴定为 30~35 岁男性。未见葬具。随葬品仅有骨饰 1 件（图 3-102；彩版六一，2）。

骨器　1 件。

骨饰　1 件。

M165：1，半环状，内外缘近圆形，不甚规整。一面平，另一面阴刻三道同心圆纹。外径约 3.24、内径约 1.13、厚 0.19 厘米（图 3-102，1；彩版六一，4）。

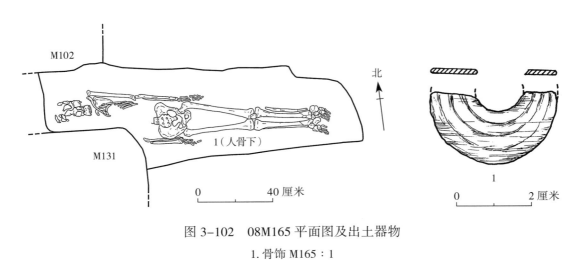

图 3-102　08M165 平面图及出土器物
1. 骨饰 M165：1

（一三七）M166

长方形土坑竖穴墓，墓向 280°，被 M95 打破，并打破 M159、M222 和 M238。墓坑长 2.2、宽 1、残深 0.4 米。墓坑南壁西侧、北壁东侧有生土二层台，为红色纯净生土，形状不规则，西南侧二层台长 0.9、宽 0.1~0.15 米，东北侧二层台长 0.7、宽 0.1 米，高均为 0.1 米。多人合葬，墓坑内至少有属于四个个体的人骨：1 号个体位于最上层，仰身直肢，头西脚东，右手置于盆骨之上，左手置于身体一侧，双足并拢，左侧足骨部分压于右侧足骨上，骨骼保存基本完整，经鉴定为 30 岁左右女性；2 号个体压于 1 号个体下，仰身直肢，头西脚东，骨骼略向南错位，一半身体露于 1 号个体南侧，骨骼基本完整，经鉴定为 30~35 岁男性；3 号个体位于 1 号个体和 2 号个体的足骨之间，骨骼摆放一堆，应为二次葬，由于骨骼凌乱，暂定为同一个体；4 号个体也压于 1 号个体下，侧身直肢，头东脚西，双膝双足并拢，骨骼保存基本完整，头骨位于 1 号个体足端北侧，身体压于 1 号个体下肢骨下，整体与 2 号个体在同一水平面上。未见葬具。随葬品有陶单耳罐 1 件、陶侈口罐 1 件、陶纺轮 1 件、铜镞 1 件、铜锄 1 件、铜带钩 3 件、小铜泡 1 件、铜环 1 件、铜骹铁矛 1 件、铜柄铁剑 1 件、铁斧 2 件、环首铁刀 3 件、铁凿 1 件、铁卷刃器 1 件、石印章 1 件、穿孔玻璃珠 1 件。其中陶单耳罐、陶纺轮位于东北侧二层台上，清理墓坑时已被取出，在 1 号个体头骨北侧和足骨北侧发现有漆器的痕迹，器物已完全腐烂，且有少量随葬品位于叠压的人骨之间，提取人骨时才发现（图 3-103A；彩版六一，3）。

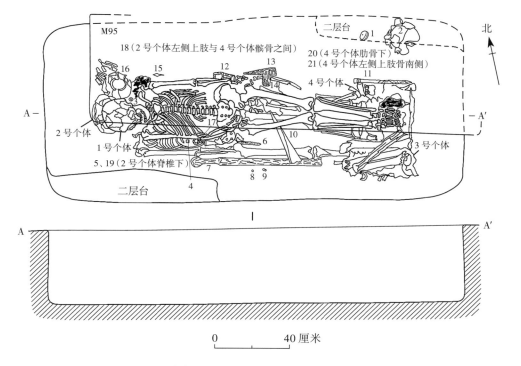

图 3-103A　08M166 平、剖面图

1.陶纺轮　2.陶单耳罐　3.穿孔玻璃珠　4.石印章　5.铜环　6.铜柄铁剑　7、17、21.环首铁刀　8.小铜泡　9、19、20.铜带钩　10.铜锄　11.铜骹铁矛　12、14.铁斧　13.铁凿　15.铜镞　16.陶侈口罐　18.铁卷刃器

1. 陶器　3 件。

单耳罐　1 件。

M166：2，夹细砂黑褐陶，底部褐色，腹部及口沿黑色。圆唇，盘口，束颈，斜肩，垂腹，圈底，单宽耳。素面。手制，口沿及颈、腹部可见慢轮修整的弦纹。底部粗糙，不平，内外壁均施一层褐色陶衣。口径 9.6、腹径 12.36、高 12.36 厘米（图 3-103B，1；彩版六三，1）。

侈口罐　1 件。

M166：16，夹细砂，黑色间杂褐色。尖唇，折沿，侈口，直颈，溜肩，圆鼓腹，小平底。素面。手制，经过慢轮修整，口沿、颈及肩处可见明显弦纹。内外壁均施一层褐色陶衣，大部分已脱落。胎薄。口径 7.86、腹径 12、底径 6.2、高 12 厘米（图 3-103B，2；彩版六三，2）。

纺轮　1 件。

M166：1，夹细砂，红褐色间杂黑色。算珠形，器身中部有一周凸棱。素面。制作规整，器表施一层褐色陶衣，大部分脱落。一面有裂纹，另一面有部分浅坑。直径 4.36、孔径 0.55、厚 2 厘米（图 3-103B，3；彩版六三，5）。

2. 铜器　7 件。

镞　1 件。

M166：15，三角形扁平镞身，两侧中线有血槽，不及尖不及底。空心铤，剖面为菱形，两面中线起脊，末端有尖状凸起。残长 4.4、镞身宽 1.3、铤径 0.7 厘米（图 3-103C，1；彩版六一，5）。

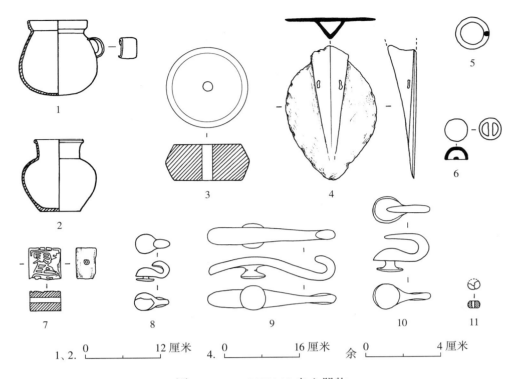

图 3-103B 08M166 出土器物

1.陶单耳罐 M166：2 2.陶侈口罐 M166：16 3.陶纺轮 M166：1 4.铜锄 M166：10 5.铜环
M166：5 6.小铜泡 M166：8 7.石印章 M166：4 8.铜带钩 M166：9 9.铜带钩 M166：19
10.铜带钩 M166：20 11.穿孔玻璃珠 M166：3

锄 1件。

M166：10，平面呈尖叶形，最大径位于器身中部。正面中线凸起三角形空心銎，及底；銎口高于肩部；銎口下三面各有一穿孔，形制不规整。背面平。长29、宽20、銎口长8.4、宽6厘米（图3-103B，4）。

带钩 3件。

M166：9，器形短小，钩身剖面呈半圆形；较细一端向外侧呈回首状弯曲，另一端稍粗，其下为柱状钮，接一圆形钮座。长1.9、宽1.1、高1.4、钮座直径1.3厘米（图3-103B，8；彩版六二，1）。

M166：19，钩身剖面呈半圆形，细长条状；较细一端向外侧呈回首状弯曲，另一端稍粗，其下为柱状钮，接一圆形钮座。长6.7、钩身直径0.4、钮座直径1.4厘米（图3-103B，9；彩版六二，4）。

M166：20，器形短小，钩身剖面呈半圆形；较细一端向外侧呈回首状弯曲，另一端稍粗，其下为柱状钮，接一圆形钮座。器表光亮，器形规整。长3、宽1.3、高2.1、钮座直径1.5厘米（图3-103B，10；彩版六二，3）。

小铜泡 1件。

M166：8，半球状，背面有一横挡。表面鎏金。底径1、高0.7厘米（图3-103B，6；彩版六二，2）。

环 1件。

M166：5，剖面为圆形。表面光滑。外径1.8、宽0.3厘米（图3-103B，5；彩版六二，5）。

3. 铜铁合制器　2 件。

铜骹铁矛　1 件。

M166：11，铜质空心骹，短小，骹口为圆形，骹口下饰三周凸棱纹，两侧凸棱纹上对称各有一倒三角形穿孔，不规整；骹下部内收，中线渐起脊，剖面为菱形。铁质矛叶分两段，接骹侧细长，剖面近方形，至前端渐宽扁，中线起脊，不明显。骹两侧范线明显，经打磨光滑平整。总长 32.4、骹长 11.2 厘米（图 3-103C，3；彩版六三，3）。

铜柄铁剑　1 件。

M166：6，茎、格、剑身底部均为铜质。空心茎，喇叭口茎首，近圆形，表面饰竖条状镂孔；茎上部剖面为椭圆形，下部为菱形，中线起脊较明显；茎表面饰螺旋纹、绞索纹等，呈环带状分布；一面近格处并列有两方形穿孔。一字格。铁质剑身，扁平窄长。茎长 11.4、格长 6 厘米（图 3-103C，5）。

4. 铁器　7 件。

斧　2 件。

M166：12，平面近梯形，长方形空心銎，单面弧刃，较宽，两侧斜直。厚重。锈蚀严重。总长 10、銎口长 3.6、宽 2.8、刃宽 6.8 厘米（图 3-103C，9；彩版六二，6）。

M166：14，平面近长梯形，长方形空心銎，双面弧刃，较宽，两侧斜直。厚重。锈蚀严重。总长 20.4、銎口长 5.2、宽 3.6、刃宽 8.8 厘米（图 3-103C，10；彩版六二，7）。

环首刀　3 件。

M166：7，椭圆形环首，柄较长，刃部背侧较厚，剖面呈三角形。锈蚀。表面残留木质物质痕迹，可能为木鞘，表面似涂有黑漆。总长 67.2、柄长 11、刃宽 3.2、环首直径 5.5 厘米（图 3-103C，2）。

M166：17，椭圆形环首，扁平柄，窄长刃，残。锈蚀。带有一铜饰件。残长 8、柄长 3.4、刃宽约 0.9、环首直径 3.2 厘米（图 3-103C，6）。

M166：21，首残。细长条状，残断。残长 18.6、柄长 1.2、刃宽 1.4 厘米（图 3-103C，7）。

凿　1 件。

M166：13，瘦长器身，两侧微内弧，方形空心銎，双面窄刃。锈蚀。总长 14.8、銎口长 2.4、宽 2.8、刃宽 1.8 厘米（图 3-103C，8）。

卷刃器　1 件。

M166：18，扁平条形柄，刃部稍宽，前端卷曲。柄部表面包有竹篾类物质，刃部表面有木质物质。锈蚀。总长 16、柄长 8.2、刃宽 1.8 厘米（图 3-103C，4）。

5. 石器　1 件。

印章　1 件。

M166：4，黄色砂岩。方形，字略残。中部有一穿孔。长 1.8、宽 1.6、高 1、孔径 0.3 厘米（图 3-103B，7；彩版六二，8）。

6. 玻璃珠　1 件。

穿孔玻璃珠　1 件。

M166：3，莹绿色，半透明。算珠状，中心有穿孔。直径 0.64、厚 0.36 厘米（图 3-103B，11；

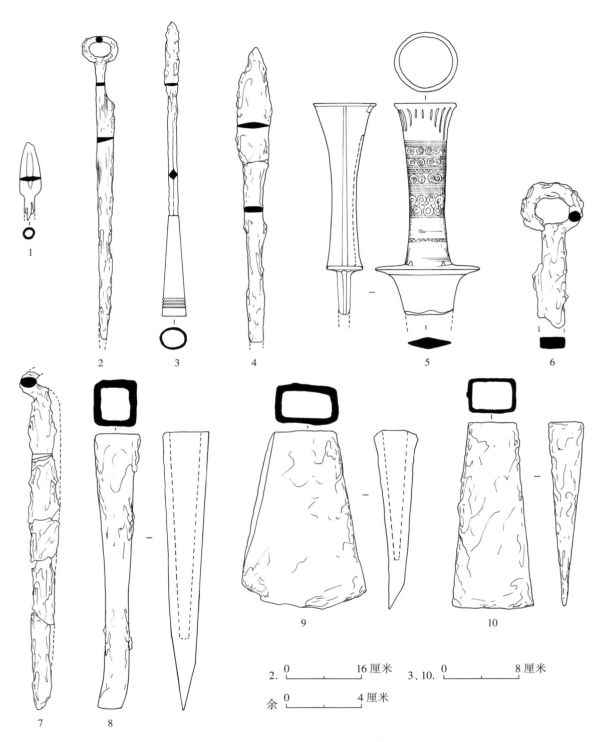

图 3-103C 08M166 出土器物

1. 铜镞 M166：15 2. 环首铁刀 M166：7 3. 铜骹铁矛 M166：11 4. 铁卷刃器 M166：18 5. 铜柄铁剑 M166：6 6. 环首铁
刀 M166：17 7. 环首铁刀 M166：21 8. 铁凿 M166：13 9. 铁斧 M166：12 10. 铁斧 M166：14

彩版六三，4）。

（一三八）M167

长方形土坑竖穴墓，墓向280°，被 M146 和盗洞打破，并打破 M168。墓坑残长 0.9、宽 0.5、深 0.8 米。墓底仅有少量碎骨，似为二次葬。墓底有少量板灰痕迹，似为棺痕。未见随葬品（图3–104）。

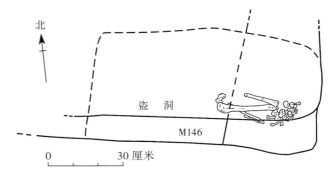

图 3-104　08M167 平面图

（一三九）M168

长方形土坑竖穴墓，墓向285°，被 M156、M167 打破。墓坑残长 0.5、宽 0.7、深 0.6 米。墓底仅有少量脚趾骨，葬式不明。未见葬具及随葬品。

（一四〇）M169

长方形土坑竖穴墓，墓向290°，被 M119、M133 和盗洞打破，并打破 M164 和 M170。墓坑残长 1.27、残宽 0.5、深 0.36 米。墓底残存人头骨，未见葬具。随葬品仅有铜凿 1 件，并在填土中有石范 1 件（图3–105）。

1. 铜器　1 件。

凿　1 件。

M169：1，瘦长器身，束腰，单面窄刃，微弧。半圆形空心銎。器身中部偏上饰两道凸棱纹，仅器身凸起部分明显；刃面较平，剖面为梯形，两侧起脊明显。背面平。銎内残存木屑。长 9.67、銎口

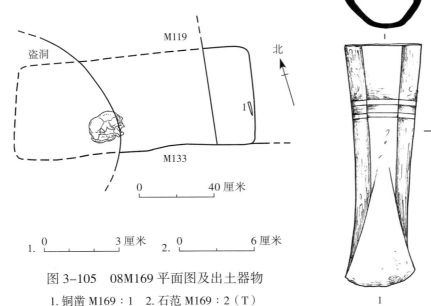

图 3-105　08M169 平面图及出土器物
1. 铜凿 M169：1　2. 石范 M169：2（T）

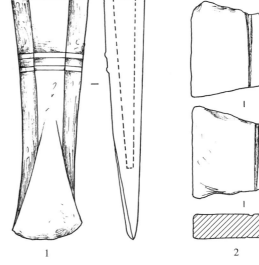

1　　　　2

长 3.11、宽 1.71、刃宽 2.69 厘米（图 3-105，1；彩版六三，6）。

2. 石器　1件。

石范　1件。

M169：2（T），扁长方体状，上下面及正反面均磨制光滑，左右两面残，一面的断茬又经大致打磨。正反两面各有一条细长的凹槽，凹槽的边缘不甚平直，剖面呈倒三角形。残长 4.86~7、宽 6.9、厚 1.87、凹槽宽约 0.3~0.5 厘米（图 3-105，2；彩版六三，7）。

（一四一）M170

长方形土坑竖穴墓，墓向 290°，被 M119、M131、M169 和盗洞打破。墓坑残长 0.6、残宽 0.3、深 0.5 米。墓底残存破碎头骨，葬式不明。未见葬具及随葬品。

（一四二）M171

长方形土坑竖穴墓，墓向 290°，被 M21、M22 打破。墓坑残长 0.96、宽 0.4、深 0.3 米。墓主人仰身屈肢，头骨破裂，除胸骨、足骨及部分肋骨不存外，其余骨骼保存完好，经鉴定为 0~2 岁未成年人。未见葬具及随葬品（彩版六四，1）。

（一四三）M172

长方形土坑竖穴墓，墓向 295°，叠压 M180、M181。墓坑长 1.8、宽 0.5、残深 0.05 米。单人仰身直肢葬。木棺。随葬品有铜扣 9 件、发饰 1 件、铜钱 1 件（图 3-106；彩版六四，2）。

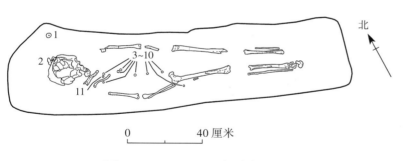

图 3-106　08M172 平面图
1. 铜钱　2. 铜发饰　3~11. 铜扣

铜器　11 件。

扣　9 件。

M172：3~10，球形铜扣，底部有一环状钮。其中 2 件残甚，2 件稍残，其余完整。直径 1.24~1.29 厘米（彩版六四，3）。

M172：11，平面近菱形，有花瓣形镂孔。变形。长 2.26 厘米。

发饰　1 件。

M172：2，由一中心有穿孔的浅盘状薄片、一中心有穿孔的花边状薄片及一螺钉构成，螺帽表面有花形纹饰。浅盘状薄片直径 4、花边状薄片直径 2.8、螺钉长 4.63 厘米（彩版六四，6）。

铜钱　1 件。

M172：1，雍正通宝。直径 2.81、孔径 0.54 厘米。

（一四四）M173

长方形土坑竖穴墓，墓向 280°，被 M73、M106 和盗洞打破，被 M135 叠压，打破 M179。墓坑残长 2.35、宽 1.1、深 0.53 米。墓底仅存少量头骨残片和肢骨，从残余人骨推测应为单人仰身直肢葬，经鉴定为成年男性。未见葬具。随葬品仅有木牌饰 1 件。

木器 1 件。

牌饰 1 件。

M173：1，由孔雀石珠串联排列，或平铺排列，其下为木质腐朽痕迹，器形不明。M173：1-1，直径 0.36、高 0.24 厘米；M173：1-2，直径 0.32、高 0.27 厘米（图 3-107；彩版六四，4）。

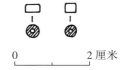

图 3-107 08M173 出土木牌饰

M173：1-1、1-2

（一四五）M174

长方形土坑竖穴墓，墓向 275°，被 M64 和盗洞打破，并打破 M200、M257。墓坑长 2、宽 0.6、深 0.3 米。多人合葬，至少有属于两个个体的人骨：1 号个体仰身直肢，头西脚东，右手置于盆骨上，左手放于身体一侧，双膝双足并拢，骨骼保存相对完整，经鉴定为 45~50 岁男性；2 号个体位于 1 号个体以北，侧身直肢，头向东，骨骼较多，经鉴定可能为 45~50 岁女性。另外在墓底东南角有一堆碎骨，南侧还有排列成一条直线的粗壮股骨，东南角见头骨残片，压于 1 号个体足端之下，暂不能判定是否属于同一个体。未见葬具。随葬品仅有陶纺轮 1 件（图 3-108；彩版六五，1）。

陶器 1 件。

纺轮 1 件。

M174：1，夹细砂，一面黄色，一面黑色。圆饼形。素面。制作规整，器表施一层褐色陶衣，大部分脱落。直径 3.33、孔径 0.4、厚 1 厘米（图 3-108，1；彩版六四，5）。

（一四六）M175

梯形土坑竖穴墓，墓向 270°，被 M53、M54、M107 打破。墓坑长 2.1、宽 0.6~0.9、深 1.15 米。

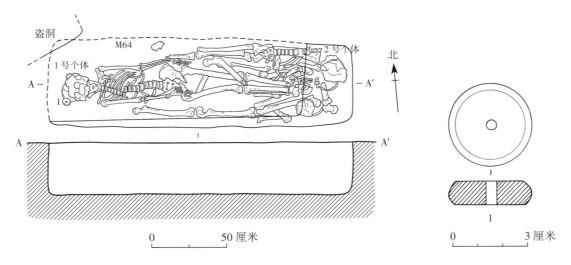

图 3-108 08M174 平、剖面图及出土器物

1.陶纺轮 M174：1

墓主人仰身直肢，头西脚东，双手紧贴于身体两侧，双膝双足并拢，双足偏向南。腐朽严重，性别、年龄不详，身下压有少量骨骼，其股骨北侧还见少量肢骨，所属个体不明。另一个体压墓主下肢骨之下，头骨压于右侧股骨下，为二次葬。未见葬具。随葬品有陶尊1件、陶单耳罐1件、陶钵1件、铜矛1件、铜剑1件、铜斧1件、铜扣饰1件、砺石1件（图3-109A；彩版六五，2）。

1. 陶器　3件。

尊　1件。

M175：2，夹细砂，褐色与灰黑色间杂。尖唇，侈口，束颈，斜肩，折腹，喇叭口形矮圈足。肩部饰一条宽约3.5厘米、由数条刻划细弦纹组成的纹饰带，细弦纹之上又刻划纵向短线纹。轮制，规整，圈足内壁可见明显轮修弦纹。内外壁抹平，施一层褐色陶衣，大部分脱落。口、腹部部分残缺。口径12.47、足径11.2、足高3.5厘米（图3-109B，1）。

单耳罐　1件。

M175：1，夹细砂，灰白、黑色相杂。圆唇，侈口，短弧颈，溜肩，鼓腹，圜底，单宽耳。素面。规整，内外壁抹平，内外壁施一层褐色陶衣，大部分脱落。仅剩口部及部分腹部。口径7.26、腹径8.94、高8.47厘米（图3-109B，2；彩版六六，1）。

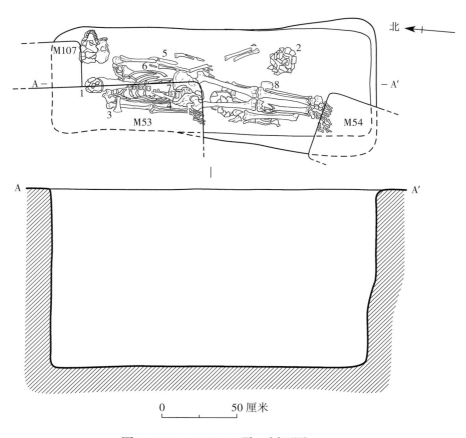

图3-109A　08M175平、剖面图

1.陶单耳罐　2.陶尊　3.铜斧　4.铜矛　5.铜剑　6.砺石　7.铜扣饰　8.陶钵

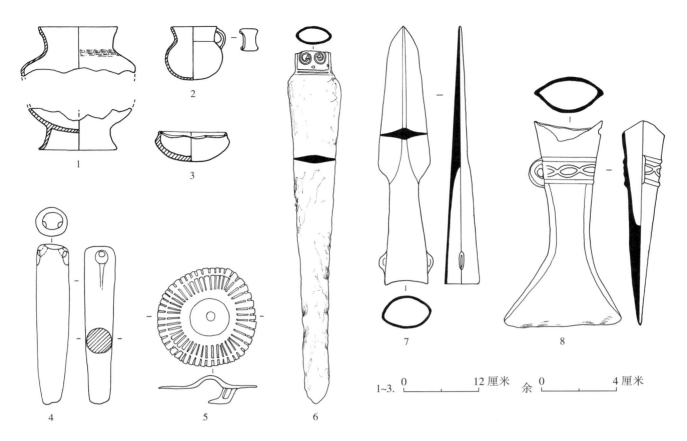

图 3-109B　08M175 出土器物

1. 陶尊 M175：2　2. 陶单耳罐 M175：1　3. 陶钵 M175：8　4. 砺石 M175：6　5. 铜扣饰 M175：7　6. 铜剑 M175：5　7. 铜矛 M175：4　8. 铜斧 M175：3

钵　1 件。

M175：8，夹粗砂，内壁灰白色，外壁黑色。圆唇，短直颈，圜底。颈部下方起两周凸棱。手制，厚胎，整器粗重，内外壁经过抹平，内外壁施一层黄褐色陶衣，大部分脱落。口径 10.2、腹径 11.76、高 4.71 厘米（图 3-109B，3）。

2. 铜器　4 件。

矛　1 件。

M175：4，椭圆空心骹，骹口两侧微上翘；骹口下两侧对称各有一系，未穿透；骹中部，一面中线处有一细小的穿孔。矛叶短小，与骹呈八字相交，底部两侧较圆钝；两侧刃斜直，前端内收成锋，中线起脊。骹表面有被绳索缠绕捆绑的痕迹。总长 14、骹口径 2.1~2.52、矛叶长 8.1 厘米（图 3-109B，7；彩版六五，3）。

剑　1 件。

M175：5，扁圆空心茎，残，饰卷云纹，两侧范线明显。无格。剑身底部呈八字形，剑身窄长，中线起脊，不明显。表面见黑色粉末状物质。残长 19.2、茎残断处直径 1.02~1.95、剑身长 17.8、宽 3 厘米（图 3-109B，6；彩版六五，4）。

斧 1件。

M175：3，椭圆空心銎，銎口两侧上翘，束腰，双面宽刃，平直，两侧不对称。銎口下饰两周凸棱纹间以绳索纹，纹饰带一侧有单系。器体两侧范线明显，未经打磨。銎内残存木柄痕迹。长11、銎口径2.34~3.67、刃宽6.17厘米（图3-109B，8；彩版六五，5）。

扣饰 1件。

M175：7，平面呈圆形。正面正中为一缓坡状凸起，凸起边缘至扣饰边缘较平，饰一周短直线阴线纹。背后有一横扣。器表见绳索痕迹及某种物质包裹的痕迹。直径5.5、高0.74、横扣长1.27厘米（图3-109B，5；彩版六五，6）。

3. 石器 1件。

砺石 1件。

M175：6，长条状，横剖面近圆形，顶部较底部粗，两端均为平面。顶面有一较大的凹坑，分别与两侧的穿孔相通。通体磨制光滑。长8.42、顶径1.62、底径1.1厘米（图3-109B，4；彩版六六，2）。

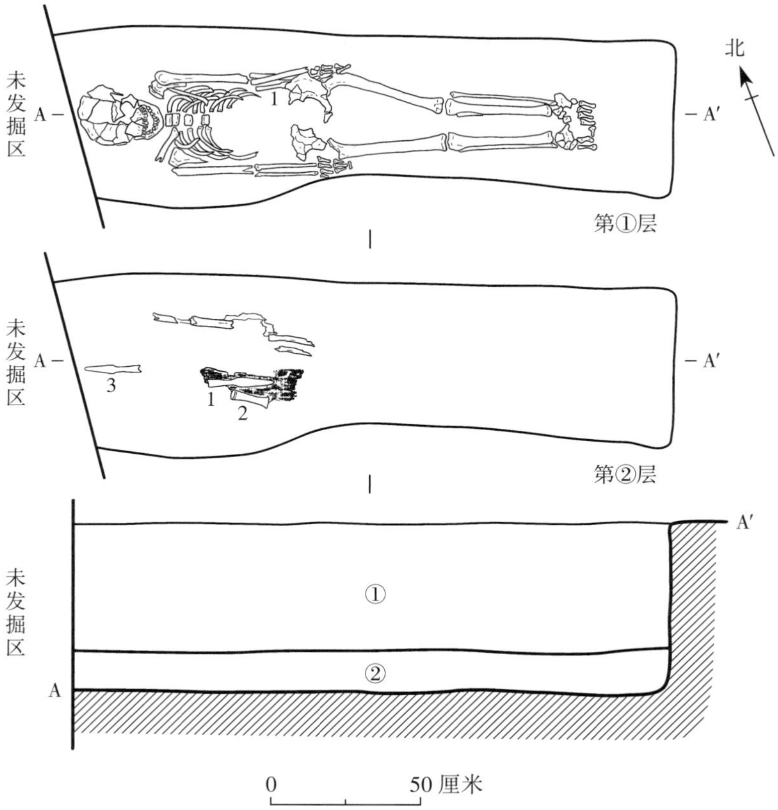

图3-110A　08M178平、剖面图
第①层：1. 铜剑
第②层：1. 铜剑　2. 铜凿　3. 铜矛

（一四七）M177

长方形土坑竖穴墓，墓向290°。墓坑长1.5、宽0.42、深0.15米。墓主人仰身直肢，骨骼基本腐朽，仅存少量牙齿和下肢骨，从骨骼大小看应为未成年。未见葬具及随葬品（彩版六六，4）。

（一四八）M178

长方形土坑竖穴墓，墓向290°。墓坑残长2.1、宽0.65、深0.7米，西壁小部分进入房基下，未发掘。墓主人仰身直肢，人骨保存较好，仅残缺部分肋骨，经鉴定为30~35岁男性，墓主人下肢骨下还垫有少量碎骨（登记表中分两层，第二层可能就是垫在脚下的碎骨，因此合并为一层，图按照原来的清绘）。未见葬具。随葬品有铜矛1件、铜剑2件、铜凿1件（图3-110A；彩版六六，5、6）。

铜器 4件。

矛 1件。

M178②：3，椭圆空心骹，鸭嘴形骹口，两侧起脊明显。矛叶与骹呈八字相交，矛叶底部两侧转角明显；矛叶短小，中线起脊，为空心骹之延伸。器表有较多气泡状孔，因埋藏而形成。长18.8、骹口径1.77~2.44、矛叶宽3.29厘米（图3–110B，1；彩版六七，1）。

剑 2件。

M178①：1，长条实心茎，窄长剑身，中线起脊，不甚明显，器身两侧不平直。合范铸造，合范时稍有错位。制作粗糙，未经打磨。总长20.9、茎长8.4、宽0.97、剑身宽2、厚0.44厘米（图3–110B，3；彩版六七，2）。

M178②：1，整器扁平。茎首较宽，中部内凹，似鱼尾形，以下内收，与剑身呈八字相接。剑身扁平，两侧刃斜直，前端内收成锋。器表见少量黑色粉末状物质。长21.2、茎首宽2.39、剑身宽2.93、厚0.3厘米（图3–110B，2；彩版六七，3）。

凿 1件。

M178②：2，瘦长器身，束腰，单面平刃。半圆形空心銎，銎口两侧微上翘。刃面较平，剖面为梯形，两侧起脊明显。背面平，近銎口处有一三角形穿孔。背面两侧范线较明显。器表见黑色粉末状物质。

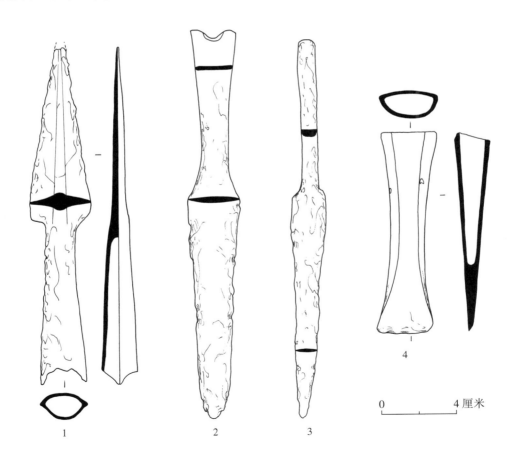

图3–110B 08M178出土铜器

1. 矛 M178②：3　2. 剑 M178②：1　3. 剑 M178①：1　4. 凿 M178②：2

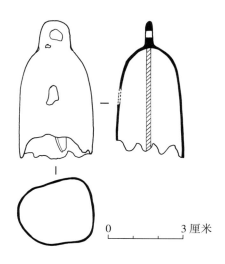

图 3-111　08M179 出土铜铃
M179：1

鋬内残存木屑。长 11.11、鋬口长 3.1、宽 1.82、刃宽 2.93 厘米（图 3-110B，4；彩版六七，4）。

（一四九）M179

长方形土坑竖穴墓，墓向 280°，被 M135、M146、M173 打破。墓坑残长 0.4、宽 0.25 米，深度不明。墓底仅有少量头骨残片和股骨，经鉴定为未成年人。未见葬具。随葬品仅有铜铃 1 件。

铜器　1 件。

铃　1 件。

M179：1，瘦长器身，纵剖面近长梯形，圆肩。顶部有一环状钮，平面近方形。椭圆形空腔，底部边缘为花边形。铜铃一面有一椭圆形穿孔，钮下也有一穿孔。空腔内有一动物犬齿作为铃舌，齿根穿一孔，两面钻，残。铜铃腔内无横梁，铃舌可能系于顶部。底径 2.63~2.99、舌长 4.12、高 5.78 厘米（图 3-111；彩版六六，3）。

（一五〇）M180

长方形土坑竖穴墓，墓向 270°，被 M172 叠压。墓坑残长 1.5、宽 0.5 米，深度不明。墓主人头骨残破，头骨以下被叠放于上身部位，其中还有散碎的下颌骨和头骨碎片，可能为二次捡骨葬，葬式较为奇特，性别、年龄不详。墓底有腰坑，约在中部，平面呈椭圆形，东西长 0.6、南北宽 0.4、深 0.13 米，腰坑中见碎骨。随葬品仅有铜削明器 1 件（彩版六七，5）。

铜器　1 件。

削明器　1 件。

M180：1，椭圆空心鋬，鸭嘴形鋬口；柄部一面饰纹饰，直线、曲线与圆点纹相组合，另一面为素面。柄上缘与刃部背侧位于同一直线上，刃残。残长 7.89、鋬口径 0.93~1.36、刃宽 1 厘米（图 3-112）。

图 3-112　08M180 出土铜削明器
M180：1

（一五一）M181

长方形土坑竖穴墓，墓向 265°，被 M172 叠压，并打破 M205。墓坑长 2.3、宽 0.5、深 0.3 米。双人合葬：墓主人位于墓底中部，仰身直肢，头向西，骨骼保存较好，经鉴定为 50 岁左右女性；其南侧有一具侧身人骨，头向东，经鉴定为 40 岁以上男性。两具人骨的足骨之间有一个头骨，中部墓主人下肢骨和南侧人骨的头骨下还压有一个头骨和其他散碎肢骨。未见葬具。随葬品有铜戈 1 件、铜

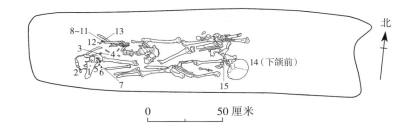

图 3-113A 08M181 平面图

1. 铜戈 2. 铜铃 3~7、14、15. 绿松石扣 8~10. 绿松石珠
11. 绿松石管 12. 玛瑙珠 13. 铁刃

铃 1 件、铁刃 1 件、玛瑙珠 1 件、绿松石扣 7 件、绿松石管 1 件、绿松石珠 3 件（图 3-113A；彩版六九，1）。

1. 铜器 2 件。

戈 1 件。

M181：1，曲援，三角形锋，宽本，无胡，直内。援中线起脊，本有一圆形穿孔，周围饰太阳纹；圆孔与近阑侧间还有纹饰，模糊不清；本近阑侧的两端各有一长方形穿孔。内近阑侧也有一长方形穿孔，两面对称饰两列折线纹，末端为卷云纹。总长 23.8、锋宽 4.19、内长 5.97、宽 3.83 厘米（图 3-113B，1；彩版六八，1）。

铃 1 件。

M181：2，瘦长器身，纵剖面近长梯形。顶部有环状钮，残。腔横剖面近圆形。器身一面中部有穿孔。底径约 1.59、高 3.59 厘米（图 3-113B，2）。

2. 铁器 1 件。

刃 1 件。

M181：13，扁平。残长 3.8、宽 0.75~1.16、厚约 0.3 厘米（图 3-113B，3）。

3. 玛瑙器 1 件。

珠 1 件。

M181：12，扁平算珠状，一面基本平，表面布满加工痕迹；另一面内凹，呈漏斗状。中心有穿孔，两面对钻。器体打磨光亮。最大径 0.65、孔径 0.13~0.22、高 0.37 厘米（图 3-113B，11；彩版六八，2）。

4. 绿松石器 11 件。

扣 7 件。

M181：3，平面近三角形，正面中心有尖状凸起。背面有两个穿孔，斜钻相通。通体打磨光亮，边缘有裂隙。长 2.37、宽 1.78、高 0.9 厘米（图 3-113B，4；彩版六八，3）。

M181：4，正面微凸。中心凹坑可能为埋藏过程中被腐蚀破坏。背面平，有两个穿孔，斜钻相通。通体打磨光亮。长 2.29、宽 1.75、厚 0.63 厘米（图 3-113B，5；彩版六八，4）。

M181：5，正面微凸，呈不甚规则圆角五角星状。背面平，有两个穿孔，斜钻相通。通体打磨光亮。长 1.64、宽 1.39、厚 0.72 厘米（图 3-113B，12；彩版六八，5）。

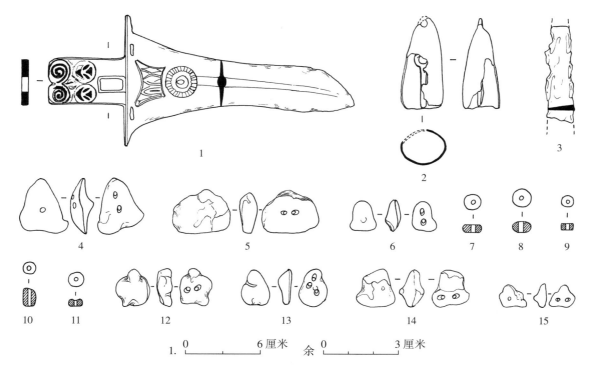

图 3-113B 08M181 出土器物

1. 铜戈 M181：1   2. 铜铃 M181：2   3. 铁刃 M181：13   4. 绿松石扣 M181：3   5. 绿松石扣 M181：4   6. 绿松石扣 M181：7
7. 绿松石珠 M181：8   8. 绿松石珠 M181：9   9. 绿松石珠 M181：10   10. 绿松石管 M181：11   11. 玛瑙珠 M181：12   12. 绿
松石扣 M181：5   13. 绿松石扣 M181：6   14. 绿松石扣 M181：14   15. 绿松石扣 M181：15

M181：6，平面呈水滴状，较窄的一端呈缓丘状凸起。背面平，有四个穿孔，其中两个为相对斜钻时钻透形成凹槽状，无法穿缀，又在其旁另钻两个相通的孔。通体打磨光亮。长 1.53、宽 1.19、高 0.51 厘米（图 3-113B，13）。

M181：7，平面近梯形，正中有尖状凸起。背面平，有两个穿孔，斜钻相通。通体打磨光亮。器体边缘因埋藏过程中被腐蚀而形成裂隙。器形小。长 1.26、宽 0.52~1.07、高 0.55 厘米（图 3-113B，6）。

M181：14，平面形状不规则，正面有尖状凸起。背面有两个穿孔，斜钻相通。通体打磨光亮。长约 1.51、高 0.93 厘米（图 3-113B，14；彩版六八，6）。

M181：15，平面近三角形，正面中央有尖状凸起。背面平，有两个穿孔，斜钻相通。通体打磨光亮。器形小。长约 1.17、高 0.55 厘米（图 3-113B，15）。

管 1件。

M181：11，圆柱形，中间微鼓。两面平。中心有穿孔，两面对钻而成。通体打磨光亮。直径 0.55、高 0.68 厘米（图 3-113B，10；彩版六八，7）。

珠 3件。

M181：8，算珠状。上下面平行。中心有穿孔，两面对钻。通体打磨光亮。表面有被腐蚀的沟槽。最大径约 0.73、高 0.41 厘米（图 3-113B，7；彩版六八，8）。

M181：9，算珠状，上下面不平行，器体中部有一周凸棱。中心有穿孔，两面对钻。器形不甚规整，不对称。通体打磨光亮。最大径 0.74、高 0.49 厘米（图 3-113B，8；彩版六八，9）。

M181：10，扁圆柱形，中心有穿孔，孔壁笔直，通体打磨光亮。器形小。直径 0.51、孔径 0.19、高 0.34 厘米（图 3-113B，9；彩版六八，10）。

（一五二）M182

长方形土坑竖穴墓，墓向 280°，被 M65 叠压，被 M131 打破。墓坑残长 0.55、残宽 0.4~0.45、深 0.75 米。墓底残存头骨一个，腐朽严重。葬式不明。未见葬具。随葬品仅有铜镞 1 件（彩版六九，2）。

铜器　1 件。

镞　1 件。

M182：1，长三角形扁平镞身，残。细长实心铤。残长 3.42、镞身宽 1.15、厚 0.14、铤长 1.24、铤厚 0.2 厘米（图 3-114）。

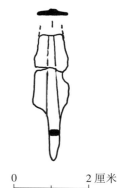

图 3-114　08M182
出土铜镞
M182：1

（一五三）M184

长方形土坑竖穴墓，墓向 270°，打破 M214。长 2.5、宽 0.9、深 2 米。墓坑分三层：第①层底部深 0.6 米，墓主人仰身直肢，仅存头骨、部分脊椎骨和下肢骨，头骨右侧有少量碎骨，经鉴定为 50 岁以上的女性；第②层底部深 1.2 米，人骨凌乱摆放于第②层底部，以股骨居多，还有头骨和其他散碎骨骼，无主要人骨，应为二次葬，经鉴定，该层有至少七个个体（其中一男一女）；第③层底部深 2 米，人骨摆放无规律，与第②层相似，应为二次葬，经鉴定，为两女一男均大于 35 岁的三个个体。此墓清理时各层底部以上的填土中均零星出土各种骨骼，尤以股骨居多，应是填埋时撒入的散骨，可能也属于二次葬，但由于有时并不集中于一个深度，因此并未出现散骨就单独分层，而是以骨骼集中出现为标准将此墓划分为三层。未见葬具。第①层随葬品仅有陶纺轮 1 件；第②层随葬品有陶纺轮 1 件、铜镞 1 件、绿松石扣 1 件；第③层随葬品仅有铜铲明器 1 件（图 3-115A；彩版六九，3~5）。

1. 陶器　2 件。

纺轮　2 件。

M184①：1，夹细砂，一面黑色，一面灰色。圆饼形，上下边缘略呈一周凸棱，器身中部起一周凸棱。素面。规整，器表施浅黄色陶衣。直径 3.42、孔径 0.47、厚 1~1.16 厘米（图 3-115B，1；彩版七〇，1）。

M184②：1，夹细砂，一面黄褐色，一面褐色，另有部分黑色。圆饼形，上下两面边缘起一周凸棱，器身中部亦有一周凸棱。素面。规整，器表施一层黄褐色陶衣，但大部分已脱落。一面残。直径 3.84、孔径 0.37、厚 1.11 厘米（图 3-115B，2；彩版七〇，2）。

2. 铜器　2 件。

镞　1 件。

M184②：3，扁平镞身，边缘及锋残，形制不明。圆形空心铤，残。残长 3.8、铤径 0.56~0.62 厘米（图 3-115B，4）。

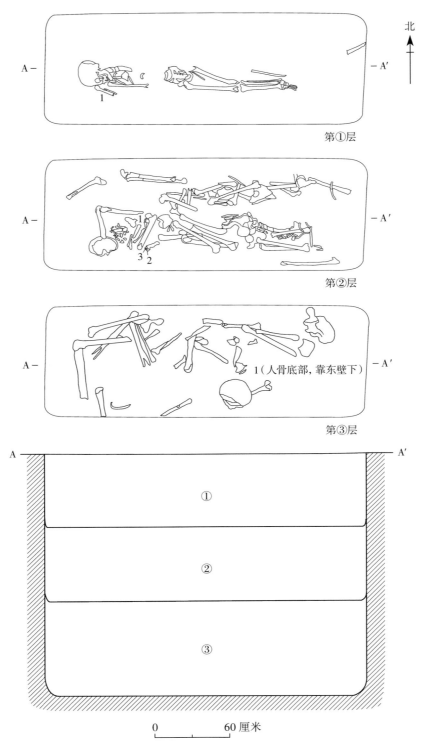

图 3-115A 08M184 平、剖面图

第①层：1.陶纺轮
第②层：1.陶纺轮 2.绿松石扣 3.铜镞
第③层：1.铜铲明器

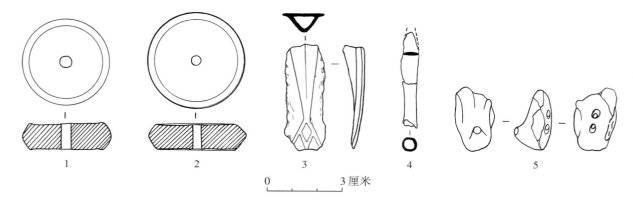

图 3-115B　08M184 出土器物

1.陶纺轮 M184①：1　2.陶纺轮 M184②：1　3.铜铲明器 M184③：1　4.铜镞 M184②：3　5.绿松石扣 M184②：2

铲明器　1件。

M184③：1，长条形，器身正面上部中央凸起三角形空心銎，下部分两叉，至刃两端。背面平。两侧及底部不甚平直。长 4.2、宽 1.58、銎口宽 0.78 厘米（图 3-115B，3）。

3. 绿松石器　1件。

扣　1件。

M184②：2，平面形状不规则，正面一侧有尖状凸起，凸起部分顶部平，另一侧呈不规则花边形。背面有两穿孔，斜钻相通。通体打磨光亮。长 2.46、宽 1.57、高 1.44 厘米（图 3-115B，5；彩版七〇，3）。

（一五四）M185

长方形土坑竖穴墓，墓向 290°，被 M131、M157、M165 打破。墓坑长 2.1、宽 0.5、深 1.4 米。墓主人仰身直肢，双手紧贴于身体，似置于盆骨下，双足并拢，右侧趾骨压于左侧之上。骨骼基本完整，但腐朽严重，经鉴定为 30~35 岁女性。未见葬具。随葬品仅有玉玦 1件（彩版七〇，4）。

玉器　1件。

玦　1件。

M185：1，内外缘均为圆形，中心圆孔偏向缺口一侧。缺口两端无穿孔，由两面对磨成刃状。器身一面平另一面微弧，整器打磨光亮。器形小，规整精致。外径 1.48、内径 0.53、厚 0.14 厘米（图 3-116；彩版七〇，5）。

图 3-116　08M185
出土玉玦
M185：1

（一五五）M186

长方形土坑竖穴墓，墓向 250°，被 M133、M146、M156 打破，并打破 M190。墓坑长 1.95~2、宽 0.7、残深 0.15 米。墓主人骨骼残损较多，从保存状况来看应为仰身直肢，双足并拢，但腐朽严重，性别、年龄不详。未见葬具及随葬品。

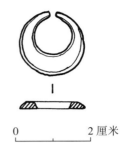

图 3-117 08M188 出土玉玦

M188：1

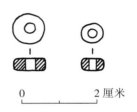

图 3-118 08M189 出土玉串珠

M189：1

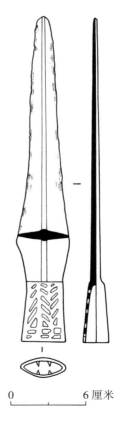

图 3-119 08M190 出土铜铍

M190：1

（一五六）M187

长方形土坑竖穴墓，墓向290°，被M74打破。墓坑残长0.6、宽0.5、残深0.25米。墓底残存部分下肢骨，应为仰身直肢，足端压有陶片，经鉴定应为未成年人。未见葬具及随葬品。

（一五七）M188

长方形土坑竖穴墓，墓向290°，被盗洞打破，并打破M2、M245。墓坑长2.5、宽0.8、深0.6米。墓主人仰身直肢，头西脚东，双手置于身体两侧，双足并拢。骨骼基本完整，经鉴定为20岁左右女性。未见葬具。随葬品仅有玉玦1件（彩版七〇，7）。

玉器 1件。

玦 1件。

M188：1，内外缘均为圆形，内缘直径大。中心圆孔偏向缺口一侧。缺口两端无穿孔，由两面对磨成刃状。器身一面平另一面微弧，整器打磨光亮。器形小，规整精致。外径1.7、内径1、厚0.16厘米（图3-117；彩版七〇，6）。

（一五八）M189

长方形土坑竖穴墓，墓向266°，被盗洞打破，并打破M201。墓坑残长0.9、宽0.8、残深0.33米。墓底骨骼较为散乱，应为二次葬，经鉴定未成年人骨骼较多。未见葬具。随葬品仅有玉串珠1件。

玉器 1件。

串珠 1件。

M189：1，若干枚，其中5枚完整，其余粉化严重。扁平圆柱形，纵剖面呈长方形。中心有穿孔。直径0.66~0.88、孔径0.2~0.3、高0.3~0.4厘米（图3-118；彩版七一，1）。

（一五九）M190

长方形土坑竖穴墓，墓向273°，被M141、M146、M156、M186打破。墓坑残长1.9、宽0.88、深0.5米。墓底残存少量牙齿和肢骨，葬式不明。未见葬具。随葬品仅有铜铍1件。

铜器 1件。

铍 1件。

M190：1，空心扁茎，两面饰麦穗状短线镂孔。无格。铍身底部呈八字形，中线起脊，凸棱明显，表面见少量黑色粉末状物质。总长 27、茎首直径 1.45~3.27、铍身宽 4.11 厘米（图 3-119；彩版七一，2）。

（一六〇）M192

长方形土坑竖穴墓，墓向 310°，被 M57 打破，并打破 M58、M211。残长 1.8、宽 0.65、深 0.23 米。葬四个颅骨及肢骨，除一个个体经鉴定大于 45 岁外，其余年龄和性别均不明。未见葬具及随葬品（彩版七一，4）。

（一六一）M193

长方形土坑竖穴墓，南北向，被 M76 打破，并打破 M194、M195 和 M212。墓室长 1.74、宽 0.56、深 0.05~0.1 米。墓主人仰身直肢，面向右侧，右手置于身体一侧，左手置于盆骨上，尺骨与桡骨分别位于盆骨上下侧，应为埋葬时自然塌陷形成，双足并拢，为 40~45 岁男性。未见葬具。随葬品有陶瓮 1 件、陶片 1 件、铜骹铁矛 1 件、环首铁刀 1 件（图 3-120A；彩版七一，5）。

1. 陶器　2 件。

瓮　1 件。

M193：4，夹细砂黑褐陶。仅剩一小平底及少数残片，无法拼接成整器。轮制，器表施黄色陶衣，大部分脱落。可能是瓮的残片。底径 5、残高 1.5~2.17 厘米（图 3-120B，1）。

陶片　1 件。

M193：3，夹细砂橙红陶。残碎严重，无法拼接成整器，器形、纹饰不明。

2. 铜铁合制器　1 件。

铜骹铁矛　1 件。

M193：1，铜质空心骹，骹口近圆形，下部逐渐内收，剖面为菱形。近骹口处饰三周凸棱纹，两侧的凸棱纹上对称各有一倒三角形穿孔。骹中

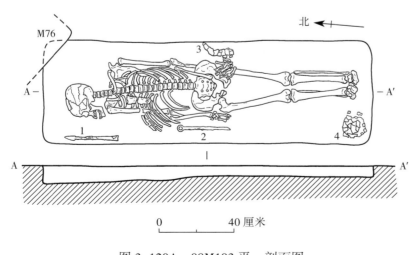

图 3-120A　08M193 平、剖面图

1. 铜骹铁矛　2. 环首铁刀　3. 陶片　4. 陶瓮

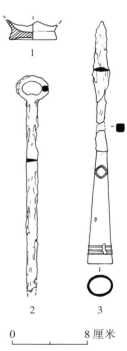

图 3-120B　08M193
出土器物

1. 陶瓮 M193：4
2. 环首铁刀 M193：2
3. 铜骹铁矛 M193：1

部偏上的一面中线处有一小穿孔。骹两侧范线明显，经打磨。铁质矛叶，分成两段，近骹端细长，前端宽扁，底部折角明显。总长26.6、骹长12.1、骹口径2.47~2.6、矛叶长约7.2、上端宽2.1厘米（图3-120B，3）。

3. 铁器　1件。

环首刀　1件。

M193：2，首呈椭圆形，刃部细长。长23.6、刃宽约1.5、环首直径2.7~3厘米（图3-120B，2；彩版七一，3）。

（一六二）M194

长方形土坑竖穴墓，墓向300°，被M76、M193打破，并打破M195和M266。墓室长2.3、宽1、深1~1.6米。墓主人仰身直肢，双手紧贴于身体两侧，为40岁左右男性。右侧足端压有另一个体，骨骼堆砌在一起，肢骨顺墓主方向放置，为二次葬。股骨南侧还见另一个体胫骨腓骨远端及足骨。未见葬具。随葬品有陶片1件、铜矛2件、铜戈1件、铜镞3件、铜钺1件、铜箭箙1件（内装有铜镞，

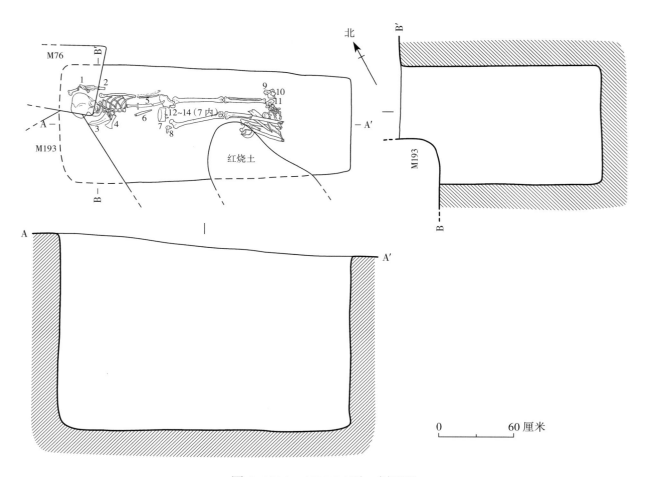

图3-121A　08M194平、剖面图

1、2. 铜矛　3. 铜戈　4. 铜钺　5. 铜柄铁剑　6. 砺石　7. 铜箭箙　8. 铜扣饰　9. 铜锄明器　10. 铜铲明器　11. 陶片　12~14. 铜镞

单独编号）、铜锄明器 1 件、铜铲明器 1 件、铜扣饰 1 件、铜柄铁剑 1 件、砺石 1 件（图 3-121A；彩版七一，6）。

1. 陶器 1 件。

陶片 1 件。

M194：11，夹细砂深褐陶，内壁黑色。轮制，内外壁抹平，内外壁均施一层褐色陶衣，大部分脱落。器形、纹饰不明。

2. 铜器 11 件。

矛 2 件。

M194：1，圆形空心骹，大喇叭口形骹口，骹口两侧各有一圆形穿孔；骹下部急收，剖面为菱形。矛叶与骹呈八字相连，矛叶短宽，中线起脊，为空心骹之延伸。合范铸造，范线基本打磨平整。骹内残存少量木屑。长 9.72、骹口径 3.26~3.39、矛叶宽 2.38 厘米（图 3-121B，1；彩版七二，1）。

M194：2，圆形空心骹，骹口下两侧各有一穿孔；骹下端两侧各有一系，未穿透；系及以上的骹两面饰四组双阴线菱形纹，纵向排列，其下（矛叶部分）为重线倒三角形纹。矛叶呈柳叶形，底部两侧圆钝，中线起脊，为空心骹之延伸。器形规整。总长 25.2、骹口径 2.12~2.36、矛叶长 15.3、宽 4 厘米（图 3-121B，2；彩版七二，2）。

戈 1 件。

M194：3，曲援，三角形锋，宽本，无胡，直内。本正中有一圆形穿孔，穿孔周围有一周短线纹（太阳纹）；圆孔与阑之间，两面似有纹饰，锈蚀不清；圆孔至锋，两面援身中线起脊，凸棱明显；阑两侧各有一长条状穿孔。内近阑侧有一长方形穿孔，两面饰三人并列蹲坐纹，内末端为卷云纹。器形规整。总长 25.4、锋宽 4、阑长 10.8、内长 5.9、内宽 3.67 厘米（图 3-121B，3；彩版七二，3）。

镞 3 件。

M194：12，装于箭箙内。扁平镞身，近长三角形，前端内收成锋。空心铤，剖面近圆形，铤一面近镞身处有一长椭圆形穿孔。铤两侧有翼，一侧翼残（断茬痕迹不明显，或只有一侧有翼）。铤内残存木屑。总长 6.26、镞身长 3.78、宽 1.18、厚 0.12、铤径 0.69~0.75 厘米（图 3-121B，10；彩版七二，4）。

M194：13，装于箭箙内。扁平镞身，近三角形，前端内收成锋，底部两侧转角明显。圆形空心铤，铤一面近镞身处有一圆形小穿孔。铤末端一面正中有翼，呈尖状。总长 5.49、镞身长 3.29、宽 1.31、厚 0.11、铤径 0.6 厘米（图 3-121B，12；彩版七二，5）。

M194：14，装于箭箙内。宽扁镞身，前端内收成锋，末端最宽，两侧转角明显。镞身底部中央有一尖状凸起。器表见木屑，可能绑有箭杆。长 3.67、宽 1.71、厚 0.17 厘米（图 3-121B，11；彩版七二，6）。

钺 1 件。

M194：4，椭圆空心銎，束腰，双面宽弧刃。銎口边缘不平齐，未经打磨；銎口下一侧有单系。銎表面饰两周重线绞索纹，以直线间以折线作为分界，绞索纹下两面各有一组重线倒三角形纹；三角形纹顶部，两面各有一穿孔，一面为圆形，另一面为小长条形。銎两侧范线明显。銎内残存木柄。

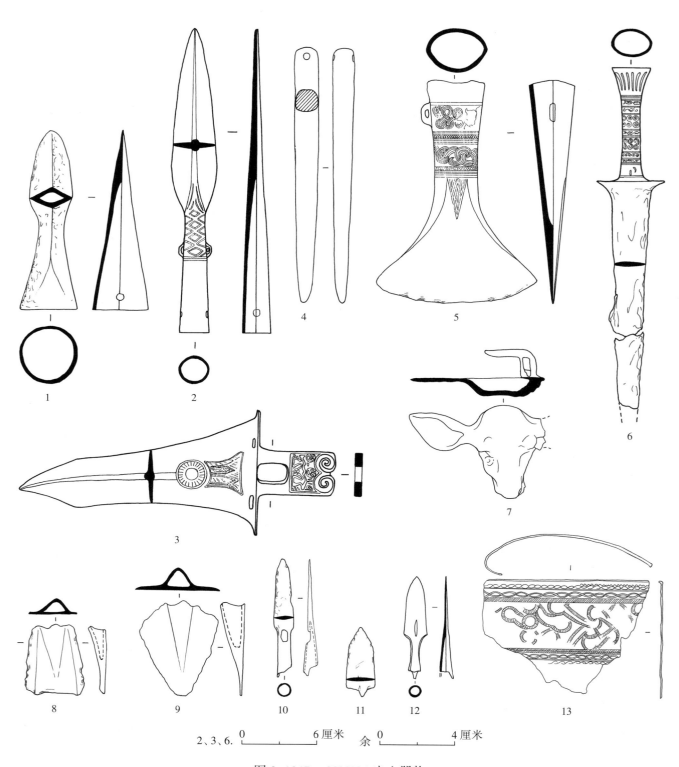

2、3、6. ⊢0————6厘米　余 ⊢0————4厘米

图 3-121B　08M194 出土器物

1. 铜矛 M194：1　2. 铜矛 M194：2　3. 铜戈 M194：3　4. 砺石 M194：6　5. 铜钺 M194：4　6. 铜柄铁剑 M194：5　7. 铜扣饰 M194：8　8. 铜铲明器 M194：10　9. 铜锄明器 M194：9　10. 铜镞 M194：12　11. 铜镞 M194：14　12. 铜镞 M194：13　13. 铜箭箙 M194：7

长 11.9、銎口径 2.44~3.25、刃宽 8.68 厘米（图 3-121B，5；彩版七二，7）。

箭箙 1 件。

M194：7，小半圆形筒状，素面，壁薄，极易破碎。器身与底部分铸，底部边缘上卷，与器身呈封闭状。器表有厚约 0.1 厘米的黑色致密物质，可能包裹过皮革类。内盛铜镞 3 枚，另编号。残宽 8.8、高 6.2、壁厚仅 0.1 厘米（图 3-121B，13）。

锄明器 1 件。

M194：9，平面呈尖叶形，斜肩，转角明显，两侧不对称。正面中央凸起三角形空心銎，及底。銎口边缘不平齐。背面平。长 4.96、宽 4.18、銎口长 1.54、宽 1.29 厘米（图 3-121B，9）。

铲明器 1 件。

M194：10，平面呈梯形，正面中央上部凸起三角形空心銎，不及底。两侧边缘不平齐，铜液外溢较甚；刃部较残，似为铜液流淌不均所致。背面平。长 4.25、顶宽 2.28、銎口宽 1.32、底宽 3.28、厚 0.89 厘米（图 3-121B，8）。

扣饰 1 件。

M194：8，牛头形，宽耳，无角。左耳残断不存。背后有一横扣。牛头额骨部分表面见明显的织物覆盖痕迹。牛头长 5.06、耳处宽 7.43、总宽应在 10 厘米以上（图 3-121B，7；彩版七二，8）。

3. 铜铁合制器 1 件。

铜柄铁剑 1 件。

M194：5，椭圆空心茎，中部略内收；喇叭口茎首，表面饰短线状镂孔；茎表面饰阴线卷云纹，呈环带状分布，表面缠有竹篾类物质。一字格。茎、格、剑身底部均为铜质。铁质剑身，扁平，残断。总长约 28、茎长 8.3、茎首直径 2.62~3.09、格长 5.17 厘米（图 3-121B，6；彩版七二，9）。

4. 石器 1 件。

砺石 1 件。

M194：6，细长条状，剖面为椭圆形。顶面平，器身最大径近顶部，以下渐内收，底部呈尖状，底面较平。顶部有穿孔，两面对钻。通体打磨，较粉化，表层部分脱落。长 13.98、顶径 1.15~1.28、底径 0.39~0.46、孔径 0.41 厘米（图 3-121B，4；彩版七二，10）。

（一六三）M195

长方形土坑竖穴墓，墓向 280°，被 M193 和 M194 打破。墓室长 2、宽 0.22~0.6、深 0.8 米。墓主人仰身直肢，面向左，右手紧贴于身体，为 40~45 岁男性。未见葬具。随葬品有铜戈 1 件、铜镞 1 件、铜镈 1 件、铜凿 1 件、骨镞 2 件（图 3-122A；彩版七三，1）。

1. 铜器 4 件。

戈 1 件。

M195：3，直援，有胡，一穿，直内。援背侧平直，刃侧微弧；援末正中有一圆形穿孔；两面近内处正中各有一翼，翼两端呈尖状凸出，两翼用以纳柲。内似鱼尾状，近援侧有一圆形穿孔，内下缘还有一近三角形穿孔，不甚规整。援表面布满排列无序但方向一致的短线状凹槽。内表面见黑色粉末

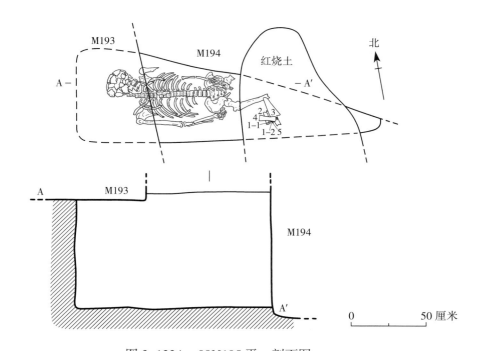

图 3-122A　08M195 平、剖面图

1-1. 骨镞　1-2. 铜镞　2. 铜镈　3. 铜戈　4. 铜凿　5. 骨镞

状物质。总长 20.4、援宽 6.3、内长 6.48 厘米（图 3-122B，1；彩版七三，3）。

镞　1 件。

M195：1-2，器形短小扁平，近菱形。整器一面平，镞身另一面有血槽。镞身与铤无明显分界，铤末端呈分叉状。长 2.57、宽 0.73 厘米（图 3-122B，4）。

镈　1 件。

M195：2，扁圆空心銎，平面近长方形，器体两侧起脊明显。銎口两侧上翘，边缘有较大的裂隙，为铸造时铜液流淌不均所致。銎口下饰两周凸棱纹，一面的凸棱纹下正中还有一折线纹。器身与底部分别铸造，再将底部向上卷曲包裹器身底缘形成封闭结构。器形较规整。长 8.44、宽 3.7、銎口径 1.65~4.1 厘米（图 3-122B，2；彩版七三，2）。

凿　1 件。

M195：4，半圆空心銎，瘦长器身，束腰，单面窄刃，微弧。銎口两侧微上翘。銎口下饰四周凸棱纹，正面第一、二周间还饰有曲线纹，背面第一、二周间饰折线纹，不规整。正面的凸棱纹下饰两道纵向凸棱纹，至刃两侧。长 11.3、銎口长 3.78、宽 1.8、刃宽 3.13 厘米（图 3-122B，6；彩版七三，4）。

2. 骨器　2 件。

镞　2 件。

M195：1-1，被铜锈渗透，通体呈绿色。镞身一面平，另一面微鼓，前半部分中线起脊。镞身与铤呈八字相接，细长铤。镞身磨制精细，器形规整。长 4.16、宽 0.88、厚 0.29 厘米（图 3-122B，3；彩版七三，5）。

M195：5，被铜锈渗透，通体呈绿色。细长柳叶形镞身，正面起脊，剖面呈梯形。细长铤。通体

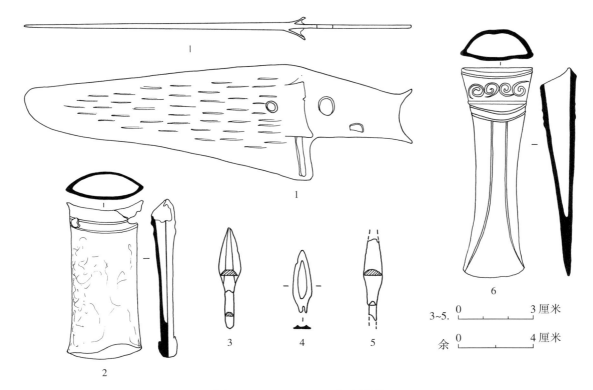

图 3-122B　08M195 出土器物

1. 铜戈 M195：3　2. 铜镈 M195：2　3. 骨镞 M195：1-1　4. 铜镞 M195：1-2　5. 骨镞 M195：5　6. 铜凿 M195：4

磨制，器形规整。残长 3.1、宽 0.73、厚 0.22 厘米（图 3-122B，5）。

（一六四）M196

长方形土坑竖穴墓，西北—东南向。墓坑长 2.0、宽 0.5、深 0.55~0.6 米。墓主人仰身直肢，双手紧贴于身体两侧，双膝双足并拢，为 35~40 岁男性。无葬具。随葬品有玉管 6 件（图 3-123；彩版七三，6）。

玉器　6 件。

管　6 件。

M196：1，2 件。1 件完整，另 1 件残。完整者呈长方体状，横剖面为圆角方形。中心有圆形穿孔。通体打磨，粉化严重。高 0.78、边长 0.52、孔径约 0.24 厘米（图 3-123，1；彩版七三，7）。

M196：2-1，横剖面为圆角方形，中心有圆形穿孔。通体打磨，表面较光滑。高 0.5、边长 0.53、孔径 0.26 厘米（图 3-123，2 左；彩版七四，8）。

M196：2-2，横剖面为圆角方形，中心有圆形穿孔。通体打磨，表面较光滑。高 0.62、边长 0.55、孔径 0.26 厘米。

M196：2-3，横剖面为圆角方形，中心有圆形穿孔。通体打磨，表面较光滑。高 0.59、边长 0.54、孔径 0.24 厘米。

M196：2-4，圆柱形，中心有穿孔。通体打磨，表面较光滑。长 0.94、直径 0.52、孔径 0.24 厘米。

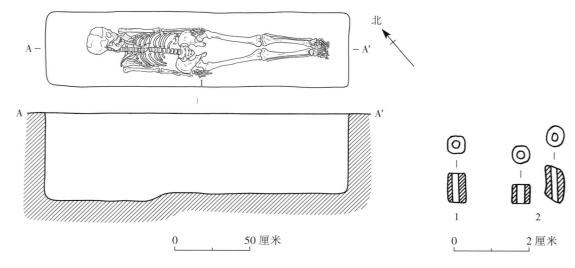

图 3-123 08M196 平、剖面图及出土器物
1. 玉管 M196：1　2. 玉管 M196：2-1、2-5

M196：2-5，形制不规整，中心有穿孔，表面有多周凹槽，似为切割而成。长 0.95 厘米（图 3-123，2 右）。

（一六五）M197

长方形土坑竖穴墓，墓向 20°，被 M16、M203 打破，并打破 M198。墓坑残长 1.1、残宽 0.3、深 0.2 米。墓底仅有少量牙齿，葬式不明。未见葬具及随葬品。

（一六六）M198

长方形土坑竖穴墓，墓向 280°，被 M97、M197、M203 打破，并打破 M204。墓坑残长 0.8、残宽 0.7、深 0.4 米。未见人骨、葬具及随葬品。

（一六七）M199

长方形土坑竖穴墓，墓向 290°，被 M39 和盗洞打破。墓坑残长 1.15、宽 0.5、残深 0.15~0.25 米。双人合葬，南北并排，均为仰身直肢葬。南侧为 1 号个体，左手似置于盆骨上，头骨破碎，骨骼保存相对较好，经鉴定为小于 6 岁的未成年人。北侧为 2 号个体，右侧上肢骨压于 1 号个体下肢骨下，双手置于盆骨上，骨骼基本完整，经鉴定为 6~12 岁未成年人，其右侧上肢骨压于 1 号个体下肢骨下，因此 1 号个体下葬要晚于 2 号个体。未见葬具。随葬品仅有陶侈口罐 1 件（图 3-124；彩版七四，1）。

陶器　1 件。

侈口罐　1 件。

M199：1，夹细砂，陶质较硬，灰黑、浅黄色相间。尖唇，侈口，长斜直颈，溜肩，扁鼓腹，平底。素面。轮制，器形规整，颈部内壁局部可见轮修细弦纹。内外壁抹平，颈部以上与器身分别制作后再粘结成整器，器表及内壁施一层褐色陶衣，局部脱落。领部及腹部部分残缺。口径 9.4、腹径 12.5、

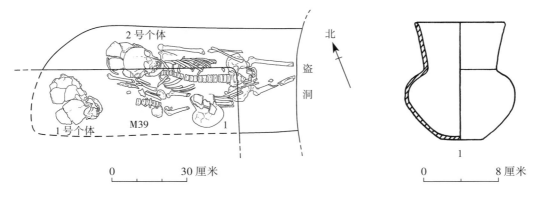

图 3-124 08M199 平面图及出土器物

1. 陶侈口罐 M199：1

底径 5、高 13.5 厘米（图 3-124，1；彩版七四，2）。

（一六八）M201

长方形土坑竖穴墓，墓向 270°，被 M96、M189 和盗洞打破。墓坑长 2、宽 1.1、深 1.7 米，墓底有腰坑，长 1.2、宽 0.6、深 0.15 米。墓底有散乱的头骨残片、肢骨、脊椎等，似堆砌成长方形，二次葬。未见葬具及随葬品。

（一六九）M202

长方形土坑竖穴墓，墓向 0°，被 M85 和盗洞打破。墓坑残长 0.5、残宽 0.5、深 0.15 米。未见人骨、葬具及随葬品。

（一七○）M203

长方形土坑竖穴墓，墓向 10°，被 M16、M51、M55 打破，并打破 M197、M198、M204。墓坑长 2.05、宽 0.8、深 0.4 米。墓底散见四个头骨及其他肢骨，应为二次葬。未见葬具及随葬品（图 3-125）。

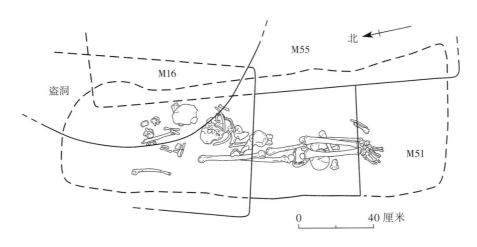

图 3-125 08M203 平面图

（一七一）M204

长方形土坑竖穴墓，墓向305°，被M38叠压并被M51、M55、M198、M203打破。墓坑长2.3、宽0.75、深0.6米。墓主人仰身直肢，面向西南，骨骼保存较好，经鉴定为40~45岁男性。未见葬具。随葬品有铜戈1件、铜镞1件、铜镈1件、铜凿1件、铜锥1件、铜刻刀1件。

铜器　6件。

戈　1件。

M204：3，直援，有胡，一穿，直内。援背侧平直，刃侧微弧；援末正中有一圆形穿孔；两面近内处正中各有一翼，翼两端呈尖状凸出，两翼用以纳柲。内似鱼尾状，近援侧有一圆形穿孔，内下缘还有一近长方形穿孔，不甚规整。援表面布满排列无序但方向一致的短线状凹槽。总长17.8、胡长6.6厘米（图3-126，1；彩版七四，3）。

镞　1件。

M204：6，整器一面平，另一面微鼓。柳叶形镞身，正面中线有血槽。铤宽扁，中线延续镞身的血槽，残。器形小。残长2.6、宽0.71、厚0.16厘米（图3-126，6；彩版七四，4）。

镈　1件。

M204：5，平面近长方形，器体两侧起脊明显，一侧有裂隙。扁圆空心銎，銎口两侧微上翘。銎口下、器身上部各饰两周凸棱纹。器身与底部分别铸造，再将底部向上卷曲包裹器身底缘形成封闭结构，底面呈弧面。长8.51、銎口径2.2~4.06、底径0.96~3.61厘米（图3-126，3；彩版七四，5）。

凿　1件。

M204：2，瘦长器身，束腰，单面弧刃，较窄。半圆空心銎，銎口两侧微上翘。銎口下饰两周凸棱纹，其下为一周折线纹。器身中部饰三周凸棱纹，微弧。刃面平，起脊明显，近器体中部起脊渐为凸棱。背面平。銎内残存木屑。长8.8、銎口长3.58、宽1.78、刃宽3厘米（图3-126，4；彩版七四，6）。

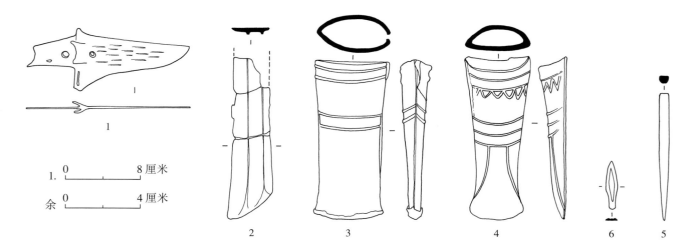

图3-126　08M204出土铜器

1.戈 M204：3　2.刻刀 M204：4　3.镈 M204：5　4.凿 M204：2　5.锥 M204：1　6.镞 M204：6

锥　1件。

M204：1，器身前段剖面呈长等腰三角形，三角形的顶角呈圆弧状；前端内收成尖，较锋利。后段剖面呈半圆形，表面缠有织物，残。残长6.92、宽0.6、高0.46厘米（图3-126，5；彩版七四，7）。

刻刀　1件。

M204：4，上下缘及一端均为刃，另一端残断。器体一面平，另一面起脊两条，平行于长轴。斜直刃，刃面明显。残长8.54、侧刃宽2.36厘米（图3-126，2）。

（一七二）M205

长方形土坑竖穴墓，墓向290°，被M181打破。墓坑长1.8、宽0.65、残深0.35米。墓主人仰身直肢，头骨被M181破坏，左腿股骨中部至远端缺失，股骨断面整齐，似人为砍断，下半部至足骨保存较好，从左下肢摆放姿势来看应是人为将胫骨放在朝外一侧，腓骨放在内侧，经鉴定为男性，年龄不详。未见葬具及随葬品（图3-127）。

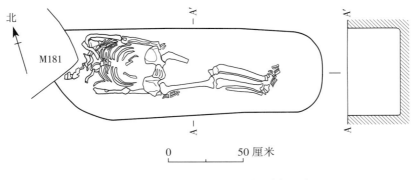

图3-127　08M205平、剖面图

（一七三）M206

长方形土坑竖穴墓，墓向280°，打破M223、M237、M249。墓坑长2.4、宽1、深1.25~1.4米。墓坑分两层：第①层底部深0.4米，西侧有生土二层台，形制不规整，宽约0.1米，墓主人侧身直肢，面向北，头部高，身体倾斜，盆骨至趾骨较平直，双手置于盆骨内，手骨缺失，膝盖、双足并拢，整个人体似被捆绑或包裹，紧缩在一起，经鉴定为50岁左右男性；第②层底部深1.25~1.4米，从深1米处露出人骨，最上部有五具完整人骨，骨骼腐朽严重，1号个体仰身直肢，头西脚东，骨骼保存基本完整，双膝双足并拢，经鉴定为20~25岁男性，2号个体压于1号个体之下，仰身直肢，头东脚西，脊椎上半部分因自然原因向北侧倾斜，经鉴定为45岁左右男性，3号个体与2号个体位于同一平面，头东脚西，面向南，下肢骨呈俯身状，脊椎倾斜；4号个体位于1号个体头骨之下；5号个体位于1号个体头骨北侧，为未成年，目前无法确认4号和5号是否属同一个体。在五具人骨下直至墓底垫放有不同部位的骨骼，既有成年人，也有未成年人，下方人骨摆放成长方形，西北侧有一较完整的盆骨及下肢骨，足向西，连接紧密；西南侧也见一仰身直肢个体，足向东（登记表分五层，但是从二至五层深度和人骨形态来看，应能连接，因此归为一层，图按照原来的清绘）。未见葬具。第①层随葬品

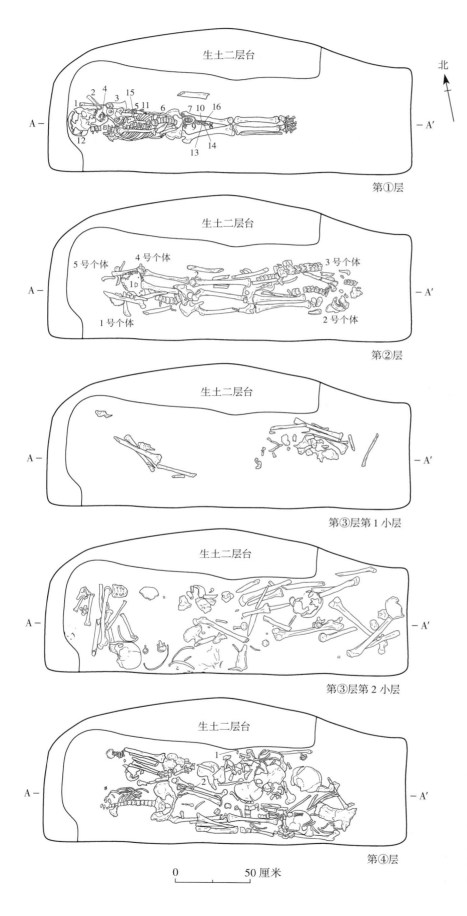

第①层

第②层

第③层第 1 小层

第③层第 2 小层

第④层

0　　　　50 厘米

有铜斧 1 件、铜凿 1 件、铜扣饰 1 件、铜泡钉 3 件、铜鱼钩 1 件、铜渣 1 件、铜骹铁矛 1 件、铜柄铁剑 1 件、铜柄铁削 1 件、铁锥 1 件、砺石 1 件、玛瑙扣 3 件、绿松石珠 1 件、骨饰 1 件、骨笛 1 件、海贝 1 件；第②层随葬品有铜扣饰 1 件、玛瑙珠 1 件；第④层随葬品有铜器残片 1 件、海贝 1 件，并在第①层填土中有孔雀石珠 1 件（图 3-128A；彩版七五，1）。

1. 铜器　10 件。

斧　1 件。

M206 ①：3，瘦长器身，双面弧刃，较宽。空心方銎，銎口下饰一周凸棱纹。器体上部两面对称各有一穿孔，一面近长方形，另一面为椭圆形，不甚规整。器身两侧范线明显，呈凸棱状，仅刃部两侧的范线经打磨，呈起脊状。銎内残存木屑。总长 18.4、銎口长 4.06、宽 4.19、刃宽 8.22 厘米（图 3-128B，1；彩版七五，2）。

凿　1 件。

M206 ①：2，空心方銎，

图 3-128A　08M206 平面图
第①层：1. 铜骹铁矛　2. 铜凿　3. 铜斧　4. 铜泡钉　5. 铜柄铁剑　6. 铁锥　7. 铜扣饰　8. 铜鱼钩　9. 骨饰　10. 砺石　11. 玛瑙扣　12. 绿松石珠　13. 海贝　14. 铜渣　15. 骨笛　16. 铜柄铁削
第②层：1. 铜扣饰　2. 玛瑙珠
第④层：1. 铜残片　2. 海贝

瘦长器身，双面窄刃，平直。器体上部两面正中各有一穿孔，一面为规整的纵向长方形，另一面仅为一小孔。器体两侧范线明显，呈凸棱状，仅刃部两侧的范线经打磨光滑，基本不见痕迹。銎内残存木柄。总长 11.73、銎口长 2.5、宽 2.33、刃宽 1.88 厘米（图 3-128B，15；彩版七五，3）。

扣饰　2 件。

M206①：7，平面呈圆形，正面略内凹，整器呈浅盘状。正中为一红色尖状玛瑙，其外为两周孔雀石镶嵌带：内周镶嵌带围绕红色玛瑙嵌一周孔雀石片，主体部分由三片孔雀石片组成一组三角形，共十组三角形围成一周，其间涂红彩；外周镶嵌带嵌满孔雀石片。内周的孔雀石片为圆形，大小基本一致，中心无穿孔；外周的孔雀石片部分为规整的圆片，少量为不规整的片状，似残片，均无穿孔。部分脱落。边缘素面。背后有一横扣。器表见纺织品痕迹。直径 10.76、高 2.66 厘米（图 3-128B，16；彩版七五，4）。

M206②：1，动物形，较抽象，种属不明。背后有一横扣。长 6.06、宽 4.12、横扣长 1.63 厘米（图 3-128B，19）。

泡钉　3 件。

M206①：4-1，平面呈圆形，正面分三级凸起：第一级为缓坡状，第二级为圆丘状，第三级为长圆尖状。边缘一周微向上卷。背面第二级凹陷部分有一横挡，似为圆条状。直径 5.81、高 2、横挡长 1.68、器体边缘厚约 0.1 厘米（图 3-128B，2）。

M206①：4-2，平面呈圆形，正面分三级凸起：第一级为缓坡状，器身有两穿孔，可能为铜液流淌不均所致；第二级为圆丘状；第三级为圆尖状。边缘一周微向上卷。背面第二级凹陷部分有一横挡，似为圆条状。器形不甚规整，两侧不对称。直径 5.46、高 1.67、横挡长 1.65 厘米（图 3-128B，3；彩版七五，5）。

M206①：4-3，平面呈圆形，正面分三级凸起：第一级为缓坡状，第二级为圆丘状，第三级为长圆尖状。边缘一周微向上卷。背面第二级凹陷部分有一横挡，似为圆条状。直径 5.4、高 1.79、横挡长 1.56 厘米（图 3-128B，4；彩版七五，6）。

鱼钩　1 件。

M206①：8，剖面近方形，内壁直，外壁微鼓。顶端宽扁，用以系缯。器形较小。长 1.9、宽 1.13、弯曲处宽 0.25、厚 0.17、顶宽 0.28、顶厚 0.14 厘米（图 3-128B，18；彩版七五，7）。

铜渣　1 件。

M206①：14，残片呈堆砌状，无法分离。可能为铜镞铸造失败的残品。总长约 3.24 厘米。较完整的一件"镞"长 1.98、宽 0.63 厘米。

残片　1 件。

M206④：1，器形、尺寸不明。

2. 铜铁合制器　3 件。

铜骹铁矛　1 件。

M206①：1，铜质空心圆骹，骹口下饰四周凸棱纹；两侧凸棱纹上对称各有一倒三角形穿孔。铁质矛叶，分段，近骹端剖面近椭圆形，较细长，以上渐宽扁，残断，形制不明。骹合范铸造，两侧

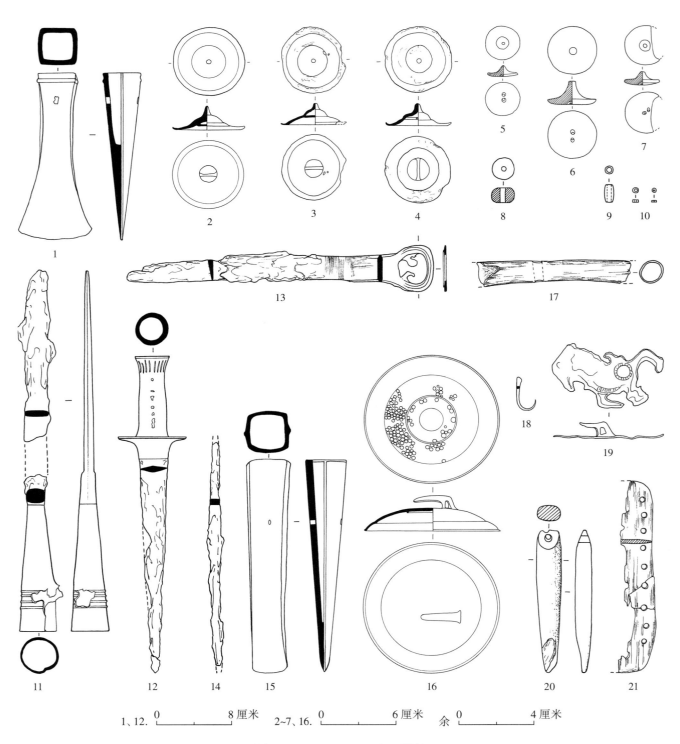

1、12. 0————8厘米　　　2~7、16. 0————6厘米　　余 0————4厘米

图 3-128B　08M206 出土器物

1. 铜斧 M206①：3　2. 铜泡钉 M206①：4-1　3. 铜泡钉 M206①：4-2　4. 铜泡钉 M206①：4-3　5. 玛瑙扣 M206①：11-1
6. 玛瑙扣 M206①：11-2　7. 玛瑙扣 M206①：11-3　8. 玛瑙珠 M206②：2　9. 绿松石珠 M206①：12　10. 孔雀石珠
M206①：17（T）　11. 铜骹铁矛 M206①：1　12. 铜柄铁剑 M206①：5　13. 铜柄铁削 M206①：16　14. 铁锥 M206①：6
15. 铜凿 M206①：2　16. 铜扣饰 M206①：7　17. 骨笛 M206①：15　18. 铜鱼钩 M206①：8　19. 铜扣饰 M206②：1
20. 砺石 M206①：10　21. 骨饰 M206①：9

范线下部经打磨光滑，不见痕迹，仅为不明显的起脊；上部仅经大致打磨，较明显。残长约20、骹长7.52、骹口径1.92~2.04、矛叶宽约1.17~1.34、厚0.4厘米（图3-128B，11）。

铜柄铁剑 1件。

M206①：5，扁圆空心茎，喇叭口茎首，茎首平面近圆形，饰短线状镂孔，部分表面未穿透（或为铜锈覆盖）；茎中部微鼓，两面中线各有一列镂孔，一面八个，近格侧的三个因铜液流淌不均而连通，另一面因为铜锈填堵，数量不明，形制均不规整。茎两侧范线经打磨平整，不见痕迹，仅为较明显的起脊。一字格，较长。剑身底部也为铜质，其上接铁质剑身，扁平窄长，表面见木质痕迹。总长34.9、茎长9.3、茎首直径3.57~3.64、格长7.32、格宽2、铜质部分总长11.97、剑身长25.3、宽4.26、厚0.4~0.7厘米（图3-128B，12）。

铜柄铁削 1件。

M206①：16，铜质柄，宽扁，环状首，近椭圆形，内有两个小凸起。合范铸造。其外缠有竹篾类物质。铁质刃部，刃缘平直，背侧前端向下与刃相交成尖。总长16.4、柄长8.5、柄宽1.66、柄厚0.36、环状首最大径2.76、厚0.21、铁刃宽1.28、背侧厚0.56厘米（图3-128B，13）。

3. 铁器 1件。

锥 1件。

M206①：6，细长条状，一端剖面似为圆形，表面见木质痕迹，粘连紧密。另一端较长，锈蚀严重，残断处剖面为扁长方形。残长12.37、带木质痕迹的一端残长3.88、直径0.5~0.7厘米（图3-128B，14）。

4. 石器 1件。

砺石 1件。

M206①：10，细长条状，下端内收。横剖面为圆角长方形。顶部由两面对磨成屋脊状；顶部有一穿孔，两面对钻而成；顶面有一小凹坑，应为穿孔。底部残断，形制不规整，但较光滑，断面有磨制痕迹。结合顶面残存的穿孔来看，此件应为残器的二次加工利用。长7.8、顶宽1.12、顶厚0.24、器体宽1.34、厚0.93、底部厚0.32、孔径0.45厘米（图3-128B，20；彩版七五，8）。

5. 玛瑙器 4件。

扣 3件。

M206①：11-1，乳白色，见白色纹理。平面呈圆形。正面中心有尖状凸起，打磨光亮；背面正中有两穿孔，斜钻相通，磨制光滑平整。直径2.78、高1.02厘米（图3-128B，5；彩版七五，9）。

M206①：11-2，乳白色，半透明，见白色平行纹理。平面近圆形，不甚规整。正面中心有尖状凸起，凸起部分顶面平，打磨光亮；背面正中有两穿孔，斜钻相通，磨制光滑平整。直径3.94、高1.89厘米（图3-128B，6；彩版七五，10）。

M206①：11-3，肉色，半透明，有纹理。平面呈圆形。正面中心有尖状凸起，打磨光亮；背面正中有两穿孔，斜钻相通，磨制光滑平整。残。直径3.41、高1.24厘米（图3-128B，7）。

珠 1件。

M206②：2，算珠状，两面平，见较多的小浅坑。中心有穿孔，两面对钻而成。器体一周打磨光亮。

最大径 1.17、高 0.79 厘米（图 3-128B，8；彩版七五，11）。

6. 绿松石器 1 件。

珠 1 件。

M206①：12，圆柱形，两面较平，中部微鼓。中心有穿孔。通体打磨光亮。直径 0.58、孔径 0.24、高 0.98 厘米（图 3-128B，9；彩版七五，12）。

7. 孔雀石器 1 件。

珠 1 件。

M206①：17（T），共 3 粒，均完整。最大的直径 0.36、高 0.17 厘米，最小的直径 0.29、高 0.08 厘米（图 3-128B，10）。

8. 骨器 2 件。

骨饰 1 件。

M206①：9，利用动物肋骨制成，从中间劈裂开，将内壁大致磨制平整，两端磨平，转角呈圆弧状。在密质部分并列一行穿孔，共九个，基本位于一条直线上，两面对钻而成。器体沿长轴残断，仅存一半。从断面看，至少还有六个穿孔。骨器表面见红彩。长 10.57、残宽 1.92、厚 0.23、孔径约 0.26~0.3 厘米（图 3-128B，21；彩版七五，13）。

笛 1 件。

M206①：15，利用动物肢骨骨干部分制成。两端断茬经大致修整。器体中部对称有两圆形穿孔。长 8.27、中部直径 1.07~1.17、孔径 0.32~0.36 厘米（图 3-128B，17；彩版七五，14）。

9. 海贝 2 件。

海贝 2 件。

M206①：13，天然海贝 2 枚，1 枚完整，1 枚粉化严重。完整的 1 枚背面粘有铜锈。完整者长 1.97 厘米。

M206④：2，天然海贝 1 枚，完整。长 2.04 厘米。

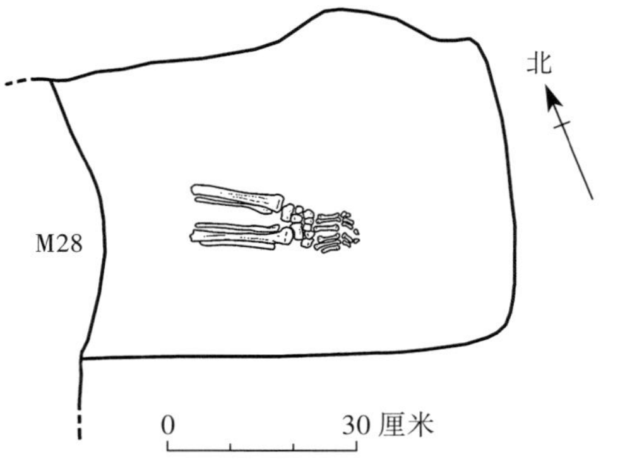

图 3-129 08M207 平面图

（一七四）M207

长方形土坑竖穴墓，墓向 290°，被 M28 打破。墓坑残长 0.7、残宽 0.6、深 0.4 米。墓底仅残存下肢骨，推测应为仰身直肢，头向西，双足并拢，性别、年龄不详。未见葬具及随葬品（图 3-129）。

（一七五）M209

长方形土坑竖穴墓，墓向 290°，被 M213 打破，并打破 M208。墓坑长 1.95、宽 0.65、深 0.4 米。双人合葬：头脚相对，南侧为 1 号个体，俯身直肢，头东脚西，双手重叠放于身体前右侧，双足并拢；北侧为 2 号个体，仰身直肢，头西脚东，右侧肩部向内缩，双手置于身下，双膝、双足并拢，经鉴定为 30~35 岁男性，2 号个体右手压于 1 号个体左侧股骨上，其下葬要晚于 1 号个体。未见葬具。无随葬品，仅在填土中有陶纺轮 1件（图 3-130；彩版七六，1）。原有分层，后期整理时认为不需要分层。

陶器 1 件。

纺轮 1 件。

M209：1（T），夹砂略粗，一面黑色，一面灰黄色。圆饼形，器身中部起一周凸棱。素面。规整，器表施一层褐色陶衣。直径 3.5、孔径 0.5、厚 1 厘米（图 3-130，1）。

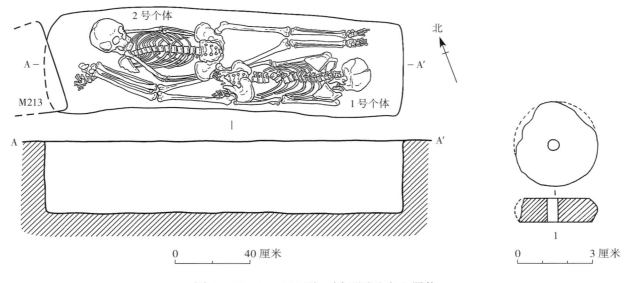

图 3-130　08M209 平、剖面图及出土器物

1. 陶纺轮 M209：1（T）

（一七六）M210

长方形土坑竖穴墓，墓向 290°，打破 M229、M238、M240、M242、M251、M254。墓口长 2.6、宽 1.4 米，墓底长 2、宽 0.8 米，深 2.3 米。墓坑四壁距墓底约 0.5 米的范围为人工修整的墓壁，以沙、风化岩磨制石器夹极少量土垒砌而成，宽约 0.1 米。墓坑分四层。第①层底部深 0.3~0.4 米，三人合葬：1 号个体位于墓室中部偏南，仰身直肢，头西脚东，双手置于身体两侧，双足并拢，经鉴定为成年人，性别不详；2 号个体位于 1 号个体足端南侧，仰身直肢，头西脚东，头部低于足端，骨骼保存不完整，经鉴定为幼年个体；3 号个体位于 1 号个体北侧，侧身直肢，头西脚东，面向 1 号个体，双手置于身体前侧，双膝双足并拢，经鉴定为未成年个体；此外，在 1、3 号个体盆骨间有一成年个体脊椎骨，头骨西侧还散见股骨，分布无规律。第②层底部深 1.8 米，三人合葬：1 号个体位于墓室南侧，仰身直肢，头西脚东，右手置于身体一侧，左手放于盆骨上，性别、年龄不详；2 号个体压于 1 号个体之下，仰身直肢，头东脚西，双手置于身体两侧，双足并拢，性别、年龄不详；3 号个体位于墓室北侧，仰身直肢，头西脚东，性别、年龄不详，此外在东北角有散乱人骨压于 3 号个体足端。第③层深 1.9~2.2

米，三人合葬：1 号个体位于北侧，仰身直肢，头东脚西，双手压于盆骨下，双膝双足并拢，性别、年龄不详；2 号个体位于南侧，仰身直肢，头西脚东，左侧股骨压于 1 号个体左侧股骨下，右手置于盆骨上，左手似与 1 号个体右手叠压，双膝双足并拢，性别、年龄不详；3 号个体仰身直肢，头东脚西，双膝双足并拢；三个完整个体的头骨下均枕有粗大的股骨，1 号个体右侧肱骨下、3 号个体左侧上肢骨下均压有头骨残片，2 号个体头骨以北还见另外两个头骨，1 号个体足端压于这两个头骨之上。见明显的用肢骨砌边的现象，四角以头骨、盆骨砌筑，四边为排列整齐的肢骨。第④层为底部腰坑，长 1.7、宽 0.55、深 0.1~0.2 米，腰坑内东南角有头骨两个，大量肢骨集中于东侧，多呈顺长墓壁方向放置，西侧仅有少量肢骨，其间散置有少量盆骨、脊椎、肋骨、锁骨、趾骨等。未见葬具。第①层随葬品有铜矛 1 件、铜镞 2 件、铜削 1 件、铜笄 1 件、孔雀石珠 1 件、骨玦 2 件；第②层随葬品有铜针 1 件；第③层随葬品有玉玦 2 件。另外在第①层填土中有铜镞 1 件、铜鱼钩 1 件；第②层填土中有铜镞 5 件、小铜饰 1 件；第③层填土中有铜镞 1 件、孔雀石珠 1 件；第④层填土中有残铜器 1 件、孔雀石珠 1 件、海贝 1 件（图 3-131A；彩版七六，2~4）。

1. 铜器　16 件。

矛　1 件。

M210①：2，鸭嘴形空心圆骹，骹口两侧各有一圆形穿孔。矛叶短小，与骹呈八字相接，底部两侧折角明显，刃斜直相交；矛叶底部中线处，两面对称各有一穿孔。矛叶剖面为菱形，中线起脊，不明显。合范铸造，范线经打磨平整。长 16.6、骹口径 2.12~2.74、矛叶宽 2.83 厘米（图 3-131B，1）。

镞　9 件。

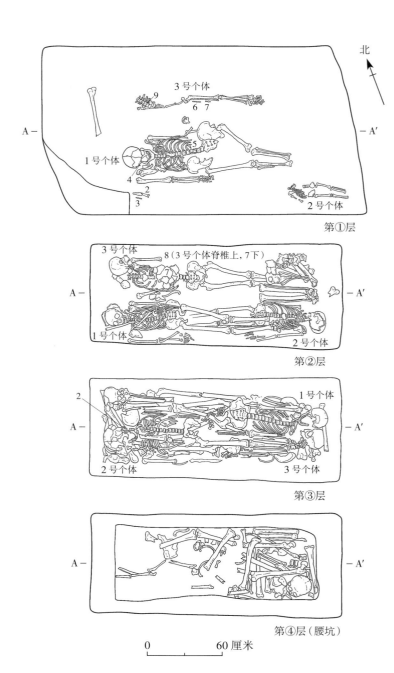

北

图 3-131A　08M210 平面图

第①层：2. 铜矛　3. 铜镞　4. 骨玦　5. 铜笄　6. 铜削
　　　　7. 铜镞　9. 孔雀石珠
第②层：8. 铜针
第③层：2. 玉玦

0 ⸻ 60 厘米

　　M210①：1（T），明器。圭首形扁薄镞身，底部两侧不对称。细长实心铤，不平直。总长 3.5、镞身长 2.2、宽 0.94、厚 0.1、铤宽 0.2、铤厚 0.1 厘米（图 3-131B，6）。

　　M210①：3，明器。三角形扁薄镞身，细长实心铤，铤末端弯曲。器体边缘不平直。长 3.47、镞身宽 0.8、厚 0.05 厘米（图 3-131B，7）。

　　M210①：7，圭首形扁平镞身，两面中线起脊，不及锋。空心圆铤，与镞身无明显分界，两侧起脊，不甚明显；铤一侧面有一长条形穿孔，残。铤内残存木屑。残长 4.1、镞身宽 0.95、铤径 0.67~0.72 厘米（图 3-131B，4）。

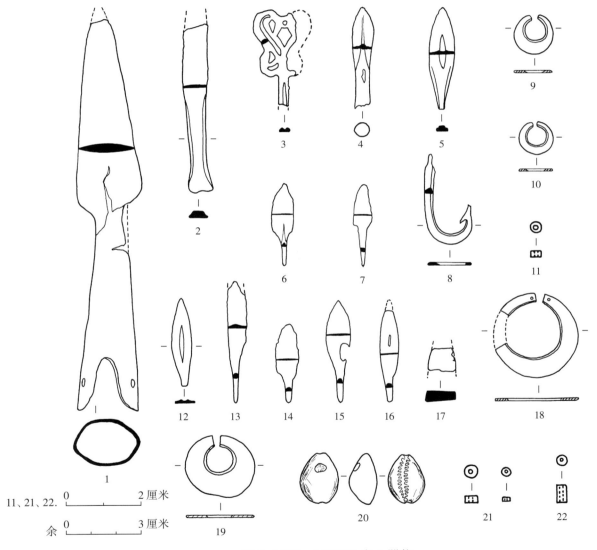

图 3-131B　08M210 出土器物

1. 铜矛 M210①：2　2. 铜削 M210①：6　3. 铜笄 M210①：5　4. 铜镞 M210①：7　5. 铜镞 M210②：1（T）　6. 铜镞 M210①：1（T）　7. 铜镞 M210①：3　8. 铜鱼钩 M210①：8（T）　9. 骨玦 M210①：4-1　10. 骨玦 M210①：4-2　11. 孔雀石珠 M210①：9　12. 铜镞 M210③：1（T）　13. 铜镞 M210②：2（T）　14. 铜镞 M210②：3（T）　15. 铜镞 M210②：4（T）　16. 铜镞 M210②：5（T）　17. 残铜器 M210④：1（T）　18. 玉玦 M210③：2-1　19. 玉玦 M210③：2-2　20. 穿孔海贝 M210④：3（T）　21. 孔雀石珠 M210③：3（T）　22. 孔雀石珠 M210④：2（T）

M210②：1（T），明器。整器背面平，柳叶形扁平镞身，正面中部有血槽。镞身与铤无明显分界。细长实心铤，两侧未经打磨，铸造时外溢的铜液部分向内卷曲。长4.17、宽1.07、厚0.2厘米（图3-131B，5；彩版七七，1）。

M210②：2（T），明器。窄柳叶形扁平镞身，一面平，另一面中线起脊，剖面为钝三角形。两侧刃不平直，未经打磨。细长实心铤。长4.86、宽0.83、铤径约0.2厘米（图3-131B，13）。

M210②：3（T），明器。扁薄镞身，较宽，两侧不对称，刃不平直。细长实心铤，偏离镞身中线位置。镞身表面见黑色粉末状物质。长3.09、镞宽0.97、厚0.05、铤长1.02、铤厚0.18厘米（图3-131B，14）。

M210②：4（T），宽柳叶形扁平镞身，镞身底部一侧有半圆形缺口，用途不明。细长实心铤。镞身表面见黑色粉末状物质。长4.04、宽1.05、厚0.15厘米（图3-131B，15；彩版七七，2）。

M210②：5（T），窄柳叶形扁平镞身，锋残。细长实心铤，与镞身无明显分界。铤两侧未经打磨，不甚规整。残长3.67、镞身宽0.76、厚0.11、铤厚0.18厘米（图3-131B，16；彩版七七，3）。

M210③：1（T），平面呈菱形，扁平。整器弯曲，变形严重。边缘不平直。长约3.23、宽0.9厘米（图3-131B，12）。

削　1件。

M210①：6，整器背面平，柄部正面微凸。柄末端呈两片圆弧花瓣状。刃部扁平，两侧为刃，残。残长7.02、柄长约3.92、厚0.26、柄末端宽1.06、刃部宽1.08、厚0.11厘米（图3-131B，2）。

笄　1件。

M210①：5，顶端为蝴蝶形镂孔装饰，由两片背面平、正面微凸起的铜片背面相贴而成。笄身呈长条状，表面有凹槽，残。残长3.92、笄顶蝴蝶长2.68、宽2.5厘米（图3-131B，3；彩版七七，5）。

小铜饰　1件。

M210②：6（T），可能为长条状，有平行的两条凹槽或镂孔。残甚。残长约0.91、宽0.7厘米。

针　1件。

M210②：8，细长圆条状，残甚。残长2.1、直径0.14厘米。

鱼钩　1件。

M210①：8（T），钩有倒刺。底部两面较平，剖面近长方形。上部较粗，顶部两侧有卡槽，用以系缯，卡槽以上部分宽扁，防止缯脱落。长3.71、宽1.95、底部面宽0.31、厚0.15厘米（图3-131B，8；彩版七七，4）。

残铜器　1件。

M210④：1（T），器形、用途不明，边缘呈圆弧状。残长1.21、残宽0.99、厚0.42厘米（图3-131B，17）。

2. 玉器　2件。

玦　2件。

M210③：2-1，内外缘均近圆形，中心圆孔较大，偏向缺口一侧。缺口两侧有穿孔，孔径小。外径约3.34、内径约2.28、厚0.11厘米（图3-131B，18；彩版七七，6左）。

M210③：2-2，外缘近椭圆形，底部较平，内缘为圆形；缺口位于外缘椭圆形的短轴上，两侧无穿孔，由两面对磨成刃状。两面经打磨平整，表面粉化。外径2.39~2.72、内径1.1、厚0.12厘米（图3-131B，19；彩版七七，6右）。

3. 孔雀石器　3件。

珠　3件。

M210①：9，共1粒。出土时位于人骨脊椎上，可能属于填土中。直径0.33、高0.21厘米（图3-131B，11）。

M210③：3（T），共10粒。采自深90~100厘米的填土中。其中2粒尺寸为直径0.35、高0.2厘米，直径0.25、高0.1厘米（图3-131B，21；彩版七七，7）。

M210④：2（T），共3粒。最大者直径0.35、高0.5厘米（图3-131B，22）。

4. 骨器　2件。

玦　2件。

M210①：4-1，外缘为椭圆形，内缘为圆形，偏向缺口一侧，缺口位于外缘长轴一侧。缺口两端无穿孔，由两面对磨成刃状。器身两面打磨平整光滑。外径1.56~1.63、内径0.86、厚0.19厘米（图3-131B，9；彩版七七，8左）。

M210①：4-2，外缘近圆形，中心圆孔较大。一侧有缺口，缺口两端无穿孔，由两面对磨成刃状。两面均磨制光滑。外径1.27~1.36、内径0.77、厚0.12厘米（图3-131B，10；彩版七七，8右）。

5. 海贝　1件。

海贝　1件。

M210④：3（T），穿孔海贝1枚。背部一侧有一椭圆形穿孔。长2.02、孔径0.3~0.42厘米（图3-131B，20）。

（一七七）M214

长方形土坑竖穴墓，墓向285°，被M184打破，并打破M215。墓坑长1.6、宽1.1、深1.9米。墓底有少量碎骨，葬式不明。未见葬具及随葬品。无随葬品，仅在填土中有陶器盖1件。

陶器　1件。

器盖　1件。

M214：1（T），夹较多白色掺和料颗粒，黄褐色，局部黑色。喇叭形，圆形抓手。轮制，规整，内外壁抹平，内外壁均施一层黄色陶衣，陶衣较厚，大部分脱落。直径10、高4厘米（图3-132）。

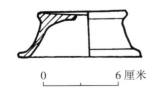

图3-132　08M214出土陶器盖
M214：1（T）

（一七八）M215

长方形土坑竖穴墓，墓向290°，被M214打破，并打破M216。墓坑残长0.8、宽0.8、深1米。墓底残存胫腓骨及部分足骨，应为仰身直肢，性别、年龄不详。未见葬具及随葬品。

（一七九）M216

长方形土坑竖穴墓，墓向288°，被M215打破。墓坑残长1.6、宽0.7、深0.7米。墓主人应为仰身直肢，右侧少量指骨压于盆骨下，双膝双足并拢。经鉴定为成年男性（？）。未见葬具。随葬品有铜凿1件、铜镰1件、铜器残块1件。

铜器　3件。

凿　1件。

M216：2，半圆空心銎，銎口两侧微上翘；背面较平，銎口部分背面微外凸，正面的銎口下及中部各饰两道凸棱纹。束腰，单面窄刃，微弧，刃面起脊明显，直至器体中部的凸棱纹。背面见黑色粉末状物质。长10.31、銎口长3.21、宽1.97、刃宽2.61厘米（图3-133，1；彩版七八，1）。

镰　1件。

M216：1，空心圆銎，銎口上下端各有一周凸棱，边缘未经打磨；銎外侧合范铸造的范线明显。弧刃，窄长，背侧一面起脊，刃部中间残断。銎长4.16、直径约2.5~2.7、背侧厚0.7厘米（图3-133，2；彩版七八，2）。

残块　1件。

M216：3，残，器形不明。

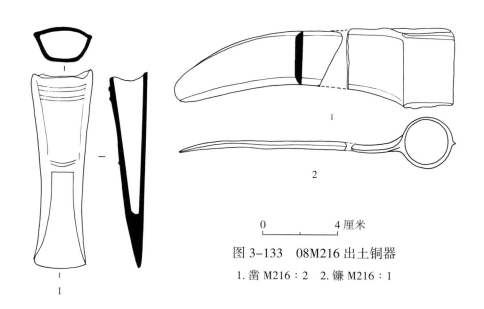

图3-133　08M216出土铜器
1.凿 M216：2　2.镰 M216：1

（一八〇）M217

长方形土坑竖穴墓，墓向288°，被M105打破。墓口长0.84~0.88、宽0.42米，墓底长0.75、宽0.4米，残深0.35米。墓底残存股骨远端及以下部分，应为仰身直肢，双足并拢，足尖朝东，下葬时应被束缚，经鉴定为成年人，性别不详。未见葬具及随葬品。

（一八一）M218

长方形土坑竖穴墓，墓向 292°，被 M162 打破，并打破 M221。墓坑残长 0.6~1.1、宽 0.28~0.35、深 0.33 米。墓底残存少量骨骼，葬式不明。未见葬具。随葬品仅有陶釜 1 件。

陶器 1 件。

釜 1 件。

M218：1，夹细砂，灰褐色、橙黄色相间。尖唇，侈口，唇部下方 1 厘米处起一周凸棱，弧颈，溜肩，折腹，圜底。肩部刻划两周折线纹。轮制，规整，口沿内壁可见轮修弦纹。内外壁抹平，内外壁均施一层黄色陶衣，大部分脱落。肩、腹部大部分残缺。口径 12、腹径 18.67、高 13.91 厘米（图 3-134；彩版七八，4）。

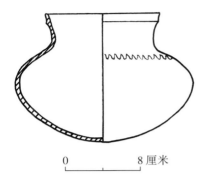

图 3-134 08M218 出土陶釜
M218：1

（一八二）M219

长方形土坑竖穴墓，墓向 270°，被 M91 打破。墓坑残长 0.5、宽 0.5、深 0.5 米。未见人骨、葬具及随葬品。

（一八三）M220

长方形土坑竖穴墓，墓向 270°，被 M91 和盗洞打破。墓坑残长 0.9、宽 0.7、深 0.85 米。未见人骨、葬具及随葬品。

（一八四）M221

长方形土坑竖穴墓，墓向 290°，被 M162、M218 和盗洞打破。墓坑残长 1.5、宽 0.2、深 0.3 米。未见人骨、葬具及随葬品。

（一八五）M222

长方形土坑竖穴墓，墓向 270°，被 M95 叠压，并被 M166 和盗洞打破。墓坑长 2.2、宽 0.8、深 0.7 米。墓主人仰身直肢，头西脚东，右手置于身体一侧，左手压于盆骨下，双足并拢。骨骼保存不好，经鉴定为 25~30 岁男性。另在墓主人左侧肱骨远端上压有部分股骨，左侧胫骨旁放有一段动物股骨。未见葬具。随葬品有陶尊 1 件、陶壶 1 件、铜矛 2 件、铜斧 1 件、铜削 1 件、铜镞 1 件、铜笄 1 件、砺石 1 件（图 3-135A）。

1. 陶器 2 件。

尊 1 件。

M222：7，夹粗砂，口、腹部黑褐色，圈足橙黄色、黑褐色相间。尖唇，喇叭口，弧颈，肩近平，折腹，喇叭口形高圈足。颈、肩交接处饰一周戳印点纹。轮制，规整，圈足内外壁可见多道明显轮

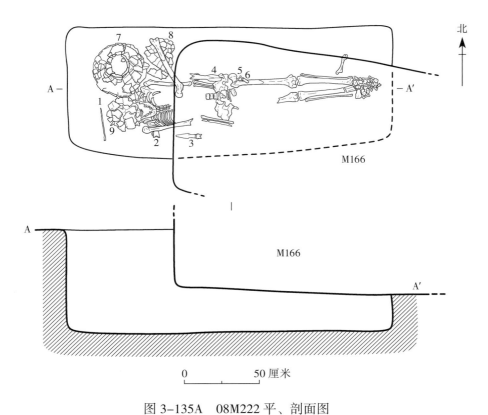

图 3-135A 08M222 平、剖面图

1.铜笄 2.铜斧 3、4.铜矛 5.铜镰 6.砺石 7.陶尊 8.陶壶 9.铜削

修弦纹。口部、圈足内外壁抹平，肩部、腹部外壁抹平，口部、圈足内外壁施黄色陶衣，绝大部分脱落，肩、腹部胎薄，口部、圈足胎厚。颈、腹部大多残缺，无法拼接完整。口径 17.5~18、足径 24.7、足高 13 厘米（图 3-135B，1）。

壶 1件。

M222：8，夹砂较细，器身灰黑色，口部黄色与灰黑色相间。尖唇，侈口，高斜直颈，溜肩，扁鼓腹，圜底。素面。轮制，规整，腹部内壁可见明显轮修细弦纹。内外壁抹平，均施黄色陶衣，大部分脱落，底部略粗糙。腹部残缺。口径 10.8、腹径 18.67、高 20.45 厘米（图 3-135B，7；彩版七九，1）。

2.铜器 6件。

矛 2件。

M222：3，椭圆空心骹，鸭嘴形骹口；骹口下两侧各有一系，未穿透；骹下部两面正中各有一穿孔，一面为圆形，另一面为长方形，长方形穿孔的上方还有一穿孔。骹两侧起脊明显。矛叶短小，与骹呈八字相交，前端内收成锋；中线起脊，为空心骹之延续，剖面为菱形。长 16.3、骹口径 2.09~2.92、矛叶宽 2.62 厘米（图 3-135B，5；彩版七八，3）。

M222：4，椭圆空心骹，鸭嘴形骹口；骹口下两侧对称各有一系，未穿透。骹两侧起脊明显。窄长矛叶，中线起脊；矛叶近骹侧，两面中线处各有一小穿孔。矛叶底部一面有排列无序但方向一致的短线状凹槽。长 24、骹口径 2.21~3.45、矛叶宽 3.93 厘米（图 3-135B，3；彩版七八，5）。

斧 1件。

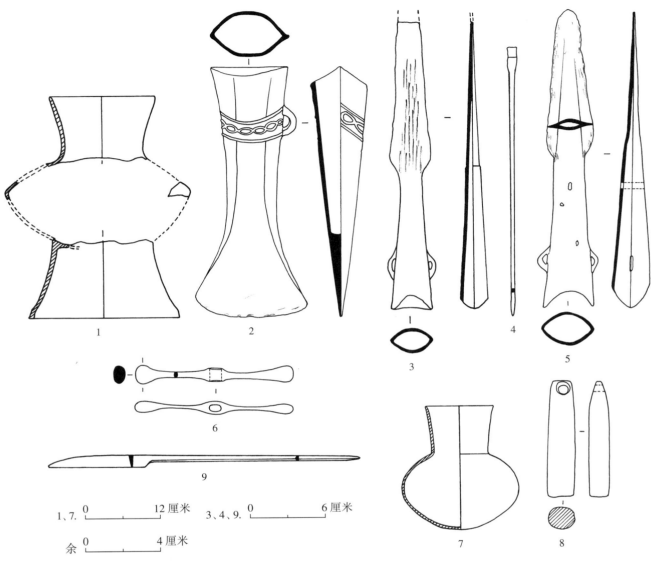

图 3-135B　08M222 出土器物

1. 陶尊 M222：7　2. 铜斧 M222：2　3. 铜矛 M222：4　4. 铜筓 M222：1　5. 铜矛 M222：3　6. 铜镳 M222：5　7. 陶壶 M222：8　8. 砺石 M222：6　9. 铜削 M222：9

　　M222：2，椭圆空心銎，銎口两侧上翘；銎口下饰一周纹饰，与銎口平行，为两周凸棱纹间以绞索纹；纹饰带一侧有单系。瘦长器身，束腰，双面弧刃，较宽。刃面两侧起脊，不甚明显。合范铸造，范线打磨平整光滑。整器两侧起脊明显。銎内残存木柄。长 13.53、銎口径 2.95~4.24、刃宽 6.08 厘米（图 3-135B，2；彩版七八，7）。

　　削　1 件。

　　M222：9，器身一面平，另一面凸起。细长柄，剖面为三角形，起脊明显，末端呈锥状尖。柄与刃部上缘在同一直线上。斜直刃，前端与向下转折的背缘相交成锋。长 25.3、柄宽 0.6、厚 0.3、刃宽 1.46 厘米（图 3-135B，9）。

　　镳　1 件。

M222：5，细长条状，中部及两端较粗大，圆弧状。中心有穿孔，穿孔两侧较细。长 8.23、两端宽 0.95、厚 0.65、孔径 0.34~0.43 厘米（图 3-135B，6；彩版七八，8）。

笄　1 件。

M222：1，顶端呈扁平长方形，笄身为细圆长条状，底部内收成尖。笄身基本平直。长 22.2、顶宽 0.87、厚 0.1、笄身最大径约 0.3 厘米（图 3-135B，4；彩版七八，6）。

3. 石器　1 件。

砺石　1 件。

M222：6，长条状，两面较平，剖面近椭圆形。顶部由两面对磨成屋脊状，有一穿孔，两面对钻而成。通体磨制光滑，器形规整。残。残长 6.41、顶宽 1.24、直径 1.2~1.51、孔径 0.39 厘米（图 3-135B，8；彩版七八，9）。

（一八六）M223

长方形土坑竖穴墓，墓向 280°，被 M206 和盗洞打破，并打破 M235、M239、M249。墓坑长 2.2、宽 0.9、深 0.9 米。墓坑分两层：第①层底部深 0.5 米，墓主人仰身直肢，头西脚东，骨骼腐朽较严重，性别、年龄不详；第②层底部深 0.9 米，墓主人仰身直肢，头西脚东，骨骼位于墓室偏北侧，腐朽较严重，性别、年龄不详。另在墓坑填土中有头骨及肢骨残段，所属个体不明。未见葬具。第①层随葬品有陶尊 1 件、陶壶 1 件、陶釜 1 件、铜镞 1 件；第②层随葬品有陶尊 1 件、陶圈足 1 件、陶纺轮 1 件（彩版七九，2、3）。

1. 陶器　6 件。

尊　2 件。

M223①：1，夹粗砂灰褐陶。残片上可见刻划水波纹。器表抹平。

M223②：1，夹粗砂灰黑陶，圈足橙红色。尖唇，喇叭口，斜肩，折腹，喇叭口形高圈足。颈、肩交接处饰一周锥刺纹，肩部饰刻划短线纹。轮制，规整，喇叭形高圈足内壁可见细密的轮修细弦纹。内外壁抹平，内外壁均施一层褐色陶衣，大部分脱落。腹部及圈足部分残缺。口径 15、腹径 19.2、足径 17.4、高 24.6、足高 8 厘米（图 3-136，1；彩版七九，4）。

壶　1 件。

M223①：3，夹细砂，因火候不均器身呈现不同陶色，黑色与褐色交错。尖唇，侈口，高斜直颈，溜肩，扁鼓腹，圜底。肩部饰一周宽约 1 厘米的刻划方格纹带。手制，器表经抹平，但仍显粗糙，器底不平整。内外器壁均施一层黄褐色陶衣，部分脱落。胎薄。口径 12.4、腹径 20.95、高 22.98 厘米（图 3-136，2；彩版七九，5）。

釜　1 件。

M223①：2，尖唇，侈口，唇部下方 2.3 厘米处起一周凸棱，短斜直颈，鼓肩，鼓腹。口径 29.82 厘米（图 3-136，4）。

圈足　1 件。

M223②：2，夹粗砂，灰白色、橙红色相间。喇叭口形高圈足。轮制，规整，圈足内壁可见明

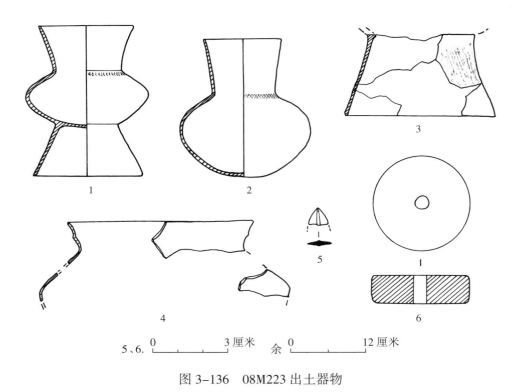

图 3-136　08M223 出土器物

1. 陶尊 M223 ②：1　2. 陶壶 M223 ①：3　3. 陶圈足 M223 ②：2　4. 陶釜 M223 ①：2　5. 铜镞 M223 ①：4　6. 陶纺轮 M223 ②：3

显轮修弦纹。内外壁抹平，内外壁皆施一层黄褐色陶衣，大部分脱落。器身与圈足分别制作再相互粘结。足径 24.15、残高 13.67 厘米（图 3-136，3）。

纺轮　1件。

M223 ②：3，夹细砂黑陶。圆饼形。素面。制作规整。直径 3.85、孔径 0.58、厚 1.16 厘米（图 3-136，6）。

2. 铜器　1件。

镞　1件。

M223 ①：4，残存镞尖，中线起脊，剖面为菱形。残长 0.71、宽 0.81、厚 0.18 厘米（图 3-136，5）。

（一八七）M224

长方形土坑竖穴墓，墓向 296°，被 M25、M28 打破，并打破 M236。墓坑残长 1.64、宽 0.91、深 0.15 米。墓底残存少量肢骨，推测应为仰身直肢，头向东，性别、年龄不详。未见葬具及随葬品。

（一八八）M225

长方形土坑竖穴墓，墓向 280°，被 M69 打破，并打破 M226。墓坑残长 1、宽 0.6、深 0.95 米。墓底仅存少量碎骨，葬式不明。未见葬具及随葬品。

（一八九）M226

长方形土坑竖穴墓，墓向 280°，被 M225 和盗洞打破。墓坑残长 0.5、宽 0.6、深 0.95 米。未见人骨、葬具及随葬品。

（一九〇）M227

长方形土坑竖穴墓，墓向 270°，被 M67、M89、M90、M125、M130 打破。墓坑残长 0.9、宽 0.35、深 0.6 米。填土中有少量骨骼，墓底未见人骨、葬具及随葬品。

（一九一）M228

长方形土坑竖穴墓，墓向 320°，被 M44 打破，并打破 M48。墓坑长 2.3、宽 0.8、深 0.4 米。墓主人仰身直肢，右手置于盆骨上，左手紧贴于身体，双膝双足并拢。骨骼保存较差，经鉴定为 20~25 岁男性。未见葬具及随葬品（图 3-137；彩版八〇，1）。

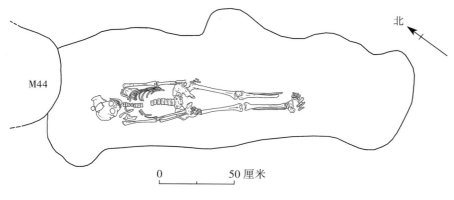

图 3-137　08M228 平面图

（一九二）M229

长方形土坑竖穴墓，墓向 320°，被 M210 打破，并打破 M240、M254。墓坑残长 0.9、宽 0.37 米，暴露时距墓底已很浅。墓主人仰身直肢，双手置于盆骨上。下肢保存基本完整，上身骨骼残损较多，经鉴定为 10~13 岁未成年人。未见葬具及随葬品。

（一九三）M230

不规则长方形土坑竖穴墓，墓向 305°，被 M36 打破。墓坑长 1.6、宽 0.4~0.64、深 0.35 米。墓主人仰身直肢，头西脚东，左侧上肢向外弯曲，左手置于盆骨上，右侧上肢向内弯曲（骨折或错位？），双足并拢。骨骼腐朽较严重，保存不完整，经鉴定为 18~21 岁男性。未见葬具。随葬品仅有陶侈口罐 1 件（彩版八〇，2）。

陶器　1 件。

侈口罐 1件。

M230：1，夹细砂陶，陶质硬，红褐色、褐色相杂。尖唇，侈口，短弧颈，溜肩，鼓腹，矮圈足外侈。素面。轮制，规整，内外壁抹平。肩部及腹部残缺。口径9.3、腹径13.5、足径8.3、高12、足高1.4厘米（图3-138；彩版八〇，3）。

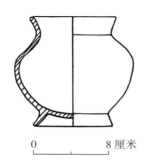

图3-138 08M230出土陶侈口罐

M230：1

（一九四）M231

长方形土坑竖穴墓，墓向310°，被M5、M27、M41打破，并打破M255。墓坑残长1.85、宽0.6、深0.6米。墓主人仰身直肢，头西脚东，双手紧贴于身体两侧，双膝双足并拢。骨骼腐朽严重，经鉴定为30~35岁女性。未见葬具及随葬品（图3-139；彩版八〇，4）。

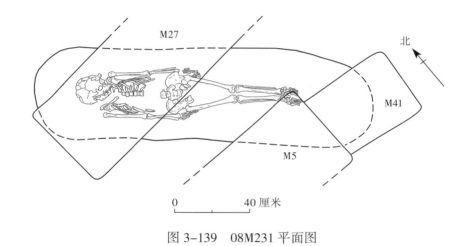

图3-139 08M231平面图

（一九五）M232

长方形土坑竖穴墓，墓向0°，被M46、M47打破。尺寸不明。M232的人骨因M46套箱而破坏，仅剩一头骨及少量肢骨，葬式不明。未见葬具。随葬品有陶釜1件、铜镯1件。

1. **陶器** 1件。

釜 1件。

M232：2，夹细砂，陶质硬，火候不均，灰褐色、橙黄色相间。尖唇，侈口，距唇部约2厘米处起一周凸棱，短弧颈，扁鼓腹。轮制，规整，颈部内壁可见轮修弦纹。内外壁抹平，内外壁均施一层黄色陶衣，大部分脱落。器身大部分残缺，无法拼接成整器（图3-140，1）。

2. **铜器** 1件。

镯 1件。

M232：1，器身扁平，外缘稍薄。形制规整。素面。外径6、内径4.4、宽0.16厘米（图3-140，

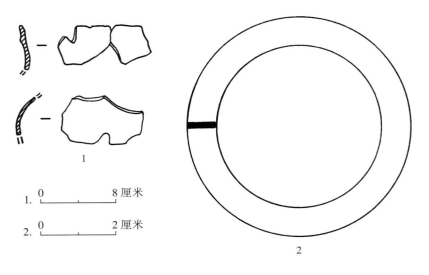

图 3-140　08M232 出土器物

1.陶釜 M232：2　2.铜镯 M232：1

2；彩版八〇，5）。

（一九六）M233

长方形土坑竖穴墓，墓向 320°，被 M26、M122 打破。墓坑残长 1.2、宽 0.5、深 0.4 米。墓底仅存部分肢骨，推测应为仰身直肢，经鉴定为 25~30 岁女性。未见葬具及随葬品（图 3-141）。

（一九七）M234

长方形土坑竖穴墓，墓向 310°，被盗洞打破。墓坑残长 0.3、残宽 0.35、深 0.24 米。未见人骨及葬具。随葬品有铜铃 1 件、木镯 1 件。

1. 铜器　1 件。

铃　1 件。

M234：1，椭圆空心腔，两侧起脊，不明显。顶部钮呈方形，中心穿孔形制不规整。器体顶部一面有一较大的穿孔，近底缘的两面各有两个穿孔，大小不一。花边状底缘。腔内有舌，为动物犬齿加工而成，齿根处穿孔，两面对钻而成。腔内顶部不见横梁，也不见残断痕迹，舌可能直接悬于钮上。底径 2.48~2.96、舌长 3.53、高 5.46 厘米（图 3-142；彩版八一，1）。

2. 木器　1 件。

镯　1 件。

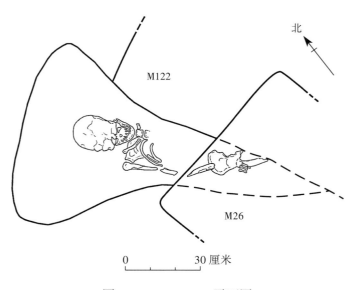

图 3-141　08M233 平面图

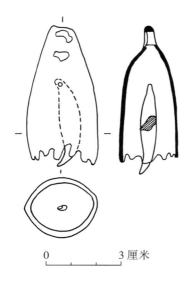

图 3-142　08M234 出土铜铃

M234：1

M234：2，镯面较宽，素面，微弧；内壁较平直。镯面宽 1.55、厚 0.82 厘米。

（一九八）M235

长方形土坑竖穴墓，墓向 280°，被 M223、M249 打破，并打破 M239。墓坑长 2、宽 0.6~0.9 米。填土中有散碎骨骼，墓底未见人骨、葬具及随葬品。

（一九九）M236

长方形土坑竖穴墓，墓向 300°，被 M224、06M61 打破。墓坑长 1.68、宽 0.4~0.56、深 0.4 米。墓底仅存少量牙齿和肢骨，推测应为仰身直肢，头西脚东，性别、年龄不详。未见葬具。随葬品有玉玦 2 件、木镯 2 件。

1. 玉器　2 件。

玦　2 件。

M236：1，剖面为梯形，边缘呈缓坡状。内外缘均近圆形，中心圆孔偏向缺口一侧。完整的一侧缺口有一穿孔，两面对钻。通体打磨光亮。外径 3.72~3.94、内径 1.96、厚 0.18 厘米（图 3-143，1）。

M236：2，整器一面平，一面微弧。外缘为椭圆形，边缘薄；内缘近圆形，偏向缺口一侧。内缘壁较平直，部分见断茬。缺口两侧不对称，完整的一侧较窄，边缘呈刃状；残断的一侧较宽，有一穿孔，两面对钻而成。外径 2.65~2.79、内径 0.9、厚 0.16 厘米（图 3-143，2；彩版八一，2）。

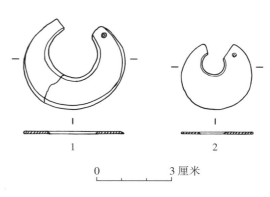

图 3-143　08M236 出土玉玦
1. M236：1　2. M236：2

2. 木器　2 件。

镯　2 件。

M236：3，镯面较宽，素面，微弧；内壁较平直。尺寸不明。

M236：4，镯面较宽，布满纵向排列的整齐的小圆点。上下缘及内壁较平直，剖面近长方形。从断裂的剖面看，应由内外两块有榫卯结构的木块拼合而成。直径 7、镯面宽 1.34、厚 0.83 厘米。

（二○○）M237

长方形土坑竖穴墓，墓向 290°，被 M206、06M4 打破，并打破 M267。墓口残长 1.9、宽 1.2 米。墓坑分三层：第①层底部深 1.1 米，散乱分布有肢骨、头骨、盆骨残片；第②层底部深 1.3~1.4 米，墓底东西两端有基岩二层台，残长 0.9 米，南端宽 0.1、北端宽 0.15 米，东部宽 0.06~0.15 米，大量人骨散乱放置，堆砌成长方形人骨堆；第③层为墓底中部腰坑，长 1.6、宽 0.50、深 0.3 米，人骨集中于东部。由于墓葬西部大部分被 M206 打破，因此残存墓室东侧部分，散见凌乱的人骨。未见葬具。无随葬品，仅在第②层填土中有铜镯 1 件、海贝 1 件（图 3-144；彩版八一，3）。

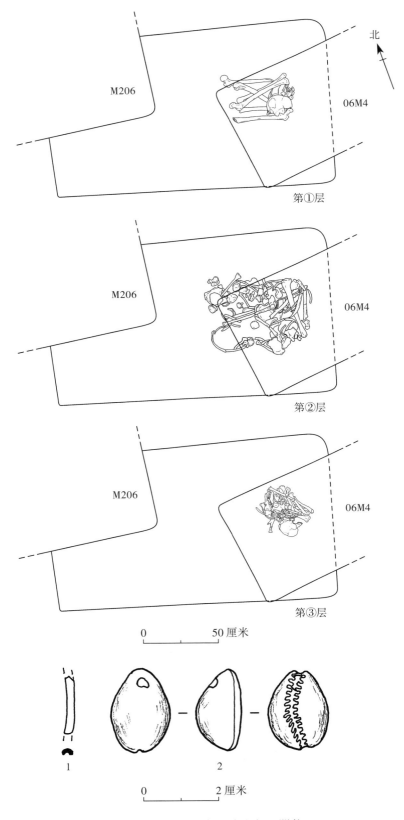

图 3-144　08M237 平面图及出土器物

1. 铜镯 M237②：2（T）　2. 穿孔海贝 M237②：1（T）

1. 铜器　1件。

镯　1件。

M237②：2（T），残甚。残长 1.6、宽 0.2 厘米（图 3-144，1）。

2. 海贝　1件。

海贝　1件。

M237②：1（T），穿孔海贝 1 枚。背部一侧有一穿孔。长 2.22、孔径约 0.3 厘米（图 3-144，2；彩版八一，6）。

（二〇一）M238

长方形土坑竖穴墓，墓向 260°，被 M159、M166、M210 和盗洞打破。墓坑长 2.1、宽 0.65、深 1.2 米。墓主人仰身直肢，头西脚东，双手置于身体两侧，双膝双足并拢。骨骼保存基本完整，经鉴定为 30~35 岁男性。未见葬具。随葬品有铜戈 1 件、铜镞 1 件、铜凿 1 件，并在填土中有陶豆 1 件（图 3-145A；彩版八一，4）。

1. 陶器　1件。

豆　1件。

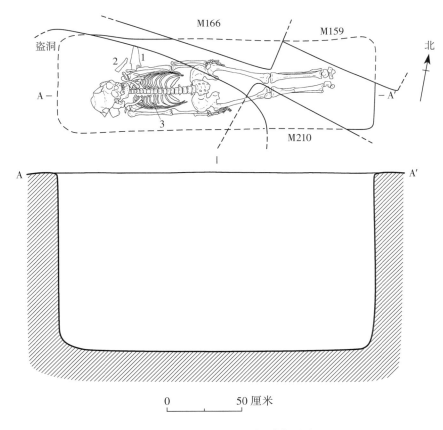

图 3-145A　08M238 平、剖面图
1. 铜戈　2. 铜凿　3. 铜镞

M238：4（T），夹少量稍粗砂粒，另有部分白色掺和料，黑色。平底。轮制，规整，内外壁抹平，器表施褐色陶衣，陶衣较厚。厚1.3厘米（图3-145B，1）。

2. 铜器　3件。

戈　1件。

M238：1，直援，有胡，一穿，直内。援背侧平直，刃侧微弧；援末正中有一圆形穿孔，两面近内处正中各有一翼，翼两端呈尖状凸出，两翼用以纳柲。内似鱼尾状，近援侧有一圆形穿孔，内下缘还有一椭圆形穿孔。内表面见排列无序但方向一致的短线状凹槽。通体黑亮，黑漆古。总长18、援长13.13、胡长7.06厘米（图3-145B，4；彩版八一，5）。

镞　1件。

M238：3，残存镞尖，三棱锥状，锋利。残长0.72、宽0.42、厚0.25厘米（图3-145B，3）。

凿　1件。

M238：2，半圆空心銎，束腰，单面窄刃，微弧。背面平。銎口下，正反面饰两周凸棱纹；器体上部也饰三周凸棱纹。刃面起脊明显，直至器体上部的凸棱纹。器身两侧范线明显，未经打磨平整。长10.78、銎口长3.72、宽1.5、刃宽3.13厘米（图3-145B，2；彩版八一，7）。

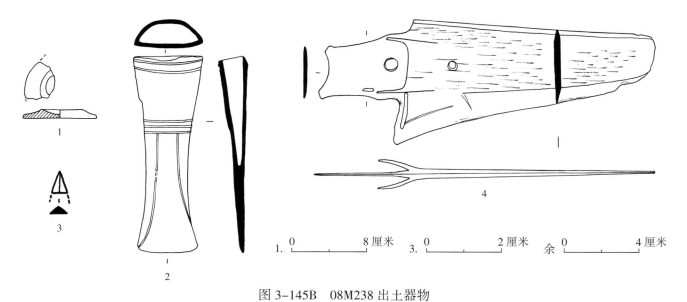

图3-145B　08M238出土器物

1.陶豆M238：4（T）　2.铜凿M238：2　3.铜镞M238：3　4.铜戈M238：1

（二〇二）M239

长方形土坑竖穴墓，墓向270°，被M132、M223、M235和盗洞打破。墓坑长2.2、宽0.65、深1米。墓底仅存少量牙齿和肢骨，推测应为仰身直肢，头向西。未见葬具。随葬品有铜戈1件、铜镞2件、铜凿1件。

铜器　4件。

戈　1件。

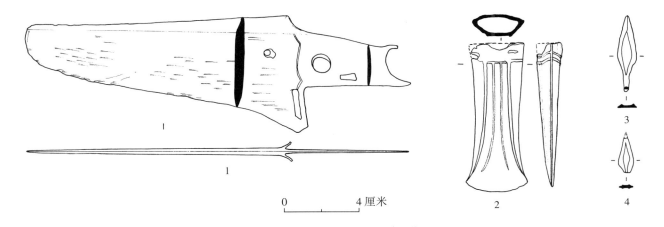

图 3-146　08M239 出土铜器

1. 戈 M239：2　2. 凿 M239：3　3. 镞 M239：1　4. 镞 M239：4

M239：2，直援，有胡，一穿，直内。援背侧平直，刃侧微弧；援末正中有一圆形穿孔，两面近内处正中各有一翼，翼两端呈尖状凸出，两翼用以纳柲。内上下缘平直，末端两侧有两凸起，似鱼尾状，近援侧有一圆形穿孔，内下缘还有一长三角形穿孔。内表面见排列无序但方向一致的短线状凹槽。总长 20.4、援长 14.2、胡长 6.32 厘米（图 3-146，1；彩版八二，1）。

镞　2 件。

M239：1，器体背面平。镞身扁平，近三角形，正面前锋中线起脊，剖面呈三角形；中部为较宽的血槽，直至铤部顶端。镞身与铤无明显分界。铤正面凸起，剖面呈半圆形。铤与镞身交界处似有被缠绕的痕迹。长 4.07、镞身宽 0.98、厚 0.2 厘米（图 3-146，3；彩版八二，2）。

M239：4，柳叶形宽扁镞身，两侧底部圆钝，镞身两面中线有血槽。锋及铤残。器形规整。残长 1.96、宽 0.81、厚 0.13 厘米（图 3-146，4）。

凿　1 件。

M239：3，半圆空心銎，瘦长器身，束腰，单面弧刃，较窄。器身背面平。銎口边缘残，銎口下饰两周凸棱纹；正面凸棱纹下还有两条纵向的凸棱，直至刃两侧；纵向凸棱间还有两条平行的凸棱，仅见于器身中部。长 7.93、銎口长 2.84、宽 1.44、刃宽 3.25 厘米（图 3-146，2；彩版八二，3）。

（二〇三）M240

长方形土坑竖穴墓，墓向 295°，被 M210、M229 打破，并打破 M254。墓坑残长 0.7、宽 0.35 米。墓主人仰身直肢，头西脚东，骨骼保存较差，经鉴定为 3

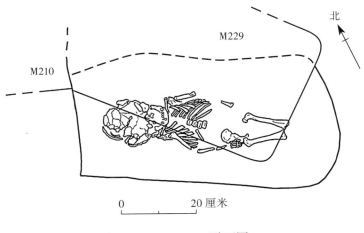

图 3-147　08M240 平面图

岁左右幼儿个体。未见葬具及随葬品（图 3-147；彩版八二，4）。

（二〇四）M241

长方形土坑竖穴墓，墓向 290°，被 M74 打破，并打破 M247、M251、M253，叠压 M254。墓坑长 1.8、宽 0.4、深 0.6 米。墓主人仰身直肢，头西脚东，左手置于身体一侧，双膝双足并拢。骨骼保存基本完整，但腐朽严重，性别、年龄不详。未见葬具。随葬品有铜削 1 件、铜扣饰 1 件（图 3-148A；彩版八二，5）。

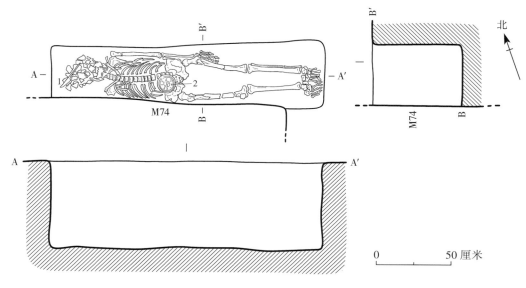

图 3-148A　08M241 平、剖面图

1. 铜削　2. 铜扣饰

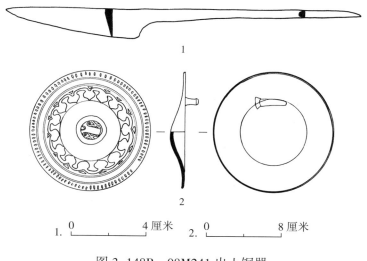

图 3-148B　08M241 出土铜器

1. 削 M241∶1　2. 扣饰 M241∶2

铜器　2 件。

削　1 件。

M241∶1，器身一面平，另一面凸起。细长柄，剖面为半圆形，末端成尖。柄与刃部背侧在同一直线上。斜直刃，前端与背侧相交成锋。总长 18.9、柄长 11.85、柄宽 0.75、厚 0.43、刃宽 1.6 厘米（图 3-148B，1；彩版八二，6）。

扣饰　1 件。

M241∶2，平面呈圆形，正面正中呈圆丘状凸起。中心饰左右对称的阳线叉形纹、重线圆圈纹；其外为一周阴线圆圈纹及素面环带；再外为一周连续的桃心纹，以两周阴线为界；边缘饰阴线短线纹。背后有一横扣。器表见黑色粉末状物质。直径12.52、高0.9、横扣长2.9厘米（图3-148B，2；彩版八二，7）。

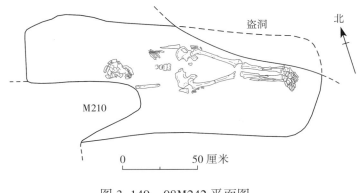

图 3-149　08M242 平面图

（二○五）M242

梯形土坑竖穴墓，墓向290°，被M210和盗洞打破。墓坑长2、宽0.55~0.8、深1.1米。墓主人仰身直肢，头西脚东，双手置于身体两侧，双膝双足并拢。骨骼保存基本完整，但腐朽严重，性别、年龄不详。未见葬具及随葬品（图3-149；彩版八三，1）。

（二○六）M243

长方形土坑竖穴墓，墓向290°，被盗洞打破。墓坑长1.9、宽0.6、深0.7米。墓主人仰身直肢，头西脚东，骨骼保存基本完整，但腐朽严重，性别、年龄不详，墓主人足端压有一块大石。未见葬具及随葬品（彩版八三，2）。

（二○七）M244

长方形土坑竖穴墓，墓向290°。墓坑长2、宽0.6、深0.3米。墓主人仰身直肢，头西脚东，右手紧贴于身体，左手置于左侧股骨上，双膝双足并拢，为50岁左右男性。未见葬具。随葬品有铜镞1件、骨镞1件（图3-150；彩版八三，3）。

1. 铜器　1件。

镞　1件。

M244：1，菱形宽扁镞身，前锋中线起脊，后部至铤，两面中线为血槽。铤宽扁，残。残长3.73、镞身宽1.69、厚0.3、铤宽0.69厘米（图3-150，1）。

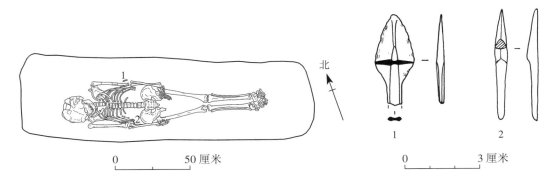

图 3-150　08M244 平面图及出土器物

1. 铜镞 M244：1　2. 骨镞 M244：2

2. 骨器　1件。

镞　1件。

M244：2，三棱锥状镞身，细长圆铤。磨制，器形规整。长4.51、镞身宽0.51、厚0.38、铤径约0.3厘米（图3-150，2；彩版八四，1）。

（二〇八）M246

长方形土坑竖穴墓，墓向320°，被M26、M117打破。墓坑残长0.8、宽0.35、深0.12米。墓主人仰身直肢，左手置于腹部，右手手骨缺失，似置于盆骨下。骨骼保存较差，经鉴定为未成年个体。未见葬具及随葬品（彩版八三，4）。

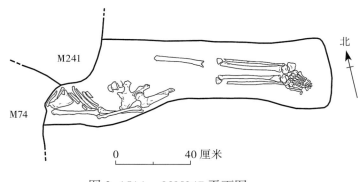

图3-151A　08M247平面图

（二〇九）M247

长方形土坑竖穴墓，墓向280°，被M74、M241打破，并打破M251、M253。墓坑残长1.4、宽0.5、深0.6米。墓主人仰身直肢，头西脚东，右手似置于身体一侧，双膝双足并拢。骨骼较完整，但腐朽严重，性别、年龄不详。未见葬具及随葬品（图3-151A；彩版八四，2）。

（二一〇）M248

长方形土坑竖穴墓，墓向300°，被M6、M112打破。墓坑残长1、宽0.4、深0.15米。墓底仅存少量肢骨，推测应为仰身直肢，性别、年龄不详。未见葬具及随葬品（图3-151B）。

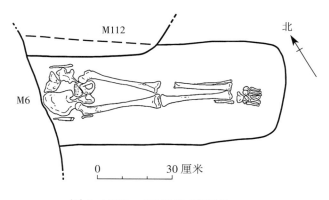

图3-151B　08M248平面图

（二一一）M249

长方形土坑竖穴墓，墓向270°，被M206、M223打破，并打破M235。墓坑长2.2、宽0.65~0.85、深0.6米。墓主人仰身直肢，头西脚东，残存头骨及下肢骨。南壁中部有一头骨，缺失下颌。东南角有一块大石。未见葬具。随葬品仅有陶尊1件，并在填土中有陶纺轮1件（彩版八四，3）。

陶器　2件。

尊　1件。

M249：2，夹细砂，口沿及腹部灰黑色，圈足部分浅褐色。尖唇，侈口，斜弧颈，斜肩，折腹，喇叭口形矮圈足。肩部饰水波纹。轮制，规整，喇叭形圈足内壁可见明显轮修弦纹，腹部近圈足的交接处亦可见轮修弦纹。器外壁抹平，外壁施一层黄褐色陶衣，大部分脱落，胎薄。口沿及腹部部分残缺。口径 11.5、腹径 18.5、足径 12.5、高 18.5、足高 3.4 厘米（图 3-152，1；彩版八四，4）。

纺轮 1件。

M249：1（T），夹细砂，一面黑色，一面灰白色。算珠形，器身中部有一周凸棱。规整，器表抹平，施一层黄褐色陶衣，大部分脱落。直径 3.62、孔径 0.46、厚 1.46 厘米（图 3-152，2）。

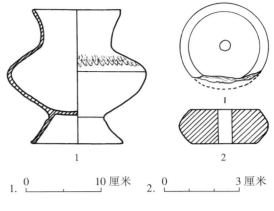

图 3-152 08M249 出土陶器

1. 尊 M249：2 2. 纺轮 M249：1（T）

（二一二）M250

长方形土坑竖穴墓，墓向 10°，被 M69、06M99 打破。墓坑残长 0.7、宽 0.5、深 0.5 米。墓坑分两层：第①层底部深 0.2 米，有少量残断肢骨，应为二次葬；第②层底部深 0.5 米，墓底有残损骨骼，保存较差，经鉴定为幼儿个体，在人骨下有黑色木炭痕迹，疑为火烧痕迹。未见葬具及随葬品。

（二一三）M251

长方形土坑竖穴墓，墓向 330°，被 M210、M241、M247 打破，并打破 M253、M254。墓坑长 1.7、宽 0.55、深 1 米。墓主人仰身直肢，头北脚南，左手置于身体一侧，右手放于盆骨上，双足并拢。骨骼保存较差，性别、年龄不详。未见葬具及随葬品（图 3-153A；彩版八四，5）。

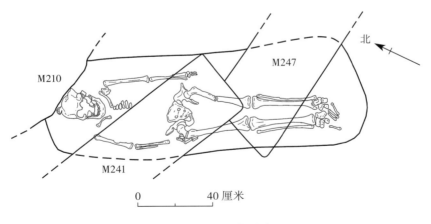

图 3-153A 08M251 平面图

（二一四）M252

长方形土坑竖穴墓，墓向 300°。墓坑长 1.4、宽 0.38、深 0.14 米。墓主人仰身直肢，头西脚东，左手置于腹部，右手压于盆骨下，双膝双足并拢。骨骼保存较差，性别、年龄不详。未见葬具及随葬品（图 3-153B；彩版八五，1）。

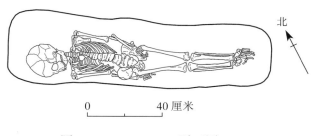

图 3-153B　08M252 平面图

葬具及随葬品（图 3-153C）。

（二一五）M253

长方形土坑竖穴墓，墓向 310°，被 M74、M241、M247、M251 打破，并打破 M254。墓坑残长 1.4、宽 0.4、深 0.9 米。墓主人仰身直肢，头西脚东，左手置于盆骨上，双膝双足并拢，足尖朝东。骨骼保存较差，性别、年龄不详。未见葬具及随葬品（图 3-153C）。

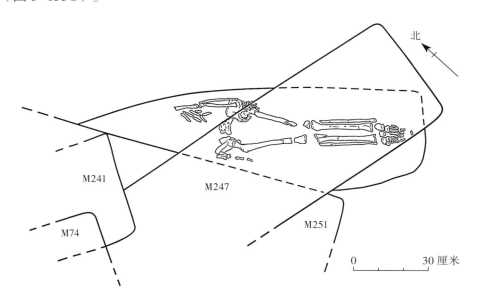

图 3-153C　08M253 平面图

（二一六）M254

长方形土坑竖穴墓，墓向 280°，被 M210、M229、M240、M251、M253 打破，被 M241 叠压。墓坑长 2.3、宽 0.65、深 1.3 米。墓主人仰身直肢，头西脚东，右手置于身体一侧，左侧肱骨压于肋骨下，双膝双足并拢。骨骼保存较差，性别、年龄不详。未见葬具。随葬品仅有玉玦 1 件（图 3-154；彩版八五，2）。

玉器　1 件。

玦　1 件。

M254：1，内外缘均为圆形，中心圆孔偏向缺口一侧。缺口两端无穿孔，由两面对磨成刃状。通体打磨光亮。器形小，规整。外径 1.5、内径 0.75、厚 0.15 厘米（图 3-154，1；彩版八七，1）。

（二一七）M255

长方形土坑竖穴墓，墓向 280°，被 M1、M5、M27、M231 打破。墓坑残长 1.8、宽 0.6、深 1.4 米，墓底东侧有基岩二层台，宽 0.2、高 0.1 米。墓主人仰身直肢，双膝双足并拢，似被捆绑。骨骼保存较差，

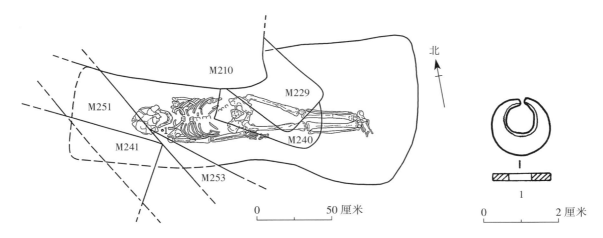

图 3-154 08M254 平面图及出土器物
1. 玉玦 M254：1

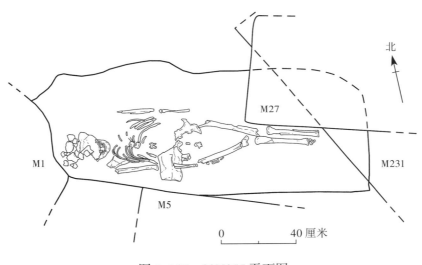

图 3-155 08M255 平面图

性别、年龄不详，右侧上肢骨下压有一磨制石器。未见葬具。随葬品仅有木镯 1 件（图 3-155；彩版八五，3）。

木器 1 件。

镯 1 件。

M255：1，残存朽痕。尺寸不明。

（二一八）M256

长方形土坑竖穴墓，墓向 350°，被 M97 打破。墓坑长 1.4、残宽 0.25、深 0.95 米。墓主人仰身直肢，骨骼保存较差，性别、年龄不详。未见葬具。随葬品有陶钵 1 件、海贝 1 件。

1. 陶器 1 件。

钵 1 件。

M256：2，夹粗砂黑褐陶。仅剩残片。

2. 海贝 1件。

海贝 1件。

M256：1，至少3枚。粉化严重，残甚，不见加工痕迹。

（二一九）M257

长方形土坑竖穴墓，墓向235°，被M64、M174、M200打破。墓坑残长0.7、宽0.6、深0.3米。墓底仅见残破头骨，葬式不明。未见葬具及随葬品。

（二二〇）M258

长方形土坑竖穴墓，墓向230°，被M53、M107、M200和盗洞打破。墓坑残长1.6、宽0.8、深0.6米。墓底骨骼较凌乱，推测应为仰身直肢，性别、年龄不详。未见葬具。随葬品有玉管1件、玛瑙珠1件、木镯1件。

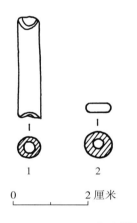

图3-156 08M258出土器物
1. 玉管 M258：2 2. 玛瑙珠 M258：3

1. 玉器 1件。

管 1件。

M258：2，圆柱形，两端不平齐。中心有穿孔，孔壁笔直。通体打磨光亮。长2.64、直径0.65~0.72、孔径0.32厘米（图3-156，1；彩版八七，2）。

2. 玛瑙器 1件。

珠 1件。

M258：3，两面平，纵剖面为长方形。中心有穿孔，两面对钻而成。通体打磨光亮。直径0.74、孔径0.28、高0.32厘米（图3-156，2；彩版八七，3）。

3. 木器 1件。

镯 1件。

M258：1，残存朽痕。尺寸不明。

（二二一）M259

长方形土坑竖穴墓，墓向290°，被M74、M260打破，并打破M265。墓坑长1.2、残宽0.5、深0.4米。墓主人仰身直肢，头西脚东，骨骼腐朽严重，头骨破碎，经鉴定为未成年个体。未见葬具及随葬品（图3-157A）。

（二二二）M260

长方形土坑竖穴墓，墓向290°，被M105打破，并打破M259、M265。墓坑残长1.3、宽0.5、深0.5米。墓主人仰身直肢，头西脚东，双手紧贴于身体两侧。骨骼保存较差，性别、年龄不详。未见

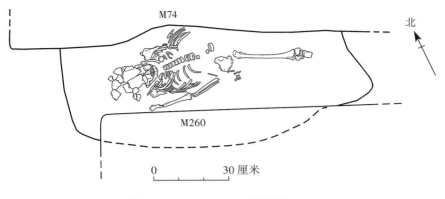

图 3-157A　08M259 平面图

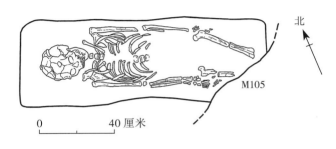

图 3-157B　08M260 平面图

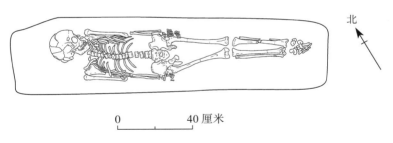

图 3-158A　08M261 平面图

葬具及随葬品（图 3-157B）。

（二二三）M261

长方形土坑竖穴墓，墓向 300°，墓坑长 1.7、宽 0.42、深 0.4 米。墓主人仰身直肢，骨骼保存较差，性别、年龄不详。未见葬具及随葬品（图 3-158A；彩版八五，4）。

（二二四）M262

长方形土坑竖穴墓，墓向 290°，被 M77 和盗洞打破。墓坑残长 1.7、宽 0.55、深 1.1 米。墓主人仰身直肢，右手置于盆骨之上，呈半握状，左手压于盆骨下，双膝双足并拢。骨骼保存较差，性别、年龄不详。未见葬具及随葬品（彩版八六，1）。

（二二五）M263

长方形土坑竖穴墓，墓向不明，被 M155 打破。墓坑残长 1、残宽 0.8、深 0.5 米。墓底仅见少量人骨，似为未成年个体，葬式不明。未见葬具及随葬品。

（二二六）M264

长方形土坑竖穴墓，墓向不明，被 M74 打破。墓坑残长 0.35、残宽 0.45、深 0.45 米。墓底仅见部分破碎头骨，面向北。未见葬具及随葬品。

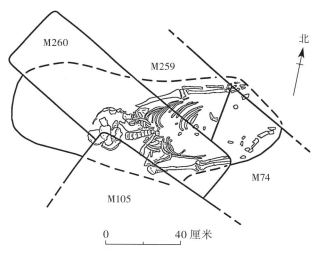

图 3-158B 08M265 平面图

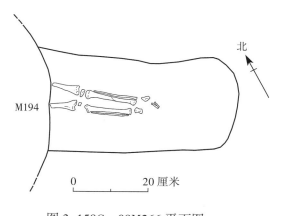

图 3-158C 08M266 平面图

（二二七）M265

长方形土坑竖穴墓，西北—东南向，被 M74、M105、M259、M260 打破，被 M106 叠压。墓坑残长 1.4、宽 0.45、深 0.6 米。墓主人仰身直肢，骨骼保存较差，性别、年龄不详。未见葬具及随葬品（图 3-158B）。

（二二八）M266

长方形土坑竖穴墓，墓向 300°，被 M194 打破。墓坑残长 0.5、宽 0.25、残深 0.1 米。墓主人仰身直肢，残存股骨远端及以下部分，经鉴定为幼儿个体。未见葬具及随葬品（图 3-158C）。

（二二九）M267

长方形土坑竖穴墓，墓向 220°，被 M237 打破。墓口长 2.2、宽 0.93、深 1.35~1.45 米。墓坑分两层：第①层底部深 0.8~1.1 米，墓主人仰身直肢，头西脚东，右手紧贴于身体，左手压于股骨下，骨骼腐朽严重，性别、年龄不详，墓主人头端见东西向放置的肢骨及盆骨、头骨残片，头下枕一肢骨，右侧上肢骨被另一头骨及股骨所压，脊椎上还见一头骨，应为下葬时同时放置；第②层底部深 1.35~1.45 米，墓主人仰身直肢，头西脚东，头骨置于右侧盆骨上，左手压于盆骨下，双膝双足并拢，骨骼腐朽严重，性别、年龄不详，在墓坑南侧贴近东壁的地方还放置有部分肢骨，与第①层情况相同。未见葬具。第①层随葬品有陶尊 1 件、陶圈足 1 件、铜针 1 件、铜泡 2 件；第②层随葬品有陶尊 1 件、砺石 1 件。第①层填土有陶尊 1 件；第②层填土有陶纺轮 1 件、残铜器 1 件（图 3-159A；彩版八六，2、3）。

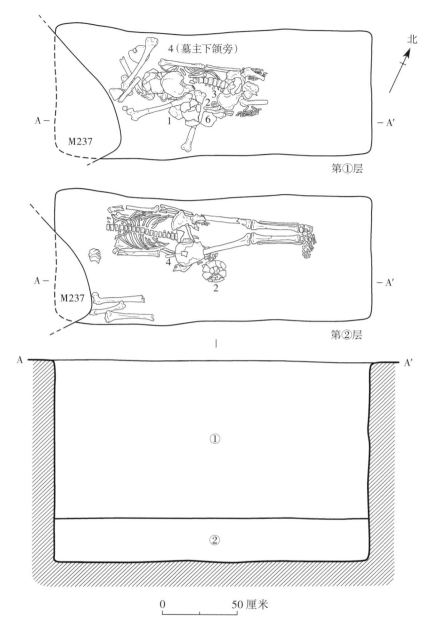

图 3-159A 08M267 平、剖面图

第①层：1.陶尊 2、3.铜泡 4.铜针 6.陶圈足

第②层：2.陶尊 4.砺石

1. 陶器 5 件。

尊 3 件。

M267①：1，夹粗砂，口、腹部灰褐色，圈足橙黄色。圆唇，侈口，鼓腹，喇叭口形矮圈足。轮制，规整，圈足外壁可见轮修弦纹。器身外壁抹平，圈足内外壁皆抹平，器表施褐色陶衣，大部分脱落，胎薄。仅圈足稍完整，其余部分仅剩残片，纹饰不明。器形同 08M60②：2 类似。足径 11.08、残高 3.69~4 厘米（图 3-159B，1）。

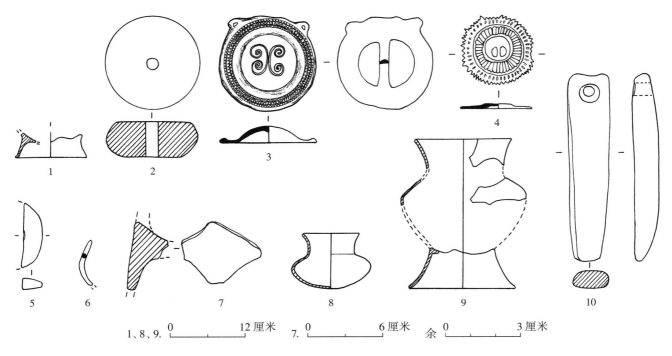

图 3-159B　08M267 出土器物

1. 陶尊 M267①:1　2. 陶纺轮 M267②:1（T）　3. 铜泡 M267①:2　4. 铜泡 M267①:3　5. 残铜器 M267②:3（T）
6. 铜针 M267①:4　7. 陶圈足 M267①:6　8. 陶尊 M267②:2　9. 陶尊 M267①:5（T）　10. 砺石 M267②:4

　　M267①:5（T），夹粗砂褐陶。圆唇，侈口，折腹，喇叭口形高圈足。肩部残片上隐约可见刻划弦纹。轮制，规整，圈足外壁及腹部内壁可见细密轮修弦纹。器身外壁抹平，圈足内外皆抹平，器表施褐色陶衣，大部分脱落。口径 15.08、足径 16.62 厘米（图 3-159B，9）。

　　M267②:2，夹细砂，腹部一半橙黄色，一半灰黑色。尖唇，侈口，斜肩，折腹，圈足（脱落，腹底有圈足痕迹）。素面。规整，内外壁抹平，内外壁施一层褐色陶衣，大部分脱落，胎薄。口沿、底部残缺，从缺口看估计是圈足。口径 9.2、腹径 12.5、高 10.2 厘米（图 3-159B，8；彩版八七，5）。

　　圈足　1 件。

　　M267①:6，夹细砂黑褐陶。横截面呈 T 形。外壁抹平，施一层深褐色陶衣。长 6.16 厘米（图 3-159B，7）。

　　纺轮　1 件。

　　M267②:1（T），夹砂极细，一面黑色，一面灰白色。圆饼形。素面。规整，器表抹平，施一层黄褐色陶衣，部分脱落。保存完整。直径 3.69、孔径 0.46、厚 1.39 厘米（图 3-159B，2；彩版八七，6）。

　　2. 铜器　4 件。

　　针　1 件。

　　M267①:4，细圆条状，剖面近圆形。一端残断不存，另一端呈扁平尖状，中部弯曲。残长 1.83、直径 0.16 厘米（图 3-159B，6）。

铜泡　2件。

M267①：2，平面呈圆形，一侧边缘有两个对称的小三角形凸起。器体正面中央大部分呈圆丘状凸起，饰阴线卷云纹；其外缘与器体外缘间为一周凹槽，饰凸点纹。背面凹陷范围内有一横挡。锈蚀。直径3.8、高0.62、横挡长2.2、宽0.43厘米（图3-159B，3）。

M267①：3，器身扁平，边缘呈锯齿状。正面饰阴线纹饰，呈环带状分布，以短线纹、点纹为主。正中有一椭圆形镂孔，其间有一长条形横梁。背面为素面。直径2.94、厚0.21厘米（图3-159B，4）。

残铜器　1件。

M267②：3（T），扁平，边缘微弧，器形不明。残长2.62、残宽1.63、厚0.45厘米（图3-159B，5）。

3. 石器　1件。

砺石　1件。

M267②：4，长条状。器身剖面为圆角长方形，顶部稍宽扁，两侧为直角。有一穿孔，两面对钻。顶面平。底部呈单面刃状。长7.53、顶宽1.63、顶厚0.72、器身宽1.64、厚1.07、刃宽1.18厘米（图3-159B，10；彩版八七，4）。

（二三〇）M268

长方形土坑竖穴墓，墓向350°，被K1叠压。墓坑长1.86、宽0.5~0.6、深0.25米。墓主人仰身直肢，骨骼保存较差，头骨破裂为两部分，面部骨骼面向西，压在下颌及其余头骨之上，似人为把头骨分裂为两半再叠放在一起，但不能确定两部分头骨是否为同一个体。未见葬具及随葬品（图3-160；彩版八六，4）。

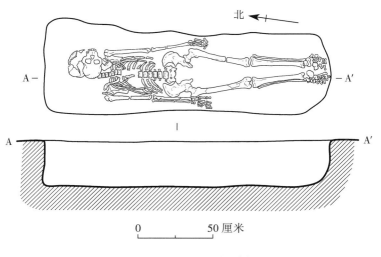

图3-160　08M268平、剖面图

二、中大型墓葬

金莲山墓地发掘的中大型墓葬较少，面积大致在3平方米以上（长多数在3米以上、宽多数在1

米以上），除此之外，部分残墓从保存情况来看，亦可归入小型墓葬。此类墓葬规模与晋宁石寨山、江川李家山墓地相比，规模不是很大，但这些墓葬在金莲山墓地中是相对较大的（见附表一）。

（一）M19

长方形土坑竖穴墓，墓向290°，被盗洞打破，并打破 M14。墓口长 2.95、宽 1.3 米，墓底长 2.2、宽 0.9 米，深 1.6 米。墓坑分两层：第①层底部深 0.8 米，骨骼保存较差，人骨基本沿墓壁倾斜分布，分为南北两行排列，北行东端有一具稍完整的骨架，似有两列脊椎，可能至少有两个未成年个体，其余骨骼至少属于两个成年个体；第②层底部深 1.6 米，残存盗洞西侧的部分，见两个头骨及肢骨（多为股骨、胫骨）、盆骨，应为二次葬。未见葬具。随葬品均出土于第①层，有绿松石扣 2 件、海贝 1 件（图 3-161）。

1. 绿松石器　2 件。

扣　2 件。

M19①：1，平面形状不规则。正面中心有一尖状凸起，背面不平整，有两孔，斜钻相通。通体打磨光亮。长约 1.8、宽约 1.45、高约 0.78 厘米（图 3-161，1；彩版八七，7）。

M19①：3，器身扁平，形制不明。有两穿孔，完整穿孔为一面钻成，残穿孔两面钻成。残长 1.1、宽 1.1、厚 0.32 厘米（图 3-161，3）。

2. 海贝　1 件。

海贝　1 件。

M19①：2，天然海贝 1 枚。表面被污染（或是种类不同），有深色斑点。长 2.33 厘米（图 3-161，2）。

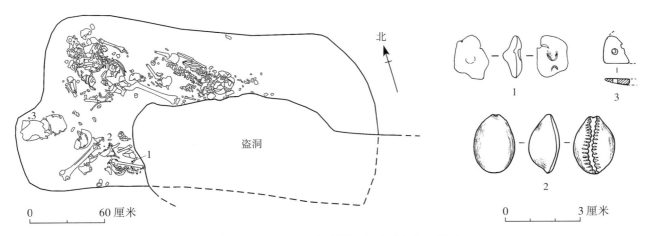

图 3-161　08M19 第①层平面图及出土器物

1. 绿松石扣 M19①：1　2. 海贝 M19①：2　3. 绿松石扣 M19①：3

（二）M25

长方形土坑竖穴墓，墓向290°，被盗洞打破，并打破 M30、M144、M224。墓坑残长 1.4、宽 0.8~1、深 1.3 米。墓坑分两层：第①层底部深 0.8 米，仅见少量肢骨，应为捡骨二次葬；第②层底部深 1.3 米，人骨堆砌成长方形，为捡骨二次葬。未见葬具。随葬品均出土于第①层，有陶釜 1 件、陶器盖 1 件、陶片 1 件（图 3-162；彩版八八，1）。

陶器　3 件。

釜　1 件。

M25 ①：2，夹细砂，器表橙黄色，器底及腹部可见局部烟熏痕迹，口沿部分黑色，内壁黑色。尖唇，喇叭口，长斜直颈，溜肩，鼓腹，圆底。唇部下方刻划一周细弦纹，距唇部 2.7 厘米处抹平一周。轮制，规整，口沿内壁可见明显轮修弦纹。内外壁抹平，口沿外壁施一层褐色陶衣，大部分脱落，腹部是否施陶衣不明显。口沿及腹部部分残缺。口径 21、腹径 20.4、高 17.4 厘米（图 3-162，1；彩版八八，2）。

器盖　1 件。

M25 ①：3，夹细砂，内外壁黑色与橙黄色相杂。喇叭形，圆形抓手中部内凹。器盖近边缘处饰一周凹弦纹。轮制，规整，圆形抓手内外壁可见数道明显轮修细弦纹。内外壁抹平。边缘部分残缺。直径 16.8、高 7.6 厘米（图 3-162，2；彩版八八，3）。

陶片　1 件。

M25 ①：1，以夹细砂为多，陶质硬，陶色不一，有橙黄色、灰褐色、浅黄色、灰白色等。全为残碎陶片，不属于一个器形，其中混杂若干口沿及颈部残片。残片上未发现纹饰。

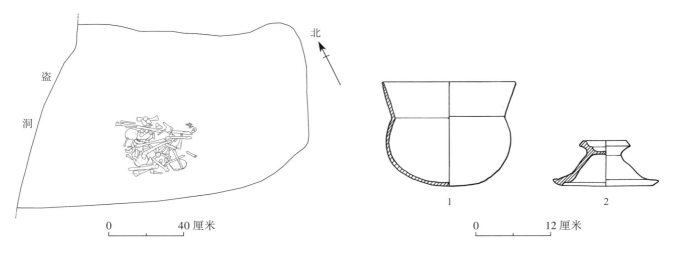

图 3-162　08M25 第②层平面图及出土器物

1. 陶釜 M25 ①：2　2. 陶器盖 M25 ①：3

（三）M48

长方形土坑竖穴墓，墓向 0°，被 M44、M98、M228 打破。墓坑长 2.4、宽 1.3、深 0.6 米。仅见少量碎骨，葬式不明。未见葬具。随葬品仅有石纺轮 1 件。

石器　1 件。

纺轮　1 件。

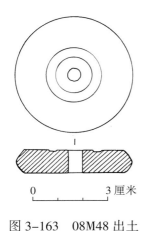

图 3-163 08M48 出土
石纺轮

M48：1

M48：1，器体扁平，中心有穿孔，孔壁较笔直。器身中部一周起脊明显，纵剖面近长扁的六边形。一面平整，另一面穿孔外有一周不甚明显的浅凹槽。通体打磨光亮平整，手感细腻，器形规整，制作精美。最大径 4.87、孔径 0.5、环带状凹槽宽约 0.56、厚 0.9 厘米（图 3-163；彩版八八，4）。

（四）M80

长方形土坑竖穴墓，墓向 290°，被 M77、M79 和盗洞打破。墓口长 2.5、宽 1.2 米，墓底长 1.3、宽 0.7 米，深 2.4 米，墓坑东西两侧距墓底 0.5 米有基岩二层台，宽 0.1~0.2 米。墓坑分两层：第①层仅见部分骨骼随意堆放在一起；第②层残留少量人骨集中于墓底西部，摆放无序，应为二次葬。未见葬具及随葬品。仅在填土中有铜镯 1 件、孔雀石珠 1 件（图 3-164）。

1. 铜器 1 件。

镯 1 件。

M80：2（T），镯面细窄，断面呈长方形。残长 3.06、镯面宽 0.2、厚 0.1 厘米（图 3-164，1）。

2. 孔雀石器 1 件。

珠 1 件。

M80：1（T），共 1 粒。直径 0.28、高 0.32 厘米（图 3-164，2）。

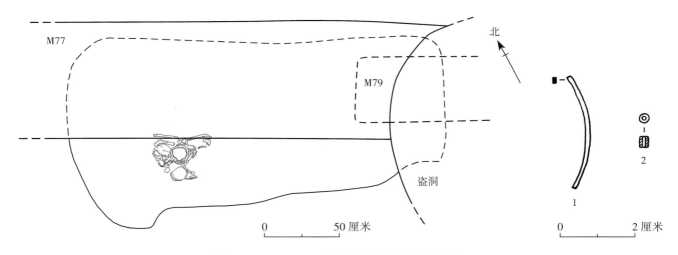

图 3-164 08M80 第②层平面图及出土器物
1. 铜镯 M80：2（T） 2. 孔雀石珠 M80：1（T）

（五）M87

长方形土坑竖穴墓，墓向 355°，被 M97 打破，并打破 M88。墓口长 3.3、宽 1.5 米，墓底长 2、宽 1 米，深 3.34 米。墓坑深 2.7 米时开始暴露人骨，人骨堆积成规整的长方形，推测下葬时应有葬具。人骨堆积中有两个头骨和两具完整骨架，1 号个体仰身直肢，头向北，为墓主人。2 号个体头向北，位于 1 号个体以东。3 号个体头向北，位于 1 号、2 号个体之间。4 号个体侧身直肢，头向南，被挤压变形严重，

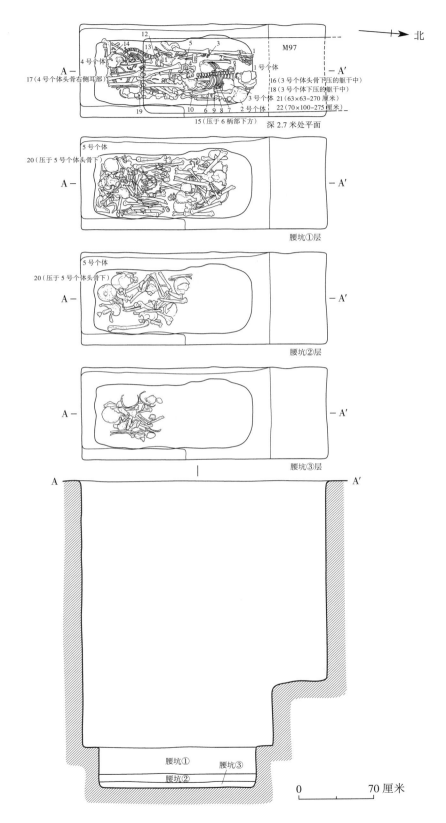

图 3-165 08M87 平、剖面图

1、2.铜矛 3.装饰品 4.铜扣饰 5.铜泡钉 6.铜剑 7、8、15.玛瑙珠 9.玛瑙扣 10.砺石
11.铜钏 12.玉镯 13、18.海贝 14、17、20.玉玦 16、21、22.铜镞 19.残铜器

性别、年龄不详。两具完整骨架下的墓坑清理至 3.1 米时发现腰坑，长 1.6、宽 0.7 米，人骨散乱堆放于整个腰坑中，5 号个体头向南，无完整个体，可见 19 个头骨，其余有股骨、胫骨、腓骨、尺骨等躯干，另有残断髋骨、椎骨、肋骨等。腰坑中分三次提取人骨，每次提取后均绘图，腰坑内的人骨应不存在分层，为一次形成。墓坑四壁为基岩，但在东西两侧和腰坑西壁贴有一层红色或橙红色砂土，可能是修筑墓坑时为防止墓壁砂石掉落而人为涂抹的。随葬品有铜矛 2 件、铜剑 1 件、铜镞 10 件、铜扣饰 1 件、铜钏 1 件、铜泡钉 1 件、残铜器 1 件、砺石 1 件、玉镯 1 件、玉玦 8 件、玛瑙扣 1 件、玛瑙珠 3 件、装饰品 1 件、海贝 7 件（图 3-165；彩版八九）。

1. 铜器 17 件。

矛 2 件。

M87：1，空心圆骹，壁较厚。骹与矛叶呈八字相接，矛叶短小，近三角形，前端内收成锋。总长 12、骹口径 1.8、骹壁厚约 0.25、矛叶长 7.64 厘米（图 3-166A，1；彩版八八，5）。

M87：2，空心圆骹，壁较厚。骹口下一面正中有一圆形穿孔。骹与矛叶呈八字相接，矛叶短小，平面近三角形，剖面为菱形，中线起脊。前端内收成锋。总长 12.8、骹长约 6、骹口径 2.1~2.2、骹壁厚 0.33 厘米（图 3-166A，2；彩版八八，6）。

剑 1 件。

M87：6，椭圆空心茎，喇叭口茎首，茎首近圆形，边缘平齐。一字格。长三角形剑身，两侧刃斜直。残长 26、茎长 8.9、茎首直径 4.21~4.5、格长 6.58、格宽 1.57、剑身宽 1.7~5.6、厚 0.43~0.82 厘米（图 3-166A，3；彩版八八，7）。

镞 10 件。

M87：16，整器扁平。镞身因前端残断不存而形制不明，可能近长三角形，镞身底部正中有一椭圆形小穿孔。三角形铤。残长 3.5、镞身宽 1.11、厚 0.2、铤厚 0.25 厘米（图 3-166A，20）。

M87：21-1，窄长扁平镞身，空心圆铤。铤与镞身无明显分界，铤内残存木屑。残长 6、镞身宽 1、厚 0.18~0.28、铤径 0.72 厘米（图 3-166A，15；彩版九〇，1 左一）。

M87：21-2，整器近柳叶形，扁平。镞身两面正中有血槽，不及锋不及底，血槽不在中线上，且两面血槽的位置不对称。镞身与铤无明显分界。铸造时，可能范发生了错位，从镞一面的尖部可见错位痕迹。长 3.9、宽 0.95、厚 0.22 厘米（图 3-166A，16；彩版九〇，1 左二）。

M87：21-3，柳叶形扁平镞身，细长圆铤。铤与镞身无明显分界。器身两侧不太对称。整器一面平，应是单范腔铸造。长 3.8、宽 0.9、镞身厚 0.19、铤厚 0.21 厘米（图 3-166A，17；彩版九〇，1 左三）。

M87：21-4，柳叶形扁平镞身，两侧不对称。铤残，形制不明。残长 2.7、宽 0.9、厚 0.11 厘米（图 3-166A，18；彩版九〇，1 左四）。

M87：21-5，窄长扁平镞身，与铤似无明显分界。铤残，形制不明。残长 3.3、宽 0.73、厚 0.1 厘米（图 3-166A，19；彩版九〇，1 左五）。

M87：22-1，长柳叶形扁平镞身，镞身两面下部似有血槽，不甚明显，尖锋利。细长实心短铤。器形规整。长 6.3、宽 1.29、镞身厚 0.2、铤厚 0.24 厘米（图 3-166A，11；彩版九〇，2 左一）。

M87：22-2，长三角形扁平镞身，尖锋利，镞身下部正中有一长条形穿孔。镞身与铤呈八字相接，

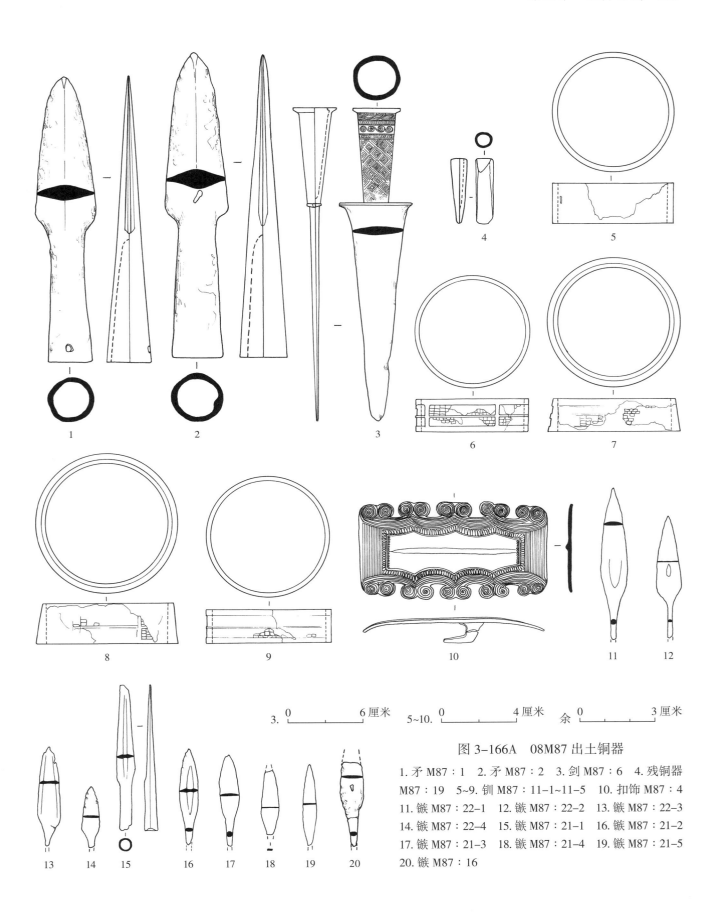

3. |0————6厘米 5~10. |0————4厘米 余 |0———3厘米

图 3-166A　08M87 出土铜器

1. 矛 M87：1　2. 矛 M87：2　3. 剑 M87：6　4. 残铜器
M87：19　5~9. 钏 M87：11-1~11-5　10. 扣饰 M87：4
11. 镞 M87：22-1　12. 镞 M87：22-2　13. 镞 M87：22-3
14. 镞 M87：22-4　15. 镞 M87：21-1　16. 镞 M87：21-2
17. 镞 M87：21-3　18. 镞 M87：21-4　19. 镞 M87：21-5
20. 镞 M87：16

两侧不对称。细长实心铤。残长5、镞身长3.8、宽1.2、厚0.13、铤宽0.28、铤厚0.12厘米（图3-166A，12；彩版九〇，2左二）。

M87：22-3，长三角形扁平镞身，镞身一面中部有长条状凹坑，似血槽。镞身底部两侧不对称，铤部中线与镞身中线有交角。实心铤。残长4.2、宽1.12、厚0.15厘米（图3-166A，13；彩版九〇，2左三）。

M87：22-4，柳叶形扁平镞身，窄长实心铤。器形短小。残长2.5、宽0.95、厚0.14厘米（图3-166A，14；彩版九〇，2左四）。

扣饰 1件。

M87：4，平面呈长方形，正面中央有一凸棱，平行于长轴。凸棱上下对称饰重线波浪纹，其间有一周短折线纹，上下缘各为五对浪花纹。两侧为阴线直线纹，间于波浪纹之间。背后有一横扣，残。器表有黑色粉末状物质。长10、宽5.2、厚0.13、横扣长2.12厘米（图3-166A，10；彩版九〇，3）。

钏 1件。

M87：11，由5件铜镯组成。M87：11-1，镯面分为三部分，上下各饰三周孔雀石片，中间饰一周孔雀石片；其余4件，镯面均分为两部分，上下周各饰孔雀石片三周。孔雀石片近方形或长方形，无穿孔，形制不甚规整。孔雀石片以黑色致密物质粘于铜镯上，部分脱落。M87：11-1，直径6.5、镯面宽2、边缘厚约0.25厘米（图3-166A，5；彩版九〇，4）；M87：11-2，底缘宽于顶缘，底径也略大于顶径，直径6.3、镯面宽1.93、边缘厚约0.25（上）~0.67（下）厘米（图3-166A，6）；M87：11-3，直径6.2、镯面宽1.95、边缘厚约0.26厘米（图3-166A，7）；M87：11-4，直径6.4、镯面宽1.85、边缘厚约0.24厘米（图3-166A，8；彩版九〇，5）；M87：11-5，直径6、镯面宽1.86、边缘厚约0.2厘米（图3-166A，9）。

泡钉 1件。

M87：5，平面呈圆形，正面中心有一柱状凸起，背面内凹处有一横挡。边缘较平。直径5.2、高2.2、厚0.27厘米（图3-166B，1）。

残铜器 1件。

M87：19，空心圆銎，下端两面内收，呈线条状封闭，上端残断不存，器形不明。残长2.7、銎径0.88、底宽0.87厘米（图3-166A，4）。

2. 石器 1件。

砺石 1件。

M87：10，细长条状，横剖面为圆形。顶部两面内收，顶部较薄，剖面近长方形，由两面对钻出一穿孔；下端渐收，底部斜磨成尖。器形规整，打磨精致。总长19.2、顶宽1.55、顶厚1.03、直径1.1~1.5、孔径0.6厘米（图3-166B，25；彩版九一，1）。

3. 玉器 9件。

镯 1件。

M87：12，内缘有唇。素面。器形规整，通体打磨。外径9、内径5.4、厚0.43~0.56、唇高0.76厘米（图3-166B，2；彩版九一，7）。

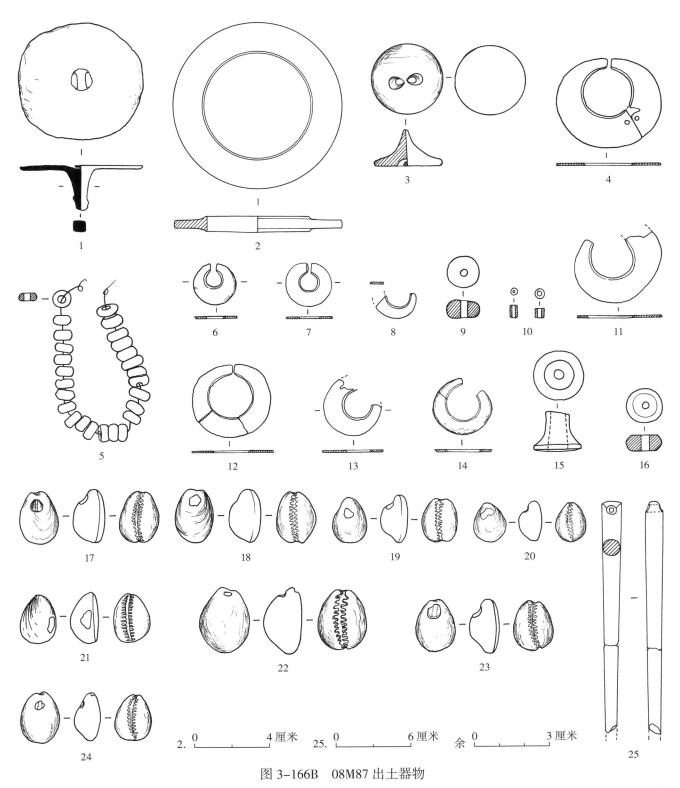

图 3-166B　08M87 出土器物

1.铜泡钉 M87：5　2.玉镯 M87：12　3.玛瑙扣 M87：9　4.玉玦 M87：17-1　5.装饰品 M87：3　6.玉玦 M87：14-1　7.玉玦
M87：20　8.玉玦 M87：17-4　9.玛瑙珠 M87：15　10.孔雀石珠 M87：23　11.玉玦 M87：14-3　12.玉玦 M87：17-2　13.玉
玦 M87：17-3　14.玉玦 M87：14-2　15.玛瑙珠 M87：8　16.玛瑙珠 M87：7　17.穿孔海贝 M87：13-1　18.穿孔海贝
M87：13-2　19.穿孔海贝 M87：13-3　20.穿孔海贝 M87：13-4　21、22.穿孔海贝 M87：13-5　23.穿孔海贝 M87：18-1
24.穿孔海贝 M87：18-2　25.砺石 M87：10

玦　8件。

M87：14-1，内外缘均为圆形。一侧有缺口，中心圆孔偏向缺口一侧，缺口两端无穿孔。通体打磨光亮。器形较小。外径1.7、内径0.67、厚0.13厘米（图3-166B，6）。

M87：14-2，内外缘均为圆形，中心圆孔较大。一侧有缺口，缺口一端残，另一端无穿孔。外径2.3、内径1.3、厚0.12厘米（图3-166B，14）。

M87：14-3，外缘为椭圆形，内缘近圆形。一侧有缺口，中心圆孔偏向缺口一侧，缺口两端无穿孔。外径3.1~3.6、内径1.7、厚0.2厘米（图3-166B，11）。

M87：17-1，外缘为椭圆形，内缘为圆形。中心圆孔偏向缺口一侧，缺口两端由两面对磨成刃状，无穿孔。器身一处残断处的两侧各有一穿孔，两面对钻，可能为玦残断后钻孔系绳以便继续使用。通体打磨，表层部分脱落，不甚光滑。外径3.6~4.17、内径2、厚0.13厘米（图3-166B，4）。

M87：17-2，外缘近圆形，上下缘较平；内缘为圆形，穿孔较大，边缘稍残。一侧有缺口，缺口两端似为两面对磨成刃状，稍残。通体打磨，表层部分脱落，不甚光滑。外径2.96~3.22、内径1.8、厚0.15厘米（图3-166B，12）。

M87：17-3，外缘为椭圆形，内缘为圆形。中心穿孔偏向缺口一侧，缺口无穿孔，为两面对磨成刃状。通体打磨，表层部分脱落，不甚光滑。外缘短径2.35、内径1.1、厚0.13厘米（图3-166B，13）。

M87：17-4，内外缘可能近圆形。中心穿孔偏向缺口一侧，缺口无穿孔。通体打磨，表层部分脱落，不甚光滑。残长1.78、缺口处宽0.24、底部残断处宽0.56、厚0.11厘米（图3-166B，8）。

M87：20，内外缘近圆形，一侧有缺口，中心穿孔略偏向缺口一侧。缺口两端为两面对磨成刃状。器形小。外径1.84、内径0.73、厚0.18厘米（图3-166B，7；彩版九一，4）。

4. 玛瑙器　4件。

扣　1件。

M87：9，乳白色。平面呈圆形。正面中心有尖状凸起，打磨光亮。背面正中有两穿孔，相对斜钻，其相隔的壁上钻透一小孔，仅磨制平整。直径2.89、高1.56、边缘厚约0.3厘米（图3-166B，3；彩版九一，2）。

珠　3件。

M87：7，算珠状，两面平，但不光滑，仅器身侧面一周打磨光亮。最大径1.5、孔径0.29~0.35、高0.75厘米（图3-166B，16；彩版九一，5）。

M87：8，横剖面为圆形，器体上部内收，顶径小于底径。侧面和底面均打磨光亮，中心穿孔为两面对钻而成。顶径1.1、底径2.06、顶面孔径0.49、底面孔径0.67、高1.64厘米（图3-166B，15；彩版九一，3）。

M87：15，算珠状。中心穿孔为两面对钻形成，孔径较大的一面平整，孔壁笔直；孔径较小的一面加工痕迹明显，似漏斗状。最大径1.4、孔径0.25~0.42、高0.72厘米（图3-166B，9；彩版九一，6）。

装饰品　1件。

M87：3，由成排孔雀石珠及若干玛瑙珠串连而成，器形不明。位于墓主肱骨远端上方。

M87：3-1，玛瑙珠，最大径 0.7、孔径 0.2、高 0.3 厘米（彩版九一，8）；M87：3-2，孔雀石珠，最大径 0.3、孔径 0.1、高 0.5 厘米；M87：3-3，孔雀石珠，最大径 0.4、孔径 0.15、高 0.4 厘米（图 3-166B，5）。与 M87：23（图 3-166B，10）孔雀石珠是一件器物，并为 M87：3。

5. 海贝　7 件。

海贝　7 件。

M87：13-1，穿孔海贝 1 枚。背部一侧有一穿孔，近椭圆形。长 2.3、孔径 0.19~0.38 厘米（图 3-166B，17）。

M87：13-2，穿孔海贝 1 枚。背部一侧有一穿孔，近椭圆形。长 2.35、孔径 0.4~0.6 厘米（图 3-166B，18）。

M87：13-3，穿孔海贝 1 枚。背部一侧有一穿孔，斜向椭圆形。长 2、孔径 0.25~0.48 厘米（图 3-166B，19）。

M87：13-4，穿孔海贝 1 枚。背部一侧有一穿孔，形制不规整，孔径大。长 1.79、孔径 0.33~0.6 厘米（图 3-166B，20）。

M87：13-5，穿孔海贝 2 枚。背部长轴的一侧有一穿孔。长 2.02、孔径 0.45~0.77 厘米（图 3-166B，21）。长 2.7、孔径 0.15~0.3 厘米（图 3-166B，22）。

M87：18-1，穿孔海贝 1 枚。背部一侧有一穿孔，近椭圆形。长 2.04、孔径 0.32~0.41 厘米（图 3-166B，23）。

M87：18-2，穿孔海贝 1 枚。背部一侧有一穿孔，近椭圆形。长 2.12、孔径 0.53~0.59 厘米（图 3-166B，24）。

（六）M97

长方形土坑竖穴墓，墓向 5°，打破 M87、M88、M198、M256，直接沿用 M87 的墓穴并略扩宽。墓口长 3.3、宽 1.5 米，墓底长 2.35、宽 1 米，深 2.7 米。墓坑从上至下分六层。第①层底部深 1.45 米，由头骨、肢骨等大量骨骼堆砌成长方形，厚约 0.5 米，应为二次葬。第②层底部深 1.65 米，可见一具完整个体，头向北，但骨骼保存较差，已成粉末状，难以起取，可能为墓主；完整个体上压着另一个体，仅存下颌及部分肋骨，其旁随葬一动物下颌骨，种属不明；在完整个体头骨右侧为另一个体，存留部分牙齿、头骨残片及少量肢骨，厚约 0.1 米。第③层底部深 1.85 米，由头骨、肢骨等大量骨骼堆砌成长方形，厚约 0.18 米，应为二次葬。第④层底部深 2.1 米，由头骨、肢骨等大量骨骼堆砌成长方形，厚约 0.2 米；可见八个个体，南端至少五个个体，堆成一堆，北端个体骨骼基本完整，有两个完整个体位于中央，皆为仰身直肢，另一个为俯身；其余个体骨骼凌乱，应为二次葬。第⑤层底部深 2.4 米，由头骨、肢骨等大量骨骼堆砌成长方形，厚约 0.2 米，可见五个头骨，应为二次葬。第⑥层底部深 2.7 米，由头骨、肢骨等大量骨骼堆砌成长方形，厚约 0.35 米，应为二次葬。未见葬具。第①层随葬品有陶纺轮 1 件、铁刀 1 件、海贝 1 件；第②层随葬品有陶单耳罐 1 件、铜斧 1 件、铜斧明器 1 件、铜锄 1 件、铜扣饰 1 件、铜带钩 1 件、铜铃 1 件、铜策 1 件、铜残片 1 件、铜骹铁矛 1 件、铜柄铁剑 1 件、铁剑 1 件、环首铁刀 2 件、残铁器 1 件；第③层随葬品有玛瑙珠 1 件、海贝 3 件；第④层随葬品仅有

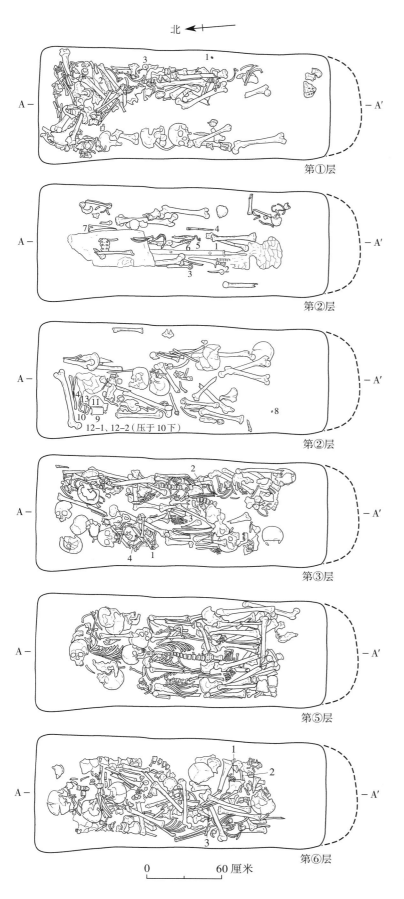

北 ←

第①层

第②层

第②层

第③层

第⑤层

第⑥层

0   60 厘米

图 3-167 08M97 平面图

第①层：1. 海贝 2. 铁刃 3. 陶纺轮
第②层：1. 铁剑 2. 铜柄铁剑 3、14. 环首铁刀
4. 铜骹铁矛 5. 铜带钩 6. 铜扣饰 7. 铜锄
8. 铜残片 9. 铜铃 10. 铜策 11. 陶单耳罐
12-1. 铜斧 12-2. 铜斧明器 13. 残铁器
第③层：1~3. 海贝 4. 玛瑙珠
第⑥层：1、3. 玉玦 2. 孔雀石珠

骨饰 1 件；第⑥层随葬品有玉玦 6 件、孔雀石珠 1 件。填土中第①层有玉玦 1 件；第④层有玉镯 1 件（图 3-167；彩版九二）。

1. 陶器 2 件。

单耳罐 1 件。

M97②：11，夹细砂，器身大部分灰黑色，局部红褐色。尖唇，侈口，长斜肩，垂腹，腹下部近底处内收，小平底，略凹，单宽耳，耳上起一条凸棱。素面。轮制，内外壁抹平，施一层褐色陶衣，部分脱落。口径 7.6、腹径 12、底径 5.8、高 14.8、耳长 3.6、耳宽 1.6~2.5、口沿厚 4.1 厘米（图 3-168A，1；彩版九三，1）。

纺轮 1 件。

M97①：3，夹细砂，黑色、灰白色相间。圆饼形，器身中部起一周凸棱，不是很明显。素面。制作规整，器表抹平，施一层黄褐色陶衣，大部分脱落。直径 4.75、孔径 0.92、厚 1.34 厘米（图 3-168A，2；彩版九三，2）。

2. 铜器 8 件。

斧 1 件。

M97②：12-1，空心方銎，束腰，双面刃，较平直。銎口下饰一周凸棱纹。器体上部，两面对称各有一穿孔，一面为长方形，另一面为椭圆形。器体两侧范线明显。长13.3、銎口长3.73、宽3.84、刃宽6厘米（图3-168A，12；彩版九三，3）。

斧明器　1件。

M97②：12-2，器形短小。空心方銎，双面刃，较平直。銎口下饰半周凸棱纹，即器身一面及

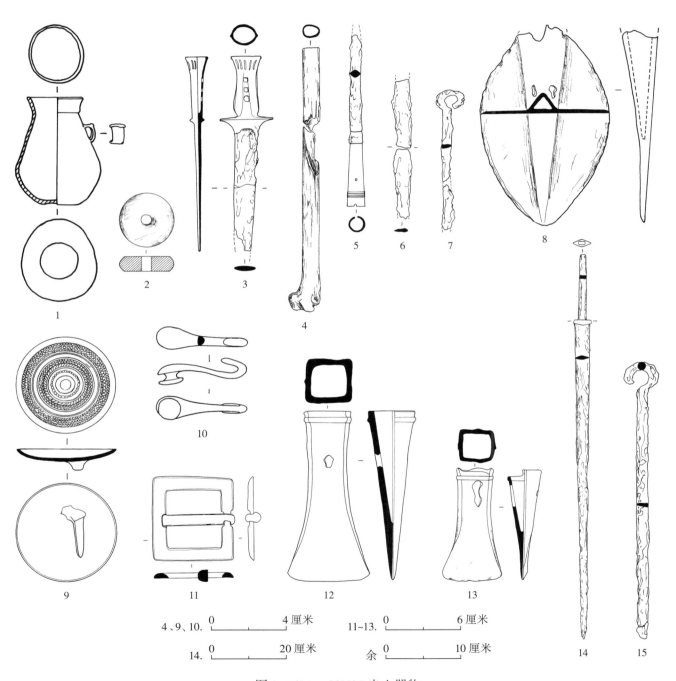

图3-168A　08M97出土器物

1. 陶单耳罐 M97②：11　2. 陶纺轮 M97①：3　3. 铜柄铁剑 M97②：2　4. 骨饰 M97④：1　5. 铜骹铁矛 M97②：4
6. 铁刃 M97①：2　7. 环首铁刀 M97②：3　8. 铜锄 M97②：7　9. 铜扣饰 M97②：6　10. 铜带钩 M97②：5　11. 铜
策 M97②：10　12. 铜斧 M97②：12-1　13. 铜斧明器 M97②：12-2　14. 铁剑 M97②：1　15. 环首铁刀 M97②：14

两侧的一半有凸棱纹，可能另一半范腔无凹槽。器身上部，两面对称各有一穿孔，一面为方形，另一面形制不规整，似为铜液流淌不均所致。器身两侧范线明显。銎口边缘不平齐，未经打磨。长 8.82、銎口长 2.77、宽 2.83、刃宽 4.43 厘米（图 3-168A，13；彩版九三，4）。

锄　1 件。

M97②：7，平面呈尖叶形，最大径位于器身中部。正面中线凸起三角形空心銎，及底；銎口略高于肩部，边缘不平齐，或有缺口或有凸起；銎中部三面各有一穿孔，形制不规整。背面平。长 26、宽 17.5、銎口长 6.5、宽 4.33、器身厚约 0.34 厘米（图 3-168A，8；彩版九三，5）。

扣饰　1 件。

M97②：6，平面呈圆形，正面微凹，呈浅盘状。正面饰纹饰，呈环带状分布，以圆圈纹、短线纹及圆周纹为主。背后有一横扣。直径 5.17、横扣长 2.07 厘米（图 3-168A，9；彩版九三，7）。

带钩　1 件。

M97②：5，钩身剖面呈半圆形，细长条状。一端向外侧呈回首状弯曲，另一端稍粗，其下为柱状钮，接一圆形钮座。总长 4.76、钮座直径 1.3、钩身宽 0.57、厚 0.3 厘米（图 3-168A，10；彩版九三，6）。

铃　1 件。

M97②：9，扁圆空心腔。平面近方形，顶较平，两侧各有一短柱状钮，钮横剖面为椭圆形；器身两侧及底平直，两面中线上下端对称各有两个长方形穿孔。器表见黑色粉末状物质。铃两侧起脊明显，合范铸造的范线经打磨平整。底径 3.2~7.7、高 9 厘米（图 3-168B，1；彩版九四，1）。

策　1 件。

M97②：10，平面近方形，整器一面平，另一面微鼓，断面呈长半圆形。正中有一横扣。表面粘有植物纤维痕迹。长 6.83、宽 6.24、厚 0.4、横扣长 6.1 厘米（图 3-168A，11；彩版九四，2）。

残片　1 件。

M97②：8，应属于某件器物的口部。残长 2 厘米。

3. 铜铁合制器　2 件。

铜骹铁矛　1 件。

M97②：4，铜质空心骹，骹口近圆形。骹口下饰三周凸棱纹，凸棱纹上，两侧对称各有一小倒三角形穿孔；凸棱纹下，骹两面正中各有一小长方形穿孔；骹下部起脊较明显，剖面为菱形。细长条状铁质矛叶。铜骹下部及铁刃部分表面似有被包裹的痕迹。总长 23.5、骹长 10.3、骹口径 1.99~2.33、矛叶宽约 1.4 厘米（图 3-168A，5）。

铜柄铁剑　1 件。

M97②：2，柄、格、剑身底部均为铜质。扁圆空心茎，喇叭口茎首，表面饰竖条状镂孔；茎两面较平，一面中线饰上下排列的镂孔三个，中间一个为方形，另两个为圆角方形；另一面表面见一条宽约 1 厘米的木条痕迹及较多的黑色粉末状物质，覆盖了镂孔，情况不明。一字格，表面见红彩。铁质剑身，两侧刃斜直；剑身似为套接法与铜质部分结合，残。铜质部分为合范铸造，两侧范线明显。残长 27.3、茎长 8.56、茎首直径 2.91~3.57、格长 6.93、格宽 1.3~1.82 厘米（图 3-168A，3）。

4. 铁器 5件。

剑 1件。

M97②：1，细长实心茎，剖面为方形；菱形镡，镡首为铜质。窄长剑身，中线起脊。整器表面见木屑痕迹，应有木质鞘；茎部也应套有木柄；一面器身中部见圆丘状泡钉、扁平圆形泡钉各一个，圆形泡钉为铜质，应为鞘上的装饰。总长106、茎长18.2、茎宽1.3~1.7、镡长4.4、镡宽2.06、剑身宽3.53厘米，泡钉直径分别为1.12、1.83厘米（图3-168A，14）。

环首刀 2件。

M97②：3，环首呈椭圆形，刃部细长。首及刃上部，一面见较大面积的红彩。残长约19、刃残长15.9、刃宽1.4、环首直径2.9~3.84厘米（图3-168A，7）。

M97②：14，环首近圆形，窄长刃。器表见皮革或植物类物质痕迹，应为鞘。长37.5、刃宽约1.92、环首直径3.2~4厘米（图3-168A，15；彩版九四，3）。

刃 1件。

M97①：2，可能为削、剑类器物的刃部，长条状，两侧有刃，锈蚀严重。残长18.7、宽约2.5厘米（图3-168A，6）。

残铁器 1件。

M97②：13，锈蚀严重。可能为马具，见条状、分叉状铁条。器形、尺寸不明。

5. 玉器 8件。

镯 1件。

M97④：2（T），残长1.7、宽2.1、厚0.4厘米（图3-168B，9）。

玦 7件。

M97①：4（T），外缘形制不明，内缘近圆形，偏向缺口一侧；缺口残存一端，有穿孔，一面钻。通体打磨。缺口处宽0.61、厚0.17厘米（图3-168B，4）。

M97⑥：1-1，半环状，两侧不对称，一侧较另一侧宽。两侧顶端平齐，各有一穿孔。通体打磨。长3.9、底部宽1.15、厚0.16厘米，顶宽分别为0.59、1.04厘米（图3-168B，5；彩版九四，4左上）。

M97⑥：1-2，半环状，两侧不对称，一侧较另一侧宽。两侧顶部各有一穿孔。通体打磨。长3.55、底宽0.98、厚0.19厘米，顶宽分别为0.61、1.02厘米（图3-168B，6；彩版九四，4右上）。

M97⑥：1-3，半弧状，两侧不对称，两端各有一穿孔。通体打磨。较宽的一端磨制较粗糙，断面不甚平整，可能为残器的二次加工。长2.78、厚0.14厘米，顶宽分别为0.46、1.17厘米（图3-168B，7；彩版九四，4左下）。

M97⑥：1-4，半弧状，两侧不对称，两端各有一穿孔。通体打磨。较宽的一端断茬明显，可能为玦残断的痕迹，也可能是残器的二次加工。长2.51、厚0.13厘米，顶宽分别为0.45、0.86厘米（图3-168B，8；彩版九四，4右下）。

M97⑥：3-1，内外缘近圆形，不甚规整。一侧有缺口，缺口一端有穿孔，另一端残。通体打磨。外径约4.28、穿孔一侧顶宽0.89、厚0.14厘米（图3-168B，2；彩版九四，5左）。

M97⑥：3-2，外缘近椭圆形，内缘为圆形。中心圆孔偏向缺口一侧，两端均有穿孔，一面钻成。

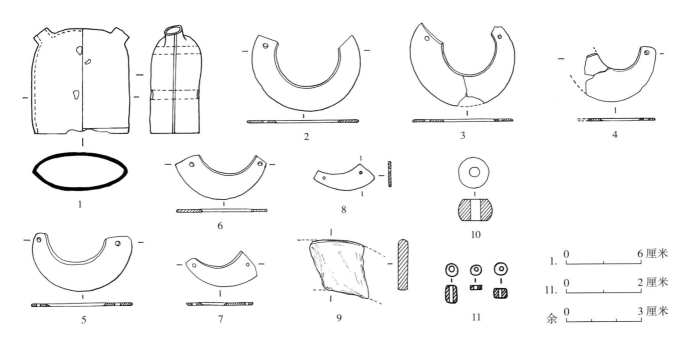

图 3-168B　08M97 出土器物

1. 铜铃 M97②：9　2. 玉玦 M97⑥：3-1　3. 玉玦 M97⑥：3-2　4. 玉玦 M97①：4（T）　5. 玉玦 M97⑥：1-1　6. 玉玦 M97⑥：1-2　7. 玉玦 M97⑥：1-3　8. 玉玦 M97⑥：1-4　9. 玉镯 M97④：2（T）　10. 玛瑙珠 M97③：4　11. 孔雀石珠 M97⑥：2

较宽的一端茬口未磨平，可能是残器的二次加工。打磨光滑。外径 4.16、厚 0.15 厘米，顶宽分别为 0.46、1.28 厘米（图 3-168B，3；彩版九四，5 右）。

6. 玛瑙器　1 件。

珠　1 件。

M97③：4，肉红色，半透明。圆柱形，中部微鼓。中心有穿孔，孔壁笔直。两端一面平整，另一面有不规则凹坑。通体打磨光亮。最大径 1.29、高 0.91 厘米（图 3-168B，10；彩版九四，6）。

7. 孔雀石器　1 件。

珠　1 件。

M97⑥：2，有若干粒。其中 3 粒高分别为 0.35、0.15、0.25 厘米（图 3-168B，11）。

8. 骨器　1 件。

骨饰　1 件。

M97④：1，将动物肢骨去掉近端关节头，并磨平断茬，其余部分保存自然形态；骨体近磨平面的一侧有一圆形穿孔。器表散见红彩。长 14 厘米（图 3-168A，4；彩版九四，7）。

9. 海贝　4 件。

海贝　4 件。

M97①：1，天然海贝 1 枚，背侧残。

M97③：1，天然海贝 1 枚。长 2.25 厘米。

M97③：2，天然海贝 1 枚。长 2.7 厘米。

M97③：3，天然海贝1枚。尺寸不明。

（七）M101

长方形土坑竖穴墓，墓向0°，被盗洞打破，并打破M68、M124。墓坑长3.7、宽1.96米，墓底长2.49、宽1.1米，深3.4米。墓坑分两层：第①层底部深2.9米，墓坑中部人骨堆砌成方形，人骨散乱，粗壮的股骨堆在下层，上层堆放头骨、椎骨、胸骨及小的肢骨，应为二次葬，此层人骨保存稍差，部分骨骼已腐，在墓坑深2.7米处南端及东西两侧发现青灰色砂层，南端砂层长约1、宽0.35米，西壁砂层残长约0.6、宽0.1米，东壁砂层残长0.7、宽0.2米，厚约0.15米，可能是敷于基岩上的一种墓坑修饰手段；第②层深3.4米，至墓底出一层密集人骨，头向南，可见两个头骨，人骨保存稍差，敷在墓壁上的砂层更为明显（原登记表中分七层，但是从描述来看第一至五层都是零星骨骼，我们认为是下葬时投入的骨骼，没有必要分层，只有第六和第七层应是集中处理人骨的，因此我们将其归为二层，第一至六层改为第①层、第七层改为第②层）。未见葬具。第①层随葬品有螺壳2件；第②层随葬品有陶器盖1件、铜镞1件（彩版九五，1）。

1.陶器 1件。

器盖 1件。

M101②：2，夹砂极细，橙黄色、黑色相间。圆锥形，中空，锥尖有两个圆孔互通。素面。轮制，规整，内外壁抹平，内外壁可见轮修弦纹。直径7.6、高6.4厘米（图3-169，1；彩版九五，4）。

2.铜器 1件。

镞 1件。

M101②：1，菱形扁平镞身，上部长于下部。空心圆铤。锈蚀严重。残长5.07、镞身宽1.18、厚0.2厘米（图3-169，2）。

3.螺壳 2件。

螺壳 2件。

M101①：1，天然螺壳1枚，基本完整。长5.15厘米。

M101①：2，天然螺壳1枚，基本完整。长4.55厘米。

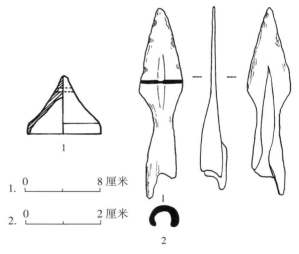

图3-169 08M101出土器物

1.陶器盖 M101②：2 2.铜镞 M101②：1

（八）M105

长方形土坑竖穴墓，墓向290°，被M106、M128和盗洞打破，并打破M217、M260、M265。墓坑长3、宽1.1、深1.9米。墓底上部为双人合葬：1号个体仰身直肢，头西脚东，双手似置于身体两侧，双足并拢，残存头骨、四肢骨、盆骨等，呈粉状，性别、年龄不详；2号个体位于1号人骨下肢北侧，头骨位于1号人骨左侧股骨旁，其余骨骼基本与1号人骨平行，摆放一堆，应为二次葬。在1号人骨左侧肩部位置还见有一较完整的头骨残片，所属个体不明。两具人骨下垫有人骨垒砌而成的长

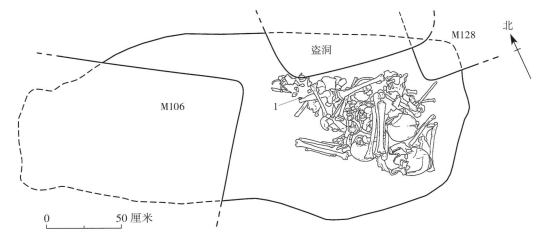

图 3-170A　08M105 第②层平面图
1. 残铜器

方形骨堆，多集中于东端至少有六个头骨，肢骨顺墓壁方向摆放，其余骨骼置于其中（原登记表分两层，但是从描述来看，第二层就是垫在上层人骨下的骨堆，因此将其合并为一层，图按照原来的清绘）。未见葬具。第①层随葬品有铜矛 1 件、铜镞 2 件、铜斧 1 件、铜削 1 件、铜锄明器 1 件、铜铲明器 1 件、铜扣饰 1 件；第②层随葬品仅有残铜器 1 件。第①层填土中有孔雀石珠 1 件、犬牙饰 1 件、螺壳 1 件（图 3-170A；彩版九五，2、3）。

1. 铜器　9 件。

矛　1 件。

M105①：4，空心圆骹，细长；骹口下两面对称各有一圆形穿孔；骹中部一侧还有一长方形穿孔。细长柳叶状矛叶，中线起脊，凸棱明显；矛叶底部，一面中线处有裂隙，可能为铸造时铜液流淌不均所致；矛叶与骹交界处，两面正中还各有一短线状镂孔。器形规整。总长 28.9、骹口径 2.1、矛叶长 15.4、宽 3.09 厘米（图 3-170B，1；彩版九五，5）。

镞　2 件。

M105①：5，宽短扁平镞身，前端内收成三角形锋。空心圆铤，两侧起脊较明显；一面铤近镞身处有一长方形穿孔，下部残。残长 3.83、镞身长 2、宽 1.18、铤径 0.63~0.71 厘米（图 3-170B，10；彩版九六，1）。

M105①：9，柳叶形扁平镞身，前端内收成三角形锋。空心圆铤。铤表面有较大裂隙，应为铸造时铜液流淌不均所致。铤内残存木屑。残长 5.4、镞身长 3.16、厚 0.15、铤径约 0.77 厘米（图 3-170B，7）。

斧　1 件。

M105①：3，空心方銎，瘦长器身，束腰，双面刃，微弧。銎口缘下，一侧正中有单系；近銎口侧，器身两面正中各有一长方形穿孔。两侧范线经大致打磨。銎内见极少量木屑。长 12.75、銎口边长 3.6、刃宽 5.92 厘米（图 3-170B，4；彩版九六，2）。

削　1 件。

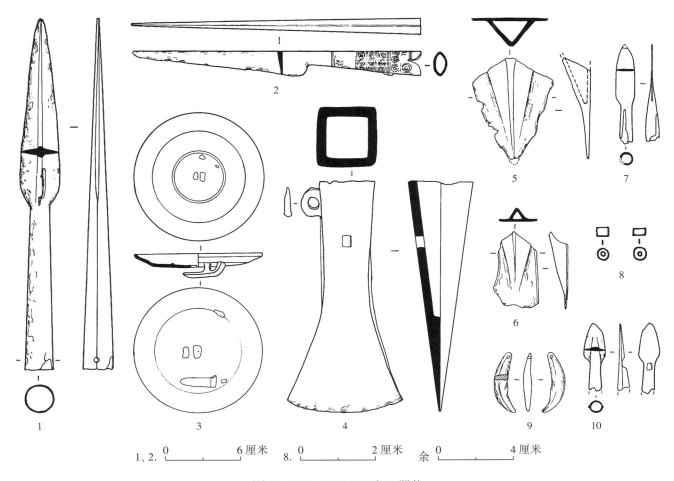

1、2. 0 ——— 6厘米 8. 0 ——— 2厘米 余 0 ——— 4厘米

图 3-170B　08M105 出土器物

1. 铜矛 M105①：4　2. 铜削 M105①：6　3. 铜扣饰 M105①：2　4. 铜斧 M105①：3　5. 铜锄明器 M105①：8　6. 铜铲明器 M105①：7　7. 铜镞 M105①：9　8. 孔雀石珠 M105①：1-1（T）、1-2（T）　9. 犬牙饰 M105①：10（T）　10. 铜镞 M105①：5

　　M105①：6，扁圆空心銎，鸭嘴形銎口，近銎口处下缘有单系，未穿透。刃部细长，刃背与柄上缘位于同一直线上。刃斜直，前端上翘与背侧相交。尖部表面见少量黑色粉末状物质。合范铸造，柄上下缘见较明显的范线痕迹，未经打磨。刃部背侧较厚，不见铸造痕迹。总长 23.2、銎口径 1.23~1.99、刃长 14.53、背侧厚 0.19~0.46 厘米（图 3-170B，2；彩版九六，3）。

　　锄明器　1件。

　　M105①：8，平面呈尖叶形，斜肩，肩部折角明显。正面凸起三角形空心銎，及底，銎口略高于肩部。背面平。器体边缘不平直，未经打磨。銎内残存木屑。器表见少量黑色粉末状物质。长 5.56、銎口长 1.89、宽 1.51、肩宽 4.33、器身厚约 0.16 厘米（图 3-170B，5）。

　　铲明器　1件。

　　M105①：7，平面呈梯形，制作较粗糙，器形不规整、不对称。正面凸起三角形空心銎，底部分两叉，指向两角。背面平。銎内残存木屑。边缘未经打磨。长 3.8、銎口长 1.7、宽 1.13、刃宽 2.67、器身厚约 0.2 厘米（图 3-170B，6）。

扣饰 1件。

M105①：2，平面呈圆形，正面内凹，呈浅盘状；正中有两个长椭圆形穿孔，其外为一周凸棱；再外为一周凹槽，凹槽内有三个不对称的穿孔，可能为铜液流淌不均所致；边缘较厚，素面。背后中心一侧有一横扣。可能为一件半成品，根据同类器看，中心可能安置玛瑙扣，周围凹槽可能嵌孔雀石或玉环。器表见少量黑色粉末状物质。直径6.9、浅盘高0.7、横扣长2.04厘米（图3-170B，3；彩版九六，4）。

残铜器 1件。

M105②：1，可能为铜渣。器形不明。残长约2.72厘米。

2. 孔雀石器 1件。

珠 1件。

M105①：1（T），共7粒。M105①：1-1（T），直径0.31、高0.25厘米（图3-170B，8左）；M105①：1-2（T），直径0.38、高0.19厘米（图3-170B，8右）。

3. 牙器 1件。

犬牙饰 1件。

M105①：10（T），利用动物犬齿作为挂饰，在犬齿根部钻孔用以穿系。孔可能为两面对钻，孔壁笔直。长3.35、孔径0.15厘米（图3-170B，9；彩版九六，5）。

4. 螺壳 1件。

螺壳 1件。

M105①：11（T），天然螺壳1枚，残。残长3.41厘米。

（九）M155

长方形土坑竖穴墓，墓向280°，被M143和盗洞打破，并打破M263。墓坑长2.3、宽1.4、深2.3米。墓坑分两层。第①层有一具相对较为完整的骨骼，头向西，保存有头骨、部分脊椎与上肢、盆骨、下肢，应是墓主人，性别、年龄不详。第②层堆砌0.5米厚的人骨，表层颅骨有20个，其内部放置肢骨、盆骨等。剔除表层人骨后，其下仍为较为凌乱的人骨，以肢骨为主。经鉴定，有15个成年个体，其中两个为20~25岁，五个为30~40岁，其余均为成年，可确定性别的仅两个女性。从整个人骨堆积来看，边缘堆砌较为规整，以肢骨堆成长方形框，内部堆积各部位人骨。未见葬具。第②层随葬品有陶釜1件、铜矛1件、砺石1件、玉玦2件、海贝3件，并在第①层填土中有陶单耳罐1件、陶纺轮1件、玛瑙扣1件、装饰品1件、海贝1件（彩版九七，1）。

1. 陶器 3件。

单耳罐 1件。

M155①：5（T），夹砂黑陶。平底。轮制，规整，内外壁抹平，器表因陶土夹砂而显粗糙，内外壁施黄褐色陶衣，大部分脱落。仅剩器底。底径7.3、底厚1厘米。

釜 1件。

M155②：7，夹细砂黄褐陶，口沿外壁黑色。圆唇，盘口，短斜直颈，溜肩，鼓腹，圜底。素面。

手制，器表抹平，器内壁抹光程度较器表好，外壁略粗糙，内壁施一层黄褐色陶衣。口径 12.8、腹径 14.6、高 11.2 厘米（图 3-171，1；彩版九七，5）。

纺轮　1 件。

M155①：2（T），夹细砂橙黄陶。圆饼形，一面边缘起一周凸棱。素面。器表施一层褐色陶衣，一面已完全脱落。另一面略残。直径 3.7、孔径 0.4、厚 0.9 厘米（图 3-171，2；彩版九七，6）。

2. 铜器　1 件。

矛　1 件。

M155②：4，空心圆骹，骹口下一面正中有一圆形穿孔。矛叶与骹呈八字相交，两侧刃斜直，前端内收成锋，中线起脊。器形规整，但器表不平整，可能铸造后未经打磨。总长 16.9、骹口径 2.3、矛叶长 11、宽 3.24 厘米（图 3-171，5；彩版九七，2）。

3. 石器　1 件。

砺石　1 件。

M155②：5，细长条状，器身中部横剖面为圆角方形；底端较细，剖面为圆形；顶端较扁平，有一穿孔，两面对钻而成。底面平。通体磨制光滑，器形规整。长 12.61、宽 1.77、顶部厚 0.67、底径 0.99 厘米（图 3-171，11；彩版九七，7）。

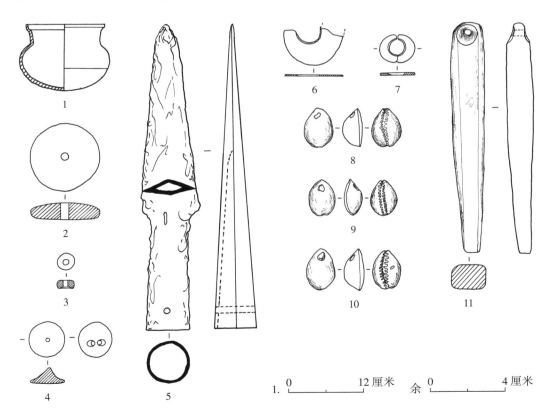

图 3-171　08M155 出土器物

1. 陶釜 M155②：7　2. 陶纺轮 M155①：2（T）　3. 玛瑙珠 M155①：1-1（T）　4. 玛瑙扣 M155①：3（T）　5. 铜矛 M155②：4　6. 玉玦 M155②：2　7. 玉玦 M155②：3　8. 海贝 M155②：1-1　9. 海贝 M155②：6-1　10. 海贝 M155①：4（T）　11. 砺石 M155②：5

4. 玉器　2件。

玦　2件。

M155②：2，外缘为椭圆形，底部平；内缘为圆形，中心穿孔偏向缺口一侧。缺口无穿孔，由两面对磨成刃状。通体打磨。缺口处宽0.63、厚0.11~0.23厘米（图3-171，6）。

M155②：3，外缘为椭圆形，内缘为圆形，中心穿孔偏向缺口一侧。缺口无穿孔，由两面对磨成刃状。通体打磨。外径1.6~1.8、内径0.9、厚0.14厘米（图3-171，7）。

5. 玛瑙器　1件。

扣　1件。

M155①：3（T），圆锥状，正面有尖状凸起，纵剖面为三角形。正面打磨光亮。背面平，正中有两穿孔，斜钻相通。背面仅加工平整。直径1.89、高0.9厘米（图3-171，4；彩版九七，3）。

装饰品　1件。

M155①：1（T），玛瑙珠1粒、孔雀石若干共出，可能为一件饰品，器形不明。M155①：1-1（T），玛瑙珠，算珠状，一面较平，表面布满小坑；另一面内凹，似漏斗状。中心有穿孔，两面对钻。通体打磨光亮。最大径0.96、孔径0.26、高0.46厘米（图3-171，3；彩版九七，4）。

6. 海贝　4件。

海贝　4件。

M155①：4（T），穿孔海贝1枚，完整。背部一端有一穿孔。长2.24厘米（图3-171，10）。

M155②：1，穿孔海贝7枚，大小不等，少量海贝背部残。背部一端有一穿孔。部分海贝底面有铜锈。M155②：1-1，最大，长2.23厘米（图3-171，8），最小的长1.64厘米。

M155②：6-1，穿孔海贝4枚，背侧有一个穿孔的3枚，有两个穿孔的1枚。最大的长1.98、最小的长1.75厘米（图3-171，9）。

M155②：6-2，天然海贝1枚，残，尺寸不明。

（一〇）M191

刀把形土坑竖穴墓，墓向280°，该墓位于金莲山西北坡，并非处于此次发掘的山顶主发掘区。墓口长4.4、宽1.78米，墓底长4.1、宽1.64米，深2.6米，墓道长1.6、宽1、深0.8米。墓室中部见少量人骨，腐朽严重，葬式不明。未见葬具。随葬品有陶纺轮1件、铜剑1件、铜扣饰1件、残铜器1件、铜柄铁剑2件、残铁器2件、绿松石扣7件、绿松石珠2件、木柄1件（图3-172）。

1. 陶器　1件。

纺轮　1件。

M191：10，夹细砂，一面浅黄色，一面灰色。圆饼形，器身中部有一周凸棱，已不明显。素面。制作规整，无法确定器表是否施陶衣。直径3、孔径0.43、厚0.6厘米（图3-173，1；彩版九九，1）。

2. 铜器　3件。

剑　1件。

M191：1，椭圆空心茎，喇叭口茎首，茎首内壁饰竖条状纹饰，应为镂孔，未穿透；茎一面有纵

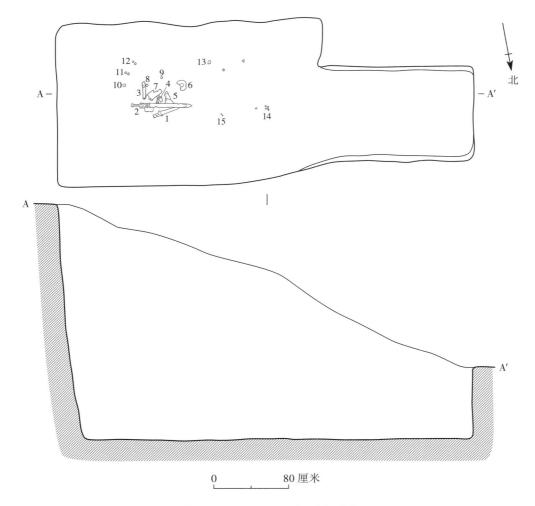

图 3-172　08M191 平、剖面图

1. 铜剑　2、4. 铜柄铁剑　3、5. 残铁器　6. 铜扣饰　7. 木柄　8、9、11~13. 绿松石扣　10. 陶纺轮
14. 残铜器　15. 绿松石珠

向排列、方向相对的六个三角形镂孔，另一面仅两个镂孔，镂孔形制均不规则。一字格。剑身粉化严重，
铜质基体基本不存；中线起脊，不甚明显；两侧刃残甚。残长 21、茎首直径 2.2~3.4、茎长 8.4、格长 6.1、
剑身厚约 0.3 厘米（图 3-173，9）。

　　扣饰　1 件。

　　M191：6，平面呈圆形，浅盘状，中心见红彩；主体部分为一周镶嵌孔雀石片的纹饰带。背
后有一横扣。扣饰表面见黑色粉末状物质。钻探时被破坏，尺寸不明，直径应在 10 厘米以上（图
3-173，6）。

　　残铜器　1 件。

　　M191：14，小残渣。器形、尺寸不明。

　　3. 铜铁合制器　2 件。

　　铜柄铁剑　2 件。

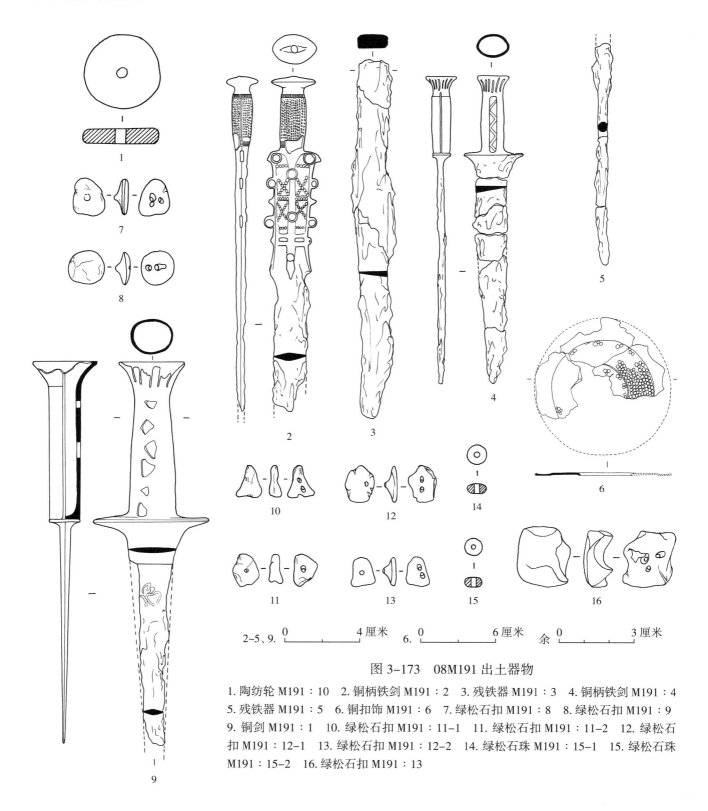

图 3-173　08M191 出土器物

1. 陶纺轮 M191：10　2. 铜柄铁剑 M191：2　3. 残铁器 M191：3　4. 铜柄铁剑 M191：4
5. 残铁器 M191：5　6. 铜扣饰 M191：6　7. 绿松石扣 M191：8　8. 绿松石扣 M191：9
9. 铜剑 M191：1　10. 绿松石扣 M191：11-1　11. 绿松石扣 M191：11-2　12. 绿松石
扣 M191：12-1　13. 绿松石扣 M191：12-2　14. 绿松石珠 M191：15-1　15. 绿松石珠
M191：15-2　16. 绿松石扣 M191：13

M191：2，茎、格为铜质。椭圆空心茎，覃形茎首，茎表面布满排列整齐的小凸点纹。长格，两侧对称有圆形、三角形相间的外凸；格两面饰连珠纹、圆圈纹组成的几何纹；格下分三叉，接铁质剑身。剑身剖面近扁菱形，锈蚀严重，残断。近格处，剑身表面附着大块木质痕迹，一侧还有一铜质绞索状穿系。前端表面见明显的木鞘残留痕迹。镖,铜质,平面呈圭首状,背面平,饰重线三角纹、螺旋纹等,正面残。总长约 18.3、茎长 4、茎首直径 1.3~2.3、格长 6.6、镖长 7.6、镖宽 1.7 厘米(图 3-173,2;彩版九九,2)。

M191:4,茎、格及剑身底部均为铜质。椭圆空心茎,喇叭口茎首,茎首表面饰竖条状镂孔;茎两面饰折线纹,折线间即为三角形镂孔。茎表面似有皮革类物质包裹的痕迹,见少量红彩。一字格。剑身为铁质,扁平窄长,残断,表面见木鞘痕迹,并有极少量红彩。总长 16.9、茎长 4.2、茎首直径 1.7、格长 3.2、格宽 1.5、刃长 11.2、宽 1.9 厘米(图 3-173,4)。

4. 铁器 2 件。

残铁器 2 件。

M191:3,可能为削。长条状,一侧较厚,另一侧有刃。锈蚀严重。残长 19.6、宽 1.6、背侧厚约 0.4 厘米(图 3-173,3)。

M191:5,细长条状,三段,可能同属一件器物,为锥之类。其中一段表面见木质物质,似为木柄。长分别为 5.2、3.8、3.2 厘米(图 3-173,5)。

5. 绿松石器 9 件。

扣 7 件。

M191:8,平面形状不规则。正面有山脊状凸起,凸棱不明显,纵剖面为三角形;背面有穿孔,先钻的两孔钻透,呈凹槽状,再在凹槽中间作为二次钻孔的其中一孔,在与凹槽垂直的方向另钻一孔,两孔相通。通体打磨光亮。长 1.47、宽 1.26、高 0.49 厘米(图 3-173,7;彩版九八,1)。

M191:9,圆锥状,正面有尖状凸起,剖面近三角形。背面有两穿孔,其中一孔为钻失败后二次加工。通体打磨光亮。直径 1.42、高 0.56 厘米(图 3-173,8;彩版九八,2)。

M191:11-1,平面近三角形,器身较扁平,背面有两穿孔,斜钻相通。通体打磨光亮。长 1.43、宽 1.07、厚 0.47 厘米(图 3-173,10;彩版九八,3)。

M191:11-2,平面形状不规则,布满被腐蚀的凹槽、凹坑。中心有一穿孔,两面对钻,其中一面穿孔的边缘还有另一个未钻透的小凹坑。长 1.31、宽 0.99、厚 0.49 厘米(图 3-173,11;彩版九八,4)。

M191:12-1,平面形状不规则。正面中央有尖状凸起。背面有两穿孔,斜钻相通。通体打磨光亮。长 1.51、宽 1.16、高 0.49 厘米(图 3-173,12;彩版九八,5)。

M191:12-2,平面近梯形。正面中央有尖状凸起。背面平,有两穿孔,斜钻相通。通体打磨光亮。长 1.17、宽 0.94、高 0.7 厘米(图 3-173,13;彩版九八,6)。

M191:13,平面形状不规则,正面呈山脊状凸起,凸棱明显。背面有三个穿孔,其中两个距离很近,可能钻通后因与器形大小不匹配,使用不便,再对其中一个孔进行二次加工,并在另一侧再钻一孔,两孔斜钻相通。通体打磨光亮。长 2.29、宽 2.16、高 1.35 厘米(图 3-173,16;彩版九八,7)。

珠 2 件。

M191:15-1,算珠状,两面平,中心有穿孔,两面对钻而成,通体打磨光亮,器形不甚规整。最大径 0.8、高 0.48 厘米(图 3-173,14;彩版九八,8)。

M191：15-2，算珠状，两面平，中心有穿孔，两面对钻而成，通体打磨光亮。最大径 0.78、高 0.48 厘米（图 3-173，15；彩版九八，9）。

6. 木器 1 件。

木柄 1 件。

M191：7，器形不明，见少量红彩、黑色致密物质。可能为鞘，尺寸不明。

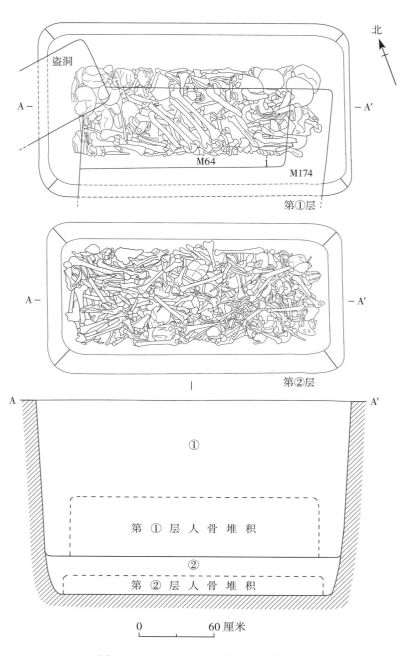

图 3-174A　08M200 平、剖面图

第①层：1. 玛瑙饰
第②层：1. 海贝　2. 陶纺轮（与人骨不在同一深度）

（一一）M200

长方形土坑竖穴墓，墓向 290°，被 M64 叠压，被 M174 和盗洞打破，并打破 M257、M258。墓坑呈倒梯形，墓口长 2.5、宽 1.5 米，墓底长 2.16、宽 0.96 米，深 1.6 米。墓坑分两层：第①层底部深 1.3 米，在墓坑中部用各种骨骼砌出一个规整的长方形，头骨和股骨位于骨堆外侧，其他骨骼散置其内，最上端放置平行的股骨，不见完整个体，厚约 0.5 米，清理时逐层提取人骨，发现至少有属于 25 个个体的头骨，有的头骨明显是人为劈裂后再放置进去；第②层底部深 1.6 米，人骨分布范围扩大，摆放于整个墓底，厚约 0.15 米，不见完整个体，较散乱，与第①层情况相似。未见葬具。第①层随葬品仅有玛瑙饰 1 件；第②层随葬品有陶纺轮 1 件、海贝 1 件，并在第②层填土中有陶纺轮 1 件（图 3-174A）。

1. 陶器 2 件。

纺轮 2 件。

M200②：2，夹粗砂灰陶。圆饼形，器身中部起一周凸棱。素面。规整，器表施一层明显褐色陶衣，部分脱落。直径 2.6、孔径 0.3、厚 1.1 厘米（图 3-174B，1；彩版九九，3）。

M200②：3（T），夹粗砂灰褐陶。圆饼形。素面。规整，无法确定器表是否施陶衣。保存完整，一面中部有凹痕。直径3.2、孔径0.44、厚0.87厘米（图3-174B，2；彩版九九，4）。

2. 玛瑙器　1件。

玛瑙饰　1件。

M200①：1，扁平圆形，中心有穿孔，两面对钻而成；两面基本平整，器体周围不甚规整。通体打磨。直径2.8、孔径0.4、厚0.4厘米（图3-174B，3；彩版九九，5）。

3. 海贝　1件。

海贝　1件。

M200②：1，天然海贝8枚，保存较好，均完整。长2.4~2.6厘米（彩版九九，6）。

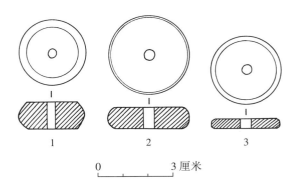

图3-174B　08M200出土器物

1. 陶纺轮 M200②：2　2. 陶纺轮 M200②：3（T）
3. 玛瑙饰 M200①：1

三、规模不详墓葬

（一）M12

范围、墓向不明，打破M14。葬有两个个体，叠肢葬。仰身直肢，但骨骼被破坏较严重，1号个体在上，为35~40岁男性，颅骨有病变，2号个体在下，性别、年龄不明。其下另有一头骨，面向北，下颌呈黑色。随葬品有陶纺轮1件、小铜扣1件、小铜泡2件、铜柄铁剑1件、铁刃1件、玛瑙珠1件、绿松石扣3件，并在填土中有铜镯1件（可能为铜钏残件）（图3-175A）。

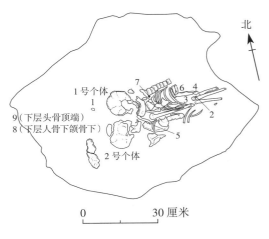

图3-175A　08M12平面图

1、5、8. 绿松石扣　2、4. 小铜泡　3. 铁刃
6. 铜柄铁剑　7. 玛瑙珠　9. 陶纺轮　10. 小铜扣

1. 陶器　1件。

纺轮　1件。

M12：9，夹砂深褐陶。圆饼形，器身中部起一周凸棱。素面。规整，器表抹平。直径3.33、孔径0.56、厚1.1厘米（图3-175B，1；彩版一〇〇，1）。

2. 铜器　4件。

小铜扣　1件

M12：10，平面呈圆形，扣面呈伞盖状，中间高于边缘。中心为一周圆形凸棱，其外为一周阴线几何纹线条，边缘为一周短直线。背面接一圆形钮座，较薄。扣面直径3.85、厚0.1、高0.92、背面钮座直径1.37厘米（图3-175B，2；彩版一〇〇，2）。

镯　1件。

M12：11（T），上下缘内侧凸起，上缘较下缘窄。镯面饰孔雀石纹饰带三周，上下周孔雀石片各两行，

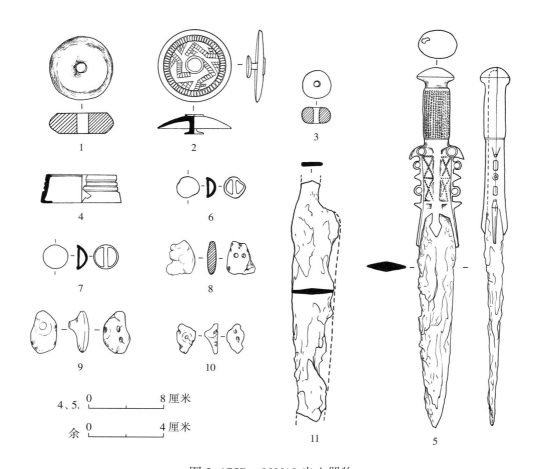

图 3-175B　08M12 出土器物

1. 陶纺轮 M12：9　2. 小铜扣 M12：10　3. 玛瑙珠 M12：7　4. 铜镯 M12：11（T）　5. 铜柄铁剑 M12：6　6. 小铜泡 M12：4-2
7. 小铜泡 M12：2-1　8. 绿松石扣 M12：5　9. 绿松石扣 M12：1　10. 绿松石扣 M12：8　11. 铁刃 M12：3

中间一周仅一行。孔雀石片形制均不甚规整，近方形或长方形，大部分脱落。上缘直径约 7.6、下缘直径约 8.4、镯面宽 3.2 厘米（图 3-175B，4）。

小铜泡　2 件。

M12：2，共 2 件。圆丘状，背后有一横挡。较完整的一枚横挡位于正中，残的一枚横挡偏向一侧。M12：2-1，直径 1.22、高 0.55 厘米（图 3-175B，7）；M12：2-2，直径 1.22、高 0.55 厘米（彩版一〇〇，4）。

M12：4，共 2 件。圆丘状，背后有一横挡。M12：4-1，直径 1.08、高 0.4 厘米；M12：4-2，直径 1.14、高 0.4 厘米（图 3-175B，6）。

3. 铜铁合制器　1 件。

铜柄铁剑　1 件。

M12：6，椭圆空心茎，蕈形茎首，茎首顶面正中有椭圆形凸起，茎首边缘、凸起周围均有穿孔，不规整，似为铜液流淌不均所致。茎表面饰排列整齐的小凸点。非字格两面饰连珠几何纹、圆圈纹等，两侧边缘为三角形和圆形凸起相间的扉棱。格以上均为铜质。格底部呈三叉状，内接铁质剑身。剑身宽扁，锈蚀，前端内收成锋。铜质部分为合范铸造，两侧范线明显，未经打磨。总长 37.6、茎长

7.9、茎首直径 3.6~4.5、格长 12.1、格宽 4.75~5.75（上下端凸起之间的距离）、格厚 1~1.5、剑身宽约 4 厘米（图 3-175B，5；彩版一〇〇，3）。

4. 铁器 1 件。

刃 1 件。

M12：3，残存 2 段，可能属铜骹铁矛或铜柄铁剑之类的刃部。锈蚀。残长约 13.2 厘米（图 3-175B，11）。

5. 玛瑙器 1 件。

珠 1 件。

M12：7，算珠状。中心有穿孔，一面基本平整，另一面穿孔周围有较大的凹坑，穿孔可能为一面钻。通体打磨光亮，器形较规整。最大径 1.5、孔径 0.4、高 0.93 厘米（图 3-175B，3；彩版一〇〇，6）。

6. 绿松石器 3 件。

扣 3 件。

M12：1，平面形状不规则，正面中央有尖状凸起。背面有两穿孔，斜钻相通。通体打磨光亮。长 2.2、宽 1.42、高 1.03 厘米（图 3-175B，9；彩版一〇〇，5）。

M12：5，平面形状不规则。器身扁平，背面有两穿孔，斜钻相通。通体打磨光亮，表面有被腐蚀的凹槽。长约 1.75、宽 1.4、厚 0.45 厘米（图 3-175B，8；彩版一〇〇，7）。

M12：8，平面形状不规则，正面中央有一尖状凸起。背面正中有两孔，斜钻相通。通体打磨光亮，器表因被腐蚀留有凹坑。长约 1.51、宽约 0.99、高 0.66 厘米（图 3-175B，10）。

（二）M47

土坑竖穴墓，形状不明，墓向 215°，大部分被盗洞破坏，残存南端部分，并打破 M46、M232。墓坑残长 0.5、残宽 0.7 米。墓底仅存少量骨骼，断肢葬。未见葬具及随葬品（图 3-176）。

（三）M50

竖穴墓，墓向 350°。墓坑残长 0.5、残宽 0.2 米。人骨直接葬于天然基岩表面，无明显墓边。骨架残长 0.3、宽 0.15 米，仰身直肢葬，未发现头骨，性别未知，为 2~3 月婴儿。未见葬具。随葬品有孔雀石珠 1 件、海贝 3 件、螺壳 2 件。

1. 孔雀石器 1 件。

珠 1 件。

M50：6，共 4 粒，均完整。圆柱形，中心有穿孔，细小。

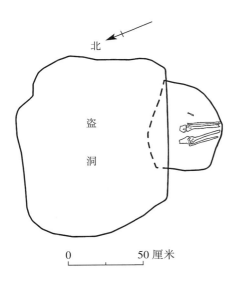

图 3-176 08M47 平面图

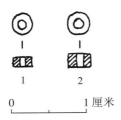

图 3-177 08M50 出土孔雀石珠
1. M50：6-1 2. M50：6-2

M50：6-1，直径 0.27、高 0.15 厘米（图 3-177，1）；M50：6-2，直径 0.29、高 0.2 厘米（图 3-177，2）。

2. 海贝　3 件。

海贝　3 件。

M50：1，穿孔海贝 1 枚。背部较窄的一端有一近圆形的穿孔。长 1.93、孔径约 0.5 厘米（彩版一〇一，1）。

M50：2，穿孔海贝 1 枚。背部较窄的一端有一近圆形的穿孔。长 1.8、孔径约 0.4 厘米（彩版一〇一，2）。

M50：3，穿孔海贝 1 枚。背部较窄的一端有一近圆形的穿孔。长 1.93、孔径约 0.2~0.24 厘米。

3. 螺壳　2 件。

螺壳　2 件。

M50：4，天然螺壳 1 枚。长约 3.23 厘米。

M50：5，天然螺壳 1 枚，残存底部。残长 2.7 厘米。

（四）M76

范围不明，西北—东南向，打破 M193、M194。葬幼儿个体一具，仰身屈肢，左侧上肢紧贴于身体，右侧上肢斜直向外伸，骨骼保存基本完整，右侧胫腓骨及两侧指骨、足骨缺失。未见葬具。随葬品有铜钺 1 件、铜骹铁矛 1 件。

1. 铜器　1 件。

钺　1 件。

M76：1，椭圆空心銎，束腰，宽弧刃。銎口较平直，一侧有单系，未穿透。銎表面饰两周纹饰，上周为重线绞索纹呈上下斜交状，下周为重线绞索纹呈左右套接状，纹饰的上、中、下以直线间以急剧折线纹作边界。腰部两面正中饰重线倒三角形纹，以三个三角形组成一个大三角形，一面被磨平，不明显。下周纹饰两面正中各有一长方形穿孔。器体两侧纹饰部分范线未打磨，明显，其余部分范线被打磨光滑，呈起脊状。器形规整。长 12.7、銎口径 2.47~3.36、刃宽 9.07 厘米（图 3-178，1；彩版一〇一，3）。

2. 铜铁合制器　1 件。

铜骹铁矛　1 件。

M76：2，铜质空心圆骹，细长，素面。骹口下两侧对称各有一圆角方形穿孔。铁质矛叶，较扁平，锈蚀严重。骹表面打磨光滑，不见范线痕迹。残长 26、骹长 14、骹口径 2.08、矛叶宽约 2.2 厘米（图 3-178，2；彩版一〇一，4）。

（五）M78

长方形土坑竖穴墓，墓向 300°，被 M36、M42、M43 打破。墓坑残长 0.85、残宽 0.4 米，深度不明。墓底中部保存部分脊椎骨和肢骨，推测应为仰身直肢，经鉴定可能为成年男性。未见葬具及随葬品。

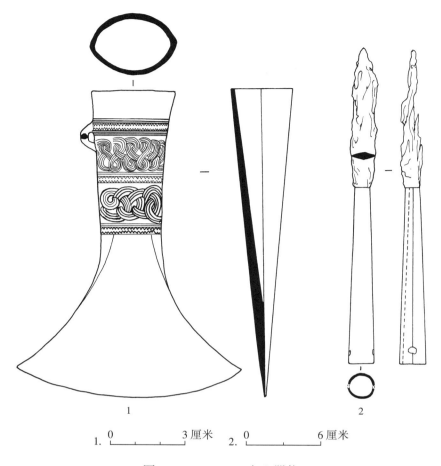

1. 　　　0　　　　3 厘米
2. 　　　0　　　　6 厘米

图 3-178　08M76 出土器物

1. 铜钺 M76：1　2. 铜骹铁矛 M76：2

（六）M79

土坑竖穴墓，形状不明，墓向 290°，被 M77 和盗洞打破，并打破 M80。墓坑残长 0.9、残宽 0.4、深 0.25 米。未见人骨及葬具。随葬品仅有铜镯 1 件（距东壁 0.5、北壁 0.3 米）。

铜器　1 件。

镯　1 件。

M79：1，镯面细窄，断面呈长方形。直径约 6、镯面宽 0.15、厚 0.18 厘米（图 3-179）。

（七）M110

长方形土坑竖穴墓，墓向 350°，被 M98、M109 打破，并打破 M113。墓室残长 1.25、宽 0.73 米，深度不明。葬人骨一具，仰身直肢，头北脚南，双手似置于盆骨下，手骨不完整，为 35~40 岁女性。未见葬具。随葬品仅有玉玦 1 件（图

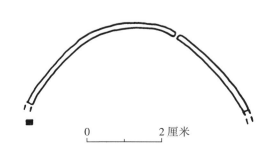

　　　0　　　　2 厘米

图 3-179　08M79 出土铜镯

M79：1

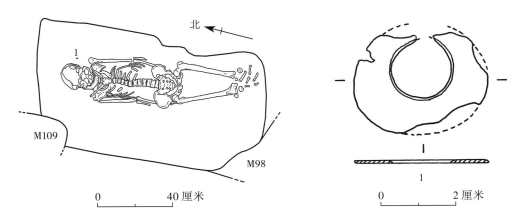

图 3-180 08M110 平面图及出土器物
1. 玉玦 M110：1

3-180）。

玉器 1 件。

玦 1 件。

M110：1，外缘近椭圆形，内缘为圆形，边缘较薄。通体打磨。内径约 1.65 厘米（图 3-180，1）。

（八）M113

长方形土坑竖穴墓，墓向 350°，被 M70、M71、M109、M110 打破。墓坑残长 2、宽 0.74、深 1.2 米。合葬。墓坑分三层：第①层人骨头向北，上半身呈仰身直肢状，从股骨头以下部分似被人为砍断后，翻转置于身体之上，年龄、性别未鉴定；第②层为两个成年个体和一个未成年个体，一为 25 岁左右男性，另一为 18~20 岁男性，未成年性别、年龄不明；第③层为两男、两女四个成年个体，分别为 30~35 岁男性、35~40 岁男性、30~35 岁女性、成年女性（？）。未见葬具。第①层随葬品有铜镞 2 件，第③层随葬品有铜镞 1 件。并在第①层填土中有铜镞 2 件、玉玦 1 件、水晶 1 件，第③层填土中有犬牙饰 1 件、串饰 1 件（图 3-181A；彩版一〇一，5、6）。

1. 铜器 5 件。

镞 5 件。

M113①：1-1，明器。柳叶形扁薄镞身，两侧刃不甚平直。细长实心铤，镞身与铤无明显分界，两侧不太对称。长 4.42、镞身宽 0.94、厚 0.09、铤宽 0.26、厚 0.14 厘米（图 3-181B，1；彩版一〇二，1 左）。

M113①：1-2，明器。圭首形扁薄镞身，两面下部起脊，不明显，其中一面的起脊不在中线位置。细长实心铤。器形不规整。长 3.96、宽 0.92、厚 0.09 厘米（图 3-181B，3；彩版一〇二，1 右）。

M113①：2-1（T），明器。扁薄镞身，三角形锋，细长铤，弯曲。整器边缘不平直，两侧不对称，制作粗糙。长 3.59、宽 0.88、厚 0.08 厘米（图 3-181B，2）。

M113①：2-2（T），明器。扁薄镞身，形制不规整。细长铤，剖面近菱形。边缘不平直，两侧不对称。制作粗糙。长 3.2、宽 0.76、镞身厚 0.07 厘米（图 3-181B，4）。

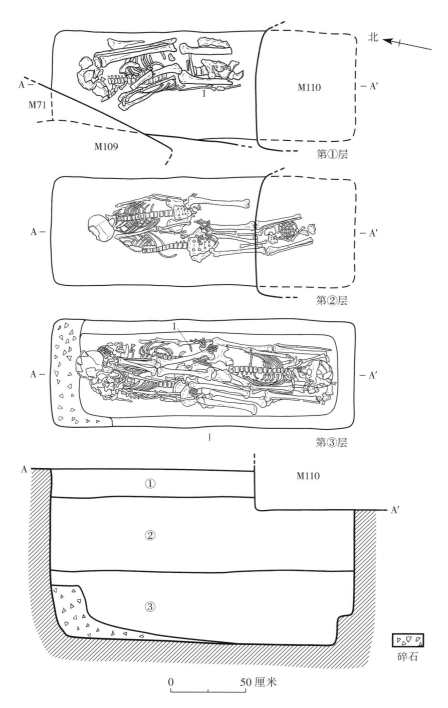

图 3-181A　08M113 平、剖面图

第①层：1. 铜镞
第③层：1. 铜镞

　　M113③：1，明器。柳叶形扁平镞身，两侧刃不甚平直，锋呈圆弧状。细长实心铤。长 4.94、宽 1.02、厚 0.1 厘米（图 3-181B，5）。

　　2. 玉器　1 件。

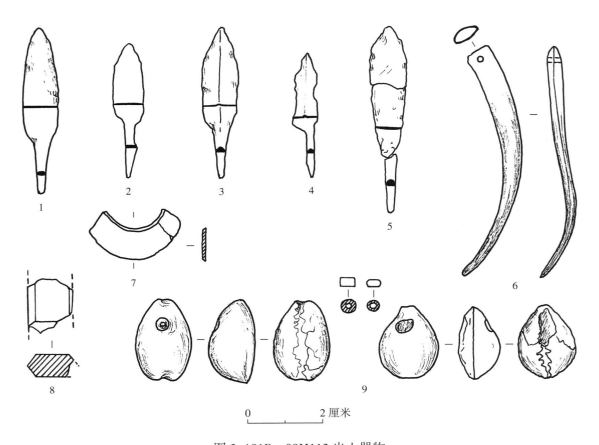

图 3-181B   08M113 出土器物

1. 铜镞 M113①：1-1   2. 铜镞 M113①：2-1（T）   3. 铜镞 M113①：1-2   4. 铜镞 M113①：2-2（T）   5. 铜镞 M113③：1
6. 犬牙饰 M113③：2（T）   7. 玉玦 M113①：3（T）   8. 水晶 M113①：4（T）   9. 串饰 M113③：3（T）

玦   1件。

M113①：3（T），粉化严重，残甚。厚0.12厘米（图3-181B，7）。

3. 牙器   1件。

犬牙饰   1件。

M113③：2（T），利用动物犬齿作为挂饰，在犬齿根部钻孔。可能属于M113③：3（T）串饰的一部分。长6.16、顶宽0.74、孔径0.17厘米（图3-181B，6；彩版一〇二，3）。

4. 串饰   1件。

串饰   1件。

M113③：3（T），由3枚大小不等的穿孔海贝与若干粒孔雀石珠串成。海贝长2~2.2厘米，孔雀石珠直径0.8、孔径0.2、高0.4厘米（图3-181B，9）。

5. 水晶   1件。

水晶   1件。

M113①：4（T），形制不甚规整。两面平整，两侧面起脊，不对称。两端似残断。残长1.46、宽1.31、厚0.59厘米（图3-181B，8；彩版一〇二，2）。

（九）M115

长方形土坑竖穴墓，西北—东南向，被 M60 打破，并打破 M116。墓坑残长 0.44、宽 0.7~0.9、深 0.65 米。葬人骨一具，仰身直肢，为 35~40 岁男性。未见葬具及随葬品（图 3-182）。

（一〇）M116

长方形土坑竖穴墓，西北—东南向，被 M115 打破。墓坑残长 0.4、宽 0.5、深 0.73 米。葬人骨一具，仰身直肢，为 30~35 岁男性，胸部以下被切断。未见葬具及随葬品（图 3-183）。

（一一）M118

长方形土坑竖穴墓，墓向 20°，被盗洞打破，并打破 M96、M176。墓坑残长 0.5、宽 0.5、深 0.2 米。人骨堆长约 0.25、宽约 0.4 米，距地表 0.2 米，被盗洞破坏。未见葬具。随葬品有陶单耳罐 1 件、大泉五十 5 件、五铢钱 2 件（图 3-184A）。

1. 陶器 1 件。

单耳罐 1 件。

M118：1，夹砂略粗，橙红色、褐色相间。鼓腹，圜底，单宽耳。素面。轮制，规整，内外壁抹平，内外壁均施一层褐色陶衣，大部分脱落，器表因陶土夹砂略粗而显粗糙。口部、部分腹部残缺。腹径 10、残高 7.6、耳长 3.7、耳宽 2~3.2、壁厚 0.6 厘米（图 3-184B，1）。

2. 铜器 7 件。

大泉五十 5 件。

M118：2-1，内外有郭。一面铸小篆"大泉五十"。"大"字内有一穿孔，为铜液流淌不均所致。直径 2.8、孔径 0.77、厚 0.2 厘米（图 3-184B，2；彩版一〇二，4）。

M118：2-2，内外有郭。一面铸小篆"大泉五十"。方孔一角有裂隙。直径 2.58、孔径 0.87、厚 0.16 厘米（图 3-184B，3；彩版一〇二，5）。

M118：2-3，内外有郭。一面铸小篆"大泉五十"。"大"字上部模糊不清。边缘见合范时铜液外溢的痕迹。范线明显，未经打磨。直径 2.87、孔径 0.88、厚 0.21~0.26 厘米（图 3-184B，

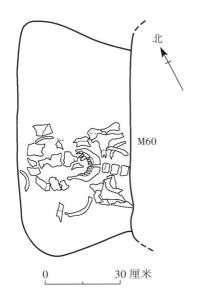

图 3-182 08M115 平面图

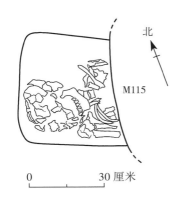

图 3-183 08M116 平面图

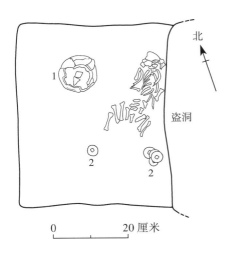

图 3-184A 08M118 平面图
1. 陶单耳罐 2. 铜钱

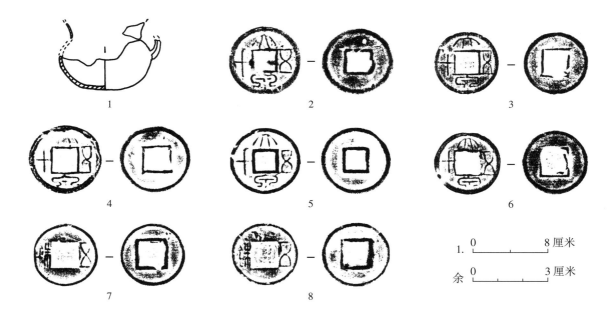

图 3-184B　08M118 出土器物

1. 陶单耳罐 M118：1　2. 大泉五十 M118：2-1　3. 大泉五十 M118：2-2　4. 大泉五十 M118：2-3　5. 大泉五十 M118：2-4
6. 大泉五十 M118：2-5　7. 五铢钱 M118：2-6　8. 五铢钱 M118：2-7

4；彩版一○二，6）。

M118：2-4，内外有郭。一面铸小篆"大泉五十"。边缘经打磨，器形较规整。直径 2.73、孔径 0.77、厚 0.26 厘米（图 3-184B，5；彩版一○二，7）。

M118：2-5，内外有郭。一面铸小篆"大泉五十"。外缘经打磨，方孔内缘未经打磨。直径 2.62、孔径 0.88、厚 0.22 厘米（图 3-184B，6；彩版一○二，8）。

五铢钱　2 件。

M118：2-6，内外有郭。外缘经打磨。铢字"钅"上部为三角形，"朱"字上下折角明显。可能为三官五铢。直径 2.55、孔径 0.98、厚 0.18 厘米（图 3-184B，7；彩版一○二，9）。

M118：2-7，内外有郭。外缘经打磨。"铢"字模糊不清。直径 2.71、孔径 0.98、厚 0.19 厘米（图 3-184B，8）。

（一二）M120

土坑竖穴墓，形状不明，墓向 0°，大部分被盗洞破坏，压于 T6 西壁下，未清理完毕。墓坑残长 0.8、残宽 0.25、深 0.8 米。墓底残存部分骨骼，从摆放方式来看应为二次葬。未见葬具。无随葬品，仅在填土中有孔雀石珠 1 件（图 3-185）。

孔雀石器　1 件。

珠　1 件。

M120：1（T），共 3 粒。其中 2 粒完整，1 粒残。M120：1-1（T），直径 0.36、高 0.15 厘米（图 3-185，1）；M120：1-2（T），直径 0.32、高 0.12 厘米（图 3-185，2）。

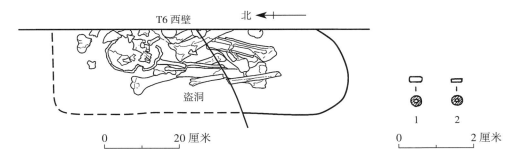

图 3-185 08M120 平面图及出土器物
1. 孔雀石珠 M120：1-1（T） 2. 孔雀石珠 M120：1-2（T）

（一三）M132

土坑竖穴墓，形状不明，墓向 290°，大部分被盗洞破坏，并打破 M239。墓坑范围不明，清理范围长 0.5、宽 0.65 米，人骨范围残长 0.35、残宽 0.2 米。墓底残存东西向放置的胫骨、腓骨及足骨，至少有两个个体，均为仰身直肢，性别、年龄不详。未见葬具及随葬品（图 3-186）。

（一四）M152

长方形土坑竖穴墓，墓向 20°，被 M10、M117、M151 打破，并打破 M153、M183。残长 0.6、宽 0.5、深 0.3 米。葬人骨一具，50 岁左右，性别不明。未见葬具。随葬品仅有陶侈口罐 1 件。

陶器 1 件。

侈口罐 1 件。

M152：1，夹细砂黑陶。圆唇，侈口，长斜直颈，溜肩，扁鼓腹，平底。颈部饰一周宽约 0.9 厘米的刻划短斜线与弦纹的组合纹饰带，左右各一泥钉，泥钉下方饰刻划叶脉纹。慢轮加工，器形规整，器表抹平，内外壁施一层黄褐色陶衣，大部分脱落。腹部部分残缺。口径 12.3、腹径 19、底径 8.7、高 18.2 厘米（图 3-187；彩版一〇三，1）。

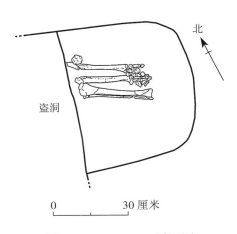

图 3-186 08M132 平面图

图 3-187 08M152 出土陶侈口罐
M152：1

（一五）M153

长方形土坑竖穴墓，墓向 290°，被 M10、M84、M121、M151、M152 打破，并打破 M183。残长 1、宽 0.2~0.5、深 0.2 米。葬成年男性一人，仰身直肢。未见葬具及随葬品。

（一六）M154

长方形土坑竖穴墓，墓向 290°，被 M10、M117 和 M151 打破。残长 1、宽 0.4~0.55、深 0.7 米。合葬，最上一具为仰身直肢，其下为残骨。未见葬具及随葬品。

（一七）M163

土坑竖穴墓，形状不明，墓向 325°，被 M18 打破。墓坑残长 0.3、残宽 0.15 米。墓底仅见少量动物骨骼（彩版一〇三，2），未见人骨、葬具及随葬品。

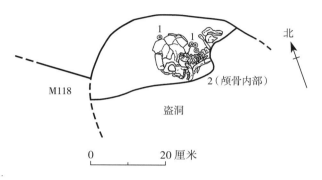

图 3-188A 08M176 平面图

1. 铜钱 2. 大布黄千

（一八）M176

长方形土坑竖穴墓，墓向 340°，范围不明，被 M118 和盗洞打破，并打破 M96。葬 40 岁左右人骨一具，性别不明。未见葬具。随葬品有三官五铢 9 件、大泉五十 6 件、大布黄千 1 件（图 3-188A）。

铜器 16 件。

三官五铢 9 件。

M176：1-1，直径 2.7、孔径 1.3、厚 0.2 厘米（图 3-188B，1；彩版一〇三，3 上左 1）。

M176：1-2，直径 2.6、孔径 1.3、厚 0.1 厘米（图 3-188B，2；彩版一〇三，3 上左 2）。

M176：1-3，直径 2.7、孔径 1.25、厚 0.1 厘米（图 3-188B，3；彩版一〇三，3 上左 3）。

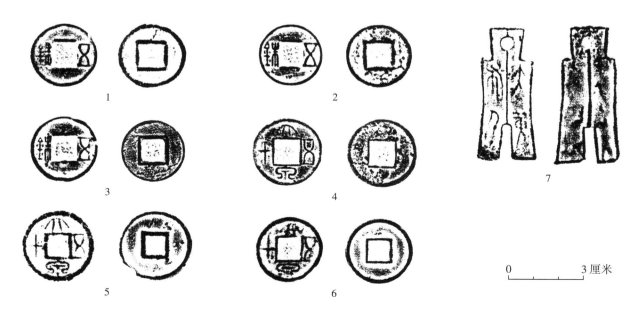

图 3-188B 08M176 出土铜钱

1. 三官五铢 M176：1-1 2. 三官五铢 M176：1-2 3. 三官五铢 M176：1-3 4. 大泉五十 M176：1-10 5. 大泉五十 M176：1-11 6. 大泉五十 M176：1-12 7. 大布黄千 M176：2

M176：1-4，尺寸不明（彩版一〇三，3上左4）。

M176：1-5，残存大半部分。尺寸不明（彩版一〇三，3下左1）。

M176：1-6，尺寸不明（彩版一〇三，3下左2）。

M176：1-7，尺寸不明（彩版一〇三，3下左3）。

M176：1-8，尺寸不明（彩版一〇三，3下左4）。

M176：1-9，尺寸不明（彩版一〇三，3下左5）。

大泉五十　6件。

M176：1-10，直径2.8、孔径1.1、厚0.1厘米（图3-188B，4；彩版一〇三，4上左1）。

M176：1-11，基本完整。直径2.8、孔径1.1、厚0.1厘米（图3-188B，5；彩版一〇三，4上左2）。

M176：1-12，直径2.7、孔径1、厚0.1厘米（图3-188B，6；彩版一〇三，4上左3）。

M176：1-13，尺寸不明（彩版一〇三，4下左1）。

M176：1-14，尺寸不明（彩版一〇三，4下左2）。

M176：1-15，尺寸不明（彩版一〇三，4下左3）。

大布黄千　1件。

M176：2，长身方足。顶部有一圆形穿孔。一面两侧铸"大布黄千"，另一面素面。两侧范线明显，未经打磨。长5.65、顶宽1.75、底宽2.52厘米（图3-188B，7；彩版一〇三，5）。

（一九）M183

长方形土坑竖穴墓，墓向不明，被M10、M117叠压，并被M151、M152、M153打破。残长0.17、宽0.57米，深度不明。葬有人骨，似为幼年个体，未鉴定。未见葬具。随葬品仅有陶片1件。

陶器　1件。

陶片　1件。

M183：1，夹粗砂黑褐陶。圆唇，侈口。轮制，外壁抹平。仅剩残片，无法拼接成整器，器形、纹饰不明。

（二〇）M208

长方形土坑竖穴墓，墓向310°，被M209打破。残长1.1、宽0.5米，墓圹范围不明。人骨总长0.95米，残存肢骨和指骨，年龄、性别不明。未见葬具及随葬品（图3-189）。

（二一）M211

长方形土坑竖穴墓，墓向310°，被M57叠压，被M58和M192打破。墓室残长0.6、宽0.6、深1.2米。葬人骨一具，头骨偏向左侧，胸部以下不存，未鉴定年龄和性别。未见葬具。

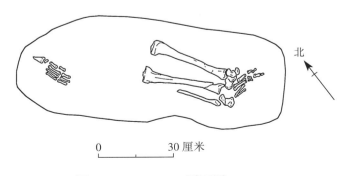

图3-189　08M208平面图

随葬品仅有陶瓮1件。

陶器 1件。

瓮 1件。

M211：1，夹砂，器底橙红色，器身黑褐色，局部橙黄色。鼓腹，小平底，内凹。素面。轮制，规整，内外壁抹光，内外壁均施一层黄色陶衣，大部分脱落，胎薄。仅剩完整器底，器身残碎，无法拼接成整器。底径7.9、底厚1.2厘米（图3-190）。

图3-190　08M211出土陶瓮
M211：1

（二二）M212

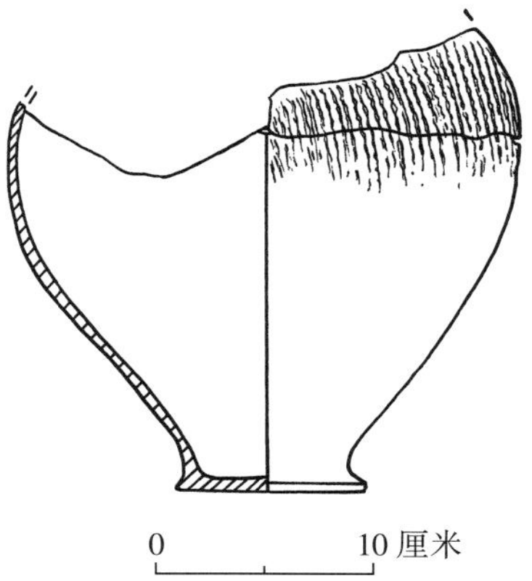

长方形土坑竖穴墓，西北—东南向，被M193和红烧土打破。墓室残长0.9、宽0.53米，深度不详。残存少量骨骼，腐朽严重，性别、年龄不明。未见葬具。随葬品有陶瓮1件、残陶器1件。

陶器 2件。

瓮 1件。

M212：2，夹砂黑褐陶，底部橙红色。弧腹，小平底，足外侈。上腹部饰纵向弦纹。轮制，规整，内外壁抹平，内外壁均施一层黄色陶衣，大部分脱落。仅剩部分腹部及器底。底径8.8、残高22厘米（图3-191）。

残陶器 1件。

M212：1，残甚，器形、尺寸不明。

图3-191　08M212出土陶瓮
M212：2

（二三）M213

土坑竖穴墓，形状、墓向不明，大部分被盗洞破坏，并打破M209。墓坑仅在东端残存0.3米。未见人骨、葬具及随葬品。

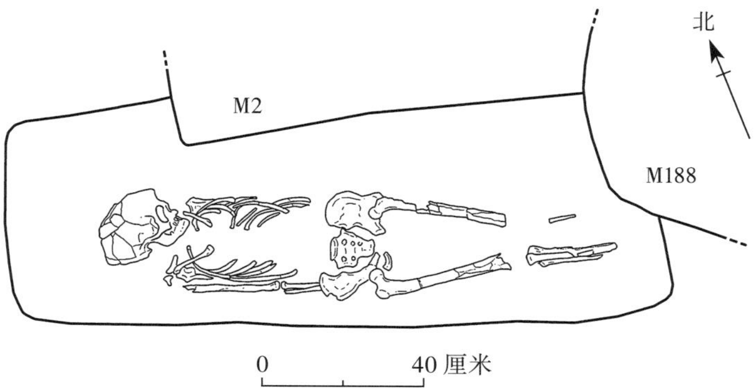

（二四）M245

长方形土坑竖穴墓，墓向290°，被M2、M188打破。墓室残长1.6、宽0.1~0.5、深0.3米。墓主人仰身直肢，头西脚东，右手压于盆骨下，为45岁左右女性（？）。未见葬具及随葬品（图3-192）。

图3-192　08M245平面图

四、K1祭祀坑

位于发掘区东南部，开口于耕土层下，在自然基岩表面有较厚的灰烬层，灰烬层表面散布着大量的同心圆纹盘残片，此外还有较多的黄、灰、褐陶片，器类有尊、罐、釜、钵。灰烬中还散见陶纺轮、陶动物形器纽、铜镞、砺石、人下颌骨、动物牙齿（种属不明）等。没有其他遗迹现象，在整个墓地中显得很突出，我们推测该遗迹可能是该墓地中专门的祭祀区。

第二节　2006 年发掘清理的墓葬

金莲山墓地 2006 年共发掘石寨山文化墓葬 144 座，这些墓葬均为土坑竖穴墓，平面形状略有差异。参照对 2008 年墓葬的分析，根据规模不同也将其分为小型墓葬和中大型墓葬两大类。由于墓葬分布密集，打破关系较多，因此有一部分墓葬的墓圹并不完整，其中一部分能根据残存部分大致推测其规模，但也有另一部分仅存一角，无法判断其规模，此类单独列出（附表二）。

一、小型墓葬

（一）M3

长方形土坑竖穴墓，墓向 330°，被盗洞严重扰乱。墓口长 2.4、宽 0.8 米，墓底长 1.9、宽 0.7 米，深 2.85 米。因被盗洞严重破坏，除墓底残存七个被扰乱的头骨外，其余肢骨等在多层盗洞回填土中零星出现。未见葬具。墓底随葬品有铜臂甲 1 件、小铜泡 1 件，并在填土中有陶纺轮 1 件、环首铁刀 1 件、铁锥 1 件、玉玦 1 件、绿松石珠 2 件、孔雀石珠 1 件、海贝饰件 1 件。

1. 陶器　1 件。

纺轮　1 件。

M3：6（T）[1]，夹粗砂橙红陶。算珠形，器身中部起一周凸棱，一面中心略凸。素面。轮制，规整。器表抹平，施黑褐色陶衣，大部分脱落。直径 3.28、孔径 0.48、厚 1.04 厘米（图 3-193，1；彩版一○四，1）。

2. 铜器　2 件。

臂甲　1 件。

M3：1，底端呈圆弧状薄片，边缘有圆形穿孔。残甚，形制不明。残长 6.15、宽 4.8 厘米（图 3-193，4）；长 15.15、宽 3.45 厘米（图 3-193，5；彩版一○四，6）。

小铜泡　1 件。

M3：2，平面近圆形，中央凸起，整器呈伞盖状。正面近边缘处饰一周短线阴线纹。背后有一横挡。直径 1.85、高 0.38、横挡宽 0.3 厘米（图 3-193，6；彩版一○四，2）。

3. 铁器　2 件。

环首刀　1 件。

M3：5（T），椭圆形首，窄长条状刀刃。刃部前端残断不存。刃表面缠竹篾类物质。残长 9.47、

---

[1] 为行文方便，省略编号前"06"。

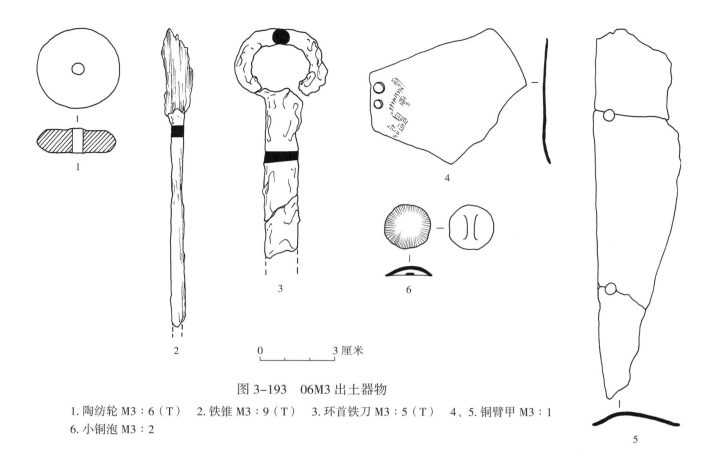

图 3-193 　06M3 出土器物

1.陶纺轮 M3：6（T）　2.铁锥 M3：9（T）　3.环首铁刀 M3：5（T）　4、5.铜臂甲 M3：1
6.小铜泡 M3：2

刃宽 1.33、环首直径 3.73 厘米（图 3-193，3；彩版一〇四，3）。

铁锥　1 件。

M3：9（T），细长条状，剖面近方形。较粗的一端外套有木质柄帽。尖残断不存。残长 12.25、木柄长 3.29、器身剖面边长约 0.4~0.5 厘米（图 3-193，2）。

4. 玉器　1 件。

玦　1 件。

M3：3（T），有 2 块，均残。

5. 绿松石器　2 件。

珠　2 件。

M3：4（T），残。

M3：10（T），大部分完整（彩版一〇四，4）。

6. 孔雀石器　1 件。

珠　1 件。

M3：7（T），有若干粒，大小不等（彩版一〇四，5）。

7. 海贝　1 件。

饰件　1 件。

M3：8（T），共 3 枚。1 枚完整，2 枚残。

（二）M4

长方形土坑竖穴墓，墓向285°，打破08M237。墓口长2.2、宽2.05米，墓底长1.8、宽0.8~0.85米，深2.35米。墓底中部有腰坑，长1.4、宽0.68、深0.15米。人骨呈不规则凌乱叠压堆积排列，集中堆放在墓坑东西两端，应为二次葬。未见葬具。无随葬品，仅在填土中有陶尊1件、陶器盖1件。

陶器 2件。

尊 1件。

M4：1（T），夹粗砂灰陶，局部橙黄色。圆唇，喇叭口，长弧颈，斜肩，折腹，腹下部斜直，最大腹径偏上，圈足外撇。素面。轮制，规整，腹部内壁可见轮修弦纹。内外壁抹平，内外壁均施褐色陶衣，大部分脱落。口径11、颈长6、腹径14、足径8、高15、壁厚0.4、底厚0.9厘米（图3-194，1；彩版一○四，7）。

器盖 1件。

M4：2（T），夹稍粗白色掺和料颗粒，灰褐色、浅褐色相间。喇叭口。轮制，规整，内壁可见轮修弦纹。内外壁抹平，均施褐色陶衣，脱落殆尽。直径12、残高9、壁厚0.5~0.7厘米（图3-194，2）。

（三）M5

长方形土坑竖穴墓，墓向10°，打破M6。墓坑长2.7、宽1.05米。墓底有腰坑，尺寸不详。填土中有零星人骨。未见葬具。随葬品有铜锄明器1件、铜铲明器1件。

铜器 2件。

锄明器 1件。

M5：1，正面中央凸起三角形空心銎，及底，銎口高于肩部。折肩，平底，两侧刃斜直。背面平。边缘未经打磨。器形较规整。长5.19、銎口长1.9、宽0.98、肩宽4.41、底宽0.88、器身厚约0.14厘米（图3-195，1；彩版一○四，8）。

铲明器 1件。

M5：2，平面近梯形。正面正中凸起三角形空心銎，至下部分三叉。两侧刃斜直，边缘未经打磨，不平齐。背面平。长5.26、

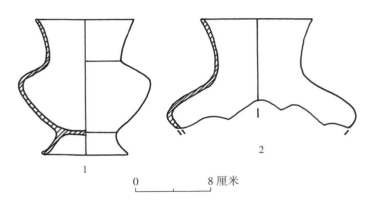

图3-194 06M4出土陶器

1. 尊 M4：1（T） 2. 器盖 M4：2（T）

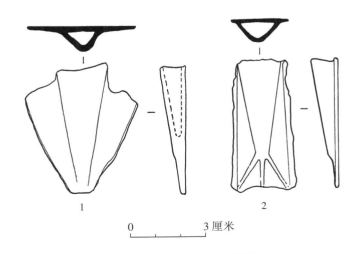

图3-195 06M5出土铜器

1. 锄明器 M5：1 2. 铲明器 M5：2

銎口长 1.93、宽 0.92、刃宽 2.56、器身厚 0.15 厘米（图 3–195，2；彩版一〇四，9）。

（四）M9

长方形土坑竖穴墓，墓向 270°。墓口长 2.2、宽 1.1 米，墓底长 2.1、宽 0.9 米，深 2.05 米。墓底有腰坑，尺寸不详。单人仰身直肢，人骨保存较为完整。未见葬具。随葬品有陶尊 4 件。

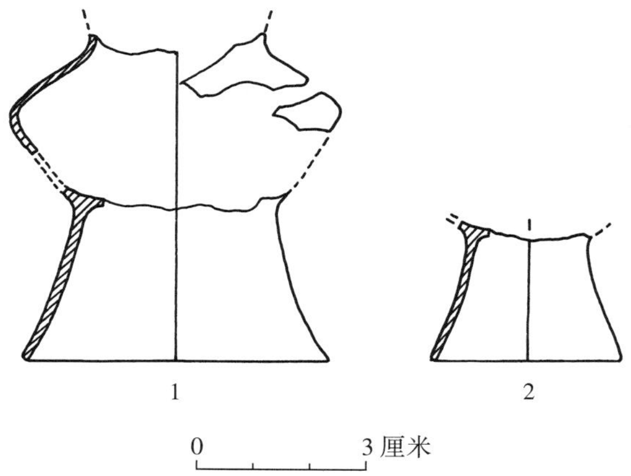

图 3–196 06M9 出土陶尊
1. M9：1 2. M9：4

陶器 4 件。

尊 4 件。

M9：1，夹细砂灰黑陶，局部橙黄色，其中有白色细小颗粒状掺和料，在 2008 年出土大部分陶器中也存在此现象。肩近平，折腹，喇叭口形高圈足。肩部饰一周宽约 5 厘米的垂幔纹。轮制，规整，圈足内外壁均可见明显轮修弦纹。口、肩、圈足内外壁抹平，腹部外壁抹平，器表施黄色陶衣，大部分脱落。口沿、肩部、腹部大部分残缺，圈足完整。其中混杂有其他器形的陶片。足径 5.37、足高 3.04~3.12 厘米（图 3–196，1）。

M9：2，夹细砂，圈足黄褐色，其余器身灰黑色，其中有白色细小颗粒状掺和料，在 2008 年出土大部分陶器中也存在此现象。喇叭口，束颈，肩近平，折腹，喇叭口形高圈足。肩部饰一周宽约 5 厘米的垂幔纹，圈足外壁施锥刺小圆坑。轮制，规整，圈足内壁可见明显轮修弦纹。口、肩、圈足内外壁抹平，腹部外壁抹平（彩版一〇五，1）。

M9：3，夹细砂灰陶，其中有白色细小颗粒状掺和料。尖唇，折腹，喇叭口形高圈足。轮制，圈足内外壁抹平，内外壁均施黄色陶衣，大部分脱落。仅剩圈足部分完整，其余残片无法拼接成整器。

M9：4，夹细砂灰陶，其中有白色细小颗粒状掺和料。轮制，外壁抹平。残片上未发现纹饰。仅剩圈足部分完整。足径 3.3、残高 2.26~2.56 厘米（图 3–196，2）。

（五）M10

长方形土坑竖穴墓，墓向 0°。墓坑长 2.1、宽 0.88、深 1.2 米。未见人骨及葬具。随葬品有陶侈口罐 1 件、陶单耳罐 1 件、铜斧 1 件、铜锄 1 件、铜铃 2 件、铜骹铁矛 1 件、铜柄铁剑 1 件、铜銎铁斧 1 件、铁剑 1 件、环首铁刀 1 件、铁刃 1 件、残铁器 1 件、砺石 1 件、绿松石扣 3 件。

1. 陶器 2 件。

侈口罐 1 件。

M10：15，夹砂极细，灰黑色。尖唇，侈口，短弧颈，溜肩，圆鼓腹，小平底。器底刻划有不规则细线纹。手制，慢轮修整，腹部可见较多慢轮修整留下的不规则细线纹。内外壁抹平，内外壁均施黄色陶衣，大部分脱落。口径 6.85、腹径 8.89、底径 4.84、高 8.67 厘米（图 3–197，1；彩版一〇六，1）。

单耳罐 1件。

M10：1，夹砂极细，黑色、深褐色相间。尖唇，侈口，长斜肩，垂腹，腹下部近底处内收，平底，略内凹，单耳，耳部上端凸起两个羊角形纽。耳部饰叶脉纹。轮制，内外壁抹平，内外壁施一层黄色陶衣，较厚，局部脱落。口径 3.89、腹径 6.11、底径 2.95、高 7.33 厘米（图 3-197，7；彩版一〇六，2）。

2. 铜器 4件。

斧 1件。

M10：2，空心方銎，瘦长器身，微束腰，单面刃，较宽，刃缘稍残。銎口下正面及两侧饰单线凸棱纹。器体上部，正反两面各有一穿孔，正面穿孔为长条形，背面穿孔形制不规则。背面平。銎内残存木柄残段。单范铸造。总长 17.7、銎口长 4.12、宽 4.15、刃宽 7 厘米（图 3-197，6；彩版一〇五，2）。

锄 1件。

M10：7，平面呈尖叶形，溜肩，器身最大径位于中部。正面中线凸起三角形空心銎，及底；銎口高于肩部，边缘不平齐；空心銎中部两面有穿孔，一面一个，近椭圆形，另一面两个，形制不规整，

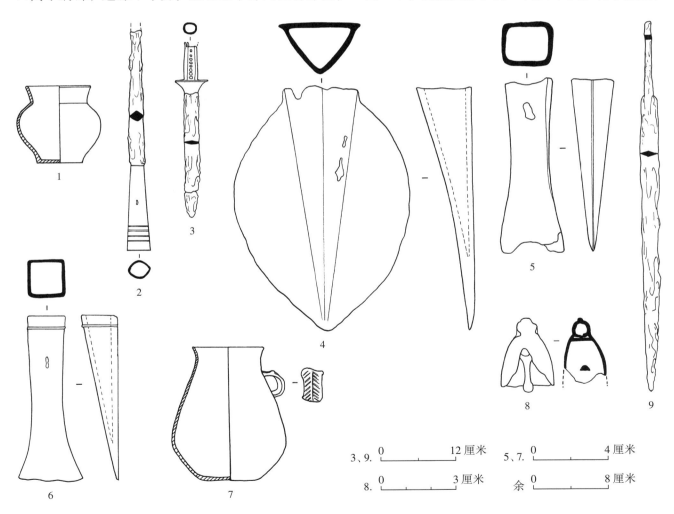

图 3-197 06M10 出土器物

1. 陶侈口罐 M10：15　2. 铜骹铁矛 M10：6　3. 铜柄铁剑 M10：12　4. 铜锄 M10：7　5. 铜銎铁斧 M10：14　6. 铜斧 M10：2
7. 陶单耳罐 M10：1　8. 铜铃 M10：3　9. 铁剑 M10：11

为铸造时铜液流淌不均所致。背面平，上部中线位置有一斜条状穿孔。銎内残存木柄痕迹。长27.6、宽18.8、銎口长8.17、宽5.73、器体厚约0.23厘米（图3-197，4；彩版一〇五，3）。

铃　2件。

M10：3，椭圆空心腔，顶部钮残断不存，应为环状钮。腔内有一横梁，与腔短径平行；横梁上悬挂一铜舌，剖面为圆形。铜铃底部边缘残。腔径1.38~1.81、舌径0.47、残高2.78厘米（图3-197，8）。

M10：4，椭圆空心腔，有肩，顶面有穿，顶部为桥状钮。腔内有横梁，与腔短径平行；横梁上挂一铜舌，剖面近梯形。钮下一面有一椭圆形穿孔。合范铸造，一侧范线经打磨，不明显；另一侧虽经打磨，但凸棱明显。底部边缘残。钮高1.1、宽1.05、腔径2.3~2.88、舌宽0.56、厚0.28、残高3.42厘米。

3. 铜铁合制器　3件。

铜骹铁矛　1件。

M10：6，铜质空心骹，骹口近圆形，残；以下内收，剖面近菱形。骹口下饰四周较宽的凸棱纹；两侧对称各有一倒三角形穿孔；骹中部，两面各有一细小穿孔，位于凸棱上。骹底部焊接铁质矛叶，细长条状，近骹侧剖面为菱形，前端剖面为椭圆形。锋残断不存。骹内残存木屑。残长24.2、骹长9.34、骹口径约2.25厘米（图3-197，2；彩版一〇五，4）。

铜柄铁剑　1件。

M10：12，椭圆空心茎，喇叭口茎首，茎首残，应饰有一周短线状镂孔。茎两面对称饰有八个排成一列的圆角方形镂孔，两侧起脊明显。一字格，窄长剑身。剑身残断。茎、格及剑身底部为铜质，剑身大部为铁质，铜铁部分焊接而成。残长30、茎宽2.74、厚1.88、格长5.4厘米（图3-197，3；彩版一〇五，5）。

铜銎铁斧　1件。

M10：14，铜质空心方銎；铁质刃部，残断不存；铜铁部分铸接而成。銎口边缘不甚平齐。銎口下饰一周凸棱纹，不明显。器身正反两面上部对称各有一穿孔，形制不规整。两侧范线明显。銎内残存木柄。残长9.62、銎口长2.71、宽2.4、残断处宽3.31厘米（图3-197，5；彩版一〇五，6）。

4. 铁器　4件。

剑　1件。

M10：11，细长条状茎，剖面近方形。无格。窄长剑身，锈蚀。总长61.2、茎长12、茎宽1.7、剑身宽4.18厘米（图3-197，9）。

环首刀　1件。

M10：5，椭圆形环首，细长条状刃。锈蚀严重。柄部似有竹篾类物质缠绕的痕迹；尖部表面见红漆。长20.3、刃宽约1.4、环首直径3.22~3.93厘米。

刃　1件。

M10：16，细长条状，表面有红漆皮。残长4.64厘米。

残铁器　1件。

M10 : 8，锈蚀严重，器形、尺寸不明。

5. 石器　1 件。

砺石　1 件。

M10 : 13，长条状，器身横剖面为圆角长方形，两面较平。顶部由两面对磨，顶部有一穿孔，两面对钻而成。器形规整，磨制光滑（彩版一○六，3）。

6. 绿松石器　3 件。

扣　3 件。

M10 : 9，平面呈圆角长方形，正面中心有尖状凸起。背面正中有两穿孔，斜钻对穿。通体打磨光亮。基本完整（彩版一○六，4）。

M10 : 10-1，平面呈圆角长方形，正面中心有尖状凸起。背面正中有两穿孔，斜钻对穿。通体打磨光亮。基本完整（彩版一○六，5）。

M10 : 10-2，平面呈圆角长方形，正面中心有尖状凸起。背面正中有两穿孔，斜钻对穿。通体打磨光亮。基本完整（彩版一○六，6）。

（六）M12

长方形土坑竖穴墓，墓向 190°，被 M11、M21 打破。墓坑长 2.8、宽 0.8~1.1、深 0.8~1 米。墓底填充青膏泥，青膏泥紧贴四壁及墓底，青膏泥中亦夹有碎磨制石器。未见人骨及葬具。随葬品有铜戈 1 件、铜镈 1 件、铜钺 1 件、铜凿 1 件（图 3-198A）。

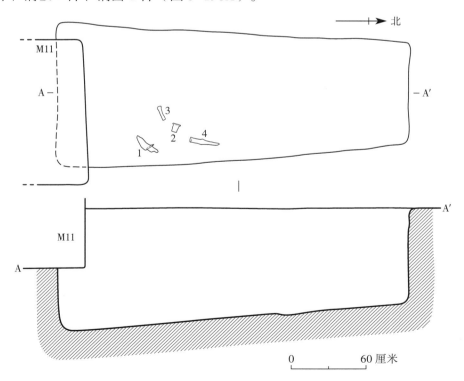

图 3-198A　06M12 平、剖面图

1. 铜戈　2. 铜镈　3. 铜凿　4. 铜钺

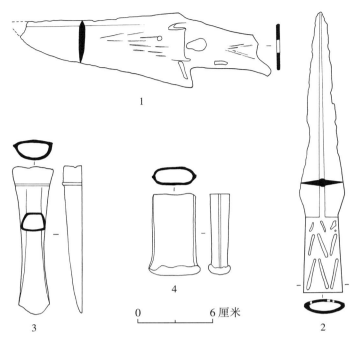

图 3-198B　06M12 出土铜器

1. 戈 M12：1　2. 铍 M12：4　3. 凿 M12：3　4. 镈 M12：2

铜器　4 件。

戈　1 件。

M12：1，三角形直援，无胡，鱼尾形直内。援锋圆弧，稍残；两面各有一翼，用以纳柲。近翼侧还有一圆形穿。穿附近，援两面见少量排列无序但方向一致的短线状凹槽。下阑有一长条形穿。内近阑侧有一葫芦形穿，内下缘中部还有一长方形穿。内末端两角的凸起较圆钝，一角残。总长约 20、援长约 12.9、援厚 0.35、阑长 6.09、内宽 3.8 厘米（图 3-198B，1）。

镈　1 件。

M12：2，平面呈长方形。扁圆空心銎，两面较平。器体合范铸造，两侧范线明显。底部向上卷曲包于器身底部外缘，形成封闭结构。銎内残存木柲痕迹。总长 6.4、銎口径 1.57~3.42、底长 3.96、宽 2 厘米（图 3-198B，4）。

铍　1 件。

M12：4，柳叶形。锋中间起脊，斜肩，茎部约占总长的四分之一。扁圆空心茎，茎平面呈倒梯形，两面对称饰三组斜线镂孔，每组三条斜线，从上到下斜线渐短；茎首内缘有一横梁，茎两侧起脊。铍身与茎呈八字相接，中线起脊，凸棱较明显，剖面近菱形；两侧刃较残，前端弯曲变形。总长 23.1、茎长 6.24、茎首直径 1.14~3.2、铍身宽 3.42、厚 0.31~0.65 厘米（图 3-198B，2）。

凿　1 件。

M12：3，半圆空心銎，瘦长器身，束腰，单面刃，残。銎口下，正、背面饰一周凸棱纹。正面器体中部至刃两侧也饰两条凸棱纹。背面平。粉化严重。銎内残存木柄。残长 11.87、銎口长 3.18、宽 1.71 厘米（图 3-198B，3）。

（七）M13

长方形土坑竖穴墓，墓向 20°。墓坑长 2.2、宽 0.92~1、深 1.8 米。人骨腐朽严重。未见葬具。随葬品有陶尊 2 件、陶单耳罐 2 件、陶釜 2 件、陶纺轮 1 件、陶片 8 件、铜矛 2 件、砺石 1 件。

1. 陶器　15 件。

尊　2 件。

M13：4，夹细砂，灰褐色、橙黄色相间。圆唇，喇叭口，斜肩，折腹，喇叭口形高圈足。颈、肩交接处起一周凸棱。手制，慢轮修整，内外壁抹平，器表因陶土夹砂而显粗糙，内外壁均施浅黄色陶衣，大部分脱落，圈足与器身分别制作最后粘结成整器。

M13：8，夹极细掺和料颗粒，浅灰色。圆唇，直口，弧颈，肩近平，折腹。素面。轮制，内外壁抹平，内外壁因陶土夹掺和料而显粗糙，器表施灰白色陶衣，大部分脱落，内外壁可见针眼状小孔。

单耳罐　2 件。

M13：7，夹极细掺和料颗粒，灰褐色。尖唇，侈口，短斜直颈，鼓腹，平底，肩部残片上可见泥钉状凸起。手制，慢轮修整，器壁抹平，内壁粗糙，部分残片上可见黄褐色陶衣痕迹，内外壁可见针眼状小孔，胎薄。口径 10.4、腹径 12.8、底径 4.6、高 10.4 厘米（图 3-199，1；彩版一〇七，1）。

M13：11，泥质浅灰陶，夹极细掺和料颗粒。圆唇，直口，一残片上有两个圆形钻孔。手制，慢轮修整，内外壁抹平，部分残片可见浅黄色陶衣痕迹，器表可见针眼状小孔。

釜　2 件。

M13：3，夹粗砂，夹极细掺和料颗粒，灰色，口沿部分浅黄色。圆唇，侈口，唇部下方约 2 厘米处起一周凸棱，弧颈，溜肩，折腹，圜底。手制，慢轮修整，内外壁抹平，内外壁施灰白色陶衣，陶衣较厚。凸棱脱落，内外壁因陶土夹掺和料显粗糙，断面及器表可见细密针眼状小孔，部分残片上可见黑色烟炱痕。整器残碎严重，无法拼接。

M13：9，夹粗砂，深褐色、橙黄色相间。尖唇，侈口，短斜直颈，斜肩，鼓腹。素面。轮制，规整，内外壁抹平，外壁因陶土夹粗砂略显粗糙，内外壁均施灰褐色陶衣，大部分脱落。

纺轮　1 件。

M13：2，泥质浅灰陶。圆饼形，一面平，另一面微鼓，中部有圆形穿孔。素面。手制，器表抹平，

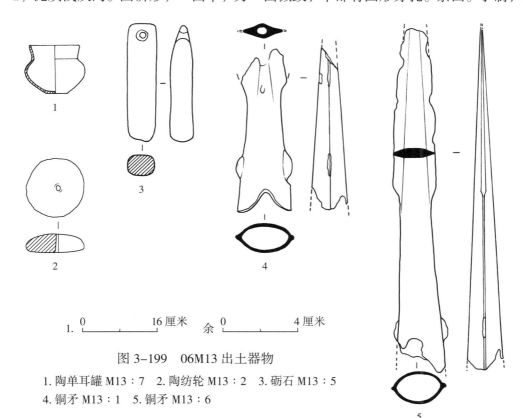

1. 0　　　　16 厘米　　余 0　　　4 厘米

图 3-199　06M13 出土器物

1. 陶单耳罐 M13：7　2. 陶纺轮 M13：2　3. 砺石 M13：5
4. 铜矛 M13：1　5. 铜矛 M13：6

整体粗糙。直径 3.1、孔径 0.2、厚 1 厘米（图 3-199，2；彩版一〇七，2）。

陶片 8 件。

M13：10，泥质灰陶，夹极细掺和料颗粒。圆唇，直口。手制，内外壁抹平，粗糙，一片残片上有圆形钻孔，部分残片表面有浅黄色陶衣痕迹。器形不明。

M13：12，夹极细白色掺和料颗粒，灰色。折腹。手制，慢轮修整，内外壁抹平，内外壁均可见浅黄色陶衣痕迹，器表可见针眼状小孔。

M13：13，夹极细白色掺和料颗粒，灰色。颈部残片。手制，慢轮修整，内外壁抹平，内外壁均可见浅黄色陶衣痕迹，器表可见针眼状小孔。

M13：14，夹极细白色掺和料颗粒，灰色。圆唇，喇叭口。手制，慢轮修整，内外壁抹平，内外壁均可见浅黄色陶衣痕迹，有两个圆形钻孔，器表可见针眼状小孔。器形不明。

M13：15，夹极细白色掺和料颗粒，灰色。折腹。轮制，外壁抹平，内外壁均可见浅黄色陶衣痕迹，内外壁可见针眼状小孔。器形不明。

M13：16，残片，器形、尺寸不明。

M13：17，夹极细白色掺和料颗粒，灰色。圆唇，喇叭口。轮制，内外壁抹平，内外壁均可见浅黄色陶衣痕迹，器表可见针眼状小孔。

M13：18，残片，器形、尺寸不明。

2. 铜器 2 件。

矛 2 件。

M13：1，椭圆空心骹，鸭嘴形骹口，骹口残，其下两侧对称各有一系，均未穿透；骹两侧起脊。骹与矛叶交界处，两面中线位置各有一穿孔。矛叶残断不存。残长 8.57、骹口径 1.88~2.79 厘米（图 3-199，4）。

M13：6，椭圆空心骹，鸭嘴形骹口，骹口下两侧对称各有一系，未穿透；骹两侧起脊。矛叶与骹呈八字相接，矛叶短窄，中线起脊，为空心骹之延伸，剖面为菱形；两侧刃斜直，刃缘残。锈蚀严重。残长 18.1、骹口径 1.83~2.54、矛叶宽 2.42、厚 0.32~0.91 厘米（图 3-199，5）。

3. 石器 1 件。

砺石 1 件。

M13：5，长条状。横剖面近圆角长方形，底部近椭圆形。顶部两侧内收，正中有一穿孔，两面对钻而成。通体打磨光滑。长 6.4、宽 1.4、厚 1.1 厘米（图 3-199，3；彩版一〇七，3）。

（八）M15

梯形土坑竖穴墓，墓向 180°，墓坑被扰乱。墓坑长 2.1、宽 0.8~1.66、深 1.28~1.46 米。未见人骨及葬具。随葬品仅有玛瑙珠 1 件。

玛瑙器 1 件。

珠 1 件。

M15：1，白色，中间有穿孔（彩版一〇七，4）。

（九）M16

长方形土坑竖穴墓，墓向270°。墓壁修理整齐，墓坑较为规整。墓口长2.3、宽1.2米，墓底长1.93、宽0.8米，深2米。人骨基本完整，仰身直肢，经鉴定为女性个体。未见葬具。随葬品有陶尊1件、陶单耳罐1件、陶壶3件、铜矛1件、铜戈1件、铜剑1件、铜削1件、铜扣饰1件、铜泡钉2件、玉玦2件，并在填土中有铜剑1件。

1. 陶器 5件。

尊 1件。

M16：10，泥质灰褐陶，夹杂较多细小掺和料颗粒。尖唇，侈口，圈足。圈足上钻有圆形小孔。轮制，规整，部分残片上隐约可见轮修弦纹。内外壁抹平，内外壁均施褐色陶衣，脱落殆尽，器表和断面均可见针眼状细孔。

单耳罐 1件。

M16：13，夹细小白色掺和料颗粒，黑色。鼓腹，平底。轮制，外壁抹平，内壁粗糙，器表施褐色陶衣，脱落殆尽，内壁可见针眼状小孔。残碎严重，无法拼接成整器，根据一平底残片推测器形为罐。

壶 3件。

M16：5，泥质黑陶。尖唇，直口，高斜直颈，鼓肩，圆鼓腹，小平底。颈肩交接处饰一周宽约2厘米的刻划网格纹，网格纹边缘环绕一周弦纹。轮制，规整，腹部内壁可见轮修弦纹。内外壁抹平，均施一层褐色陶衣，陶衣较厚，局部脱落。器身一次成型，胎较薄。口径12.8、残高11.2、颈高10厘米（图3-200，1）。

M16：9，夹细砂，肩、腹部灰黑色，口沿、器底局部橙黄色。尖唇，侈口，高斜直颈，鼓肩，圆鼓腹，平底。颈肩交接处饰一周宽约2厘米的网格纹，左右肩部各有一泥钉印痕，泥钉缺失。轮制，规整，内外壁抹平，内外壁均施褐色陶衣，大部分脱落。口径11.7~12.1、颈高9.5、腹径23.2、底径7~7.2、高25.2厘米（图3-200，9；彩版一〇七，5）。

M16：12，夹粗砂，胎心灰色，外皮浅黄色，局部黑色。尖唇，侈口，高斜直颈。肩部残剩一泥钉，颈肩交接处饰一周宽约1.5厘米的刻划网格纹。轮制，规整，口部、腹部内壁可见明显轮修弦纹。内外壁抹平，内外壁均施褐色陶衣，大部分脱落，腹、底之间过渡不明显。口径10.35、颈高7.5厘米（图3-200，2）。

2. 铜器 8件。

矛 1件。

M16：4，空心骹，骹口为椭圆形，下部剖面为菱形，起脊明显；骹中部表面见绳索捆绑痕迹，缠绕四周；骹两面中线处（绳索所在位置）各有一穿孔；骹口下也有一不规则穿孔，可能为铜液流淌不均所致。矛叶底部折角明显，两侧刃内弧，中线起脊；底部中线处，两面也各有一穿孔。总长19.5、骹口径2.28~2.64、矛叶长11.48、宽3.6厘米（彩版一〇七，6）。

戈 1件。

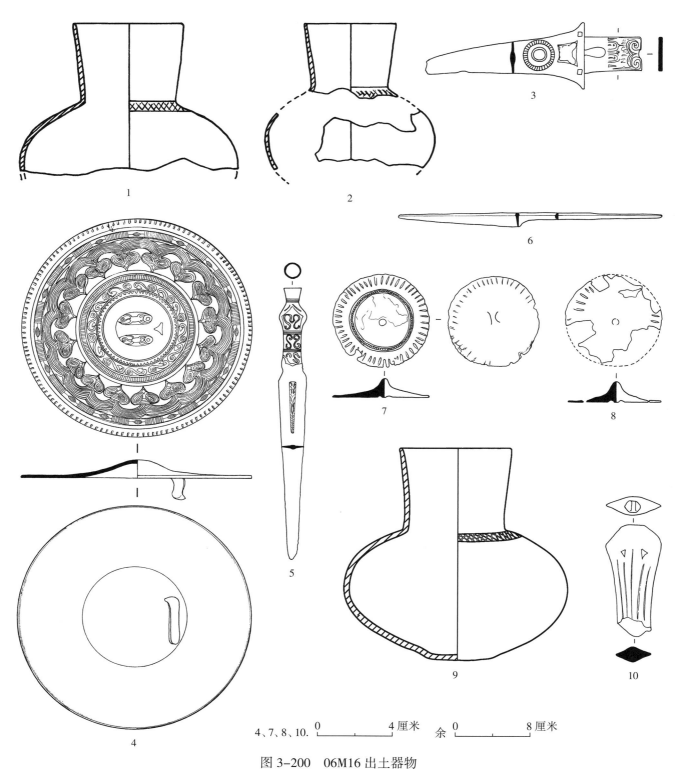

图 3-200　06M16 出土器物

1. 陶壶 M16：5　2. 陶壶 M16：12　3. 铜戈 M16：3　4. 铜扣饰 M16：1　5. 铜剑 M16：2　6. 铜削 M16：8　7. 铜泡钉 M16：6-1　8. 铜泡钉 M16：6-2　9. 陶壶 M16：9　10. 铜剑 M16：11（T）

M16：3，窄长援，微曲，无胡，直内。援器体较厚，圆锋，本有一较大的圆形穿，近阑侧还有两长方形穿。侧阑明显。方内近阑侧中部，两面各有一长方形凹坑，似为穿，但并未穿透。本的圆穿周围饰一周阴线短线纹，本中间两面饰纹饰，图案不明。内两面对称饰人头纹，末端饰卷云纹，中部内凹。总长 23.2、内长 6.09、内宽 4.36、厚 0.46~0.6、阑长 7.77、宽 1.11、援身厚 0.39~0.59 厘米（图 3-200，3；彩版一〇七，7）。

剑　2 件。

M16：2，蛇首形空心扁茎，圆筒状茎首，茎两面对称饰三组相对的卷云纹。无格。窄长剑身，刃斜直，剑身中线起脊，剖面为菱形，底部两面饰麦穗纹。基本完整。总长 30、茎长 10、茎宽 3.15、茎首直径 1.67~1.82、剑身宽 3.21、厚 0.52 厘米（图 3-200，5；彩版一〇八，1）。

M16：11（T），蛇首茎，中部内收。茎两面对称饰点状镂孔及阴线竖线纹。仅残存柄，埋葬时弄断。残长 6.51、宽 3.3、厚 0.85~1.23 厘米（图 3-200，10）。

削　1 件。

M16：8，细长实心柄，窄长刃，近三角形。整器一面平，正面凸起。柄部剖面呈半圆形，末端为尖。柄上缘与刃背在同一直线上。刃背起脊，刃斜直，与背侧相交成尖，尖稍残。总长 28、柄宽 0.67、厚 0.33、刃长 14.53、刃宽 1.6、厚 0.36 厘米（图 3-200，6）。

扣饰　1 件。

M16：1，平面呈圆形。正面中央呈圆丘状凸起，饰满纹饰，呈环带状分布：中心为两爬行动物纹，由内向外分别为锯齿纹、S 形纹、短线纹、连续桃心纹、短线间以燕子纹（燕子尾部一开一合），边缘为长点纹。背后有一横扣。直径 12.9、总高 1.6、扣面高 1.4、横扣长 2.78 厘米（图 3-200，4；彩版一〇八，2）。

泡钉　2 件。

M16：6-1，平面呈圆形，中心有尖状凸起。边缘较平，饰一周短线状镂孔。背面中心凹陷处有一横挡。直径 5.57、高 1.08、横挡长 0.8、宽 0.26、器体厚约 0.18 厘米（图 3-200，7；彩版一〇八，3）。

M16：6-2，平面呈圆形，中心有尖状凸起。边缘较平，饰一周短线状镂孔。背面中心凹陷处有一横挡。直径 5、高 1.31 厘米（图 3-200，8）。

3. 玉器　2 件。

玦　2 件。

M16：7，白色。基本完整（彩版一〇八，4）。

M16：14，白色。基本完整（彩版一〇八，5）。

（一〇）M17

长方形土坑竖穴墓，墓向 10°。墓坑长 2.14、宽 1、深 1.97~2.22 米。墓底仅见少量骨骼，未见葬具。随葬品仅有陶器盖 1 件。

陶器　1 件。

器盖　1 件。

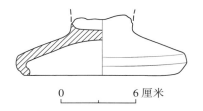

图 3-201 06M17 出土陶器盖
M17：1

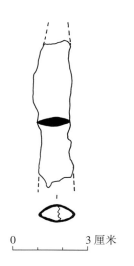

图 3-202 06M18 出土铜矛
M18：1（T）

M17：1，夹细砂，器身灰黑色，抓手橙黄色。覆钵形，圆形抓手，中部内凹。器盖内壁可见刻划细线纹。轮制，规整，内外壁抹平，均施褐色陶衣，大部分脱落。直径 13.5、残高 4.65 厘米（图 3-201；彩版一〇八，6）。

（一一）M18

长方形土坑竖穴墓，墓向 30°。墓坑长 2.7、宽 1~1.16、深 1.7 米。未见人骨及葬具。无随葬品，仅在填土中有铜矛 1 件。

铜器 1 件。

矛 1 件。

M18：1（T），椭圆空心骹，两侧棱明显；扁平矛叶，锈蚀严重。残甚。残长 5.95、宽 1.61 厘米（图 3-202）。

（一二）M19

长方形土坑竖穴墓，墓向 160°。墓坑长 2.3、宽 0.68~0.8、深 0.6~0.75 米。未见人骨及葬具。随葬品有陶单耳罐 1 件、铜锄 1 件、铜带钩 1 件、铁矛 1 件。

1. 陶器 1 件。

单耳罐 1 件。

M19：2，泥质褐陶，陶土经过淘洗，细腻，夹极细掺和料颗粒。仅剩单宽耳。素面。轮制，规整，内外壁抹平，内外壁均施浅黄色陶衣，大部分脱落，内外壁及断面因夹杂掺和料可见细密小孔。耳残宽 6.29、高 10.29 厘米（图 3-203，1）。

2. 铜器 2 件。

锄 1 件。

M19：1，平面呈尖叶形，器体较宽。圆肩，两侧刃圆弧。正面正中凸起三角形空心銎，銎上部两侧各有一穿孔，形制不规则。背面平，上部中线处也有一穿孔。銎内残存木柄。基本完整，一侧肩部边缘残。长 22.3、宽 18.3、銎口长 6.16、宽 4.31、器体厚 0.25 厘米（图 3-203，2；彩版一〇九，1）。

带钩 1 件。

M19：3，细长条状带钩，钩尖残。带钩一端呈花瓣状，残。背后为一圆形钮，残。总长 4.55、钮侧高 0.72 厘米（彩版一〇九，2）。

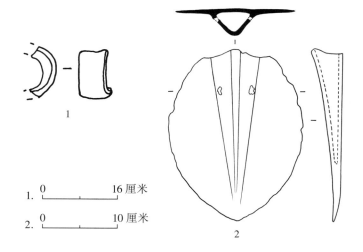

图 3-203 06M19 出土器物
1. 陶单耳罐 M19：2 2. 铜锄 M19：1

3. 铁器　1 件。

矛　1 件。

M19：4，空心圆骹，下部内收，与矛叶无分界。矛叶底部呈细圆条状，近锋渐宽，呈圭首状。锈蚀。长 26.6、骹口径 2.7~3、矛叶宽 2.34 厘米（彩版一〇九，3）。

（一三）M20

长方形土坑竖穴墓，墓向 275°。墓口长 1.98、宽 1.2~1.36 米，墓坑分五层：第①层深 0.85 米，双人仰身直肢葬，人骨基本完好，为一成年男性和一少年男性，少年男性方向为 275°，成年男性方向为 300°；第②层深 1.35 米，北壁中部内收，出现不规则二层台，单人仰身直肢葬，头向西，墓主人上半身基本完整，下半身残缺，有可能是截肢葬；第③层深 1.55 米，此层以下形状规则，墓壁修凿规整，北壁一具骨架保存完整，应是墓主人，仰身直肢，经鉴定为男性，南壁放置三个头骨，呈上下排列摆放，其他肢骨凌乱堆积在东壁，应为二次葬；第④层深 2.25 米，人骨保存基本完好，为单人仰身直肢葬，头向西，双手压于盆骨下，随葬陶罐置于死者右胫骨右侧，被挤压碎后部分散落在右胫骨上；第⑤层深 2.45 米，墓底填少量青膏泥，厚度不均，约 3~5 厘米，墓底北壁和南壁留二层台，葬式有两种，第一种，仰身直肢葬三人，头向西，骨骼保存完好，第二种，东壁堆放三个头骨（均残，面朝下）和部分肢骨，被仰身直肢葬的三人足部叠压，其余有少数肢骨、肋骨凌乱堆积在墓室中部，应为二次葬。未见葬具。随葬品仅见于第①、④、⑤层，第①层有陶釜 2 件、陶豆 2 件、陶口沿 1 件、铜矛 1 件、铜剑 1 件、铜镞 6 件、铜斧 1 件、铜锄明器 1 件、铜铲明器 1 件、铜扣饰 1 件；第④层仅有陶豆 1 件；第⑤层有陶尊 1 件、铜扣饰 1 件（图 3-204A）。

1. 陶器　7 件。

尊　1 件。

M20⑤：1，夹砂极细，黑色、褐色相间。尖唇，喇叭口，斜弧颈，溜肩。素面。轮制，规整，外壁抹平，内壁抹光，内外壁均施褐色陶衣，大部分脱落。口径 16.7、残高 11 厘米（彩版一一一，1）。

釜　2 件。

M20①：9，夹细砂，黑褐色、浅褐色相间。圆鼓腹，圜底。素面。轮制，规整，内外壁抹平，口、腹交接处抹平一周。

M20①：10，夹粗砂，夹白色细小掺和料颗粒，内壁灰黑色，器表浅黄色、灰色相间。盘口，弧颈，圆鼓腹，圜底。素面。轮制，规整，内外壁抹平，器表及口沿内壁施褐色陶衣，大部分脱落，断面及器表因夹砂而显粗糙。长 11.35 厘米（图 3-204B，1）。

豆　3 件。

M20①：8，夹细砂，灰褐色、橙黄色相间。喇叭口形矮圈足。轮制，规整，圈足内壁可见轮修细弦纹。内外壁抹平，内外壁施褐色陶衣，大部分脱落。足径 8、残高 3.1~3.6 厘米（图 3-204B，2）。

M20①：11，泥质，夹较多极细白色掺和料颗粒，口及腹部灰黑色，圈足外壁浅褐色。圆唇，厚沿，浅腹，圈足。素面。轮制，规整，内外壁抹平，施褐色陶衣，大部分脱落，胎厚。残长 12 厘米

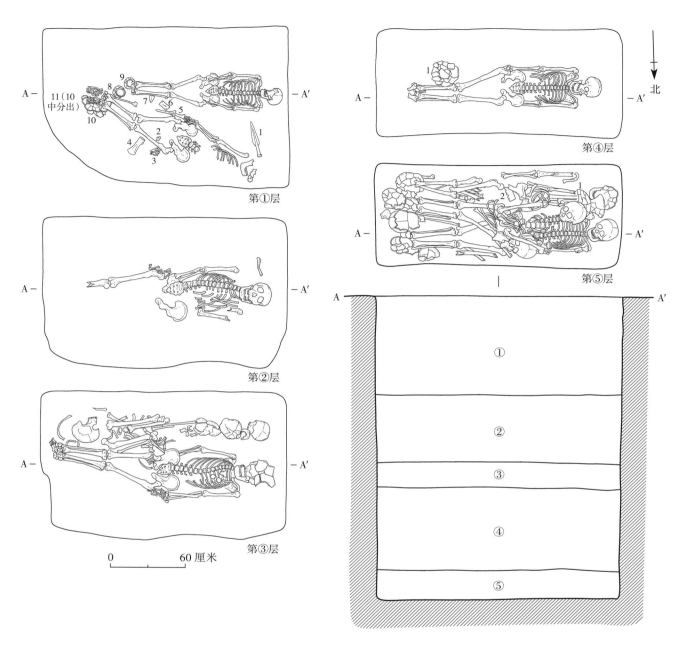

图 3-204A　06M20 平、剖面图

第①层：1. 铜矛　2. 铜扣饰　3. 铜镞　4. 铜斧　5. 铜剑　6. 铜铲明器　7. 铜锄明器　8、11. 陶豆　9、10. 陶釜

第④层：1. 陶豆

第⑤层：1. 陶尊　2. 铜扣饰

（图 3-204B，3）。

M20④：1，夹细砂，外壁黑色，圈足内壁黑色、浅褐色相间。尖唇，敛口，弧腹，喇叭口形高圈足。素面。轮制，规整，圈足外壁可见轮修弦纹。内外壁抹平，内外壁均施褐色陶衣，较厚，大部分脱落。口径 16.52、足径 16.14、高 14.71 厘米（图 3-204B，4；彩版——一，2）。

口沿　1件。

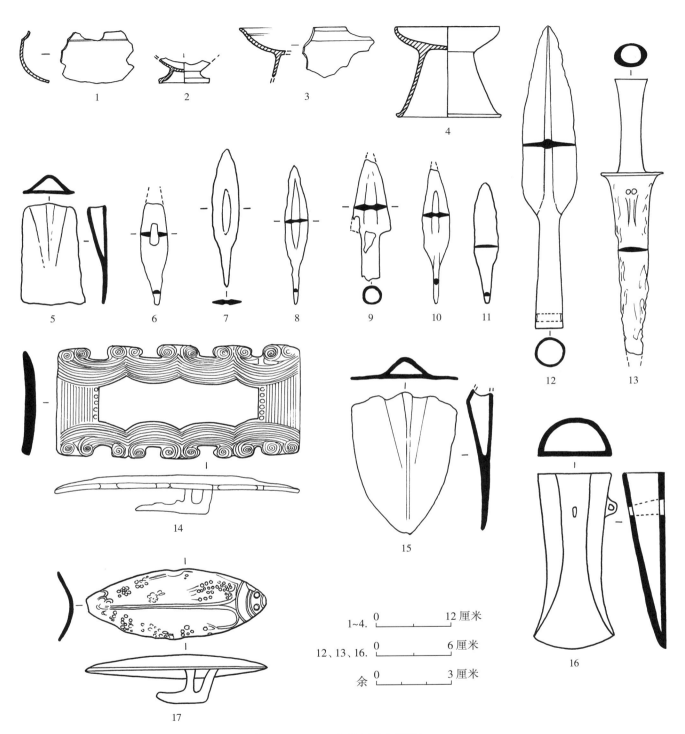

图 3-204B 06M20 出土器物

1. 陶釜 M20①：10 2. 陶豆 M20①：8 3. 陶豆 M20①：11 4. 陶豆 M20④：1 5. 铜铲明器 M20①：6 6. 铜镞
M20①：3-6 7. 铜镞 M20①：3-2 8. 铜镞 M20①：3-4 9. 铜镞 M20①：3-5 10. 铜镞 M20①：3-3 11. 铜镞
M20①：3-1 12. 铜矛 M20①：1 13. 铜剑 M20①：5 14. 铜扣饰 M20⑤：2 15. 铜锄明器 M20①：7 16. 铜斧
M20①：4 17. 铜扣饰 M20①：2

M20①：10-1，泥质灰黑陶，夹白色掺和料颗粒。圆唇，侈口。轮制，器表抹平，内壁略粗糙。

2. 铜器 13 件。

矛 1 件。

M20①：1，空心圆骹，骹口下，两侧对称各有一穿孔，形制不规整。宽柳叶形矛叶，中线起脊，凸棱明显。矛叶底部，两面中线处各有一长条形穿孔。基本完整，骹口边缘稍残。总长25.1、骹口径2.3、矛叶长15.9、宽4.52厘米（图3-204B，12；彩版一〇九，4）。

剑 1 件。

M20①：5，椭圆空心茎，茎首残，可能为喇叭形。一字格。剑身扁平，底部两面饰阴线纹饰，锈蚀不清；两侧刃较残。残长22.8、茎残断处直径2.09~2.46、格长4.79、格宽1.59、剑身底部厚0.46厘米（图3-204B，13；彩版一〇九，5）。

镞 6 件。

M20①：3-1，窄长扁平柳叶形镞身，镞身两侧不对称。细长实心铤，铤与镞身无明显分界。铤末端由两侧向内卷曲成细条状。长5.02、宽0.98、镞身厚0.13、铤径约0.17厘米（图3-204B，11；彩版一一〇，1）。

M20①：3-2，柳叶形扁平镞身，两面中线为血槽。细长实心铤，与镞身无明显分界。合范铸造，镞身经打磨，刃、锋均锋利；铤部两侧范线明显。长5.68、宽1.18、厚0.12厘米（图3-204B，7；彩版一一〇，2）。

M20①：3-3，柳叶形扁平镞身，两面中线为血槽，一面较浅。细长实心圆铤，器形规整。长5.65、宽1.16、镞身厚0.16、铤径约0.24厘米（图3-204B，10；彩版一一〇，3）。

M20①：3-4，窄长扁平柳叶形镞身，两面中线为血槽，较宽。细长实心铤。基本完整，两侧刃稍残。长5.65、宽0.94、厚0.11厘米（图3-204B，8；彩版一一〇，4）。

M20①：3-5，三角形扁平镞身，两面中线大部分为血槽；镞身底部一侧为折角，另一侧呈倒刺状，可能铸造时铜液流淌不均所致；锋残断不存。空心圆铤，一面近镞身处有一穿孔，形制不规则；铤一面中线起脊，末端或为方形，残断，情况不明。铤部两侧范线明显。残长4.91、镞身宽1.57、厚0.25、铤径0.76~0.82厘米（图3-204B，9；彩版一一〇，5）。

M20①：3-6，柳叶形扁平镞身，镞身上半部残断不存，下半部中央为椭圆形穿孔。细长实心铤，与镞身无明显分界，末端残断不存。铤一面见木或竹类物质的残痕，可能原来装有箭杆。残长4.26、宽1.27、厚0.12厘米（图3-204B，6）。

斧 1 件。

M20①：4，长条形。半圆空心銎，束腰，单面弧刃，较宽。銎口下一侧有单系；正面中部偏上的中线上有一椭圆形穿孔；刃面光亮。背面平，有一穿孔，与正面的穿孔位置稍有偏离。长14.54、銎口长6、宽3.3、刃宽5.96、銎口处底面的壁厚0.48厘米（图3-204B，16；彩版一一〇，6）。

锄明器 1 件。

M20①：7，平面呈尖叶形。肩部平直，两侧折角明显。正面上部中央凸起三角形空心銎，銎口边缘不平直，未经打磨。两侧刃缘薄，有较明显的刃面，下部内收成尖。背面平，未经打磨。长5.57、顶宽 4.21、銎口长 1.78、宽 1.02、器体厚约 0.12 厘米（图 3-204B，15）。

铲明器 1 件。

M20①：6，平面呈梯形。正面上部中央凸起三角形空心銎，至器体中部分两叉，呈凸棱状，指向刃两侧。平刃。背面平。两侧刃较平直，边缘均未经打磨。长 4.1、顶宽 1.92、銎口宽 0.82、刃宽 2.59、器体厚 0.16 厘米（图 3-204B，5）。

扣饰 2 件。

M20①：2，平面呈蝉形。正面凸起，以阴线表现蝉的口、眼、头、翼等，形态逼真。背面有一横扣。基本完整，边缘稍残。长 7.25、宽 3.07、高 1.87、横扣长 2.12 厘米（图 3-204B，17；彩版一一○，7）。

M20⑤：2，平面呈长方形。正中平行于长轴方向有凸棱，凸棱上下对称饰平行重线弧线纹，上下边缘各有五对浪花纹；两侧面为平行直线纹，内侧各为一行小圆点纹。背面有一横扣。长 9.38、宽 4.97、横扣长 2.84 厘米（图 3-204B，14；彩版一一○，8）。

（一四）M21

长方形土坑竖穴墓，墓向 170°，打破 M12，北壁及墓室北端被水池破坏。墓坑长 1.94、宽 0.7、深 0.99 米。未见人骨及葬具。随葬品仅有铜骹铁矛 1 件。

铜铁合制器 1 件。

铜骹铁矛 1 件。

M21：1，铜质空心骹，骹口近圆形。骹中部剖面为菱形，凸棱明显，下部渐收；骹口边缘残，下饰四周凸棱纹，两侧的凸棱上对称各有一倒三角形穿孔。下接铁质矛叶，矛叶下部细长，剖面为椭圆形，前端渐宽扁，残。铜铁部分似为铸接而成。残长 22.5、骹口径约 2.3、矛叶宽 2.49 厘米，骹底部剖面对角线长 1.7、1.55 厘米（图 3-205；彩版一一一，3）。

（一五）M22

长方形土坑竖穴墓，墓向 165°，墓口被扰乱，被 M23 打破。墓坑长 2.3、宽 0.8、深 1 米。西壁、北壁有二层台，西壁二层台长 2.3、宽 0.2、高 1.15 米，北壁二层台长 0.8、宽 0.15、高 0.15 米。未见人骨及葬具。随葬品有陶单耳罐 1 件、陶釜 1 件、铜矛 1 件、铜镞 1 件、铜锄 1 件、铜釜 1 件、铜带钩 1 件、铜环 2 件、五铢钱 2 件、环首铁刀 1 件、残铁器 1 件、绿松石扣 1 件，并在填土中有绿松石珠 1 件、孔雀石珠 1 件。

1. 陶器 2 件。

单耳罐 1 件。

M22：8，夹细砂，黑色、红褐色相间。圆唇，短弧颈，溜肩，鼓腹，圜底，单宽耳。素面。轮制，规整，颈部外壁可见轮修弦纹。内外壁抹平，内外壁均施黄色陶衣，大部分脱落。口径 7.8、高 8.56 厘米（图 3-206，1；

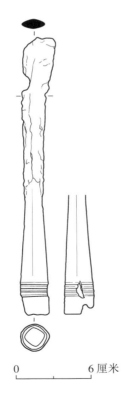

0   6 厘米

图 3-205 06M21 出土
铜骹铁矛

M21：1

彩版一一一，5）。

釜　1件。

M22：15，夹粗砂黑褐陶。平唇，出沿，盘口，唇部下方2.5厘米处起一周凸棱，弧颈，鼓腹，圜底。轮制，规整，内外壁抹平，内外壁均施黄褐色陶衣，因陶衣较厚内外壁略显粗糙（彩版一一一，6）。

2. 铜器　9件。

矛　1件。

M22：1，空心圆骹，骹中部有一周凸棱，凸棱剖面近半圆形；骹口下一面有一圆形穿孔，另一面残。骹与矛叶呈八字相交。窄长矛叶，前端内收成锋；中线起脊，剖面为菱形；一侧刃缘较残。长30、骹口径2.6、矛叶宽2.67厘米（图3-206，10；彩版一一一，4）。

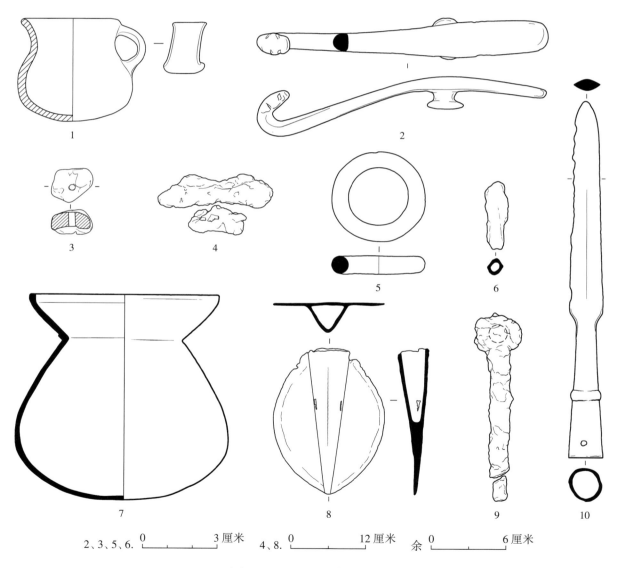

图3-206　06M22出土器物

1. 陶单耳罐 M22：8　2. 铜带钩 M22：5　3. 绿松石扣 M22：12　4. 残铁器 M22：11　5. 铜环 M22：4　6. 铜镞 M22：2
7. 铜釜 M22：9　8. 铜锄 M22：10　9. 环首铁刀 M22：3　10. 铜矛 M22：1

镞　1件。

M22：2，扁平镞身，残甚，形制不明。空心铤，铤两侧及一面中线起脊较明显，铤残。残长2.89、宽0.94、铤径0.7~0.77厘米（图3-206，6）。

锄　1件。

M22：10，平面呈尖叶形，溜肩，最大径位于器体中部，两侧刃圆弧。正面正中为三角形空心銎，銎中部两侧各有一穿孔，一侧为倒三角形，另一侧为长条形。背面平，中线近銎口处有三个穿孔，形制不规则。銎口边缘较平直，与肩部水平。长24、宽18、銎口长6.78、宽4.93、器体厚0.3厘米（图3-206，8；彩版一一三，1）。

釜　1件。

M22：9，宽折沿，沿面内凹，垂腹，圜底。腹与底部交界处有折棱。合范铸造，两侧外壁及底部范线明显。器表有较多小补丁。口径15.3、腹径17.5、高17.5厘米（图3-206，7；彩版一一三，2）。

带钩　1件。

M22：5，长条状，横剖面为半圆形。一端渐宽扁，另一端渐窄厚，向后弯曲形成钩，钩末端两侧各有一小凹槽。宽扁端的背面有一圆形钮座，面平。长11.65、钮座处高1.32、宽1.44、钮座直径1.44~1.75厘米（图3-206，2；彩版一一二，1）。

环　2件。

M22：4，器体较粗，剖面近圆形。器形规整。部分表层脱落。外径3.84、内径2.47、厚0.7厘米（图3-206，5；彩版一一二，2）。

M22：7，器体较粗，剖面为椭圆形。器形规整。外径3.99~4.07、内径2.82、厚0.59厘米（彩版一一二，3）。

五铢钱　2件。

M22：6-1，共8枚。外径基本一致。有外郭。"五"字呈两线交叉状，较斜直。直径约2.55厘米（彩版一一二，4）。

M22：6-2，共13枚。外径基本一致。有外郭。"五"字呈两个马蹄相对状。直径约2.62厘米（彩版一一二，5）。

3. 铁器　2件。

环首刀　1件。

M22：3，椭圆形首，细长条形刃，残断。残长15.6、刃宽约1.8、环首直径3.85厘米（图3-206，9）。

残铁器　1件。

M22：11，扁平条状，似有刃，表面附着铜片。锈蚀严重，器形不明。长约18.5厘米（图3-206，4）。

4. 绿松石器　2件。

扣　1件。

M22：12，平面呈椭圆形，有一穿孔，两面没有对穿。通体打磨光亮。长1.64、孔径0.27厘米（图

3-206，3；彩版一一二，6）。

珠 1件。

M22：13（T），共5枚，大小不等（彩版一一二，7）。

5. 孔雀石器 1件。

珠 1件。

M22：14（T），有若干枚，大小不等（彩版一一三，4）。

（一六）M23

长方形土坑竖穴墓，墓向165°，墓口被后期耕作破坏严重，打破M22。墓坑长1.72、宽0.8、残深0.1米。人骨腐朽严重。未见葬具。随葬品有玛瑙珠1件、绿松石扣1件。

1. 玛瑙器 1件。

珠 1件。

M23：2，白色。中间有穿孔，基本完整。直径1.19、孔径0.23、高0.66厘米（图3-207，1；彩版一一三，3）。

2. 绿松石器 1件。

扣 1件。

M23：1，平面呈三角形，中间有一穿孔。通体打磨光亮。基本完整。长1.18厘米（图3-207，2；彩版一一三，5）。

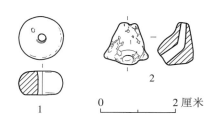

图3-207 06M23出土器物
1. 玛瑙珠 M23：2 2. 绿松石扣 M23：1

（一七）M24

长方形土坑竖穴墓，墓向160°，墓口被后期耕作破坏严重。墓坑长2、宽0.66、深1.39米。人骨腐朽严重。未见葬具。随葬品有陶纺轮1件、铜镞1件、绿松石扣1件。

1. 陶器 1件。

纺轮 1件。

M24：1，夹砂极细，一面灰黑色，一面浅褐色。算珠形，器身中部起一周凸棱，一面边缘略凸，中部钻圆孔。素面。轮制，规整，器表抹平。仅存一半。复原直径3.9、孔径0.4、厚1.1厘米（图3-208，1）。

2. 铜器 1件。

镞 1件。

M24：3，扁平镞身，空心圆铤，残甚。仅存镞身与铤交界部分。残长1.59、铤径0.6~0.7、镞身厚0.22厘米。

3. 绿松石器 1件。

扣 1件。

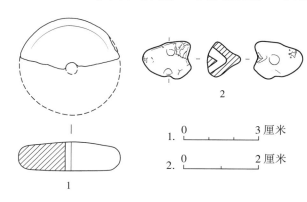

图3-208 06M24出土器物
1. 陶纺轮 M24：1 2. 绿松石扣 M24：2

M24：2，平面呈圆角三角形，正面中心有尖状凸起。背面正中有两穿孔，斜钻对穿。通体打磨光亮。基本完整。长1.2、高0.89厘米（图3-208，2；彩版一一三，6）。

（一八）M27

长方形土坑竖穴墓，墓向200°，墓口被扰乱严重。墓坑长2.4、宽0.63、深1.3米。未见人骨、葬具及随葬品。

（一九）M28

长方形土坑竖穴墓，墓向200°，墓口被扰乱严重，被M29打破。墓坑长2.2、宽0.6、深1.3米。未见人骨、葬具及随葬品。

（二〇）M29

长方形土坑竖穴墓，墓向200°，墓口被扰乱严重，并打破M28。墓坑长1.6、宽0.7、深1.3米。未见人骨、葬具及随葬品。

（二一）M30

长方形土坑竖穴墓，墓向140°，墓口被扰乱严重。墓坑长2、宽0.8、深1.2~1.35米。未见人骨及葬具。随葬品仅有陶侈口罐1件。

陶器 1件。

侈口罐 1件。

M30：1，夹细砂，黑色、灰褐色、橙红色相间。尖唇，口微侈，溜肩，圆鼓腹，平底。素面。轮制，腹部内壁可见明显轮修细弦纹。外壁、口沿及腹部内壁抹平，内底粗糙，器表及口沿内壁施黄色陶衣，大部分脱落，胎薄，器表因陶土夹砂略显粗糙（彩版一一四，1）。

（二二）M31

长方形土坑竖穴墓，墓向220°。墓坑长2.65、宽0.75、深1.15米。墓底有人骨一具，侧身直肢，面向西。未见葬具。随葬品仅有陶纺轮1件，并在填土中有铜锄明器1件、铜铲明器1件、铜骹铁矛1件、铜柄铁剑1件、砺石1件、骨管1件。

1. **陶器** 1件。

纺轮 1件。

M31：1，夹粗砂，黑褐色、橙黄色相间。圆饼形，中部钻圆孔。素面。轮制，规整，器表抹平，器表因陶土夹粗砂而略粗糙。直径4.7、孔径0.5、厚1.4厘米（图3-209，1；彩版一一四，6）。

2. **铜器** 2件。

锄明器 1件。

M31：2（T），平面呈尖叶形，斜肩，折角明显，两侧刃斜直。正面中央凸起空心銎，近三角

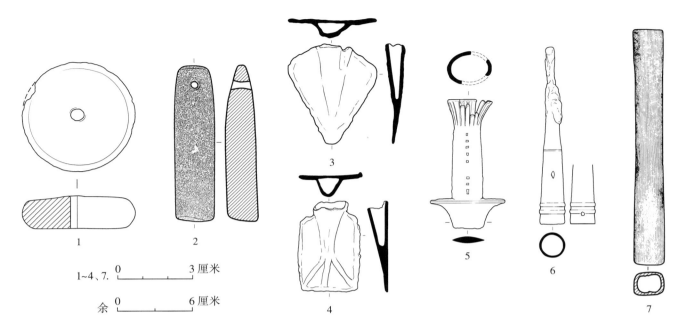

图 3-209　06M31 出土器物

1. 陶纺轮 M31：1　2. 砺石 M31：7（T）　3. 铜锄明器 M31：2（T）　4. 铜铲明器 M31：3（T）　5. 铜柄铁剑 M31：4（T）
6. 铜骹铁矛 M31：5（T）　7. 骨管 M31：6（T）

形，近銎口边缘较圆弧。背面平。长 4.01、宽 3.52、銎口长 1.29、宽 0.68、器体厚约 0.13 厘米（图
3-209，3）。

铲明器　1 件。

M31：3（T），平面呈长方形，肩部与刃部基本同宽，正面中央凸起三角形空心銎，銎口高于肩部。
銎至下部分三叉。背面平。长 3.75、宽 2.45、銎口长 0.96、宽 0.84、器体厚约 0.12 厘米（图 3-209，4）。

3. 铜铁合制器　2 件。

铜骹铁矛　1 件。

M31：5（T），铜质空心骹，骹口下两侧对称各有一穿孔，一侧为椭圆形，另一侧为圆形；穿孔
下有两周凸棱纹，骹中部还有一菱形穿孔。骹下部渐收，接铁质矛叶，矛叶为细长条状，锈蚀严重，
前端残断不存。残长 14.61、骹口径 1.99 厘米（图 3-209，6；彩版一一四，3）。

铜柄铁剑　1 件。

M31：4（T），扁圆空心茎，喇叭口茎首；茎首表面饰竖条状镂孔，稍残；茎两面中线对称饰一
列小方镂孔，两侧起脊明显。一字格，铁质剑身残断不存。铜、铁部分焊接而成。残长 10.65、茎首
直径 3.52、格长 5.96 厘米（图 3-209，5；彩版一一四，2）。

4. 石器　1 件。

砺石　1 件。

M31：7（T），圆柱形，上端有一圆形穿孔，下端较宽。长 6.48、宽 1.59、厚 1.24 厘米（图 3-209，
2；彩版一一四，5）。

5. 骨器　1件。

管　1件。

M31：6（T），剖面近长方形，形制较规整。利用动物肢骨的骨干部分制成，两端茬口基本修整光滑。器表因铜锈渗透，部分呈绿色。长9.79、宽1.24厘米（图3-209，7；彩版一一四，4）。

（二三）M36

长方形土坑竖穴墓，墓向110°，墓口被扰乱，被M39打破，并打破M35、M48。墓坑长2.3、宽0.8、深1.72米。墓底中部有腰坑，长1.24、宽0.49、深0.2米。未见人骨及葬具。随葬品有陶纺轮1件、铜扣饰1件、铜钏1件、铜骹铁矛2件、铜柄铁剑2件、绿松石扣1件。

1. 陶器　1件。

纺轮　1件。

M36：3，夹细砂灰黑陶。圆饼形，圆孔偏一侧。素面。器表抹平，施褐色陶衣，大部分脱落。直径4.2、孔径0.45、厚1.2厘米（图3-210，1）。

2. 铜器　2件。

扣饰　1件。

M36：4，平面呈圆形，残甚。浅盘状，中心镶嵌红色圆锥状玛瑙，周围为镶嵌孔雀石片的环带，背后有一横扣。尺寸不明。

钏　1件。

M36：2，完整或基本完整的共8件，另有残件，至少属于2件。镯面宽窄不一，正面均内凹，素面，上下缘平。部分上缘径略小于下缘径。最大的一件外径7.4、镯面宽1.5厘米，最小的一件外径6、镯面宽0.8厘米（彩版一一五，1~3）。

3. 铜铁合制器　4件。

铜骹铁矛　2件。

M36：1，铜质空心骹，骹口下饰一周凸棱纹；凸棱纹上，两侧对称各有一倒三角形穿孔；骹下部剖面为菱形。铁质矛叶残断不存。残甚，无法拼对复原。尺寸不明。

M36：6，铜质空心骹，骹口近圆形，稍残；以下部分四棱凸出，剖面为菱形；骹口下饰四周凸棱纹，两侧对称各有一穿孔，一侧为倒三角形，另一侧形制不规整；骹中部，一面的中线处有一穿孔。骹下部焊接铁质矛叶，矛叶下端呈扁圆条状，剖面为椭圆形；上部渐宽扁，近三角形，锋残。残长19.2、骹长9、骹口径2.2、矛叶下端长6.34、直径1.24~1.45、上端宽2.3、厚0.71厘米（图3-210，3）。

铜柄铁剑　2件。

M36：5，扁圆茎，蕈形茎首，茎首表面有凸起，凸起周围附铁锈；茎表面布满排列整齐的小圆凸点纹，上下各以两周凸棱纹间以小圆凸点纹作为界线。长格，两面饰圆圈纹、小圆凸点纹、三角形纹等，组成对称几何纹饰；两侧各有三个凸起，完整的两个呈圆弧状，另四个凸起残。格下为铁质剑身，宽扁。锋表面有木鞘痕迹。总长52、茎长7.6、茎首直径3.29~4.14、格长10.09、宽4.18、

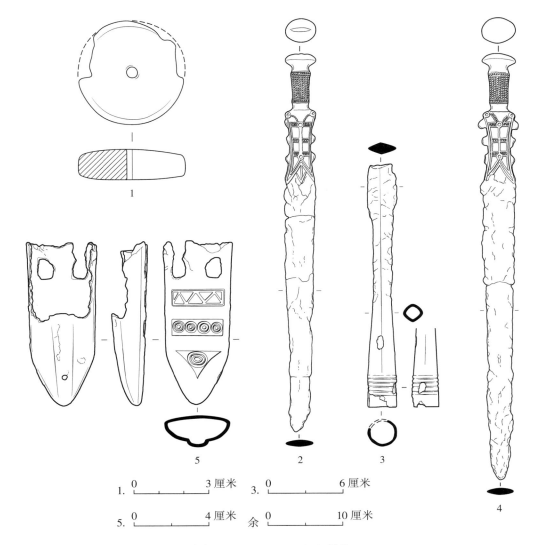

图 3-210　06M36 出土器物

1. 陶纺轮 M36：3　2. 铜柄铁剑 M36：5　3. 铜骹铁矛 M36：6　4. 铜柄铁剑 M36：8-1　5. 铜镖 M36：8-2

剑身厚约 0.8 厘米（图 3-210，2；彩版一一五，4）。

M36：8，扁圆茎，蕈形茎首，茎首表面有凸起，凸起周围附铁锈；茎表面布满排列整齐的小圆凸点纹，上下各以两周凸棱纹间以小圆凸点纹作为界线。茎两侧范线较明显，表面有补铸痕迹。长格，两面饰圆圈纹、小圆凸点纹、三角形纹等，组成对称几何纹饰；两侧各有三个凸起，完整一个的呈圆弧状，另五个凸起残。格下为铁质剑身，宽扁。锋表面有木鞘痕迹。镖平面呈圭首形，銎近圆角六边形，正面中线起脊明显，脊较宽；中线近尖侧有一小穿孔。背面中线微隆起，饰重线圆圈纹、三角形纹等，近銎口处并列两个方形穿孔（彩版一一五，5）。M36：8-1，剑总长 58、茎长 8.06、茎首直径 3.53~4.43、格长 9.5、格宽 5.33、剑身厚 0.85 厘米（图 3-210，4）；M36：8-2，镖长 9、宽 3.72、高 1.83 厘米（图 3-210，5）。

4. 绿松石器　1 件。

扣　1 件。

M36：7，平面呈圆角长方形，正面中心有尖状凸起。背面正中有两穿孔，斜钻对穿。通体打磨光亮。基本完整。

（二四）M37

长方形土坑竖穴墓，墓向150°，墓口被扰乱。墓坑长2、宽0.8、深2米。墓壁经修整，规整平滑。墓底西壁有南北向二层台，长1.2、宽0.2、高0.8米。墓底北部有一腰坑，长1.2、宽0.5、深0.2米。在腰坑中发现人骨，但腐朽严重，无法提取，葬式不明。未见葬具。随葬品有陶釜1件、陶纺轮1件、铜剑1件、铜锄明器1件、铜铲明器2件、砺石1件。

1. 陶器　2件。

釜　1件。

M37：5，夹细砂，黑色、褐色、橙黄色相间。尖唇，侈口，短斜直颈，溜肩，鼓腹，圜底。素面。轮制，规整，内外壁抹平，均施浅灰色陶衣，较厚，局部脱落，器表因陶衣较厚而显粗糙。口径13.4、腹径13.8、高8.6厘米（图3-211，1；彩版——六，1）。

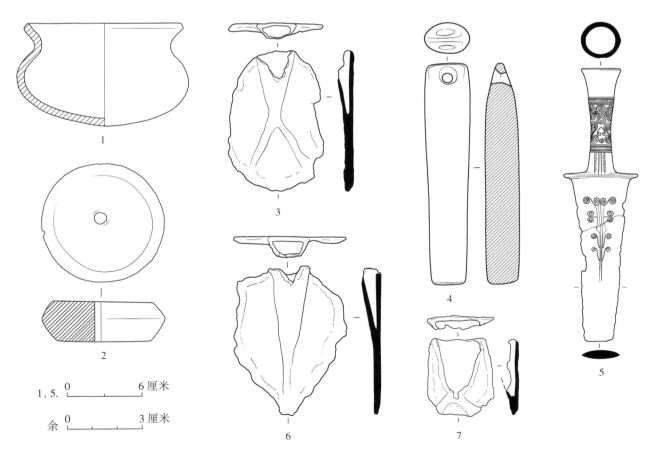

图 3-211　06M37 出土器物

1. 陶釜 M37：5　2. 陶纺轮 M37：1　3. 铜铲明器 M37：7　4. 砺石 M37：3　5. 铜剑 M37：6　6. 铜锄明器 M37：4　7. 铜铲明器 M37：2

纺轮 1件。

M37：1，夹细砂，黑褐色、橙红色相间。算珠形，器身中部起一周凸棱，圆孔偏一侧。素面。规整，器表抹平，施黄色陶衣，大部分脱落。直径5、孔径0.5、厚1.7厘米（图3-211，2；彩版一一六，2）。

2. 铜器 4件。

剑 1件。

M37：6，空心圆茎，中部内收；喇叭口茎首，茎首内缘内勾；茎两面对称饰重线S形纹，上下以双线间以小三角形点纹为界线；近格处两面饰竖线纹及锯齿纹。一字格，宽扁剑身，斜直刃，锋利，锋残断不存。剑身底部两面对称饰阴线树形卷云纹。残长22.4、茎长8.46、茎首直径2.96、格长5.85、格宽1.68、剑身厚约0.4厘米（图3-211，5；彩版一一五，6）。

锄明器 1件。

M37：4，平面呈尖叶形，斜肩，正面上部凸起三角形空心銎，不及底；背面平。边缘较残。长约6.17、宽4.5、銎口长1.5、宽0.6、器体厚0.29厘米（图3-211，6）。

铲明器 2件。

M37：2，平面近梯形，正面应为空心銎，残；銎下似分两叉。背面平。残长3.08、顶宽2.12、底残宽2.58厘米（图3-211，7）。

M37：7，正面上部为三角形空心銎，至中部分两叉，至刃两角。背面平。边缘残，形制不明。残长5.81、残宽3.8、銎口长1.57厘米（图3-211，3）。

3. 石器 1件。

砺石 1件。

M37：3，灰红色。圆柱形，上端有一圆形穿孔，下端较窄。长9.05、宽1.8、厚1.33厘米（图3-211，4；彩版一一六，3）。

（二五）M38

梯形土坑竖穴墓，墓向145°，墓口被扰乱。墓坑长2、宽0.75~1、深0.75米。未见人骨、葬具及随葬品。

（二六）M39

长方形土坑竖穴墓，墓向110°，墓口被扰乱，打破M36、M48、M49、M50。墓坑长2.5、宽0.8、深2.7米。墓底中部有一腰坑，腰坑内填充纯净青膏泥，长1.97、宽0.4~0.5、深0.27米。腰坑内有少量碎骨。未见葬具。随葬品均出土于腰坑中，有铜矛2件、铜镞3件、铜削1件、铜锄明器1件、铜铲明器1件。

铜器 8件。

矛 2件。

M39：1，空心圆骹，骹口下两侧对称各有一圆形穿孔。骹表面饰阴线纹饰，以重线为分界线，呈环带状分布，共五组，从上至下，第一组为重线连续菱形纹，第二组为重线绞索纹，第三、四组为重线螺旋纹，第五组为上下相对的小三角形纹。三角形矛叶，底部两侧折角明显，中线起脊，近底部的中线上，两面各有一长条形镂孔。锋稍残。残长 16.5、骹口径 2、矛叶宽 3.39、厚 0.2~0.96 厘米（图 3-212，1；彩版一一六，4）。

　　M39：6，空心圆骹，残；一面近矛叶处有一穿孔，形制不规整。矛叶短小，底部折角明显；中线起脊，剖面为菱形，锋残。残长 7.47、矛叶宽 2.17 厘米（图 3-212，2）。

　　镞　3 件。

　　M39：5-1，扁平镞身，中线起脊；一侧刃残，锋残。细长实心铤。残长 3.21、镞身残宽 0.74、厚 0.2、铤宽 0.24 厘米（图 3-212，4）。

　　M39：5-2，扁平镞身，一面中线起脊；两侧刃残，锋残。实心细长铤，铤两侧有范错位后留下的范线。残长 2.58、残宽 0.71、厚 0.2 厘米（图 3-212，5）。

　　M39：5-3，扁平镞身，剖面近梯形，刃及锋残。铤残断不存，形制不明。残长 2.33、残宽 0.84、厚 0.16 厘米（图 3-212，6）。

　　削　1 件。

　　M39：3，椭圆空心銎，鸭嘴形銎口；銎口下背侧有一凸起，似为系，未穿透，残；銎表面有阴线纹饰，能辨清的有螺旋纹。柄部上缘与刃部背侧在一条直线上。刃斜直，锋残。残长 17.4、銎口径 1.43~2.11、刃残长 9.05、背侧厚 0.27~0.81 厘米（图 3-212，3；彩版一一六，5）。

　　铲明器　1 件。

　　M39：4，平面呈尖叶形，一侧肩部残。正面中线凸起三角形空心銎，銎内残存木柄。背面平。

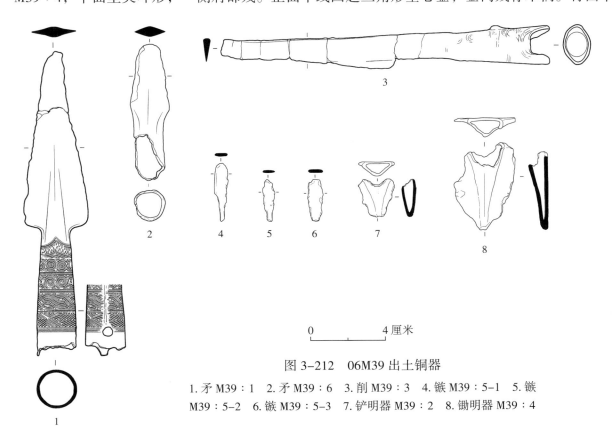

0 ——— 4 厘米

图 3-212　06M39 出土铜器

1. 矛 M39：1　2. 矛 M39：6　3. 削 M39：3　4. 镞 M39：5-1　5. 镞
M39：5-2　6. 镞 M39：5-3　7. 铲明器 M39：2　8. 锄明器 M39：4

残长 4.8、残宽 3.13、銎口宽 1.07、器体厚 0.17 厘米（图 3-212，8）。

铲明器 1 件。

M39：2，残甚，仅存三角形空心銎（因为锄、铲明器多同出，因此推测此件为铲）。残长 2.05、宽 1.87、高 0.76 厘米（图 3-212，7）。

（二七）M40

长方形土坑竖穴墓，墓向 135°，墓口被扰乱。墓口长 2.1、宽 0.7 米，墓底长 2、宽 0.6 米，深 0.6~0.76 米。墓底及墓壁发现青膏泥残迹。未见人骨及葬具。随葬品有铜矛 1 件、铜笄 1 件、漆木器 1 件。

1. 铜器 2 件。

矛 1 件。

M40：1，扁圆空心骹，鸭嘴形骹口，一侧残；骹口下，一侧有系，另一侧残；骹两侧起脊明显。矛叶窄长，中线起脊，剖面近菱形，两侧刃斜直，刃缘残，矛叶底部两面各有一小穿孔。残长 16.3、骹长 7.98、骹口径 1.39、矛叶宽 2.26 厘米（图 3-213，1）。

笄 1 件。

M40：2，细长条状，剖面近圆形，一端稍弯曲，另一端残。残长 19.1、直径 0.3 厘米（图 3-213，2；彩版一一六，6）。

2. 木器 1 件。

漆木器 1 件。

M40：3，残存 10 块残渣，器形、尺寸不明。

（二八）M41

长方形土坑竖穴墓，墓向 140°，打破 M42、M43。墓坑长 2.55、宽 0.8~1.5、深 1.2 米。墓底中部有一腰坑，长 1.3、宽 0.44、深 0.7 米。填土中有少量碎骨。未见葬具。随葬品有铜矛 1 件、铜錾 1 件。

铜器 2 件。

矛 1 件。

M41：1，空心圆骹，骹口下两面各有一圆形穿孔。短小矛叶，中线起脊，为空心骹之延续，剖面近菱形；矛叶底部，两面中线处各有一小穿孔。合范铸造，骹两侧留有范线痕迹，经

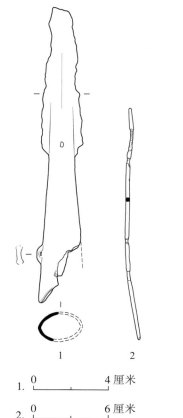

图 3-213　06M40 出土铜器
1. 矛 M40：1　2. 笄 M40：2

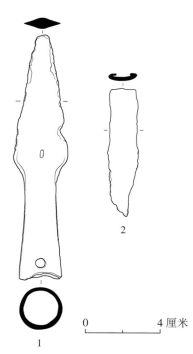

图 3-214　06M41 出土铜器
1. 矛 M41：1　2. 錾 M41：2

打磨，但未完全打磨平整。骹内残存木柲痕迹。刃缘及锋稍残。残长 13.37、骹口径 2.2、矛叶长约 7.84、宽 2.89、厚 0.31~1.09 厘米（图 3-214，1）。

錾 1件。

M41：2，扁平条状，顶面平。器体一面微弧，上部两侧向背侧卷曲，下部较薄，残。残长 6.95、顶宽 1.41、厚 0.14~0.49 厘米（图 3-214，2）。

（二九）M42

长方形土坑竖穴墓，墓向 135°，墓口被扰乱，被 M41 打破。墓坑长 2、宽 0.58~0.68、深 0.94~1.03 米。填土中有少量人骨。未见葬具。随葬品有铜矛 1件、铜剑 1件、铜斧 1件、铜扣饰 1件、铜骹铁矛 1件。

1. 铜器 4件。

矛 1件。

M42：3，空心圆骹，近骹底部四棱渐凸起，剖面为菱形。骹底部两面有错位。骹口下饰三周凸棱纹，两侧凸棱纹上对称各有一三角形穿孔，骹一面中部有较大的裂隙。矛叶短小，分两段，下段细长，中线起脊，剖面为菱形；上段为宽扁短小的圭首形，中线起脊，一侧刃稍残。合范铸造，范稍错位。总长 13.4、骹长 7.9、骹口径约 2、矛叶长 5.5、宽 0.9~2.14、厚 0.26~0.62 厘米（图 3-215，1）。

剑 1件。

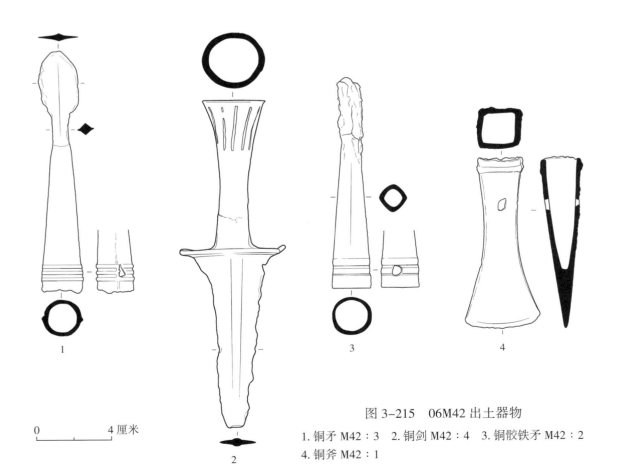

0   4厘米

图 3-215　06M42 出土器物

1. 铜矛 M42：3　2. 铜剑 M42：4　3. 铜骹铁矛 M42：2
4. 铜斧 M42：1

M42：4，椭圆空心茎，喇叭口茎首；茎首表面饰竖条状镂孔，茎表面粉化较严重，是否有纹饰不明。一字格。剑身较短，中线起脊，凸棱较明显；两侧刃稍残，锋残。合范铸造，茎两侧范线经打磨。残长 17.9、茎长 7.84、茎首直径 3.15~3.35、茎宽 1.5、茎厚 1.3、格长 5.74、格宽 1.35、剑身厚 0.32~0.4 厘米（图 3-215，2；彩版一一七，1）。

斧 1 件。

M42：1，空心方銎，瘦长器身，微束腰，双面微弧刃，较宽。銎口下饰一周凸棱纹。器体两面上部正中对称各有一穿孔，大小不一，形制不规整。器体两侧有凸棱，为铸造遗留的范线，经大致打磨。长 9.4、銎口径 2.47~2.79、刃宽 4.6 厘米（图 3-215，4；彩版一一七，2）。

扣饰 1 件。

M42：5，平面呈圆形，正面略内凹，呈浅盘状，饰六周小圆点纹，圆点大小不一，排列整齐。背后有一横扣，残。扣饰边缘残。表面附有少量黑色粉末状物质。直径约 5.24、高 1.45、横扣残长 1.93、宽 0.77 厘米。

2. 铜铁合制器 1 件。

铜骹铁矛 1 件。

M42：2，铜质骹，骹口近圆形，以下四棱渐凸出，剖面为菱形。骹口下饰两周凸棱纹，较宽；近骹口的凸棱上，两侧对称各有一穿孔，形制不甚规整。骹中部残。铁质矛叶细长，剖面近菱形，锈蚀，前端残断不存。铜质骹与铁质矛叶可能铸接而成。骹表面打磨光滑，范线基本不存。残长 11.68、骹长 7.38、骹口径 2.1、矛叶剖面边长约 0.9 厘米（图 3-215，3）。

（三〇）M43

长方形土坑竖穴墓，墓向 135°，被 M41 打破。墓坑长 3、宽 0.32~1.16、深 1.2~1.8 米。未见人骨、葬具及随葬品。

（三一）M44

长方形土坑竖穴墓，墓向 220°，墓口被扰乱。墓坑长 2.26、宽 0.9、深 0.2~0.8 米。墓坑北壁有宽 0.2、高 0.16 米的二层台，墓底南端有残留的青膏泥。未见人骨及葬具。随葬品有铜矛 1 件、铜凿 1 件、铜扣饰 2 件、残铜器 1 件。

铜器 5 件。

矛 1 件。

M44：3，椭圆空心骹，鸭嘴形骹口；骹口下饰两周凸棱纹，凸棱纹两侧对称各有一系。骹与矛叶交界处，两面正中各有一长方形小穿孔。三角形矛叶，矛叶底部两侧折角明显；斜直刃，前端内收成锋。矛叶后端两面均饰阴线草叶纹。总长 25.3、骹长 9.2、骹口径 2.05~2.78、矛叶宽 3.05、厚 0.2~1.2 厘米（图 3-216，1；彩版一一七，3）。

凿 1 件。

M44：1，半圆空心銎，窄长器身，单面平刃。背面平，锈蚀严重，粉状锈。长 9.52、銎口长 2.37、

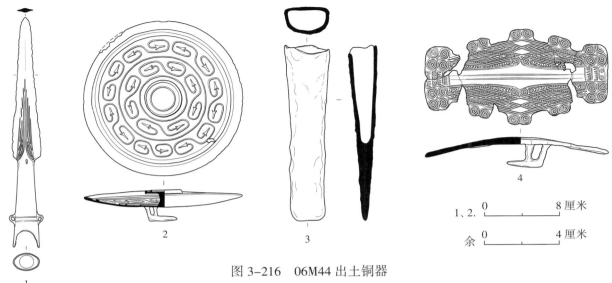

图 3-216　06M44 出土铜器

1. 矛 M44：3　2. 扣饰 M44：5　3. 凿 M44：1　4. 扣饰 M44：2

宽 1.51、刃宽 1.83 厘米（图 3-216，3；彩版一一七，4）。

扣饰　2 件。

M44：2，平面近六边形，中部略宽于两侧。正面微凸，使器体呈圆弧状。长轴中线中部起脊，凸棱明显；以此为界，上下侧对称饰阴线菱形纹、卷云纹、折线纹等。两侧近边缘处也饰阴线卷云纹、锯齿纹等。上下边缘各凸出三组卷云纹，一侧稍残。背后有一横扣。残长约 10.11、中部宽 5.37、两侧宽 3.3、高 1.62、横扣长 2 厘米（图 3-216，4）。

M44：5，平面呈圆形，正面微凹，呈浅盘状。正面饰两周连续的阳线双箭头 S 形纹，外周七组、内周四组，分别以凸棱纹为界。正中凸起一圆柱，柱顶为一圆形钮，钮面内凹，饰一周圆形凸棱纹。扣饰边缘素面，光洁。背后一侧有一小横扣。背面有织物附着的痕迹。器表有六个大小不一的小穿孔，可能是铸造时铜液流淌不均所致。直径 17、高 2.8、钮径 3.95、钮高 1.5、横扣长 2.96、宽 0.85 厘米（图 3-216，2；彩版一一七，5）。

残铜器　1 件。

M44：4，有 2 段。扁平器身，一侧呈细长条状，另一侧宽扁，剖面为长方形。粉化严重，器形、用途不明。残长 4.33、宽 1.66、厚 0.6 厘米。

（三二）M45

长方形土坑竖穴墓，墓向 220°，墓口被扰乱。墓口长 2.3、宽 0.6~0.76 米，墓底长 2.2、宽 0.46~0.58 米，在墓坑北壁有宽 0.18、高 0.2 米的二层台。未见人骨、葬具及随葬品。

（三三）M46

长方形土坑竖穴墓，墓向 215°，墓口被扰乱。墓口长 2.85、宽 0.7 米，墓底长 2.15、宽 0.5 米，深 0.47~1.1 米。墓口开凿在斜坡上，南段墓口在开凿时，挖到距地表 0.75 米处遇到风化岩石后，向北移动约 0.8 米，避开风化岩石，再向下凿，在南段形成了一个不规则的二层台。未见人骨及葬具。随葬品仅有木镯 1 件。

（三四）M47

长方形土坑竖穴墓，墓向 264°，被盗洞扰乱严重。墓坑长 2、宽 0.8、深 1.5 米。墓壁西北角距墓底 0.1 米处有进深 0.8、高 0.9 米的壁龛。墓底有腰坑，其位置偏北，即腰坑北壁与墓壁重合，腰坑长 1.04、宽 0.58、深 0.18 米。墓底仅见少量人骨。随葬品有陶侈口罐 3 件（彩版一一八，1）。

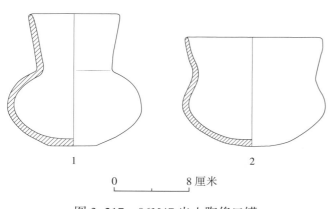

图 3-217　06M47 出土陶侈口罐
1. M47：1　2. M47：2

陶器　3 件。

侈口罐　3 件。

M47：1，夹细砂，黄色、灰黑色相间。尖唇，侈口，长斜直颈，鼓肩，扁鼓腹，小平底。素面。轮制，规整，内外壁抹平，内外壁均施黄色陶衣，大部分脱落。口径 9.6、腹径 14.8、底径 5.2、高 14.4 厘米（图 3-217，1）。

M47：2，夹粗砂，褐色、灰色相间。尖唇，侈口，短斜直颈，溜肩，鼓腹，腹下部近底处内收，小平底。素面。手制，经慢轮修整，口沿内壁及内底可见慢轮修整弦纹。内外壁抹平，内外壁均施黄色陶衣，大部分脱落。口径 14.4、腹径 15.2、高 12 厘米（图 3-217，2；彩版一一七，6）。

M47：3，夹粗砂，可见细小掺和料颗粒，胎心黑色，外皮橙黄色，器表浅黄色、黑色相杂。圆鼓腹，腹下部近底处内收，平底，腹部最大径偏上。轮制，规整，腹部内壁可见轮修弦纹。内外壁抹平，内外壁均施褐色陶衣，脱落殆尽。

（三五）M49

长方形土坑竖穴墓，墓向 200°，被 M39 打破。墓坑长 1.6、宽 0.6、深 1.7 米。未见人骨、葬具及随葬品。

（三六）M50

长方形土坑竖穴墓，墓向 110°，被 M39 打破。墓坑长 0.95、宽 0.9、深 2.1 米。未见人骨、葬具及随葬品。

（三七）M51

长方形土坑竖穴墓，墓向 110°，打破 M48、M52。墓坑长 2、宽 0.72~0.94、深 1.5 米。墓底有一层青膏泥，墓壁未发现青膏泥。墓室经精心修整，规整平滑。未见人骨及葬具。随葬品有陶侈口罐 1 件、陶釜 2 件、陶圈足 1 件、铜矛 2 件、铜斧 2 件、铜扣饰 1 件、砺石 1 件。

1. 陶器　4 件。

侈口罐　1 件。

M51：1，泥质，陶土经过淘洗，细腻，夹极细掺和料颗粒，胎心灰黑色，外皮橙黄色，内壁灰黑色，器表橙黄色、橙红色不均。尖唇，侈口，长斜直颈，斜肩，鼓腹，腹部最大径偏上。素面。轮制，规整，口部内外壁抹平，肩、腹部外壁抹平，内壁粗糙，器表施浅黄色陶衣，脱落殆尽，器表及断面可见细密针眼状小孔。

釜　2 件。

M51：9，陶土经过淘洗，夹细小掺和料颗粒，灰褐色。平唇，口微侈，唇部下方约 2 厘米处起一周凸棱，短斜直颈，斜肩，鼓腹，圜底。素面。轮制，规整，口沿外壁可见轮修弦纹。内外壁抹平，外壁施浅黄色陶衣，脱落殆尽，部分残片上可见黑色烟炱痕，内外壁可见细小针眼状小孔。大部分残碎，无法拼接成整器。

M51：10，泥质，陶土经过淘洗，夹白色细小掺和料颗粒，黑褐色，局部浅褐色，腹部内壁局部浅黄色。尖唇，口微侈，唇部下方约 2 厘米处起一周凸棱，短斜直颈，鼓肩，圜底。素面。轮制，规整，内外壁抹平，内外壁施浅黄色陶衣，脱落殆尽，部分残片上可见黑色烟炱，内外壁及断面均可见细密针眼状小孔。大部分残碎，无法拼接成整器。

圈足　1 件。

M51：2，夹粗砂，另有白色细小掺和料颗粒，黑色，胎皮橙红色。喇叭口形。手制，慢轮修整，外壁可见轮修弦纹。内外壁抹平，均施褐色陶衣，局部脱落。足径 12、残高 4.5、壁厚 0.3~0.7 厘米。

2. 铜器　5 件。

矛　2 件。

M51：3，椭圆空心骹，鸭嘴形骹口；骹口下两侧对称各有一系，未穿透，残；骹口下凹处，一面有较大的裂隙，该面骹底部还有一较大的长条形穿孔，相对的另一面仅为一小圆孔。三角形窄长矛叶，底部两侧折角呈圆弧状。矛叶中线起脊，为骹之延伸，锋残。一面的矛叶底部、矛叶与骹交界处还有两个较大的凹坑。合范铸造，骹两侧范线较明显，经大致打磨。骹上端有绳索捆绑的痕迹，至少六周。残长 13.73、骹长 7.19、骹口径 1.56~2.67、矛叶宽 2.44、厚 0.25~0.76 厘米（图 3-218，1）。

M51：6，扁圆空心骹，鸭嘴形骹口；骹口下两侧各有一系；骹两面对称饰阴线纹，呈环带状分布，共六组，第一、六组为横向 S 形螺旋纹，第二至五组为纵向并列的 S 形螺旋纹；骹口边缘还有一周小圆圈纹，骹底为一周折线纹；纹饰带之间均以凸棱纹为界。矛叶与骹呈直角相交，窄长三角形矛叶，矛叶底部两侧折角圆弧；中线起脊，凸棱较宽，为骹之延续；两面底部中线处饰圆圈纹、水草纹等。矛套有一铜挂钩，平面近长方形，一侧上缘为一空心条状钩，剖面扁圆形。钩末端两面各有一小凹槽，弯曲处各有一小圆圈，似为动物的口、眼。钩两面饰横向 S 形螺旋纹、小圆圈纹等，下缘饰吊坠状镂孔纹饰。矛总长 36.3、骹长 11.1、骹口径 2.11~3.25、矛叶宽 3.86、厚 0.29~1.18 厘米；挂钩总长 9.34、总高 6.29、钩身长 7.48、高 2.97、钩宽 0.69~1.17、厚 0.68 厘米（图 3-218，6；彩版一一八，2）。

斧　2 件。

M51：4，椭圆空心銎，束腰，双面刃，较宽。銎口两侧微上翘，不明显，边缘不平直；銎口下

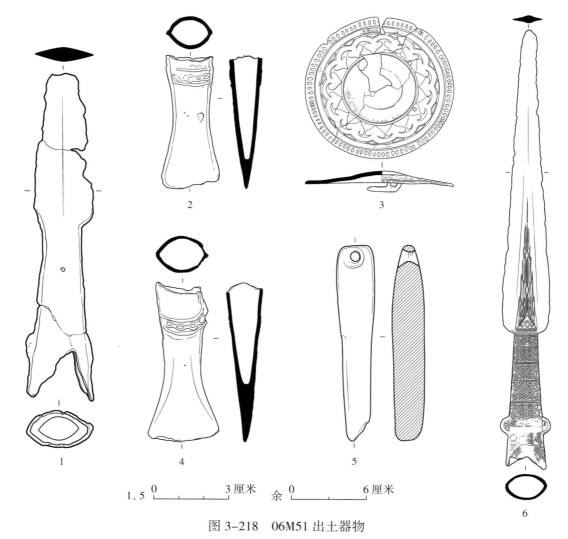

图 3-218　06M51 出土器物

1. 铜矛 M51:3　2. 铜斧 M51:4　3. 铜扣饰 M51:8　4. 铜斧 M51:5　5. 砺石 M51:7　6. 铜矛 M51:6

饰两周凸棱纹，中间间以连续的阳线绞索纹。刃缘残，形制不明。合范铸造，器体两侧范线明显。銎内残存木柲痕迹。残长 11.27、銎口径 2.76~3.78、刃残宽 4.75 厘米（图 3-218，2）。

　　M51:5，椭圆空心銎，束腰，双面弧刃，较宽。銎口两侧上翘，一侧稍残。銎口下饰两周弧线凸棱纹，方向与銎口边缘平行，中间间以连续的凸棱绞索纹；一侧有单系，残。刃缘稍残。合范铸造，器体两侧凸棱明显，范线被打磨光滑。长 13.54、銎口径 2.88~3.71、刃宽 5.83 厘米（图 3-218，4）。

　　扣饰　1件。

　　M51:8，平面呈圆形，正面中央呈缓丘状凸起，正面饰纹饰，呈环带状分布，较明显的有连续桃心纹，边缘为一周小椭圆形纹。背后有一横扣。直径 11.9、高 1.3、横扣长 2.41 厘米（图 3-218，3）。

　　3. 石器　1件。

　　砺石　1件。

　　M51:7，圆柱形，上端有一圆形穿孔，下端较窄。长 8.3、宽 1.56、厚 1.33 厘米（图 3-218，5；彩版一一八，5）。

（三八）M52

长方形土坑竖穴墓，墓向190°，被M51打破。墓坑长1.95、宽0.6、深0.45米。未见人骨、葬具及随葬品。

（三九）M53

长方形土坑竖穴墓，墓向100°。墓坑长1.2、宽0.5、深0.4米。未见人骨、葬具及随葬品。

（四〇）M54

长方形土坑竖穴墓，墓向190°。墓坑长2.55、宽0.8、深1.45米。墓底有一层青膏泥。未见人骨、葬具及随葬品。

（四一）M55

长方形土坑竖穴墓，墓向200°，打破M80、M84。墓坑长1.95、宽0.6、深1.75米。墓底有一层青膏泥。未见人骨、葬具及随葬品。

（四二）M56

长方形土坑竖穴墓，墓向190°。墓坑长2.15、宽0.6、深0.65米。墓底有一层青膏泥。未见人骨、葬具及随葬品。

（四三）M57

长方形土坑竖穴墓，墓向285°。墓口长2.1、宽0.65~0.85米，墓底长1.9、宽0.65~0.85米，深0.7米。未见人骨、葬具及随葬品。

（四四）M59

长方形土坑竖穴墓，墓向288°，打破M66。墓坑长1.6、宽0.45、深0.86米。墓底有一具儿童骨骼。未见葬具及随葬品。

（四五）M60

长方形土坑竖穴墓，墓向100°，被盗洞扰乱，并打破M61。墓口长2.2、宽0.8、墓底长1.98、深0.52米。墓底东部未被扰乱，发现了三个头骨及两具不完整的骨架，其中两具交叉摆放，仰身直肢，性别不明。未见葬具及随葬品。

（四六）M61

长方形土坑竖穴墓，墓向285°，被M60和盗洞打破，并打破08M236。墓口长2.5、宽0.9~1米，

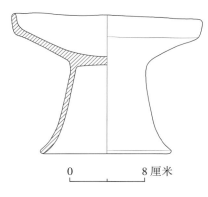

图 3-219 06M61 出土陶豆
M61：2

墓底长 2.3、宽 0.8~0.86 米，深 1.12 米。墓底仅见少量肢骨。未见葬具。随葬品有陶尊 1 件、陶豆 1 件。

陶器 2 件。

尊 1 件。

M61：1，夹细砂灰黑陶。圆唇，侈口，斜弧颈，斜肩，折腹，喇叭口形矮圈足。素面。轮制，规整，腹部内壁可见轮修弦纹。内外壁抹平，内外壁均施黄褐色陶衣，较厚，胎薄。圈足与器身一次成型。

豆 1 件。

M61：2，夹细砂，其中有白色细小颗粒状掺和料，腹部灰黑色，圈足橙黄色。折腹，圜底，喇叭口形高圈足，足边缘外侈。素面。轮制，圈足内壁可见细密的轮修细弦纹。内外壁抹平，器身外壁及圈足内外壁均施黄色陶衣，大部分脱落。口径 20、高 16 厘米（图 3-219；彩版一一八，4）。

（四七）M62

长方形土坑竖穴墓，墓向 190°。墓坑长 1.4、宽 0.75、深 1.35 米。墓底及周围墓室修整平滑、规整，有青膏泥残迹。未见人骨、葬具及随葬品。

（四八）M63

长方形土坑竖穴墓，墓向 220°，墓口被扰乱。墓坑长 2.4、宽 1、深 0.45 米。未见人骨及葬具。随葬品有铜矛 1 件、铜戈 1 件、铜剑 1 件。

铜器 3 件。

矛 1 件。

M63：2，空心骹，四棱凸起，剖面近菱形，骹口凸棱不甚明显，呈圆弧方形，边缘稍残。以下渐收，接矛叶。矛叶似分为两段，下段较窄、较扁平，与骹无明显分界；上段较宽扁，中线起脊，残。骹内残存木柲痕迹。残长 19.6、骹口边长约 2.06 厘米，矛叶下段宽 1.28、上段残宽 1.44、厚 0.63 厘米（图 3-220，1；彩版一一八，3）。

戈 1 件。

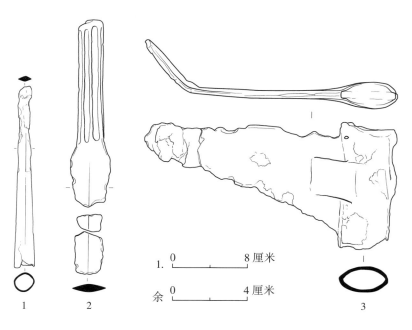

图 3-220 06M63 出土铜器
1. 矛 M63：2 2. 剑 M63：3 3. 戈 M63：1

M63：1，直援，斜直刃，无胡，扁圆空心銎，无内。锋残，卷曲变形。本两面对称有翼，翼两角各有尖状凸，翼仅为装饰。銎顶部封闭。銎内残存木柲。锈蚀严重。总长 12.88、援长 9.77、宽 1.2~4.65、厚 0.28~0.4、銎长 6.52、銎口径 1.37~2.67 厘米（图 3-220，3；彩版一一八，7）。

剑　1 件。

M63：3，柄部呈扁平长条状，两面各有两道平行于长轴的凹槽。柄与刃部呈八字相接。刃部中线起脊，不明显，剖面呈扁菱形，残甚。合范铸造，柄部两侧范线明显。残长 13.4、柄长 6.65、柄宽 1.28、厚 0.49、刃部宽 2.14、厚 0.35 厘米（图 3-220，2；彩版一一八，6）。

（四九）M64

长方形土坑竖穴墓，墓向 190°，墓口被扰乱。墓坑长 2.6、宽 1、深 1.55~1.79 米。墓坑经修整，四壁平滑规整，墓底有一层青膏泥，青膏泥与墓底之间发现网格状褐色残迹，估计为当时放置棺木所用之绳。未见人骨及葬具。随葬品有铜戈 1 件、铜凿 2 件、铜扣饰 1 件。

铜器　4 件。

戈　1 件。

M64：3，直援，斜直刃，无胡，直内。两面本近阑侧有翼，翼两角有尖状凸，用以纳柲；本中部有一小圆形穿孔。下阑有一长条形穿孔，残。内近阑侧也有一圆形穿孔，近末端有一稍小的圆形穿孔，内上缘可能还有一长条形穿孔，残，不明。内及援表面见排列无序但方向一致的短线状凹槽。残长 18.8、援长 11.76、阑残长 5.8、内宽 2.37~3.91 厘米（图 3-221，1）。

凿　2 件。

M64：1，椭圆空心銎，瘦长器身，单面直刃，粉化严重。长 9.08、銎口长 2.13、宽 1.48、刃宽 1.86、厚 0.24 厘米（图 3-221，3）。

M64：2，空心銎，残甚，形制不明。瘦长器身，刃较宽，单面刃，刃缘残。刃面两侧有凸棱，粉化严重。残长 6.41、宽 1.62~1.96、厚约 1 厘米。

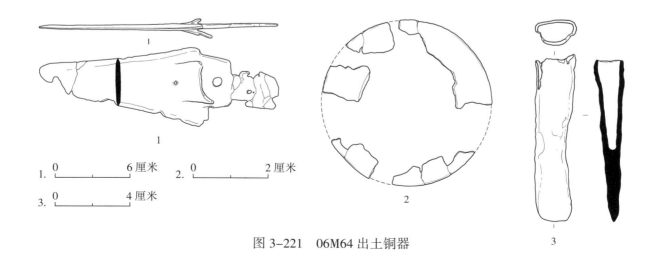

1. 0　　　6 厘米　　2. 0　　　2 厘米

3. 0　　　4 厘米

图 3-221　06M64 出土铜器

1. 戈 M64：3　2. 扣饰 M64：4　3. 凿 M64：1

扣饰 1件。

M64：4，平面呈圆形，残甚。浅盘状，边缘斜直下勾。直径约4.5、边缘宽0.64、厚约1.1厘米（图3-221，2）。

（五〇）M65

长方形土坑竖穴墓，墓向290°。墓坑长1.9、宽0.74~0.84、深0.65米。未见人骨及葬具。随葬品有陶釜1件、铜钏1件。

1. 陶器 1件。

釜 1件。

M65：2，泥质，夹极细掺和料，内壁黑色，器表褐色。尖唇，折沿，盘口，唇部下方约2厘米处起一周凸棱，斜腹，圜底，素面。轮制，规整，内外壁抹平，均施黄色陶衣，大部分脱落，器表及断面可见细小针眼状小孔，部分残片上有烟炱痕。残碎，无法拼接成整器。

2. 铜器 1件。

钏 1件。

M65：1，共6件。最底部的2件，上径小于下径，上缘窄下缘宽，纵剖面为梯形；其余4件，上下缘基本同宽，上下径趋于一致。表面均粘有小孔雀石片，为不规则的方形、长方形，排列整齐。第1、2、3、5件，孔雀石纹饰带分为上下两部分，每部分三周；第4、6件有孔雀石纹饰带三部分，中间为一周，第4件上部三周、下部两周，第6件上部两周、下部三周。铜钏从上至下，直径逐渐增大。M65：1-1，上径5.9、下径6、镯面宽1.92、上缘厚0.26、下缘厚0.22厘米（彩版一一九，1）；M65：1-2，上径6.07、下径6.22、镯面宽2、上缘厚0.28、下缘厚0.28厘米（彩版一一九，2）；M65：1-3，上径6.06、下径6.29、镯面宽1.97、上缘厚0.25、下缘厚0.23厘米（彩版一一九，3）；M65：1-4，上径6.27、下径6.62、镯面宽2.13、上缘厚0.27、下缘厚0.29厘米；M65：1-5，上径6.42、下径7.04、镯面宽2.17、上缘厚0.23、下缘厚0.71厘米（彩版一一九，4）；M65：1-6，上径6.72、下径7.53、镯面宽2.31、上缘厚0.27、下缘厚0.66厘米（彩版一一九，5）。

（五一）M66

长方形土坑竖穴墓，墓向300°，被M59、M67打破。墓口长2.04、宽1.2米，墓底长1.94、宽1米，深1.45米。填土中有少量碎骨。未见葬具。随葬品有铜矛1件、铜扣饰1件。

铜器 2件。

矛 1件。

M66：1，扁圆空心骹，鸭嘴形骹口；骹口下两侧对称各有一系，未穿透；骹与矛叶呈八字相连，相交处中线位置，两面对称各有一穿孔。矛叶短小，底部圆弧，两侧刃微曲；中线起脊，剖面呈菱形，为骹之延伸。合范铸造，骹两侧范线基本打磨平整，起脊较明显。总长15.82、骹长7.37、骹口径1.64~2.58、矛叶宽2.39、厚0.14~0.71厘米（图3-222，1；彩版一一九，6）。

扣饰 1件。

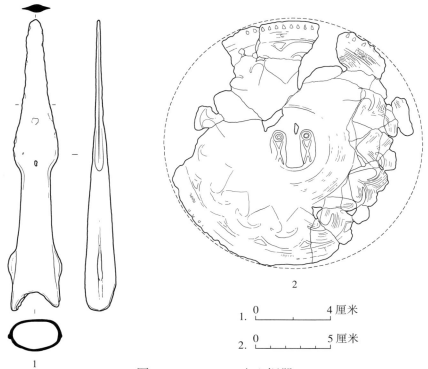

图 3-222　06M66 出土铜器
1. 矛 M66：1　2. 扣饰 M66：2

M66：2，平面呈圆形，残。正面中央呈圆丘状凸起，饰两组对称的圆圈纹、交叉纹，似人面；周围为一周重线纹、短线纹组成的纹饰带；再外为一周连续的桃心纹，阴线重线，为主体纹饰，边缘饰短线纹、小三角形点纹。背后内凹处一侧有一小横扣。直径 17.5、厚约 0.36、横扣长 5.1 厘米（图 3-222，2）。

（五二）M67

长方形土坑竖穴墓，墓向 275°，打破 M66。墓口长 2.8、宽 0.9 米，墓底长 2.5、宽 0.72 米，深 1.84 米。仅见少量碎骨。未见葬具及随葬品。

（五三）M69

长方形土坑竖穴墓，墓向 290°，被 M71 打破，并打破 M77、M78、M110。墓口长 2.2、宽 1.15~1.35 米，墓底长 2、宽 1~1.05 米，深 1.86 米。墓主人仰身直肢，头部残，在墓坑东北方向发现三只殉葬动物骨骼。未见葬具。随葬品有铜矛 1 件、铜剑 2 件、铜镞 5 件、铜钏 1 件、铜泡 1 件、铜环 1 件、玛瑙扣 2 件、骨饰 2 件。

1. 铜器　11 件。

矛　1 件。

M69：1，空心圆骹，骹口下两面对称各有一圆角方形穿孔，稍偏离中线；骹下部剖面为椭圆形，骹近矛叶处，两面各有一小长方形穿孔，偏离中线。三角形矛叶，中线起脊，为骹之延伸，剖面为菱形。

总长 13.85、骹长 6.34、骹口径 2.25、矛叶宽 2.45、厚 0.2~0.87 厘米（图 3-223，1；彩版一二〇，1）。

剑 2 件。

M69：4，蛇首扁圆空心茎，茎首顶部为圆孔，茎两面饰阴线直线纹。无格，但剑身与茎有明显分界，剑身窄长，底部呈八字形，折角明显，一侧残。剑身中线起脊，剖面为菱形，残断。残长 34.2、茎长 7.5、茎宽 2.25~4.05、茎厚 1.07~1.7、剑身宽 1.19~3.94、厚 0.24~0.82 厘米（图 3-223，2）。

M69：11，残存剑身前端，剖面近菱形（可能与 M77：8 属同一件）。残长 8.05、宽 1.2~2.13、厚 0.22~0.5 厘米（图 3-223，11）。

镞 5 件。

M69：6-1，窄长菱形镞，镞身扁平，一面中线有血槽，从镞身中部至底部，较浅，不明显。镞身与铤无明显分界。实心铤末端为细长条状，剖面近圆形。残长 4.96、镞身宽 1.02、厚 0.12、铤径 0.2~0.3 厘米（图 3-223，6；彩版一二〇，2）。

M69：6-2，窄长扁平镞身，刃缘及锋残。细长实心铤，剖面近菱形。整器两面中线起脊，凸棱明显。残长 3.98、镞身残长 2.3、宽 0.78、厚 0.1、铤宽 0.28、厚 0.12 厘米（图 3-223，7；彩版一二〇，3）。

M69：6-3，圭首形扁平镞身，不对称，近铤侧中线起脊。细长实心铤。总长 3.11、镞身宽 0.93、厚 0.1、铤长 0.82、铤宽 0.26、铤厚 0.14 厘米（图 3-223，8）。

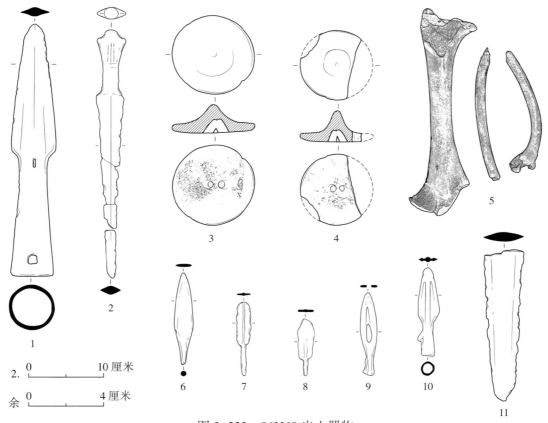

图 3-223　06M69 出土器物

1. 铜矛 M69：1　2. 铜剑 M69：4　3. 玛瑙扣 M69：3　4. 玛瑙扣 M69：2　5. 骨饰 M69：10　6. 铜镞 M69：6-1　7. 铜镞 M69：6-2　8. 铜镞 M69：6-3　9. 铜镞 M69：6-4　10. 铜镞 M69：6-5　11. 铜剑 M69：11

M69：6-4，窄长柳叶形扁平镞身，中部有一长条形穿孔。实心铤，与镞身无明显分界，两侧残留铸造时外溢的铜液痕迹。长 4.41、镞身宽 0.88、厚 0.1、铤宽 0.38~0.58、厚 0.9 厘米（图 3-223，9；彩版一二〇，4）。

M69：6-5，三角形扁平镞身，中线起脊，为铤之延伸；两侧为血槽，不对称。空心圆铤，一侧有倒刺，铤与镞身呈八字相接，折角明显。铤合范铸造，范线打磨平整光滑，不明显。总长 4.73、镞身长 2.9、宽 1.11、锋厚 0.1、铤径 0.69~0.72 厘米（图 3-223，10；彩版一二〇，5）。

钏 1 件。

M69：5，残甚，个体数不明。细圆环状，剖面多为长方形，部分内壁微弧。直径约 6、镯面宽 0.2、厚 0.14 厘米。

铜泡 1 件。

M69：7，平面呈圆形，残。正面凸起，顶面较平。缓坡一周饰阴线短线纹。背面正中有一小桥状钮，锈蚀。另还有 2 件条状铜器，出于铜泡周围，可能属同件器物。使用方法不明。直径 1.94、高 0.33、钮长 0.66 厘米；铜条宽 0.21、厚 0.12 厘米。

环 1 件。

M69：8，残存一小段。剖面为长方形。大部分表面被铜锈包裹，露出的部分光亮。残长 3.79、面宽 0.35、厚 0.17 厘米。

2. 玛瑙器 2 件。

扣 2 件。

M69：2，乳白色。平面呈圆形，正面平整光亮，中央有尖状凸起，顶面平。背面微鼓，打磨光亮，正中有两穿孔，斜钻相通。残存一半。直径 3.9、高 1.73 厘米（图 3-223，4）。

M69：3，乳白灰色。平面呈圆形，正面平整光亮，中央有尖状凸起，顶面平。背面微鼓，打磨光亮，正中有两穿孔，斜钻相通。基本完整。直径 4.35、高 1.58 厘米（图 3-223，3；彩版一二〇，6）。

3. 骨器 2 件。

骨饰 2 件。

M69：9，残，器形、尺寸不明。

M69：10，共 3 件。大小、形状不同。从左至右长分别为 11.18、7.35、6.68 厘米（图 3-223，5）。

（五四）M70

长方形土坑竖穴墓，墓向 274°，打破 M95、M96。墓坑长 1.86、宽 0.53 米。墓坑分三层：第①层底部深 0.68 米，底部有两个较为完整的头骨，腿骨置于两头骨中间；第②层底部深 1.22 米，发现一具较完整的个体，头向西，东部放置一具从腰部截肢的遗骸，下半部分比较完整，其头骨放置于腰椎处，肋骨放置于两腿骨中间，肋骨的放置比较凌乱；第③层底部深 1.44 米，东壁出现两个头骨，两头骨被一股骨和一腿骨夹着，看其现象在埋葬时是连着的，北壁处有一破碎头颅，西壁头颅的个体看上去在葬时是一完整个体，但现已不全。未见葬具。随葬品有陶纺轮 1 件（位于第②层完整个体右侧肱骨处）、玛瑙珠 1 件（位于第③层西壁下颌骨下）、绿松石珠 1 件（位于第③层西壁 0.86 米处

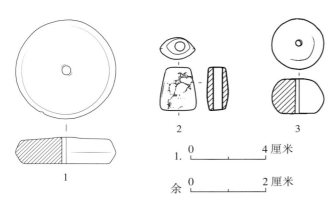

图 3-224 06M70 出土器物

1.陶纺轮 M70：1 2.绿松石珠 M70：3 3.玛瑙珠 M70：2

彩版一二〇，7）。

3.绿松石器 1件。

珠 1件。

M70：3，绿色。中间有一圆形穿孔。最大径 0.96、孔径 0.27、高 1 厘米（图 3-224，2；彩版一二〇，8）。

（五五）M71

长方形土坑竖穴墓，墓向 270°，打破 M69、M110。墓坑长 2、宽 0.7~0.9 米。墓主人仰身直肢，保存较完整，性别、年龄不详。未见葬具。随葬品有铜矛 1 件、铜剑 1 件、铜镞 3 件、铜斧 1 件、铜钏 1 件、骨管 1 件（图 3-225A）。

中部）。

1.陶器 1件。

纺轮 1件。

M70：1，夹细砂灰黑陶。算珠形，中部钻一圆孔。素面。轮制，规整，器表抹平，施褐色陶衣，绝大部分脱落。直径 5.2、孔径 0.45、厚 1.4 厘米（图 3-224，1；彩版一二〇，9）。

2.玛瑙器 1件。

珠 1件。

M70：2，白色。中间有一圆形穿孔。直径 1.39、孔径 0.18、高 0.96 厘米（图 3-224，3；彩版一二〇，7）。

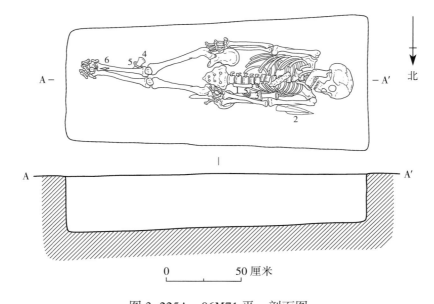

图 3-225A 06M71 平、剖面图

1.骨管 2.铜矛 3.铜剑 4.铜斧 5.铜钏 6.铜镞

1. 铜器 7 件。

矛 1 件。

M71：2，椭圆空心骹，骹口下两侧各有一圆形穿孔；骹两面饰四周 S 形螺旋纹，以凸棱纹为界。骹与矛叶相交处折角较明显。三角形矛叶，中线起脊，剖面为菱形；一面的骹、矛叶相交处的中线上以及另一面的矛叶底部中线上各有一小长条状穿孔。合范铸造，骹两侧范线打磨平整光滑。总长 19.4、骹长 7.53、骹口径 1.84~2.09、矛叶宽 3.23、厚 0.23~1.15 厘米（图 3-225B，1；彩版一二一，1）。

剑 1 件。

M71：3，椭圆空心茎，喇叭口茎首，茎首平面也为椭圆形；茎两面饰螺旋纹、绞索纹、菱形纹等，呈环带状分布。一字格。宽扁剑身，中线起脊，两面各有一侧刃，有明显的刃面。合范铸造，茎两侧范线打磨光滑平整，但起脊明显。茎内壁见明显的补铸痕迹。总长 34.7、茎长 8.39、茎首直径 3.96~4.26、格长 7、格宽 0.61~1.44、剑身厚 0.25~0.75 厘米（图 3-225B，2；彩版一二一，2）。

镞 3 件。

M71：6-1，柳叶形扁平镞身，下部有被绳索缠绕的痕迹。铤残断不存。残长 3.4、宽 1、厚 0.08 厘米（图 3-225B，4）。

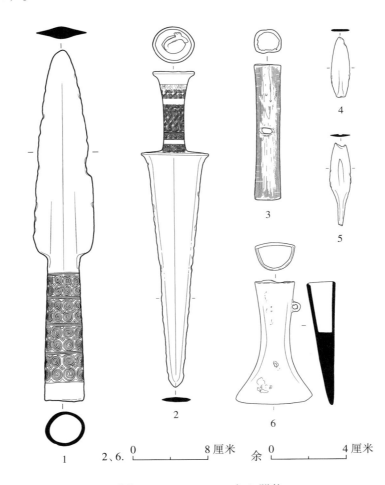

图 3-225B　06M71 出土器物

1. 铜矛 M71：2　2. 铜剑 M71：3　3. 骨管 M71：1　4. 铜镞 M71：6-1　5. 铜镞 M71：6-2　6. 铜斧 M71：4

M71：6-2，柳叶形扁平镞身，镞身底部两侧不对称；一面中部中线为血槽，锋残。细长实心铤，铤与镞身无明显分界，末端残断不存。铤一面见铸造痕迹，似为两侧向内侧卷曲。铤近镞身侧有被绳索缠绕的痕迹。残长4.5、镞身宽1.12、厚0.08、铤宽0.26、厚0.17厘米（图3-225B，5）。

M71：6-3，扁平柳叶形镞身，铤残断不存。镞身变形，扭曲。残长3.5、宽约0.88、厚0.11厘米。

斧　1件。

M71：4，半圆空心銎，銎口较平直，束腰，单面宽刃，刃缘较平直，两侧微弧，一角残。整器背面平（銎口处背面微向外弧），正面隆起。銎口下，一侧有单系，位于背面边缘。正面近刃面处有穿孔，可能为铸造时铜液流淌不均所致。合范铸造，正面隆起部分为一范腔，背面为另一范腔，范线经打磨平整，基本不见痕迹。长13.44、銎口长4.21、宽3.07、刃宽8.23厘米（图3-225B，6；彩版一二一，3）。

钏　1件。

M71：5，有3~4件，残甚。细条状，剖面为长方形。较完整的一件（变形）直径约6.3、面宽0.25、厚0.19厘米，残件中面宽最窄0.11、厚0.17厘米。

2. 骨器　1件。

管　1件。

M71：1，剖面近长方形。中间有一孔，两端较宽，中间较窄。利用动物肢骨的骨干部分制成。长7.63、宽1.5厘米（图3-225B，3；彩版一二一，4）。

（五六）M73

梯形土坑竖穴墓，墓向270°。墓坑长2.2、宽0.68~0.9、深1米。双人叠肢葬，1号个体头向西，2号个体葬于1号个体下，头向东，墓室西侧另见有四个颅骨。墓底中部有一腰坑，长1.7、宽0.4、深0.2米，腰坑内见九个颅骨。未见葬具。随葬品仅有铜斧1件，并在填土中有铜镞2件、铜泡钉1件（图3-226A；彩版一二二，1）。该墓整体做套箱处理。

铜器　4件。

镞　2件。

M73：2（T），明器。扁平镞身，残，形制不明。细长实心铤。镞身一面下部似起脊，不甚明显。残长2.94、宽约0.85、镞身厚0.08、铤宽0.26、铤厚0.11厘米。

M73：4（T），宽短柳叶形扁平镞身，两侧刃锋利，一侧残。铤残断不存。器形规整。残长1.76、残宽1.2、厚0.11厘米。

斧　1件。

M73：1，空心方銎，瘦长器身，束腰，单面宽刃，微弧。器体一面平。銎口下饰一周凸棱纹；銎中部，两面对称各有一穿孔，正面为圆角方形，背面为倒梯形。合范铸造，正面及两侧为一范腔，背面为另一范腔，两侧范线明显，仅刃部两侧经打磨，基本平整。长18.1、銎口边长约4.1、刃宽8.37厘米（图3-226B，1；彩版一二一，5）。

泡钉　1件。

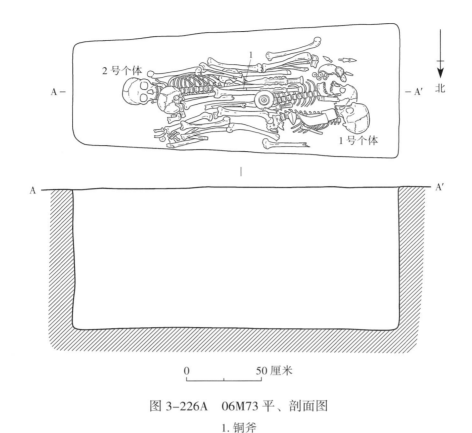

图 3-226A　06M73 平、剖面图
1. 铜斧

M73 ∶ 3（T），平面呈圆形，正面中央有尖状凸起，边缘扁平。背后凹陷范围内有一横挡。边缘稍残。直径 2.27、高 0.59、器体厚 0.06、横挡长 0.56 厘米（图 3-226B，2；彩版一二一，6）。

（五七）M75

长方形土坑竖穴墓，墓向 265°，打破 M76、M93、M94。墓坑长 2.1、宽 0.8、深 2 米。墓底有少量碎骨。未见葬具。随葬品有陶尊 2 件、陶瓶 1 件、陶釜 1 件、陶口沿 1 件、陶片 1 件（彩版一二二，2）。

陶器　6 件。

尊　2 件。

M75 ∶ 3，夹砂略粗，器身大部分黑色，圈足

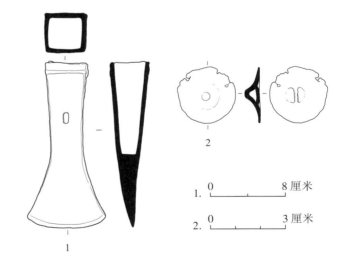

图 3-226B　06M73 出土铜器
1. 斧 M73 ∶ 1　2. 泡钉 M73 ∶ 3（T）

褐色。圆唇，侈口，斜弧颈，鼓肩，鼓腹，喇叭口形矮圈足。素面。轮制，规整，口沿内壁、圈足内壁可见轮修细弦纹。内外壁抹平，口沿内壁、圈足内外壁抹光，腹内壁粗糙，器表施黄色陶衣，绝大部分脱落，圈足与器身分别制作最后粘结成整器（彩版一二二，3）。

M75：4，泥质，陶土经过淘洗，夹白色掺和料颗粒，器身内壁灰黑色，圈足局部橙黄色，器表局部橙黄色。圆唇，口微侈，斜直颈，喇叭口形矮圈足。肩部饰宽约3.5厘米的复线三角形纹一周，两片残片上有圆形穿孔。轮制，规整，内外壁磨光，圈足局部可见陶衣痕迹。器身大部分残缺，无法拼接成整器。

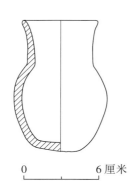

图 3-227　06M75 出土陶瓶
M75：2

瓶　1件。

M75：2，夹细砂，口沿橙红色，颈、肩、腹、底部黑色，胎心黑褐色，外皮橙红色。尖唇，喇叭口，直颈，溜肩，鼓腹，平底。素面。手制，口部经慢轮修整，口沿内壁可见轮修弦纹。内外壁抹平，器表施黄褐色陶衣，大部分脱落，内外壁均可见细密针眼状小孔。口径 5.8、口沿厚 0.4、颈径 5.1、颈长 3.8、颈部厚 0.5、腹径 7.2、残底径 3、底厚 0.8、高 10.8 厘米（图 3-227；彩版一二二，4）。

釜　1件。

M75：1，夹粗砂，夹较粗白色掺和料颗粒，陶质疏松，口沿及内壁黑色，器表橙黄色。平唇，盘口，唇部下方约1.8厘米处起一周凸棱，短斜直颈，溜肩，鼓腹。轮制，规整，内外壁抹平，内壁抹光，器表施黄色陶衣，绝大部分脱落，器表因掺和料颗粒较粗显粗糙，外壁及断面可见细密针眼状小孔。残，无法拼接成整器。

口沿　1件。

M75：3-1，夹细砂黑陶。圆唇，唇部下方加厚，直口。内外壁抹平，内外壁均施褐色陶衣，器表因陶衣较厚而粗糙。

陶片　1件。

M75：3-2，夹细砂灰黑陶。肩部残片。饰宽约3.5厘米的刻划复线三角形纹。轮制，内壁可见轮修弦纹。

（五八）M77

长方形土坑竖穴墓，墓向280°，被 M69 打破，并打破 M78。墓坑长 2.1、宽 0.75、深 0.7 米。墓主人仰身直肢，头向西，骨骼保存基本完整。未见葬具。随葬品有陶尊 1 件、陶釜 2 件、铜矛 1 件、铜剑 1 件、铜镞 18 件、铜斧 1 件、铜锄明器 1 件、铜铲明器 1 件、铜扣饰 1 件、铜钏 1 件、小饰件 1 件、砺石 1 件（图 3-228A；彩版一二三，1 左）。

1. 陶器　3件。

尊　1件。

M77：12-2，夹细砂黑陶。尖唇，大喇叭口，斜直颈，斜肩，折腹，喇叭口形高圈足。肩部起一周凸棱，凸棱下方饰两周纵向戳印小圆点纹，足部边缘起一周凸棱。轮制，规整，内外壁抹平，内外壁施浅灰色陶衣，大部分脱落，器身与圈足一次成型。口径 18、腹径 20、足径 19.7~22、高 28、足高 13 厘米（图 3-228B，1；彩版一二五，1）。

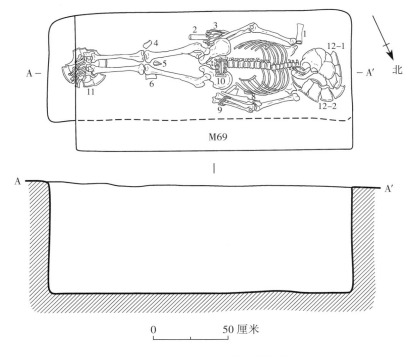

图 3-228A 06M77 平、剖面图

1. 铜斧 2. 铜矛 3. 铜镞 4. 铜饰件 5. 铜锄明器 6. 铜铲明器 7. 砺石
8. 铜剑 9. 铜钏 10. 铜扣饰 11、12-1. 陶釜 12-2. 陶尊

釜 2件。

M77：11，泥质，陶土经过淘洗，夹细小掺和料颗粒，内壁黑色，外壁、底部黄褐色。尖唇，出沿，盘口，唇部下方2厘米处起一周凸棱，短斜直颈，溜肩，折腹，圜底。素面。轮制，规整，内外壁抹平，口部内壁抹光，内外壁均施黄色陶衣，部分脱落（彩版一二五，2）。

M77：12-1，夹细砂，内壁黑色，外壁褐色、黑色相间。平唇，出沿，盘口，唇部下方2厘米处起一周凸棱，短斜直颈，鼓腹，圜底。素面。轮制，内外壁抹平。口径24.6、腹径19.5、高12.6厘米（图3-228B，2；彩版一二五，3）。

2. 铜器 26件。

矛 1件。

M77：2，空心圆骹，骹中部一面有两个穿孔，大小不一，形制不规整，可能是铸造时铜液流淌不均所致。窄长三角形矛叶，底部两侧折角明显；中线起脊，凸棱明显。合范铸造，骹两侧范线明显。总长19.6、骹长7.34、骹口径1.8~2.12、矛叶宽3.27、中线处厚0.38~1.04厘米（图3-228C，1；彩版一二三，2）。

剑 1件。

M77：8，扁圆空心茎，蛇首形茎首，茎首顶部为圆形孔；茎两面均有阴线纹饰，被铜锈覆盖，不明。无格，窄长刃。茎与剑身有明显的界线。剑身底部两侧折角明显，底部两面有阴线纹饰，不清，似打磨时部分被磨平。前端残断不存（M69：11似为M77：8的剑身，中间残断，无法拼对）。残长

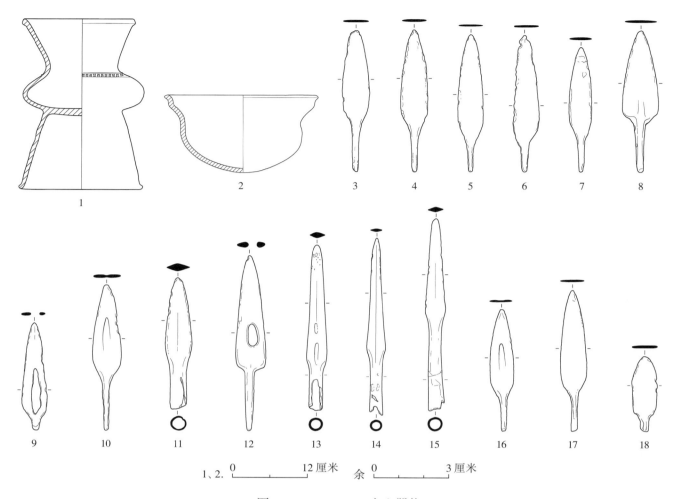

图3-228B 06M77 出土器物

1. 陶尊 M77：12-2　2. 陶釜 M77：12-1　3. 铜镞 M77：3-3　4. 铜镞 M77：3-4　5. 铜镞 M77：3-5　6. 铜镞 M77：3-6
7. 铜镞 M77：3-7　8. 铜镞 M77：3-8　9. 铜镞 M77：3-10　10. 铜镞 M77：3-9　11. 铜镞 M77：3-14　12. 铜镞 M77：3-
12　13. 铜镞 M77：3-15　14. 铜镞 M77：3-16　15. 铜镞 M77：3-13　16. 铜镞 M77：3-1　17. 铜镞 M77：3-2　18. 铜镞
M77：3-18

15.64、茎长 7.44、茎首宽 3.26、厚 1.73、剑身宽 3.32、厚 0.5 厘米（图 3-228C，2）。

镞　18 件。

M77：3-1，窄长扁平镞身，镞身一面中部中线为血槽。细长实心铤，铤末端似两侧向内卷曲，形成近圆形的铤。总长 5.01、镞身长 3.5、宽 0.96、厚 0.1、铤宽 0.23、厚 0.16~0.19 厘米（图 3-228B，16；彩版一二三，3）。

M77：3-2，窄长扁平镞身。细长实心铤，末端似两侧向内卷曲，形成近圆形的铤。总长 5.81、镞身长 4.07、宽 1.06、厚 0.11、铤宽 0.24、厚 0.15~0.24 厘米（图 3-228B，17；彩版一二三，4）。

M77：3-3，窄长扁平镞身，镞身一面中部有血槽，不明显，锋残。细长实心铤，末端残。铤与镞身交界处有绳索缠绕痕迹。残长 5.8、镞身长 3.6、宽 1.09、厚 0.11、铤宽 0.25、厚 0.11 厘米（图 3-228B，3；彩版一二三，5）。

M77：3-4，窄长扁平镞身，镞身一面中部有血槽，两侧残留铸造时溢出的铜液痕迹，未经打磨修整。

图 3-228C　06M77 出土器物

1. 铜矛 M77：2　2. 铜剑 M77：8　3. 铜斧 M77：1　4. 铜锄明器 M77：5　5. 砺石 M77：7　6. 铜铲明器 M77：6　7. 铜扣饰 M77：10　8. 铜饰件 M77：4

细长实心铤，铤上部一面平，下部似由两侧向较平的一面卷曲，形成细圆铤。总长 5.83、镞身长 4、宽 1.1、厚 0.12、铤宽 0.23、厚 0.14~0.19 厘米（图 3-228B，4；彩版一二三，6）。

M77：3-5，窄长扁平镞身，镞身一面平，另一面中部有血槽，不明显，前锋中线起脊。细长实心铤，剖面近长方形。总长 5.62、镞身长 4.2、宽 1、厚 0.09、铤宽 0.19、厚 0.12 厘米（图 3-228B，5；彩版一二三，7）。

M77：3-6，窄长扁平镞身，两侧不对称；镞身一面平，另一面中部有较短的血槽，不明显。细长实心铤，剖面近长方形。总长 5.58、镞身长 4.36、宽 1.03、厚 0.1、铤宽 0.27、厚 0.13 厘米（图 3-228B，6；彩版一二三，8）。

M77：3-7，窄长扁平镞身，镞身底部两侧不对称；镞身一面平，另一面中部有血槽，不明显；两侧刃留有铸造时铜液溢出的痕迹，未经打磨。细长实心铤，铤部近镞身侧较扁平，下部由两侧向较平面卷曲形成细圆铤。铤与镞身交界处有绳索缠绕的痕迹。总长 5.11、镞身长 3.61、宽 0.91、厚 0.1、铤宽 0.24、厚 0.1~0.14 厘米（图 3-228B，7；彩版一二三，9）。

M77：3-8，三角形扁平镞身，镞身两侧残留铸造时溢出的铜液痕迹，未经打磨。细长实心铤，铤与镞身呈八字相接，铤末端为两侧向同一面卷曲形成的细圆铤。总长 5.85、镞身长 3.46、宽 1.3、厚 0.12、铤宽 0.26、厚 0.15 厘米（图 3-228B，8；彩版一二四，1）。

M77：3-9，窄长扁平镞身，镞身一面平，另一面中部有血槽。细长实心铤，一面圆弧光滑，另一面不甚规整，中线有不平直的凹槽，似为两侧向中线卷曲。铤与镞身相交处有绳索缠绕的痕迹。总长 5.98、镞身长 3.73、宽 1.15、厚 0.11、铤宽 0.21、厚 0.15 厘米（图 3-228B，10；彩版一二四，2）。

M77：3-10，窄长扁平镞身，镞身中部为长条形穿孔，一侧刃缘残。扁平细长铤，剖面近长方形，残断不存。残长 4.43、宽 1、厚 0.08、穿孔长 1.9 厘米（图 3-228B，9）。

M77：3-11，窄柳叶形扁平镞身，镞身中部有一长条形穿孔。细长实心铤，铤下端由两侧向内卷曲形成圆铤。总长 4.85、镞身宽 1.01、厚 0.1、铤宽 0.21、厚 0.1~0.19 厘米（彩版一二四，3）。

M77：3-12，窄长三角形扁平镞身，近底部为一椭圆形穿孔，穿孔以上两面中线为血槽，两面前锋均中线起脊。细长实心铤，剖面近椭圆形，末端内收。器形规整。总长 7.17、镞身长 4.64、宽 1.19、厚 0.17~0.22、铤宽 0.18~0.36、厚 0.2 厘米（图 3-228B，12；彩版一二四，4）。

M77：3-13，窄长三角形镞身，两面中线起脊，延伸至铤顶端，打磨痕迹明显。椭圆空心铤，铤与镞身呈八字相接。铤顶端一面有穿孔，形制不规整，末端残断不存。器形规整。残长 7.87、镞身长 4.23、宽 0.8、厚 0.11~0.26、铤径 0.52~0.55 厘米（图 3-228B，15）。

M77：3-14，扁平镞身，镞身下半部中线起脊，一侧刃见铸造时铜液外溢的痕迹，未经打磨。镞身与铤呈八字相接，无明显分界。椭圆空心铤，末端銎口边缘不平齐，未封闭，有一裂隙。总长 5.37、宽 1.06、镞身厚 0.14~0.33、铤径 0.58~0.67 厘米（图 3-228B，11；彩版一二四，5）。

M77：3-15，窄长扁平镞身，底部两面中线有较短的血槽；以上至锋，两面中线起脊。椭圆空心铤，一面有较大的裂隙，未封闭，末端残断不存。器形较规整。残长 6.82、镞身长 5.03、宽 0.81、厚 0.13~0.17、铤径 0.33~0.54、血槽长约 0.9 厘米（图 3-228B，13；彩版一二四，6）。

M77：3-16，窄长扁平镞身，两面中线起脊。椭圆空心铤，两侧起脊明显，一面中部有椭圆形穿孔。铤末端残断不存。残长 7.28、镞身长 4.87、宽 0.75、厚 0.07~0.21、铤径 0.45~0.5 厘米（图 3-228B，14；彩版一二四，7）。

M77：3-17，残存铤部，空心圆铤，底部内收，底面封闭。可能为箭杆末端之帽。长 2.3、直径 0.5~0.73 厘米。

M77：3-18，圭首形扁平镞身。细长实心铤，铤两面中线有凹槽，大部分残断不存。铤与镞身相交处有绳索缠绕的痕迹。残长 3.16、镞身长 2.42、宽 1.03、厚 0.15、铤宽 0.32、厚 0.21 厘米（图 3-228B，18）。

斧 1 件。

M77：1，椭圆空心銎，束腰，双面刃，较宽，微弧。銎口下，一侧有单系。銎上部饰阴线纹饰：两面近銎口边缘为凹字形，内有几何凸棱纹，模糊不清；其外为一周短线纹纹饰带，与凸字边缘平行；其下为一周螺旋纹，最底部为一周重线工字纹，较模糊。斧两面刃面较明显，有凸棱。合范铸造，器体上部两侧范线明显，刃部两侧经打磨平整。銎口下，一侧有较大的穿孔，与銎口的裂隙相连，可能为铸造时铜液流淌不均所致。总长 10.07、銎口径 2.86~3.35、刃宽 5.48 厘米（图 3-228C，3；彩版一二四，8）。

锄明器 1件。

M77：5，平面近三角形，折肩，两侧刃较斜直。正面中央凸起三角形空心銎，背面平，两侧未经打磨。銎内残存木柲痕迹。长6.89、宽5.33、銎口长2.26、宽1.15、器体厚约0.14厘米（图3-228C，4；彩版一二五，4）。

铲明器 1件。

M77：6，平面近梯形，斜肩，折角明显，刃缘内凹。正面上部正中凸起三角形空心銎，銎口未封闭；銎两侧高于肩平面，至中部分两叉，分别指向刃两角，呈凸棱状。銎一侧有穿孔。背面平。两侧及刃缘未经打磨。总长5.6、銎口长1.98、宽1.16、肩宽3.19、刃宽4.33、器体厚0.12厘米（图3-228C，6；彩版一二五，5）。

扣饰 1件。

M77：10，平面近长方形，残，中间略宽于两侧。正面中部中线处为一凸棱，上下部分对称饰重线波浪纹，边缘对称各有五对浪花纹。两侧为重线直线纹，边缘平直。背后有一横扣。长12、宽5.64~6.35、横扣长2.05厘米（图3-228C，7）。

钏 1件。

M77：9，其中，M77：9-1粉化严重，上下缘较平直，镯面镶嵌孔雀石片，并列三行，孔雀石片为不规则的方形、长方形，保留较完整，镯面宽约0.74厘米；M77：9-2，残甚，镯面较宽，镶嵌两周孔雀石片，中间以铜质凸棱为分界，每周似有孔雀石片两行，镯面宽约1.15厘米。

饰件 1件。

M77：4，整器一面平，一面凸起。上部近三角形，尖残，有四个镂孔，两两并列，中心还有一个小穿孔。下部呈三叉状，两侧微弧。残长4.34、三角形底宽1.78、三叉处宽1.64、厚0.22厘米（图3-228C，8；彩版一二五，6）。

3. 石器 1件。

砺石 1件。

M77：7，圆柱形，上端有一圆形穿孔，中间较宽，两端较窄。长10.24、宽1.46、厚1.37厘米（图3-228C，5；彩版一二六，1）。

（五九）M78

长方形土坑竖穴墓，墓向285°，被M69、M77打破。墓口长2.43、宽1.2米，墓底长2.05、宽1.03米，深2.7米。墓底仅见少量碎骨。未见葬具。随葬品有陶侈口罐2件、鹿角1件（图3-229A；彩版一二三，1右）。

1. 陶器 2件。

侈口罐 2件。

M78：1，夹细砂黑陶。尖唇，直口，短斜直颈，溜肩，鼓腹，腹下部近底处内收，平底。素面。手制，内外壁抹平，器表粗糙，内外壁均施褐色陶衣，大部分脱落。口径14.2、腹径15.8、高12.6厘米（图

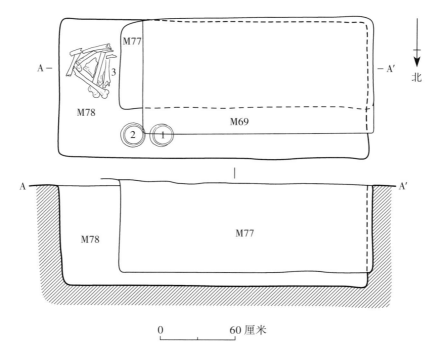

图 3-229A　06M78 平、剖面图

1、2. 陶侈口罐　3. 鹿角

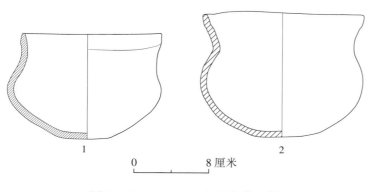

图 3-229B　06M78 出土陶侈口罐

1. M78：1　2. M78：2

3-229B，1；彩版一二六，2）。

M78：2，夹细砂，褐色、黑色相间。圆唇，侈口，短斜直颈，溜肩，鼓腹，平底，唇部下方 1.2 厘米处起一周凸棱。手制，内外壁抹平，器表略粗糙，内外壁均施黄色陶衣，大部分脱落。口径 16.8、腹径 17.2、高 13.6 厘米（图 3-229B，2；彩版一二六，3）。

2. 动物骨骼　1 件。

鹿角　1 件。

M78：3，残剩若干段，尺寸不明。

（六〇）M81

长方形土坑竖穴墓，墓向 190°。墓坑长 2.5、宽 0.8、深 1.13 米。未见人骨及葬具。随葬品有铜戈 1 件、铜镈 1 件、铜刻刀 1 件、铜凿 1 件。

铜器　4 件。

戈　1 件。

M81：1，直援，斜直刃，无胡，直内。本有一小穿孔；近阑侧两面有翼，用以纳秘。下阑有一长条形穿孔。内近阑侧有一圆形穿孔，下缘有一长方形穿孔，残。边缘腐化严重。残长 14.6、援长 11.5、阑宽 5.08、厚 0.36 厘米（图 3-230，1）。

镈 1 件。

M81：4，粉化严重，尺寸不明。根据记录可知为铜镈。

刻刀 1 件。

M81：2，两侧较残，应为刃，刃面明显。中部为较宽的凹槽，凹槽圆弧。一端为单面刃，较宽，靴形。背面平。残长 4.83、残宽 1.77、厚 0.42、刃宽 2.31 厘米。

凿 1 件。

M81：3，空心銎，似为半圆形。刃面剖面近梯形，刃面凸棱较明显，刃残。銎内残存木柄。粉化严重，上部残断不存。残长 7.69、上端宽 2.82、厚 1.17、刃残宽 2.58 厘米（图 3-230，2）。

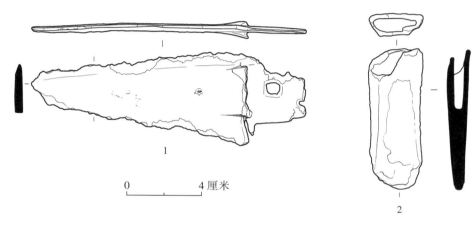

图 3-230　06M81 出土铜器

1. 戈 M81：1　2. 凿 M81：3

（六一）M82

长方形土坑竖穴墓，墓向 220°。墓坑长 2.14、宽 1.03~1.3 米。墓底有青膏泥。未见人骨、葬具及随葬品。

（六二）M83

长方形土坑竖穴墓，墓向 90°。墓坑长 2.44、宽 0.67~0.8、深 1.26 米。墓底有青膏泥。未见人骨及葬具。随葬品仅有砺石 1 件。

石器 1 件。

砺石 1 件。

M83：1，圆柱形，棕红色，右侧有一圆形穿孔，左侧宽，右侧窄。长 8.31、宽 0.56~1.5 厘米（图 3-231；彩版一二六，4）。

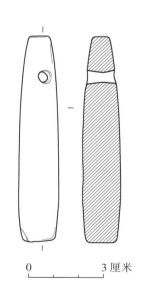

图 3-231　06M83 出土砺石

M83：1

（六三）M85

长方形土坑竖穴墓，墓向100°。墓坑长2.1、宽1、深1.4米。未见人骨、葬具及随葬品。

（六四）M87

长方形土坑竖穴墓，墓向260°。墓坑长2.2、宽0.6~0.75、深1.2米。墓坑下掘至距墓口0.6米处，南北壁为砂石基岩，往内收0.2~0.25米，形成不规则的二层台。墓主人仰身直肢，头向西略侧，人骨保存基本完整。未见葬具及随葬品。

（六五）M88

长方形土坑竖穴墓，墓向20°，被盗洞打破并打破M135。墓坑分四层（登记表中原为五层，但是第二层和第三层只间隔10厘米，而且第三层无人骨，只有随葬品，这些随葬品应是属于第二层下层个体的，因此将第二、三层合并为一层，图按照原来的清绘）：第①层长2.45、宽0.85~1.1、深0.9米，墓室有零星肢骨分布，多属未成年个体；第②层长2.4、宽0.85~0.95、深1.85米，上下叠压两具人骨，仰身直肢，头骨均缺失，上层人骨骨骼保存基本完整，下层人骨双膝并拢，胫腓骨及足骨均被盗洞破坏，在两具完整人骨周围还散见盆骨、脊椎、肢骨等；第③层长2、宽0.8~1、深2.1米，大量人骨垒砌成长方形人骨堆，南侧被盗洞破坏，残头骨集中于北侧，肢骨多较粗壮，以股骨和胫骨为主，构成人骨堆基本形状，其余骨骼紧密地放置于其中，清理出头骨12个；第④层长1.9、宽0.7~0.9、深2.3米，大量人骨垒砌成长方形人骨堆，头骨集中于南侧，部分被盗洞破坏，人骨堆边缘以粗壮的股骨、胫骨垒砌，其余肢骨顺向置于中间，均较细小，其余部位骨骼散见于人骨堆中，骨骼均腐朽严重。未见葬具。第①层随葬品有陶鼎1件、铜骹铁矛1件；第②层随葬品有铜镞3件、铜斧1件、铜柄铁削1件、砺石1件；第③层随葬品有铜锄明器1件、铜铲明器1件、铁刃1件、玛瑙扣1件（图3-232A）。

1. 陶器 1件。

鼎 1件。

M88①：2，夹细砂，内壁黑色，外壁黑色、红褐色相间。尖唇，平沿，盘口，弧腹，平底，三足宽扁，外侈。素面。轮制，规整，内外壁抹平。外壁因陶衣较厚略粗糙，内外壁均施褐色陶衣，较厚，局部脱落。口径12.6、高7.5、足高2.7厘米（图3-232B，1；彩版一二七，1）。

2. 铜器 6件。

镞 3件。

M88②：2-1，长三角形扁平镞身，镞身两面中线有血槽。空心圆铤，铤近镞身处，一面有穿孔。铤较残，一面中线处似有尖状翼。铤内残存木屑。残长5.58、镞身长4.08、宽1.25、厚0.12~0.44、铤径约0.7厘米（图3-232B，6）。

M88②：2-2，三角形扁平镞身，锋残。空心圆铤，末端残断不存。铤内残存木屑。残长5.11、镞身残长3.31、宽1.16、厚0.17、铤径0.68~0.74厘米（图3-232B，7）。

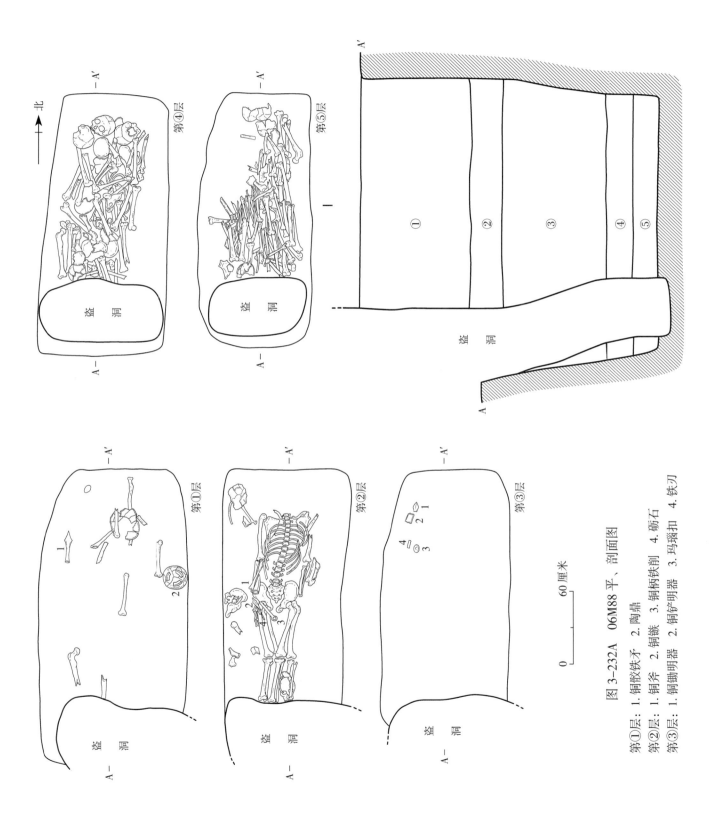

图 3-232A　06M88 平、剖面图

第①层：1. 铜骹铁矛　2. 陶鼎
第②层：1. 铜斧　2. 铜镞　3. 铜柄铁削　4. 砺石
第③层：1. 铜铲明器　2. 铜锄明器　3. 玛瑙扣　4. 铁刃

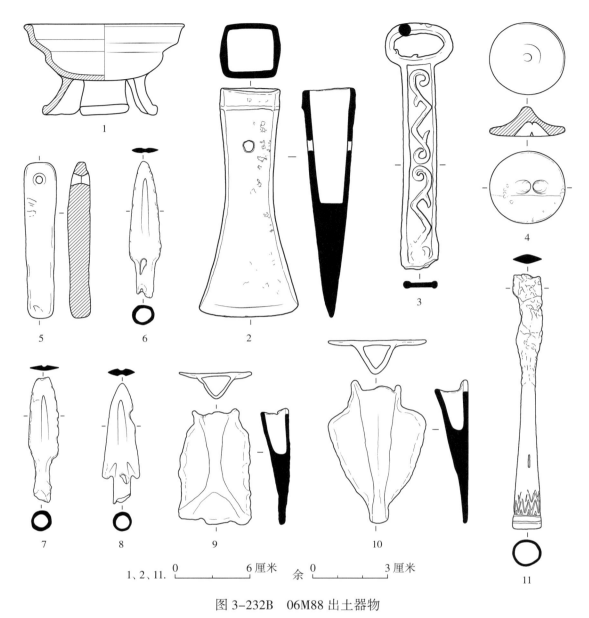

图 3-232B 06M88 出土器物

1. 陶鼎 M88①:2 2. 铜斧 M88②:1 3. 铜柄铁削 M88②:3 4. 玛瑙扣 M88③:3 5. 砺石 M88②:4 6. 铜镞 M88②:2-1 7. 铜镞 M88②:2-2 8. 铜镞 M88②:2-3 9. 铜铲明器 M88③:2 10. 铜锄明器 M88③:1 11. 铜骹铁矛 M88①:1

M88②:2-3，三角形扁平镞身，前端内收成锋；两面有血槽，及底不及锋；镞身两侧底部有翼，一侧稍残。空心圆铤，一面近镞身处有一穿孔，不甚规整。铤末端残断不存。残长 4.98、镞身长 3.91、宽 1.48、厚 0.13~0.28、铤径 0.7 厘米（图 3-232B，8）。

斧 1 件。

M88②:1，空心方銎，瘦长器身，双面刃，较宽，两侧微弧。銎口下饰一周凸棱纹，器体上部两面中央对称各有一椭圆形穿孔。銎内底面平。合范铸造，器体两侧上部范线明显，经粗磨，凸棱明显；下部打磨光滑平整，呈脊状。长 18.5、銎口长 4.54、宽 4.28、刃宽 7.94 厘米（图 3-232B，2；彩版一二六，5）。

锄明器　1件。

M88③：1，平面呈尖叶形，溜肩，折角较圆弧，两侧刃较斜直，底部为一方形凸起。正面正中凸起三角形空心銎，銎口高于肩部。銎背面两侧有尖状凸起，应为铸造痕迹。背面平。长5.98、宽4、銎口长2.05、宽1.39、器体厚0.2厘米（图3-232B，10）。

铲明器　1件。

M88③：2，平面近梯形，边缘未经打磨，不平直。正面中部凸起三角形空心銎，銎口略高于肩部；銎近刃部分两叉，呈凸棱状至刃两角。背面平，銎口两侧似有尖状凸起，应为铸造痕迹。总长4.84、銎口长1.89、宽1、肩宽2.49、刃宽2.92、器体厚0.18厘米（图3-232B，9；彩版一二六，6）。

3. 铜铁合制器　2件。

铜骹铁矛　1件。

M88①：1，铜质空心圆骹，骹口下饰两周阴线纹，其下为一周重线三角形纹。直线纹下，两侧对称各有一椭圆形穿孔，不甚规整。骹中部两面对称各有一长条形穿孔，规整。骹渐内收，铸接铁质矛叶。矛叶底部与骹均较细，以上为扁平矛叶，前端残断不存。残长21、骹长11.64、骹口径2.14~2.24、矛叶宽2.16、厚0.69厘米（图3-232B，11）。

铜柄铁削　1件。

M88②：3，椭圆形首，扁平长条形柄，首与柄为铜质；柄两面对称饰阳线卷曲折线纹。柄末端焊接铁质刃部，残断不存。残长10.26、首长径2.76、柄长8.45、宽1.3~1.4、厚0.31厘米（图3-232B，3；彩版一二七，2）。

4. 铁器　1件。

刃　1件。

M88③：4，扁平长条状，两端均残。可能为环首铁刀之类器物的刃部。残长5.84、宽1.89、厚0.33厘米。

5. 石器　1件。

砺石　1件。

M88②：4，圆柱形，上端有一圆形穿孔。上端宽，下端窄。长6.25、宽1.25、厚0.88厘米（图3-232B，5；彩版一二七，3）。

6. 玛瑙器　1件。

扣　1件。

M88③：3，乳白色。平面呈圆形，正面平整光亮，中央有尖状凸起，顶面平。背面微鼓，打磨光亮，正中有两穿孔，斜钻相通。直径2.88、厚1.25厘米（图3-232B，4；彩版一二七，4）。

（六六）M92

长方形土坑竖穴墓，墓向270°。墓坑长1.7、宽0.6米。未见人骨及葬具。随葬品仅有残陶器1件。

（六七）M95

长方形土坑竖穴墓，墓向274°，西侧被M70打破，并打破M96。墓坑残长0.7、宽0.6、深0.89米。墓底人骨为一层方形堆积，有头骨、髋骨、胫骨、肋骨和椎骨等（发掘时分三层，将其第一、第二和第三层合并），厚0.16米，为头骨、髋骨、胫骨、肋骨和椎骨等。未见葬具及随葬品。

（六八）M98

长方形土坑竖穴墓，墓向25°，打破M99。墓坑长2.05、宽0.8、深1.7米。墓底南端人骨散乱，从残存情况看，墓主为仰身直肢葬，头向北，另在股骨左侧凌乱堆积肢骨和一个残头盖骨，属二次葬。未见葬具及随葬品。

（六九）M100

长方形土坑竖穴墓，墓向260°。墓坑长2.4、宽0.48~0.6、深1.62米。未见人骨、葬具及随葬品。

（七〇）M101

长方形土坑竖穴墓，墓向293°。墓坑长1.3、宽0.6、残深0.4米。单人仰身直肢葬，头部受损，肱骨、盆骨、牙齿完好，下肢骨已不见，似为未成年人。未见葬具及随葬品。

（七一）M103

长方形土坑竖穴墓，墓向30°，被M90、M102和盗洞打破，并打破M89。墓坑长2、宽1.1~1.3、深1.2米。墓底有一腰坑，长1.6、宽0.7、深0.24米。墓主人葬于腰坑内，俯身直肢，颈椎已腐，盗洞截断盆骨以下骨骼，仅存两根胫骨，墓主人身边堆有厚0.15米的骨骼和四个颅骨。未见葬具及随葬品。

（七二）M104

长方形土坑竖穴墓，墓向355°，打破M140。墓坑长1.9、宽0.33~0.42、深1.4米。墓主人仰身直肢，骨骼基本保存但腐朽严重。未见葬具及随葬品。

（七三）M105

长方形土坑竖穴墓，墓向275°。墓坑长1.8、宽0.76、深1.3米。未见人骨、葬具及随葬品。

（七四）M106

长方形土坑竖穴墓，墓向295°。墓坑长1.1、宽0.76、残深0.06米。未见人骨及葬具。随葬品有铜斧1件、铜柄铁剑1件、玉坠1件。

1. 铜器 1件。

斧 1件。

M106：1，空心方銎，瘦长器身，双面弧刃，较宽。器体上部，两面对称各有一长条形穿孔。刃缘稍残。合范铸造，器体两侧范线明显，仅经大致打磨。长10.39、銎口长2.66、宽2.56、刃宽约4.98厘米（图3-233，1；彩版一二七，5）。

2. 铜铁合制器 1件。

铜柄铁剑 1件。

M106：2，铜质椭圆空心茎，大喇叭口茎首，平面也为椭圆形，茎首及茎两侧起脊明显；茎首表面饰竖条状镂孔，茎表面饰螺旋纹，螺旋纹中心有圆点状凸起；茎近格处，两面中线对称各有一长条形镂孔。一字格。铁质剑身，剑身宽扁，前端残断不存，表面残存木鞘痕迹。残长20.4、茎长8.3、茎首直径2.61~3.51、茎中部直径1.09~1.46、格长5、格宽1.1、剑身残长10.24、宽2.89、厚约0.6厘米（图3-233，3）。

3. 玉器 1件。

坠 1件。

M106：3，圆柱形，上端有一圆形穿孔。长6.29、宽0.73、厚0.57~0.65厘米（图3-233，2；彩版一二七，6）。

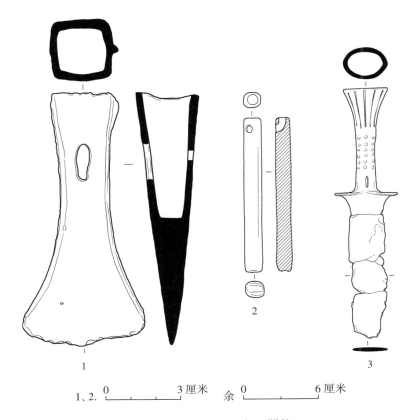

图3-233 06M106出土器物

1. 铜斧 M106：1 2. 玉坠 M106：3 3. 铜柄铁剑 M106：2

（七五）M107

长方形土坑竖穴墓，墓向270°，被M127打破。墓坑长2、西侧宽0.7~0.8、深0.7米。未见人骨及葬具。随葬品有铜斧1件、铜扣饰2件、铜柄铁剑2件、环首铁刀1件。

1. 铜器　3件。

斧　1件。

M107：1，空心方銎，瘦长器身，双面宽刃，两侧微弧。上部两面对称各有一穿孔，形制不规整。合范铸造，器体两侧范线经打磨，上部凸棱较明显，刃部两侧呈脊状。銎口一侧有缺口，应为铸造时铜液流淌不均所致。銎内残存木柄。基本完整，刃一角残。长10.41、銎口长2.96、宽2.64、刃宽4.67厘米（图3-234，1；彩版一二八，1）。

扣饰　2件。

M107：3，平面呈圆形，残甚。正面内凹，呈浅盘状。正面中央镶嵌一红色圆锥状玛瑙，其外为一周孔雀石片纹饰带，由四片及以上孔雀石片组成三角形，共八组三角形，相间为红彩；再外为一周嵌满孔雀石片的纹饰带。边缘素面。背面有一横扣。直径约11.35、高约2.4厘米（图3-234，4）。

M107：4，平面呈圆形。正面微凹，呈浅盘状，饰阴线纹饰，呈环带状分布，包括短线纹、螺旋纹等，较模糊。背面有一横扣。边缘残。直径5.63、高1.6、横扣长1.72厘米（图3-234，5）。

2. 铜铁合制器　2件。

铜柄铁剑　2件。

M107：2，铜质蛇首形扁圆空心茎，茎首为菱形；茎分为两段，上段饰阴线几何纹，一侧有一穿孔，可能为铸造时铜液流淌不均所致；下段表面光滑，两

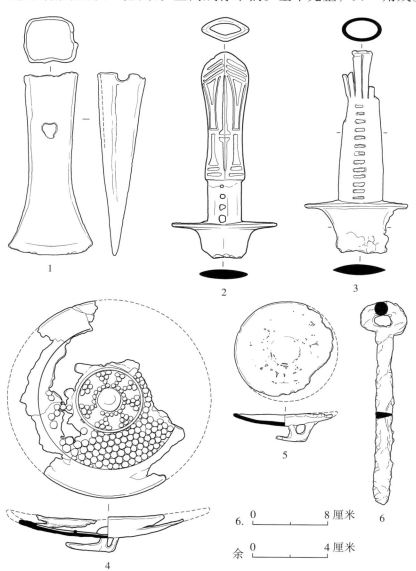

图3-234　06M107出土器物

1. 铜斧 M107：1　2. 铜柄铁剑 M107：2　3. 铜柄铁剑 M107：5　4. 铜扣饰 M107：3　5. 铜扣饰 M107：4　6. 环首铁刀 M107：6

面中线各有四个方形镂孔。茎两侧起脊。一字格。铁质剑身，残断不存。铜铁部分焊接而成。残长11.54、茎长9.55、茎上段宽2.55、厚1.33、下段直径1.12~1.82、格长5.68、宽1.33、剑身残断处宽2.48、厚0.5厘米（图3-234，2；彩版一二八，2）。

M107：5，铜质椭圆空心茎，喇叭口茎首，茎首表面饰短线状镂孔，残甚。茎两面中线各有13个横向长条状镂孔，一面残。一字格。剑身底部为铜质，扁平，铁质刃部，刃部残断不存。铜铁部分焊接而成。合范铸造，茎两侧起脊明显，范线经打磨平整。残长11.17、茎长8.32、茎近格侧直径1.2~2.37、格长5.54、格宽1.37、剑身残断处宽2.73、厚0.52厘米（图3-234，3）。

3. 铁器 1件。

环首刀 1件。

M107：6，椭圆形首，扁平条状刃，背侧较厚。尖部残。残长22.6、刃长18.7、宽约1.8、背侧厚约0.6~0.8、环首直径4.98厘米（图3-234，6）。

（七六）M108

长方形土坑竖穴墓，墓向340°。墓坑长2、宽0.9~1.2、深2米（登记表中有五层，但是从描述来看第一至四层仅有零星的器物和碎骨，整理时认为这些器物只是被扰乱后散落在填土中的，并没有完整的骨架或骨堆，不能单独分层，仅有墓底描述为"腰坑"的应是唯一确定的一层）。填土中有少量碎骨，墓底有大量骨骼，腐朽严重，以肢骨为主，散见头骨、盆骨残片等。未见葬具及随葬品。第①层随葬品仅有陶单耳罐1件；第②层随葬品有铜镞1件、铜扣饰1件；第③层随葬品有玛瑙珠1件、孔雀石珠1件；第④层随葬品仅有陶尊1件；第⑤层随葬品有铜扣饰1件、石纺轮1件、玉玦1件（彩版一二八，3）。

1. 陶器 2件。

尊 1件。

M108④：1，夹粗砂黑褐陶。圆唇，喇叭口，束颈，斜肩，折腹，喇叭口形高圈足。肩部起一周凸棱。轮制，规整，内外壁抹平，器身表面施褐色陶衣，粗糙，器身与圈足分别制作再粘结成整器。口径15.6、腹径15、足径16~17、高23、足高10.5厘米（图3-235，1；彩版一二九，1）。

单耳罐 1件。

M108①：1，夹细砂，器身黄褐色、黑色相间，器底黑色。圆唇，侈口，束颈，长斜肩，垂腹，腹下部近底处内收，平底，单耳。素面。轮制，规整，内外壁抹平，内外壁均施黄色陶衣，大部分脱落。单耳缺失。口径6.9、高13.5厘米（图3-235，6；彩版一二九，2）。

2. 铜器 3件。

镞 1件。

M108②：1，扁平镞身，中线有凸棱，前端内收成锋，两侧刃残，形制不明。椭圆空心铤，末端残断不存。合范铸造，铤两侧范线未经打磨。残长3.91、镞身残宽1.26、厚0.2、铤径0.73~0.79厘米（图3-235，3）。

扣饰 2件。

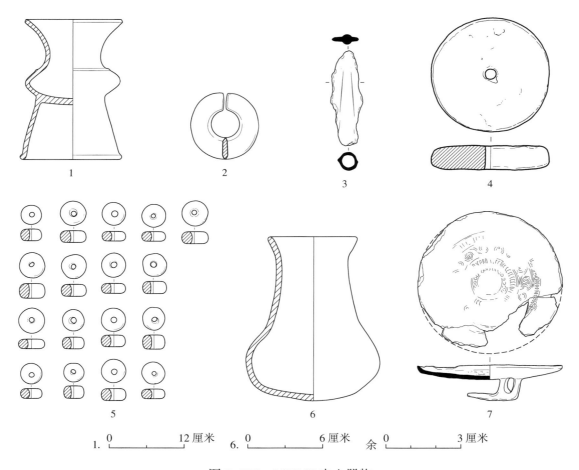

图 3-235　06M108 出土器物

1. 陶尊 M108④：1　2. 玉玦 M108⑤：1　3. 铜镞 M108②：1　4. 石纺轮 M108⑤：2　5. 玛瑙珠 M108③：1-1~1-17
6. 陶单耳罐 M108①：1　7. 铜扣饰 M108②：2

　　M108②：2，平面呈圆形。正面微凹，呈浅盘状。主体饰阴线纹饰，呈环带状分布，为两周短线纹间以勾连S形螺旋纹；正中有一微凸起的锥状尖，其周围饰一周小圆点纹。背面有一横扣。边缘残。直径 5.86、高 1.38、横扣长 2.03 厘米（图 3-235，7）。

　　M108⑤：3，平面呈圆形。正面微凹，呈浅盘状，饰两周孔雀石纹饰带，外周两列，内周至少四列，孔雀石片形制不规整，外周的多脱落。背面有一横扣。整器被织物包裹，似为麻类物质，平行编织。边缘残。直径 6.57、高 1.68、横扣长 1.61 厘米。

　　3. 石器　1 件。

　　纺轮　1 件。

　　M108⑤：2，圆饼形，中部钻一圆孔。直径 4.76、孔径 0.38、厚 1.05 厘米（图 3-235，4；彩版一二八，4）。

　　4. 玉器　1 件。

　　玦　1 件。

　　M108⑤：1，红色。外径 2.76、内径 1.14、厚 0.19 厘米（图 3-235，2；彩版一二八，5）。

5. 玛瑙器 1件。

珠 1件。

M108③：1，共17粒。白色。M108③：1-1，直径0.86、孔径0.19、厚0.48厘米；M108③：1-2，直径1.05、孔径0.2、厚0.5厘米；M108③：1-3，直径0.95、孔径0.27、厚0.38厘米；M108③：1-4，直径0.95、孔径0.17、厚0.38厘米；M108③：1-5，直径1.05、孔径0.19、厚0.48厘米；M108③：1-6，直径1.05、孔径0.19、厚0.57厘米；M108③：1-7，直径1、孔径0.19、厚0.48厘米；M108③：1-8，直径1.05、孔径0.24、厚0.38厘米；M108③：1-9，直径1.05、孔径0.29、厚0.48厘米；M108③：1-10，直径1.05、孔径0.19、厚0.38厘米；M108③：1-11，直径0.86、孔径0.19、厚0.52厘米；M108③：1-12，直径0.95、孔径0.24、厚0.48厘米；M108③：1-13，直径0.9、孔径0.19、厚0.57厘米；M108③：1-14，直径0.86、孔径0.21、厚0.38厘米；M108③：1-15，直径0.8、孔径0.19、厚0.55厘米；M108③：1-16，直径1、孔径0.2、厚0.48厘米；M108③：1-17，直径0.95、孔径0.19、厚0.38厘米（图3-235，5；彩版一二八，6）。

6. 孔雀石器 1件。

珠 1件。

M108③：2，有若干粒，大小不等，残。

（七七）M109

长方形土坑竖穴墓，墓向295°。墓坑长0.8、宽0.76、深0.33米。未见人骨及葬具。随葬品有陶釜1件、陶盘1件。

陶器 2件。

釜 1件。

M109：1，夹红色粗砂，外壁黑色、深褐色相间，内壁橙红色，局部褐色。圆唇，侈口，短斜直颈，溜肩，鼓腹，圜底。素面。手制，慢轮修整，内外壁抹平，内壁较外壁平滑，外壁因陶土夹砂而显粗糙，内外壁均施浅黄色陶衣，大部分脱落。

盘 1件。

M109：2，夹红色粗砂，陶土经过淘洗，橙红色，局部褐色。斜平唇，浅折腹。素面。手制，慢轮修整，内壁可见轮修细弦纹。内外壁抹平，器表施浅黄色陶衣，大部分脱落。仅剩四分之一。

（七八）M110

长方形土坑竖穴墓，西北—东南向，被M69、M71打破。墓坑长0.9、宽0.6~0.7、深1.8米。墓底发现一个头骨。未见葬具。随葬品有陶尊1件、陶釜1件。

陶器 2件。

尊 1件。

M110：1，泥质，夹少量极细白色掺和料颗粒，内壁灰黑色，外壁浅褐色。圆唇，大喇叭口，斜肩。素面。轮制，规整，内外壁抹平，均施一层浅灰色陶衣，脱落殆尽。残碎，无法拼接成整器。

釜 1件。

M110：2，泥质灰黑陶，夹极细掺和料颗粒，紧密。圆唇，直口，唇部下方约1.5厘米处起一周凸棱，斜直颈，溜肩。轮制，规整，内外壁抹平，内外壁均施黄色陶衣，大部分脱落，肩部残片内外壁可见细密针眼状小孔。残碎，无法拼接成整器。

（七九）M111

长方形土坑竖穴墓，墓向300°，打破M127、M128、M129。墓坑长2.1、宽0.54、深0.5米。未见人骨及葬具。随葬品有陶尊2件、陶釜2件。

陶器 4件。

尊 2件。

M111：3，夹细砂浅褐陶。圆唇，侈口，斜弧颈，斜肩，折腹，喇叭口形矮圈足。素面。轮制，规整，腹部外壁抹平，口部、圈足内外壁均抹平，口部、圈足内外壁施黄色陶衣，大部分脱落。圈足与器身分别制作最后粘结成整器。

M111：4，泥质，陶土经过淘洗，夹细小掺和料颗粒，口部、肩部、腹部灰黑色，圈足浅红褐色。圆唇，喇叭口，弧颈，肩近平，折腹，喇叭口形高圈足。肩部饰一周宽约3.5厘米的垂幔纹，一肩部残片上发现一圆形小孔。轮制，规整，肩部、腹部内壁及圈足内外壁可见轮修细弦纹。内外壁抹平，口部内外壁磨光，内外壁施黄色陶衣，脱落殆尽，器表因陶土夹细小掺和料可见细密针眼状小孔。

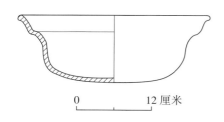

图 3-236 06M111 出土陶釜
M111：1

釜 2件。

M111：1，夹细砂，内壁黑色，外壁红褐色。方唇，敞口，唇部下方3厘米处起一周凸棱，短斜直颈，鼓腹，平底。轮制，内壁抹光，外壁抹平，内外壁均施褐色陶衣，大部分脱落。口径30.6、高11.4厘米（图3-236）。

M111：2，夹砂极细，内壁黑色，外壁褐色、黑色相间。尖唇，大敞口，长斜直颈，折腹，尖底。素面。轮制，规整，内壁抹光，外壁抹平，内外壁均施褐色陶衣，大部分脱落。残存三分之一。

（八〇）M112

长方形土坑竖穴墓，墓向230°。墓口长2.6、宽0.96~1.05米，墓底长2.04、宽0.93~1.15米，深0.5米。墓底有两人合葬，骨骼腐朽严重，残存少量肢骨。未见葬具。随葬品有铜镞1件、铜箭箙1件、铜啄1件、铜锥1件、铜扣饰2件、铜残片1件、玉玦1件、骨镞1件。

1. 铜器 7件。

镞 1件。

M112：4-1，柳叶形扁平窄长镞身，两面中线为血槽，一面前端中线起脊，另一面血槽更长，锋残。细长实心铤，铤与镞身无明显分界，剖面近四边形，凸棱不甚明显，末端残断不存。残长4.22、镞身宽0.67、厚0.12、铤径0.26厘米（图3-237，1；彩版一二九，3）。

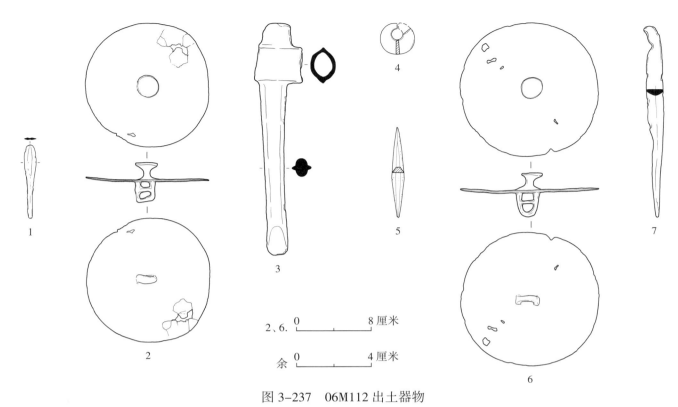

图 3-237 06M112 出土器物

1. 铜镞 M112：4-1　2. 铜扣饰 M112：2　3. 铜啄 M112：1　4. 玉玦 M112：8　5. 骨镞 M112：4-2　6. 铜扣饰 M112：3　7. 铜锥 M112：6

箭箙　1件。

M112：5，由左右两部分构成，对称。相邻的一侧为细长条状边，中部正面隆起、上下缘内凹，饰四个椭圆螺旋纹；外侧为半圆形铜片，圆弧边缘饰短线纹。背面，半圆形铜片与中部隆起部分的交界处各有一桥形钮，一侧残。整器经打磨，光滑，器形规整。器表有较多小穿孔，左右两侧位置不对称，穿孔形状不规则，可能不是有意制作。此铜饰可能缝合于皮革类箭箙表面。总长18.4、长条边至半圆边缘宽9.45、中间内凹部分长5.16、圆弧铜片长（平行于细长边）6.7、高4.19、桥状钮长1.64、厚0.37厘米（彩版一二九，4）。

啄　1件。

M112：1，细长刺，椭圆空心銎。刺正面中线隆起，脊较宽较明显；背面呈圆弧状；扁平窄刃。銎与刺连接处，两面各饰一凸棱三角形纹。合范铸造，刺两侧范线经打磨平整。总长12.4、刺长9.62、刺宽1.5、厚0.26~1.3、刃宽1.18、銎高2.66、銎直径1.47~2.13厘米（图3-237，3；彩版一二九，5）。

锥　1件。

M112：6，细长条状，底面平，正面隆起，两侧不对称。上部剖面近三角形，顶角圆弧；近尖的下部两侧由刃变成窄长面，剖面近五边形，顶角圆弧。器体一侧较斜直，另一侧形制不规则，似未经打磨。长10.94、宽0.93、厚0.37厘米（图3-237，7；彩版一二九，6）。

扣饰　2件。

M112：2，平面呈圆形。扣面扁平，素面，正面中心凸起一浅盘状圆钮，背面正中为一长方形扣，封闭。扣饰两面打磨平整，正面光亮。基本完整，边缘稍残。直径13.6、器体厚约0.16、总高4.6、钮高2、钮径2.59、扣高2.4、宽2.18、厚0.85厘米（图3-237，2；彩版一二九，7）。

M112：3，平面呈圆形。扣面扁平，素面，正面中心凸起一浅盘状圆钮，背面正中为一封闭扣，圆弧状。扣饰两面打磨平整，正面光亮。基本完整，边缘稍残。直径14.8、器体厚约0.18、总高4.9、钮高1.9、钮径2.3~2.58、扣高2.8、宽2.65、厚0.7厘米（图3-237，6）。

残片　1件。

M112：7，器形规整，残断端中部有一长方形穿孔。另一端圆弧状，外勾。整器扁平，打磨光洁。残长2.98、残宽2.33、厚0.2厘米。

2. 玉器　1件。

玦　1件。

M112：8，红色。一端完整，另一端残。外径1.89、内径0.61、厚0.22厘米（图3-237，4）。

3. 骨器　1件。

镞　1件。

M112：4-2，平面呈长菱形，剖面为梯形。长5.22、宽0.67、厚0.33厘米（图3-237，5；彩版一三〇，1）。

（八一）M115

长方形土坑竖穴墓，墓向170°，被M124打破。墓坑长2.1、宽0.5、深0.37米。未见人骨及葬具。随葬品有铜戈1件、铜钏1件、木镯1件。

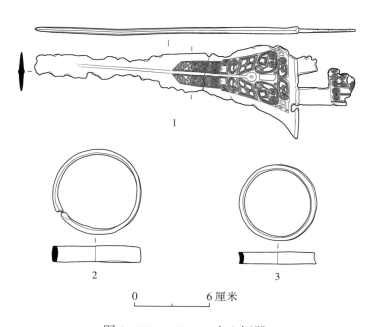

图3-238　06M115出土铜器

1. 戈 M115：1　2. 钏 M115：2-1　3. 钏 M115：2-2

1. 铜器　2件。

戈　1件。

M115：1，直援，无胡，方内。援窄长，中线起脊，凸棱明显；本两面对称饰饕餮纹、云雷纹，近阑侧有一长方形穿；内近阑侧有一长方形穿，两面对称饰卷云纹等。器形规整，纹饰精美。残长24.9、援残长20.4、援厚0.31~0.58、阑残宽6.6、内长4.5、内宽4.07、内厚0.2厘米（图3-238，1）。

钏　1件。

M115：2，完整者6件，残片至少属于2件。M115：2-1，直径最大，镯面平直，其余5件镯面略内凹。M115：2-2、2-3下缘较上缘宽。M115：2-4~2-6上下缘基本同宽，均素面。M115：2-7残，镯面饰雷纹。其余的残片，上下缘平直，镯面内凹，中部薄，素面。M115：2-1，直径6.9、缘厚0.3、镯面宽1.25厘米（图3-238，2）；M115：2-2，上缘直径6.08、厚0.29厘米，下缘直径6.25、厚0.55、镯面宽0.95厘米（图3-238，3）；M115：2-3，上缘直径5.88、厚0.28厘米，下缘直径6.12、厚0.34、镯面宽1.07厘米；M115：2-4，上缘直径5.9、下缘直径6.1、缘厚0.27、镯面宽1.09厘米；M115：2-5，直径6、缘厚0.24、镯面宽0.9厘米；M115：2-6，直径5.5、缘厚0.21、镯面宽0.76~0.9厘米；M115：2-7，镯面宽0.56~0.68、厚0.16厘米；残片镯面宽1.36、缘厚0.21、中部厚0.1厘米。

2. 木器 1件。

镯 1件。

M115：3，有11段。残甚。尺寸不明。

（八二）M116

长方形土坑竖穴墓，墓向270°，打破M117、M130。墓坑长2.2、宽1、深1.1米。未见人骨及葬具。随葬品有陶纺轮1件、绿松石扣2件。

1. 陶器 1件。

纺轮 1件。

M116：2，泥质，黑褐色、红褐色相间。圆饼形，中部钻圆孔，一面略凹。素面。手制，器表抹平，整体粗糙。直径3.6、孔径0.5、厚1.4厘米（图3-239，1；彩版一三〇，2）。

2. 绿松石器 2件。

扣 2件。

M116：1，平面呈圆角长方形，正面中心有尖状凸起。背面正中有两穿孔，斜钻对穿。通体打磨光亮。长1.39、宽1.39、厚0.7厘米（图3-239，2；彩版一三〇，3）。

M116：3，平面呈椭圆形，正面中心有尖状凸起。背面正中有两穿孔，斜钻对穿。通体打磨光亮。长1.71、宽1.25、厚0.75厘米（图3-239，3；彩版一三〇，4）。

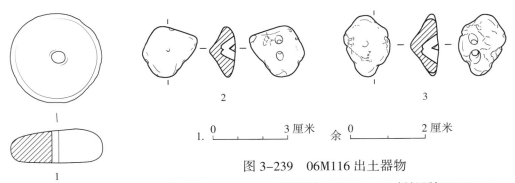

图3-239 06M116出土器物

1. 陶纺轮M116：2 2. 绿松石扣M116：1 3. 绿松石扣M116：3

（八三）M117

长方形土坑竖穴墓，墓向270°，被M116打破，并打破M130。墓坑长2、宽0.7米。墓底残存少量肢骨。未见葬具。随葬品有铜矛1件、铜剑1件、铜镞6件、铜铲明器1件、铜泡钉1件、石纺轮1件。

1. 铜器　10件。

矛　1件。

M117：2，空心圆骹，骹口边缘平直；骹口下两侧对称各有一穿孔，一侧近圆形，另一侧椭圆形；骹两面饰两组S形螺旋纹，分别以小凸点纹间以几何纹为界；底部两面饰由圆点组成的倒三角形纹；纹饰带上缘，骹两侧各有一系，未穿透。窄长三角形矛叶，底部两角折角明显；中线起脊，底部为骹之延续，前端凸棱较明显。合范铸造，骹两侧纹饰部分范线明显，未经打磨；骹口两侧范线打磨平整光滑，不见痕迹。骹内残存木柲痕迹。总长24.2、骹口径2.07~2.21、矛叶长15.5、矛叶宽3.63、中线处厚0.17~1.26厘米（图3-240，1；彩版一三〇，5）。

剑　1件。

M117：1，空心茎，近圆形，喇叭口茎首，茎表面饰三组螺旋纹，底部为S形纹、小凸点纹组成的弧形纹饰，纹饰正中两面各有一长条形穿孔。一字格。扁平剑身，两侧刃斜直，稍残，底部两面正中饰卷曲几何纹饰。合范铸造，茎两侧范线明显，仅经大致打磨，范稍有错位；喇叭口茎首外壁光滑，不见范线痕迹。茎中部一侧有穿孔，穿孔周围器壁内凹，可能为使用痕迹。总长23.7、茎长9、茎首

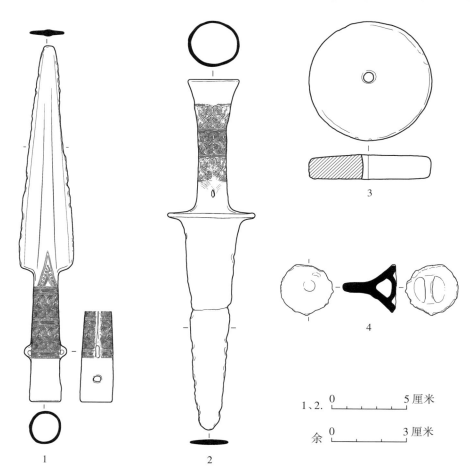

1. 2.　0 ——————— 5厘米

余　0 ——————— 3厘米

图3-240　06M117出土器物

1. 铜矛 M117：2　2. 铜剑 M117：1　3. 石纺轮 M117：5　4. 铜泡钉 M117：3

直径 3.16~3.44、茎中部直径 1.73~1.89、格长 5.82、格宽 1.7、剑身厚 0.24~0.49 厘米（图 3-240，2；彩版一三〇，6）。

镞 6 件。

M117：4-1，三角形宽扁镞身。空心圆铤，铤两侧起脊，近镞身处一面有一个三角形穿孔。铤下部残断不存。表面粘有较厚的黑色致密物质。铤内残存木屑。残长 3.72、宽 1.54、铤径 0.66~0.92 厘米。

M117：4-2，圭首形扁平镞身，底部两侧呈圆弧状，锋及一侧刃残。扁圆空心铤，铤部残断不存。残长 2.48、镞身宽 1.11、厚 0.18~0.37、铤径 0.37~0.67 厘米。

M117：4-3，窄长扁平镞身，镞身前半部残断不存。椭圆空心铤，近镞身一面似有穿孔，残，未封闭。铤下端残断不存。残长 3.36、镞身宽 0.85、厚 0.15~0.28、铤径 0.67 厘米。

M117：4-4，扁平柳叶形镞身，一面中线大部分为血槽，不及锋，不及铤；另一面被污染严重，不明。器身中部一侧未封闭，呈椭圆形缺口，用途不明。镞身与铤无明显分界。细长实心铤，残断不存。残长 3.86、宽 1、厚约 0.15 厘米。

M117：4-5，残存一半镞身，扁平。残长 3.35、残宽 0.6、厚 0.17 厘米。

M117：4-6，镞身残断不存。椭圆空心铤，近镞身一侧，一面有长条形穿孔。铤末端残断不存。残长 2.56、铤径 0.48~0.66 厘米。

铲明器 1 件。

M117：6，正面上部凸起三角形空心銎，銎口边缘残。两侧及刃残，形制不明。残长 3.6、残宽 1.76、銎口长 1.28、宽 0.73、器体厚约 0.15 厘米。

泡钉 1 件。

M117：3，平面呈圆形，正面尖状凸起，凸起上部呈圆柱形，下部近圆锥形。背面凹陷部分有一横挡。边缘稍残。直径 2.11、高 2.2、顶部直径 0.42、横挡长 1.12、宽 0.3 厘米（图 3-240，4；彩版一三一，1）。

2. 石器 1 件。

纺轮 1 件。

M117：5，圆饼形，中部钻一圆孔。直径 4.83、孔径 0.35、厚 1 厘米（图 3-240，3；彩版一三一，2）。

（八四）M119

长方形土坑竖穴墓，墓向 285°。墓坑长 1.85、宽 0.95 米。未见人骨及葬具。随葬品有陶釜 2 件、陶器盖 1 件、陶纺轮 2 件。

陶器 5 件。

釜 2 件。

M119：2，夹粗砂，深褐色、红褐色相间。圆唇，侈口，短斜弧颈，溜肩，鼓腹。颈部有纵向不规则短线纹，可能是慢轮修整的痕迹。手制，慢轮修整，内外壁抹平，器表因陶土夹粗砂而显粗糙，内外壁均施浅黄色陶衣，陶衣较厚，大部分脱落，器表和断面均可见细密的针眼状细孔。

M119：5，泥质，陶土经过淘洗，夹细小掺和料颗粒，胎心褐色，内壁黑色、外壁深红褐色。圆唇，侈口，唇部下方约 1.5 厘米处起一周凸棱，弧颈。轮制，规整，内外壁抹平，内外壁均施浅黄色陶衣，

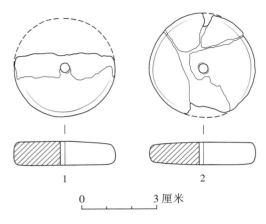

图 3-241 06M119 出土陶纺轮
1. M119：3 2. M119：4

大部分脱落，内外壁及断面因夹杂掺和料可见细密小孔。仅剩口沿残片。

器盖 1件。

M119：1，夹大量白色掺和料颗粒，内壁灰黑色，器表橙黄色、灰黑色相间。喇叭口形，内壁近边缘处起一周凸棱。素面。轮制，规整，内外壁抹平，器表因夹砂而粗糙，施褐色陶衣，脱落殆尽。

纺轮 2件。

M119：3，陶土经过淘洗，夹砂极细，灰黑色、褐色相间。圆饼形，中部钻圆孔。素面。轮制，规整，器表抹平，施浅黄色陶衣，脱落殆尽。直径 4.05、孔径 0.4、厚 1.05厘米（图 3-241，1）。

M119：4，陶土经过淘洗，夹砂极细，黑褐色、浅褐色相间。圆饼形，中部钻圆孔。素面。轮制，规整，器表抹平，施浅黄色陶衣，脱落殆尽。直径 4.2、孔径 0.4、厚 0.9 厘米（图 3-241，2）。

（八五）M120

长方形土坑竖穴墓，东西向。墓坑长 2.45、宽 0.7、深 1.05 米。墓坑填土中有青膏泥。未见人骨、葬具及随葬品。

（八六）M121

长方形土坑竖穴墓，墓向 210°。墓坑长 2.42、宽 1.06、深 2.75 米。墓底中部有一腰坑，长 1.1、宽 0.6、深 0.2 米。墓主人俯身直肢，头骨置于墓底南端，身躯置于腰坑内，颈部、胸部、上肢骨骼已无存，双足被砍去，断面与腰坑北部边缘并齐，胫骨用土垫高，形成腰部凹下、头脚上翘的葬态，腰椎处有明显的砍断痕迹。此外，在墓主头骨两侧、左右股骨之间、右股骨右侧各置一根动物骨骼。未见葬具。随葬品有陶釜 2件、陶口沿 1件、孔雀石珠 1件、海贝 1件。

1. 陶器 3件。

釜 2件。

M121：1，夹粗砂，夹较粗白色掺和料颗粒，内壁黑色，外壁橙黄色。圆唇，侈口，唇部下方约 3 厘米处起一周凸棱，弧颈。轮制，规整，外壁抹平，内壁磨光，外壁因夹粗砂显粗糙，内外壁施黄色陶衣，陶衣较厚，脱落殆尽，断面及器表可见细密针眼状小孔。残，无法拼接成整器。

M121：2，夹粗砂，夹较粗白色掺和料颗粒，内壁黑色，外壁橙黄色。盘口，唇部下方起一周凸棱，短弧颈，折腹，圜底。素面。轮制，规整，外壁抹平，内壁磨光，外壁因夹粗砂显粗糙，器表可见细密针眼状小孔。残碎，无法拼接成整器。

口沿 1件。

M121：2-1，夹粗砂黑褐陶，夹稍粗白色掺和料颗粒。方唇，浅盘口。轮制，规整，内外壁抹平，器表施褐色陶衣，脱落殆尽，器表因夹掺和料稍粗显粗糙。器形不明。

2. 孔雀石器 1件。

珠 1件。

M121：3，有若干粒，大小不等，大部分完整，少量残（彩版一三一，3）。

3. 海贝 1件。

海贝 1件。

M121：4，有若干枚，大小不等，其中有8枚完整，少量残（彩版一三一，4）。

（八七）M122

长方形土坑竖穴墓，墓向190°。墓口长1.74、宽0.7、深0.8米。墓底中部有一腰坑，长0.9、宽0.36~0.44、深0.16米。墓主人仰身直肢，头向南，身体置于腰坑内，骨骼腐朽严重。未见葬具。随葬品有陶釜3件、陶器盖2件、陶口沿1件（图3-242A）。

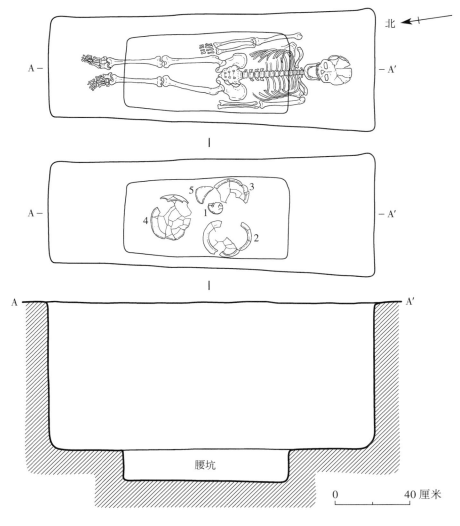

图 3-242A 06M122平、剖面图

1、3.陶器盖 2、4、5.陶釜

陶器 6件。

釜 3件。

M122：2，夹细砂，陶土经过淘洗，夹细小掺和料颗粒，内壁黑色，器表褐色、橙黄色相杂。圆唇，出沿，盘口，唇部下方约2厘米处起一周凸棱，弧颈，鼓腹，圜底。素面。轮制，规整，内外壁抹平，内壁较外壁光滑，器表因陶土夹掺和料略显粗糙。

M122：4，夹较多细密白色掺和料颗粒，内壁黑色，器表土黄色。盘口，唇部下方起一周凸棱，短弧颈，鼓腹，圜底。素面。轮制，规整，内外壁抹平，内外壁均施褐色陶衣，大部分脱落。

M122：5，夹粗砂，陶土经过淘洗，夹细小掺和料颗粒，胎心黑色，器表浅黄色、黑色相间。溜肩，鼓腹。手制，慢轮修整，内外壁抹平，器壁因陶土夹砂而粗糙，断面及器表可见细密针眼状细孔。

器盖 2件。

M122：1，夹细密白色掺和料颗粒，灰黑色。喇叭形，圆形抓手。轮制，器表可见轮修弦纹。内外壁抹平，内外壁均施深褐色陶衣，局部脱落，器表因陶土夹砂显粗糙。直径7、残高2.4、厚0.7厘米（图3-242B，1）。

M122：3，夹细砂，外壁灰黑色，内壁黄褐色。覆斗形，边缘较厚，器形较大。素面。轮制，内外壁均见轮修弦纹。内外壁抹平，内外壁施一层褐色陶衣，大部分脱落。直径27.6、残高8.4厘米（图3-242B，2）。

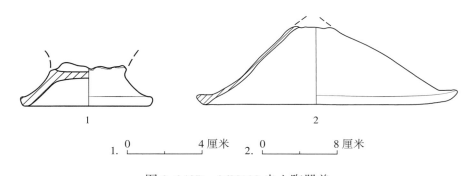

图3-242B 06M122出土陶器盖
1. M122：1 2. M122：3

口沿 1件。

M122：4-1，夹细小白色掺和料颗粒，黑色。圆唇，口微侈，束颈。轮制，规整，内外壁抹平，均施浅黄色陶衣，脱落殆尽，断面因夹细小掺和料颗粒可见细密针眼状小孔。器形不明。

（八八）M123

梯形土坑竖穴墓，墓向285°。墓口长2.2、宽0.87~1.08米，墓底长2、宽0.84~0.9米，深1.25米。墓坑西壁和北壁距墓口0.2米有不规则二层台，高约1.05米。墓底仅有少量碎骨。未见葬具。随葬品仅有陶尊1件。

陶器 1件。

尊　1件。

M123：1，泥质灰褐陶，夹细小掺和料颗粒，疏松。侈口，鼓肩，折腹，矮圈足外侈。素面。轮制，规整，内外壁抹平，内外壁施褐色陶衣，脱落殆尽，器表和断面均可见针眼状细孔。圈足与器身一次成型。

（八九）M124

长方形土坑竖穴墓，墓向110°，打破M115。墓坑长2、宽0.89、深0.52米。墓底中部有一腰坑，长1.52、宽0.65、深0.2米。未见人骨、葬具及随葬品。

（九〇）M125

长方形土坑竖穴墓，墓向280°，打破M132。墓口长2.65、宽0.87米，墓底长2.4、宽0.76米，深1.15米。填土中有少量肢骨。未见葬具。随葬品有陶尊1件、陶侈口罐3件、陶单耳罐1件、陶圈足1件、陶片1件、铜剑1件、铜挂钩1件、残铜器2件。

1. 陶器　7件。

尊　1件。

M125：2，夹砂黑陶。仅剩腹部残片，折腹。外壁抹平，施微黄色陶衣，脱落。

侈口罐　3件。

M125：1，夹砂极细，灰黑色、黄色相间。尖唇，侈口，长斜直颈，鼓肩，圆鼓腹，平底。颈肩交接处饰三周刻划水波纹。手制，慢轮修整，内外壁抹平，外壁施灰褐色陶衣，大部分脱落。口径11.1、腹径15.9、高16.2厘米（图3-243，1）。

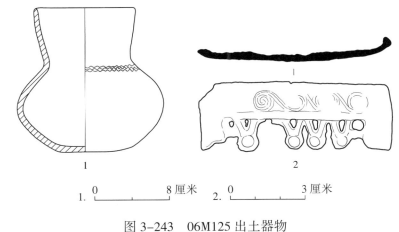

图3-243　06M125出土器物
1. 陶侈口罐 M125：1　2. 铜挂钩 M125：3

M125：6，夹粗砂，胎心黑色，胎皮橙黄色。尖唇，直口，肩近平。轮制，规整，内外壁抹平，内外壁因陶土夹砂显粗糙，内外壁及断面因夹细小掺和料颗粒可见细密针眼状小孔。残碎严重，无法拼接。口径8、壁厚0.4厘米。

M125：7，夹黄色掺和料颗粒，褐色。圆唇，侈口，高斜弧颈。轮制，内外壁抹平，施黄色陶衣，脱落殆尽，器表及断面可见细密针眼状小孔。

单耳罐　1件。

M125：8，夹细小白色掺和料颗粒，黑色。圆唇，侈口。口沿内壁、器表抹平，部分残片上可见褐色陶衣遗痕及黑色烟炱痕。残碎严重，无法拼接成整器，从残片上留有黑色烟炱痕迹推测可能是单耳罐。

圈足 1 件。

M125：4，泥质，夹极细白色掺和料颗粒，胎心黑色，外皮橙黄色。喇叭口形矮圈足。轮制，内外壁抹平，表面施一层土黄色陶衣，陶衣较厚，表面因此显得粗糙。器形不明。足径 14 厘米。

陶片 1 件。

M125：5，夹稍粗白色掺和料颗粒，黑色。外壁抹平。与 M125：2 可能是同一件器物。

2. 铜器 4 件。

剑 1 件。

M125：11，喇叭口形茎首，饰竖条状镂孔。残长 2.02、宽 0.97 厘米。

挂钩 1 件。

M125：3，残存一半，器形与 M51：6 挂钩同。上半部饰横向 S 形重线螺旋纹，下半部饰挂坠装饰，由 V 形连接圆珠形构成。为矛类器物的挂钩。残长 7.67、宽 2.72 厘米（图 3-243，2）。

残铜器 2 件。

M125：9，一面似有一钮，残断；另一面平整。残，器形不明。残长 1.81、残宽 0.79、高 0.55 厘米。

M125：10，其中一件残片上有残断的长方形穿孔。残甚，粉化严重，器形不明。器体厚约 0.15 厘米。

（九一）M132

梯形土坑竖穴墓，墓向 220°，被 M125 打破。墓坑长 1.4~1.8、宽 0.8~0.87、深 0.95 米。未见人骨及葬具。随葬品有铜矛 1 件、铜铍 1 件、铜凿 1 件、铜錾 1 件。

铜器 4 件。

矛 1 件。

M132：1，椭圆空心骹，骹口一侧残，两侧起脊明显。短窄三角形矛叶，中线起脊，为骹之延续，两侧刃稍残。骹内残存木柲。合范铸造，骹两侧范线打磨平整。总长 13.84、骹长 5.42、骹底部直径 1.1~1.82、矛叶宽 2.77、厚 0.28~0.91 厘米（图 3-244，1）。

铍 1 件。

M132：3，扁圆空心短骹，平面呈倒梯形，骹两面饰镂孔，不对称，不规整，骹两侧起脊明显。长菱形扁平矛叶，中线起脊，后端凸棱明显，近前端渐消失。总长 20.4、骹长 3.57、骹口径 1.58~3.23、矛叶宽 3.85、厚 0.28~0.68 厘米（图 3-244，2）。

凿 1 件。

M132：2，半圆空心銎，瘦长器身，束腰，单面窄刃，微弧。刃面起脊，剖面为梯形。背面基本平直，束腰处微内凹。刃一角残。銎内残存木柄痕迹。长 12.64、銎口长 3.8、宽 1.86、刃宽 3.2 厘米（图 3-244，4）。

錾 1 件。

M132：4，扁平实心长条状，顶部较宽，顶面平，窄刃较平。长 10.58、宽 2.13、顶宽 1.65、厚 0.72、刃宽 0.94、器体厚 0.46 厘米（图 3-244，3；彩版一三一，5）。

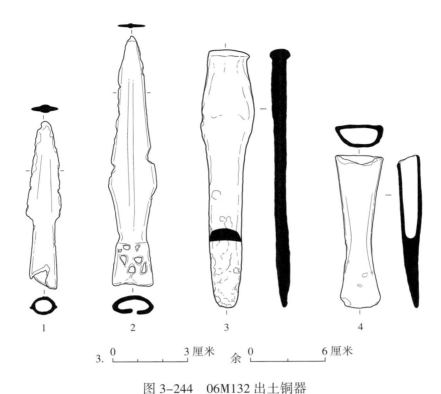

图 3-244　06M132 出土铜器

1. 矛 M132：1　2. 铍 M132：3　3. 錾 M132：4　4. 凿 M132：2

（九二）M134

长方形土坑竖穴墓，墓向 295°。墓坑长 2.3、宽 1、深 2.3 米。墓底中部有一腰坑，长 1.9、宽 0.6、深 0.2 米。未见人骨及葬具。随葬品有铜锄明器 1 件、铜铲明器 1 件、铜扣饰 2 件、玉玦 1 件。

1. 铜器　4 件。

锄明器　1 件。

M134：1，残甚，仅见三角形空心銎。残长 2.6、残宽 1.73、厚 0.73 厘米。

铲明器　1 件。

M134：3，残甚，仅见三角形空心銎。残长 3.66、宽 1.28、厚 0.68 厘米。

扣饰　2 件。

M134：4，平面呈鸡形。正面微凸，表面以阴线表现羽毛、尾部。背面有一扣，残。鸡首、尾、足均残。残长 3.04、宽 2.36 厘米（彩版一三一，6）。

M134：5，平面呈动物形，野猪或者熊。双足并拢，低头，尾部下垂。正面凸起，阴线表示眼。背面颈部位置有一长方形桥状钮。口、足底端残。长 6.34、宽 3.05、厚 0.21、钮长 1.3、宽 0.69、高约 1.4 厘米（彩版一三一，7）。

2. 玉器　1 件。

玦　1 件。

M134：2，白色。一端完整，另一端残。外径 2.22、内径 1.12、厚 0.16 厘米（图 3-245；彩版

图 3-245　06M134
出土玉玦
M134：2

一三一，8）。

（九三）M135

长方形土坑竖穴墓，墓向25°，被M88打破。墓坑长2.3、宽1~1.1、深2米。墓底中部有一腰坑，长1.8、宽0.7~0.8、深0.2米。多人二次葬，见五个头骨，北侧四个，基本完整，南侧一个，残，肢骨为南北向叠压放置，整齐有序，细小骨骼残朽，缺失椎骨。骨骼堆积长1.8、宽0.55、厚0.1~0.15米。未见葬具。随葬品有陶器残片若干。

（九四）M136

长方形土坑竖穴墓，墓向210°，被M138打破，并打破M139。墓坑长2、宽0.5、深1.2米。墓底仅见头骨残迹。未见葬具。随葬品有陶尊1件、陶侈口罐1件、铜削1件、残铜器2件。

1. 陶器 2件。

尊 1件。

M136：4，泥质黑陶，陶土经过淘洗，夹少量极细掺和料颗粒。斜肩，折腹。肩部饰宽约4厘米的垂幄纹一周。手制，慢轮修整，器表抹平，内壁粗糙，内外壁均施浅黄色陶衣，大部分脱落，器表及断面因陶土夹掺和料可见细密针眼状小孔。

侈口罐 1件。

M136：3，泥质黑陶，夹极细掺和料颗粒。圆唇，侈口，长斜直颈。轮制，规整，内外壁抹平，均施浅黄色陶衣，脱落殆尽，内外壁及断面因夹细小掺和料颗粒可见细密针眼状小孔。

2. 铜器 3件。

削 1件。

M136：1，曲刃，条形扁平柄。尖较窄，稍残，刃背稍厚。柄与刃部上缘位于同一线上，柄残。残长13.8、宽2.35、刃背厚0.32厘米（图3-246，1；彩版一三二，1）。

残铜器 2件。

M136：2，两端呈长条状，平直，剖面近半圆形，中部向外凸起。残长6.9、宽约0.6~1.11、厚0.27~0.35厘米（图3-246，2）。

M136：5，细长条状，两端残断不存。残长2.68、宽0.59、厚0.3厘米。

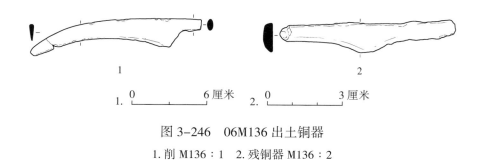

图3-246　06M136 出土铜器
1. 削 M136：1　2. 残铜器 M136：2

（九五）M137

长方形土坑竖穴墓，墓向120°，打破M139。墓坑长2.2、宽1.1米。未见人骨及葬具。随葬品有陶尊4件、陶壶1件、陶纺轮1件、铜剑1件、铜钏1件、铜泡1件、砺石1件。

1. 陶器 6件。

尊 4件。

M137：1，泥质，陶土经过淘洗，夹细小掺和料颗粒。口部、腹部深褐色，圈足浅黄色间杂黑色。斜肩，喇叭口形矮圈足。素面。轮制，规整，内外壁抹平，器表因陶土夹砂而略粗糙，内外壁施黄色陶衣，大部分脱落，器表可见细密针眼状细孔。仅剩肩部、腹部部分残片。

M137：2，泥质灰陶，夹极细掺和料颗粒，疏松。尖唇，侈口，斜肩，折腹，圈足。轮制，规整，肩、腹部内壁可见轮修弦纹。内外壁抹平，内外壁均施浅黄色陶衣，脱落殆尽，胎薄，断面及器表均可见细密针眼状细孔。圈足与器身一次成型。仅剩口沿、肩部、腹部部分残片。

M137：5，泥质，陶土经过淘洗，夹细小掺和料颗粒，紧密。颈、肩、腹部灰黑色，圈足内壁橙红色。弧颈，肩近平，折腹，喇叭口形高圈足。肩部起一周凸棱。轮制，规整，圈足内壁可见细密轮修细弦纹。内外壁抹平，内外壁施一层浅黄色陶衣，脱落殆尽，器表及断面因陶土夹掺和料颗粒可见细密针眼状小孔，胎薄。圈足完整，肩、腹部局部残缺，口部缺失。

M137：10，夹细小白色掺和料颗粒，紧密，灰色。折腹，圈足。轮制，内外壁抹平，均施浅黄色陶衣，脱落殆尽。器表可见细密针眼状小孔。仅剩肩部、腹部部分残片。

壶 1件。

M137：3，夹细砂，口、颈部灰黑色，肩部、腹部灰黑色、黄色相间，底部黄色。侈口，长斜直颈，斜肩，扁鼓腹，平底。素面。轮制，规整，内外壁抹平，内外壁施黄色陶衣，绝大部分脱落。口部、腹部部分残缺。口径8.1、底径6.3、高13.73厘米（图3-247，1；彩版一三二，2）。

纺轮 1件。

M137：4，夹细砂灰褐陶。圆饼形，中部钻一圆孔。素面。手制，规整，器表抹平。直径3.9、孔径0.6、厚1厘米（图3-247，4；彩版一三二，3）。

2. 铜器 3件。

剑 1件。

M137：7，扁圆空心茎，圆管状茎首，茎中部内收，两侧起脊明显。茎两面对称各饰三组阳线纹饰，呈相对或相背的一对S形纹。各组纹饰正中均有一小穿孔。茎首底部两面也饰阳线螺旋纹。无格。窄长扁平剑身，近柳叶形，中线起脊，剖面为菱形，近前端逐渐扁平，起脊不明显；剑身底部两面各饰一组麦穗纹，麦穗纹上部两侧为短直线，下部为卷曲线，左右对称；最底部为三个小圆圈纹。基本完整。总长33.1、茎长10.22、茎首直径1.6、茎宽3.14、厚1.6、剑身宽3.5、厚0.18~0.66厘米（图3-247，5；彩版一三二，4）。

钏 1件。

M137：8，有20个以上。细环状，剖面近长方形，上下缘平直，镯面微鼓。残甚。直径约6、

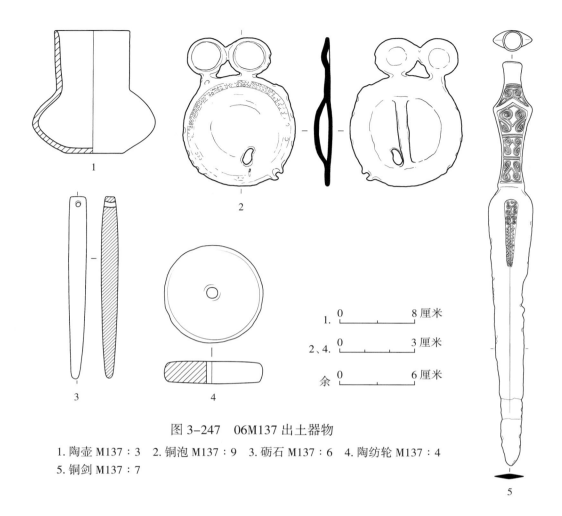

图 3-247　06M137 出土器物

1. 陶壶 M137：3　2. 铜泡 M137：9　3. 砺石 M137：6　4. 陶纺轮 M137：4

5. 铜剑 M137：7

镯面宽 0.25、厚 0.11 厘米。

铜泡　1 件。

M137：9，平面呈圆形，中间大部分呈圆丘状凸起，边缘较平，饰小圆点纹。凸起部分边缘有穿孔，不规则，应为铸造时铜液流淌不均所致。主体部分一侧平列三个小圆片，中心微凸，凸起部分边缘饰一周阴线圆圈纹，其中一个小圆片残断不存。背后凹陷处有一横挡。长 6.08、直径 4.5、高 0.7 厘米，小圆片直径 1.6、高 0.3 厘米，横挡长 2.8、宽 0.4 厘米（图 3-247，2；彩版一三二，5）。

3. 石器　1 件。

砺石　1 件。

M137：6，棕红色。圆柱形，上端有一圆形穿孔，中间宽，两端窄。长 14.67、宽 1.33、厚 1.33 厘米（图 3-247，3；彩版一三二，6）。

（九六）M139

长方形土坑竖穴墓，墓向 200°，被 M136、M137 打破。墓坑长 1.65、宽 1~1.1 米。未见人骨、葬具及随葬品。

（九七）M140

长方形土坑竖穴墓，墓向 355°，被 M104 打破。墓坑长 2.4、宽 0.8~1.03、深 2.5 米。墓主人仰身直肢。未见葬具。随葬品有玉玦 1 件、玉管 3 件。

玉器　4 件。

玦　1 件。

M140：3，白色。内外缘均近圆形，缺口两侧由两面对磨成刃状，无穿孔。通体打磨光亮。内缘呈缓坡状，可能为一面钻成（彩版一三三，1）。

管　3 件。

M140：1-1，白色。细长柱状，剖面为椭圆形。器体中心有穿孔。通体打磨光亮。残长 2.18、直径 0.89、孔径 0.38 厘米（图 3-248，1；彩版一三三，2）。

M140：1-2，白色。细长柱状，剖面为椭圆形。器体中心有穿孔。通体打磨光亮。残长 2.09、直径 0.8、孔径 0.37 厘米（图 3-248，2；彩版一三三，3）。

M140：2，白色。细长柱状，剖面为椭圆形，器体中心有穿孔。通体打磨光亮。残长 2.28、直径 0.46、孔径 0.25 厘米（图 3-248，3；彩版一三三，4）。

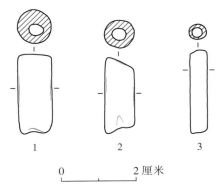

图 3-248　06M140 出土玉管
1. M140：1-1　2. M140：1-2　3. M140：2

（九八）M141

长方形土坑竖穴墓，墓向 280°，被 M90 打破。墓坑长 1.72、宽 0.46~0.6、深 0.52 米。墓主人上半身骨骼已不存，只留下东部的下肢骨骼，十分完整，应为未成年。未见葬具及随葬品。

（九九）M142

长方形土坑竖穴墓，墓向 298°，被 M2 打破。墓坑长 1.9、宽 0.5、深 0.82 米。墓主人仰身直肢，骨骼保存基本完整，经鉴定为女性。未见葬具及随葬品。

（一○○）M143

长方形土坑竖穴墓，墓向 115°，被 M58 叠压。墓坑长 1.98、宽 0.73~0.82、深 1.37 米。墓底中部有一腰坑，长 1.35、宽 0.42、深 0.05 米。未见人骨及葬具。随葬品有陶纺轮 1 件、铜矛 2 件、铜剑 1 件、铜镞 1 件、铜斧 1 件、铜锄明器 1 件、铜铲明器 1 件、铜扣饰 1 件。

1. 陶器　1 件。

纺轮　1 件。

M143：3，夹粗砂灰褐陶。算珠形，器身中部起一周凸棱，中部钻一圆孔。素面。手制，器表抹平。最大径 3.8、孔径 0.5、厚 1.5 厘米（图 3-249，1）。

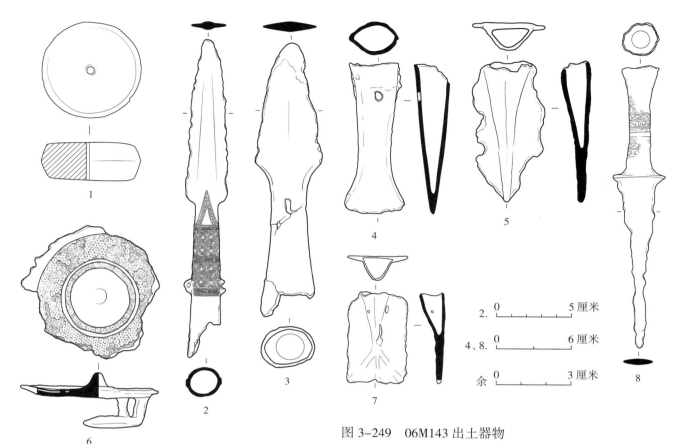

图 3-249　06M143 出土器物

1. 陶纺轮 M143：3　2. 铜矛 M143：9　3. 铜矛 M143：8　4. 铜斧 M143：4　5. 铜锄明器
M143：1　6. 铜扣饰 M143：6　7. 铜铲明器 M143：2　8. 铜剑 M143：7

2. 铜器　8 件。

矛　2 件。

M143：8，空心骹，近圆形，骹口残；底部两面对称有穿孔，完整的一面为长条形，另一面穿孔大，
残。短三角形矛叶，矛叶扁平，两侧刃稍残。合范铸造，骹两侧表面打磨光滑平整，不见范线痕迹。
残长 11.02、骹残断处直径 1.65~1.8、矛叶宽 2.66、厚 0.23~0.78 厘米（图 3-249，3）。

M143：9，空心圆骹，鸭嘴形骹口，骹口一侧残，另一侧似有穿孔，未穿透。骹两面饰上下两组
S 形螺旋纹，S 形中间有小圆凸点，两组纹饰带分别以两周小圆点纹间以几何纹为界；骹底部，两面
饰三角形重线纹，内有圆圈纹，模糊不清，三角形中心两面对称有穿孔痕迹，但并未穿透。纹饰上缘，
骹两侧对称各有一系，一侧残，另一侧未穿透。长三角形矛叶，中线起脊，剖面为菱形，前端渐扁平；
两侧刃稍残，锋残。合范铸造，骹纹饰范围的两侧范线明显，未经打磨；骹口下表面打磨光洁平整，
不见痕迹。残长 21.8、骹残长 10.57、骹残断处直径 1.88~2.06、矛叶宽 2.76、厚 0.31~1.05 厘米（图
3-249，2）。

剑　1 件。

M143：7，椭圆空心茎，喇叭口茎首，茎首边缘残；茎两面饰螺旋纹、S 形纹等，S 形纹内有小
圆凸起，部分脱落。一字格。扁平窄长剑身，残甚，粉化严重。残长 23.1、茎长 8.5、茎首直径 2.7~3.02、

格长 4.2、剑身厚约 0.22~0.4 厘米（图 3-249，8）。

镞　1 件。

M143：5，窄长扁平镞身，中线似起脊，不甚明显；前端内收成锋，两侧刃残。椭圆空心铤，两侧起脊明显，一面残，末端残断不存。器形规整。合范铸造，铤两侧范线经打磨，呈凸棱状。残长 5.16、镞身宽 1、厚 0.08~0.23、铤残长 2 厘米。

斧　1 件。

M143：4，椭圆空心銎，瘦长器身，束腰，双面刃，较宽，微弧。銎口一面边缘残。銎口下，两面对称各有一穿孔，一面近方形，另一面为长条形。合范铸造，器体两侧起脊明显，范线经打磨。刃缘稍残。銎内残存木柲痕迹。长 12.25、銎口径 2.66~3.72、刃宽 4.75 厘米（图 3-249，4）。

锄明器　1 件。

M143：1，正面中央凸起三角形空心銎，及底。背面平。两侧刃残，形制不明。长 5.8、残宽 2.88、銎口长 2.22、宽 1.12、厚约 0.18 厘米（图 3-249，5）。

铲明器　1 件。

M143：2，平面呈长方形。两侧刃及底刃均平直，銎口与肩部基本平齐。正面上部凸起三角形空心銎，銎一侧有一椭圆形穿孔；銎底部分三叉，呈凸棱状，不明显；空心銎底部有裂隙，应为铜液流淌不均所致。背面平。器形规整。长 3.87、宽 2.46、銎口长 1.45、宽 0.99、器体厚 0.14、分叉的凸棱长 0.5~0.6 厘米（图 3-249，7）。

扣饰　1 件。

M143：6，平面呈圆形，边缘残甚。中心为一尖状凸起，周围为一周孔雀石片，再外为一周嵌满孔雀石片的纹饰带，至少排列四排，整齐，部分孔雀石片脱落，露出黑色的黏合物。孔雀石片均为圆形，大小基本一致，中心有穿孔。扣饰背面有一横扣。直径 5.45、高 2.37、中心凸起部分直径 2.45、最外周孔雀石带宽约 0.96 厘米（图 3-249，6）。

（一○一）M144

长方形土坑竖穴墓，墓向 115°，被 M58 叠压。墓坑长 2.05、宽 0.74~0.84、深 1.77 米。未见人骨及葬具。墓底中部随葬品有铜矛 1 件、铜镞 1 件、铜锄明器 1 件。

铜器　3 件。

矛　1 件。

M144：3，椭圆空心骹，两侧起脊明显。骹与矛叶呈八字相交，底部两侧折角明显，一侧残。矛叶中线起脊，残断。骹内残存木柲痕迹。残长 7.23、骹残断处宽 1.63、矛叶宽 2.26、厚 0.28~0.94 厘米（图 3-250）。

镞　1 件。

M144：1，扁平镞身，扁圆空心铤。残甚。残长 0.92、宽 1.1、厚 0.26 厘米。

锄明器　1 件。

0　　　　　　　3 厘米

图 3-250　06M144
出土铜矛

M144：3

M144：2，残存三角形空心銎。残长 3.9、残宽 2.3、銎残宽 0.62、器体厚约 0.24 厘米。

二、中大型墓葬

（一）M1

长方形土坑竖穴墓，墓向 15°，被盗洞扰乱严重。墓坑长 3.7、宽 3.4、深 4.5 米。墓底中部有一腰坑，长 2、宽 0.8、深 0.6 米。填土和墓底均有大量被扰乱的碎骨。未见葬具。无随葬品，在填土中有陶尊 1 件、陶单耳罐 1 件、陶四足罐 2 件、陶釜 3 件、陶鼎 4 件、陶鼎足 4 件、陶盒 3 件、陶豆 1 件、陶器盖 3 件、陶器纽 4 件、陶圈足 2 件、陶片 1 件、铜矛 1 件、铜镦 1 件、铜残片 2 件、磨制石器 1 件、玉玦 3 件、玉管 1 件、玛瑙管 1 件、玛瑙珠 2 件、孔雀石珠 2 件、穿孔骨器 1 件、海贝 2 件、海贝饰品 1 件。

1. 陶器 29 件。

尊 1 件。

M1：6（T），夹深红褐色粗砂颗粒，深红褐色，器表黑色。肩近平，圈足。轮制，规整，肩部及圈足内壁可见轮修弦纹。内外壁抹平，肩部外壁磨光。残碎严重，无法拼接成整器。

单耳罐 1 件。

M1：29（T），夹极细白色掺和料颗粒，褐色，器表黑褐色。方唇，唇中部内凹，直口，平底。轮制，规整，内外壁抹平，胎厚。残碎严重，无法拼接成整器。

四足罐 2 件。

M1：5（T），夹细小白色、黄色掺和料颗粒，底部灰褐色。圆唇，子母口，鼓肩，腹下部斜直内收，底平，四扁圆足外侈。素面。轮制，规整，内外壁抹平，口沿外壁磨光，内外壁均可见褐色或浅黄色陶衣遗痕，腹部近底部内壁略粗糙。底径 5~5.3、足高 1.5 厘米（图 3-251，1）。

M1：40（T），夹细小白色、黄色掺和料颗粒，口部黑色，底部灰褐色，器盖黑色、褐色相间。圆唇，鼓肩，腹下部斜直内收，底平，四扁圆足外侈。上有覆斗形盖，顶部有圆形纽，纽身缺失，仅剩圆形纽座痕迹。轮制，规整，内外壁抹平，口沿外壁磨光，内外壁均可见褐色或浅黄色陶衣遗痕，腹部近底部内壁略粗糙。盖直径 8.4、残高 3.5、壁厚 0.3~0.5 厘米；罐口径 7、底径 5.5、残高 3.8、壁厚 0.4~0.6、足高 1.9 厘米（图 3-251，8）。

釜 3 件。

M1：37（T），夹稍粗白色掺和料颗粒，灰黑色。盘口，束颈。轮制，规整，内外壁抹平，内外壁可见黄色陶衣遗痕。

M1：38（T），夹细小白色掺和料颗粒，浅红褐色，内壁灰黑色，外壁局部浅灰色。圆唇近平，侈口，唇部下方约 2 厘米处起一周凸棱，短弧颈，肩近平。轮制，规整，内外壁抹平，内壁局部磨光，可见黄色陶衣遗痕。残碎，无法拼接成整器。

M1：39（T），夹细小白色掺和料颗粒，灰白色，内壁黑色，外壁褐色。圆唇近平，侈口，唇部下方约 1.5 厘米处起一周凸棱。轮制，规整，内外壁抹平，内壁磨光，可见黄色陶衣遗痕。残碎，无法拼接成整器。

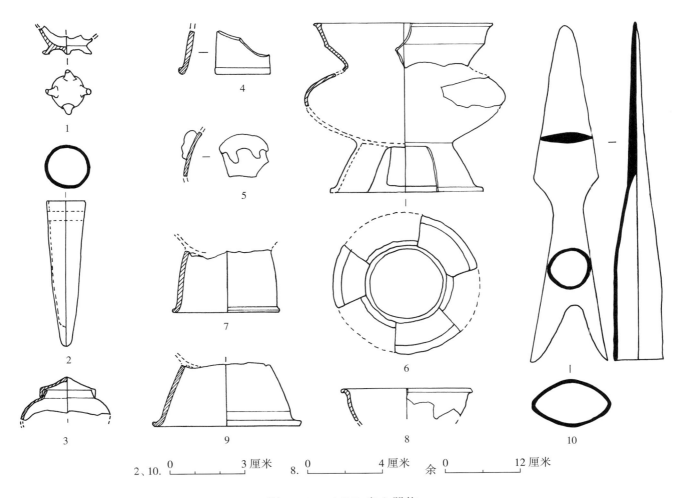

图 3-251　06M1 出土器物

1. 陶四足罐 M1：5（T）　2. 铜镦 M1：12（T）　3. 陶盒 M1：5-1（T）、5-3（T）　4. 陶鼎足 M1：13（T）　5. 陶器纽
M1：9（T）　6. 陶鼎 M1：35（T）　7. 陶鼎足 M1：19（T）　8. 陶四足罐 M1：40（T）　9. 陶鼎足 M1：18（T）　10. 铜
矛 M1：21（T）

鼎　4 件。

M1：2（T），夹粗砂，另有细小黄褐色掺和料颗粒，深黄褐色，内壁黑色，外壁局部灰白色。尖唇，折沿，唇部下方约 3.7 厘米处起一周凸棱，侈口，圜底，三足缺失。轮制，规整，内外壁抹平，口沿内壁磨光，内外壁可见浅黄色陶衣遗痕，鼎足很有可能是从圈足截断而成。

M1：3（T），夹粗砂，胎心灰色，内壁黑色，外壁褐色。鼓腹，底近平，底部有鼎足痕迹，鼎足缺失。轮制，规整，内外壁抹平，内壁较光滑，内外壁可见浅黄色陶衣遗痕，鼎足与喇叭口形高圈足尊的圈足形制类似，此类鼎足很有可能是从圈足截断而成。

M1：4（T），夹少量粗砂颗粒，另有白色掺和料颗粒，灰色，内壁黑色，外壁局部浅黄色。圆唇，折沿，盘口，短斜直颈，肩近平，鼓腹，圜底，三长方形鼎足，宽扁。轮制，规整，内外壁抹平，内壁磨光，内外壁可见浅黄色陶衣遗痕。鼎足宽扁，与喇叭口形高圈足尊的圈足形制类似，此类鼎足很有可能是从圈足截断而成。口径 26、足径 19、足高 10、足宽 7.3~11.4、足厚 0.7~0.9 厘米。

M1：35（T），夹细小白色掺和料颗粒，灰色，内壁黑色，外壁褐色。尖唇，折沿，侈口，唇部下方约3.5厘米处起一周凸棱。轮制，规整，内外壁抹平，内壁磨光，内外壁可见黄色陶衣遗痕。口径28.2、足径24.32、厚0.4~0.6厘米（图3-251，6）。

鼎足 4件。

M1：10（T），夹白色细砂颗粒，灰黑色。似喇叭口形，宽扁，略弧，边缘上折幅度较大。轮制，规整，内外壁抹平，内外壁均施褐色陶衣。足径20、残高10、宽6.9~11.7、厚0.8厘米。

M1：13（T），夹粗砂灰褐陶。似喇叭口形，宽扁，略弧，边缘外侈上卷。轮制，规整，内外壁抹平，内外壁均施褐色陶衣，内外壁因陶土夹砂显粗糙。足径19、残高7.2、宽8.7、厚1厘米（图3-251，4）。

M1：18（T），夹细砂灰陶。似喇叭口形，宽扁，略弧，边缘外侈上折，上折幅度较大。轮制，规整，内外壁抹平，内外壁均施黄色陶衣，内外壁因陶土夹砂显粗糙。足径24、残高10、宽7~14、厚0.4~0.7厘米（图3-251，9）。

M1：19（T），夹细砂灰陶。似喇叭口形，宽扁，边缘外侈，上卷。轮制，规整，内外壁抹平，内外壁均施黄色陶衣，内外壁因陶土夹砂显粗糙。足径17、残高10.7、宽7.5~10、厚0.7~1厘米（图3-251，7）。

盒 3件。

M1：1（T），夹极细掺和料颗粒，黑色。圆唇，敛口，扁折腹，腹下部斜收，底平。口至腹部髹数周黑、红色漆。轮制，规整，内外壁磨光，内外壁均施浅黄色陶衣，陶衣厚。底径4.3、残高5、腹壁厚0.4、底厚0.2厘米。

M1：1-1（T），夹极细掺和料颗粒，黑色。圆唇，敛口，扁折腹，腹下部斜收，底平。腹部髹一周红色漆。轮制，规整，内外壁磨光，内外壁均施浅黄色陶衣，陶衣厚。口径2.7、腹径4.9、底径2.5、高3、壁厚0.3厘米。

M1：5-1（T），口部黑色；M1：5-3（T），器盖黑色、褐色相间。上有覆斗形盖与子母口相扣，顶部有圆形纽，纽身缺失，仅剩圆形纽座痕迹。口径8.9、残高3.9、壁厚0.3~0.5厘米（图3-251，3）。

豆 1件。

M1：36（T），夹极细白色掺和料颗粒，灰色，内壁黑色，外壁局部浅褐色。圆唇，敛口。轮制，规整，口沿外壁唇部下方可见轮修弦纹。内外壁抹平，内壁磨光，内外壁可见黄色陶衣遗痕。口径17、壁厚0.5厘米。

器盖 3件。

M1：33（T），夹黄色掺和料颗粒，黄褐色，器表褐色。折沿，喇叭口，斜直颈。轮制，规整，内外壁抹平，内壁可见黄色陶衣遗痕。

M1：34（T），夹白色掺和料颗粒，黄褐色，器表褐色。折沿，喇叭口，斜直颈。轮制，规整，内外壁抹平，内壁可见黄色陶衣遗痕。

M1：15（T），夹粗砂，另有白色掺和料颗粒，灰褐色，内壁橙红色。尖唇，折沿，敞口，斜直颈。轮制，规整。内壁抹平，外壁磨光，内外壁均施褐色陶衣。口径25、壁厚0.5厘米。

器纽　4件。

M1：9（T），夹粗砂灰陶。立体虎形，捏塑成型后粘贴于器身，利用虎腹的自然凹陷部位做抓手，表面抹平，虎头缺失，尾部弯曲。残长7.04厘米（图3-251，5）。

M1：41（T），夹砂灰陶。手工捏塑成型，器表抹平。纽座椭圆形，纽身似孔雀，昂首，展翅，翘尾。长3、宽1.5、残高1.5厘米。

M1：42（T），残。尺寸不明。

M1：43（T），残。尺寸不明。

圈足　2件。

M1：31（T），夹粗砂，夹极细白色掺和料颗粒，黑色，器表橙红色。喇叭口形，圆弧，边缘上折略卷。轮制，规整，内外壁抹平，内外壁均施黄色陶衣，部分脱落。足径19、厚0.4~0.9厘米。

M1：32（T），夹细密白色掺和料颗粒，黄褐色，器表橙红色。喇叭口形，圆弧，边缘似卷沿。轮制，规整，内外壁抹平，内外壁均施黄色陶衣，部分脱落。足径19、厚0.6厘米。

陶片　1件。

M1：30（T），夹粗砂，夹黄色掺和料颗粒，黑色，器表深红褐色。轮制，内壁可见明显轮修弦纹，内外壁均施浅黄色陶衣，脱落殆尽。残碎严重，器形不明。

2. 铜器　4件。

矛　1件。

M1：21（T），椭圆空心骹，鸭嘴形骹口，骹口凹陷较甚，骹最大径与骹口两侧连线垂直。骹口下部似有一周凹槽，不甚规整，用途不明。矛叶较短小，与骹呈八字相接，两面中线起脊，前端内收成锋，近骹口一侧有一近圆形的穿。器形规整，两侧范线经打磨平整。长13.52、骹口宽3.1、厚2.17、矛叶宽2.51厘米（图3-251，10；彩版一三三，5）。

镦　1件。

M1：12（T），器身瘦长。长5.86、銎口径1.7、底径0.6厘米（图3-251，2；彩版一三三，6）。

残片　2件。

M1：8（T），器形不明，可能为容器。

M1：16（T），有3片。薄片状，其中1片边缘为刃。器形不明。

3. 石器　1件。

磨制石器　1件。

M1：44（T），橙黄色。残。尺寸不明。

4. 玉器　4件。

玦　3件。

M1：11-1（T），内外缘均近圆形，缺口两侧均有穿孔。内缘呈缓坡状，可能为一面钻成。基本完整（彩版一三三，7）。

M1：11-2（T），有2块，均残甚。其中1块一侧有穿孔。内缘呈缓坡状，可能为一面钻成。

M1：22（T），有2块。内外缘均为半圆形。其中1块一侧有穿孔。内缘呈缓坡状，可能为一面钻成。基本完整。

管 1件。

M1:7（T），1串，共32枚。大小不一（彩版一三三，8）。

5. 玛瑙器 3件。

管 1件。

M1:14（T），白色。基本完整。

珠 2件。

M1:25（T），透明。中间有一圆形穿孔（彩版一三四，1）。

M1:28（T），透明。中间有一圆形穿孔（彩版一三四，2）。

6. 孔雀石器 2件。

珠 2件。

M1:20（T），有若干粒，大小不一（彩版一三四，3）。

M1:27（T），有若干粒，大小不一。

7. 骨器 1件。

穿孔骨器 1件。

M1:17（T），有2段，均残。

8. 海贝 3件。

海贝 2件。

M1:23（T），共8枚，其中7枚完整，1枚残（彩版一三四，4）。

M1:26（T），共5枚，均完整（彩版一三四，6）。

海贝饰品 1件。

M1:24（T），共2枚，均完整（彩版一三四，5）。

（二）M2

长方形土坑竖穴墓，墓向215°，打破M142。墓口长2.8、宽1.4米，墓底长2.15、宽1~1.03米，深2.8米。墓底中部有一腰坑，长1.72、宽0.6~0.72、深0.25米。墓底有大量肢骨，没有按任何顺序埋葬，可能是二次葬或殉葬。腰坑内装满人体骨骼，以头骨和肢骨最多。腰坑南端还有一个长0.7、宽0.6、深0.5米的小坑（暂作头坑），凿在风化石中，向内收，清理0.15米后，出现一层骨骼，以下肢骨为主，这一层骨骼清理完后，在头坑底部用一层6厘米厚的细沙铺底。未见葬具。随葬品有铜镞3件、铜铃1件、孔雀石珠1件，填土中有陶鼎足1件。

1. 陶器 1件。

鼎足 1件。

M2:4（T），夹细砂，可见极细白色掺和料颗粒，橙红色。似喇叭口形，宽扁，边缘外侈，上卷。素面。轮制，规整，内外壁抹光，内外壁均施褐色陶衣，局部脱落。底径23.22、残高8.59~9.17厘米（图3-252，1）。

2. 铜器　4 件。

镞　3 件。

M2：1-1，窄长三角形扁平镞身，锋残。椭圆空心铤，一面有一小孔隙，末端残断不存。器形规整，打磨光亮。残长 5.93、镞身宽 1、厚 0.12~0.25、铤径 0.64~0.66 厘米（图 3-252，3；彩版一三四，7）。

M2：1-2，窄长圭形扁平镞身，锋残。椭圆空心铤，末端两侧延伸呈鸭嘴形；铤一面有一长椭圆形穿孔，另一面有上下排列的两个穿孔。残长 6.38、镞身宽 0.96、厚 0.15~0.32、铤径 0.58~0.7 厘米（图 3-252，6；彩版一三四，8）。

M2：1-3，窄长圭形扁平镞身。椭圆空心铤，末端呈鸭嘴形，稍残一面近镞身侧有一穿孔。长 6.38、镞身宽 0.97、厚 0.16~0.25、铤径 0.62~0.74 厘米（图 3-252，2；彩版一三四，9）。

铃　1 件。

M2：2，器形宽扁。椭圆空心腔，底部边缘较平直。顶部有一环状钮。腔内有一横梁，悬挂一长条状铜舌。两面及两侧面对称各有一长条形穿孔，一侧的穿孔未封闭，裂隙至底缘。腔顶部也有一穿孔。底径 1.63~1.97、高 2.83 厘米（图 3-252，4）。

3. 孔雀石器　1 件。

珠　1 件。

M2：3，有若干粒。M2：3-1，直径 0.49、孔径 0.2、高 0.59 厘米（图 3-252，5 左）；M2：3-2，直径 0.29、孔径 0.1、高 0.2 厘米（图 3-252，5 右；彩版一三四，10）。

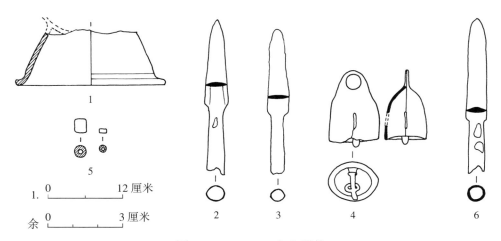

图 3-252　06M2 出土器物

1. 陶鼎足 M2：4（T）　2. 铜镞 M2：1-3　3. 铜镞 M2：1-1　4. 铜铃 M2：2　5. 孔雀石珠 M2：3-1、3-2　6. 铜镞 M2：1-2

（三）M6

圆角长方形土坑竖穴墓，东北—西南向，被 M5 打破，并打破 M7。墓坑长 4、宽 3.6、深 4.5 米，在墓坑底部发现有腰坑，腰坑长 2.2、宽 1.1 米。由于被盗，仅在腰坑里发现头骨、肢骨和盆骨，发掘者推测为二次葬（殉葬）。剩余随葬品有陶纺轮 2 件、陶弹丸 1 件、铜臂甲 1 件、铜削 2 件、铜爪镰 1 件、铜扣饰 1 件、铜钏 1 件、铜条 1 件、铜柄铁削 2 件、铁扳指 1 件、玉管 1 件、玛瑙珠 1 件、绿松石管 1 件、孔雀石珠 1 件、骨饰 2 件、海贝 1 件、螺壳 1 件，并在填土中有陶侈口罐 1 件、陶釜 1 件、陶鼎 1 件、陶鼎足 3 件、陶片 1 件、铜渣 1 件、铜残片 1 件、砺石 1 件。

1. 陶器 10 件。

侈口罐 1 件。

M6：25（T），夹粗砂，另有白色细小掺和料颗粒，灰色，器表橙红色。方唇，侈口，短斜直颈，斜肩。轮制，内壁可见轮修弦纹。内壁磨光，外壁因陶土夹砂显粗糙，外壁施褐色陶衣。口径 23、厚 0.6 厘米。

釜 1 件。

M6：24（T），夹细砂褐陶。圆唇，侈口，短直颈。轮制，规整，外壁抹平，内壁磨光，黄色陶衣脱落殆尽。口径 24 厘米。

鼎 1 件。

M6：21（T），夹砂灰黑陶，器表褐色，内壁黑色。圆唇，出沿，斜直口微敛，唇部下方 3.5 厘米处起一周凸棱，斜颈，鼓腹，三长方形宽扁足。轮制，规整，口沿内壁可见轮修弦纹。外壁抹平，内壁磨光，内外壁均施浅黄色陶衣，凸棱脱落殆尽。鼎足与喇叭口形高圈足尊的圈足形制类似，此类鼎足很有可能是从圈足截断而成。口径 24、底径 11.7、口厚 0.5、底厚 0.4、鼎足厚 0.7 厘米（图 3-253，1）。

鼎足 3 件。

M6：22（T），夹粗砂褐陶，器表橙红色。似喇叭口形，宽扁，略弧，边缘上折。轮制，规整，内壁可见轮修弦纹。内外壁抹平，因夹砂显粗糙，内外壁均施褐色陶衣。足径 18、残高 5.6、厚 0.7 厘米（图 3-253，3）。

M6：23（T），夹细砂灰陶，器表黄褐色。似喇叭口形，宽扁，略弧，边缘上折。轮制，规整，内壁可见轮修细弦纹。内外壁抹平，因夹砂显粗糙，内外壁均施褐色陶衣。足径 24、残高 11.5、厚 0.8 厘米（图 3-253，4）。

M6：27（T），夹砂灰陶，器表浅黄褐色。宽扁长方形，略弧。轮制，规整，底部外壁可见轮修弦纹。底部内壁磨光，外壁因陶土夹砂显粗糙，外壁施褐色陶衣。鼎足与器身一次制作成型。残剩三分之一。残高 3、宽 6.4、厚 0.9 厘米（图 3-253，2）。

纺轮 2 件。

M6：2，夹细砂黑陶。算珠形，器身中部起一周凸棱。规整，器表磨光，局部粗糙。直径 3.8、孔径 0.3、厚 1.9 厘米（图 3-253，5；彩版一三五，1）。

M6：5，夹砂极细，一面灰黑色，一面浅褐色。圆饼形。素面。轮制，规整，器表抹平，施黄色陶衣，大部分脱落。直径 2.9、孔径 0.4、厚 0.8 厘米（图 3-253，6；彩版一三五，2）。

弹丸 1 件。

M6：1，夹粗砂浅灰陶。圆球形。素面。表面抹平，局部凹凸不平。直径 1.8 厘米（彩版一三五，3）。

陶片 1 件。

M6：26（T），夹细砂灰褐陶。轮制，内壁可见细密轮修细弦纹，内外壁磨光。器形不明。

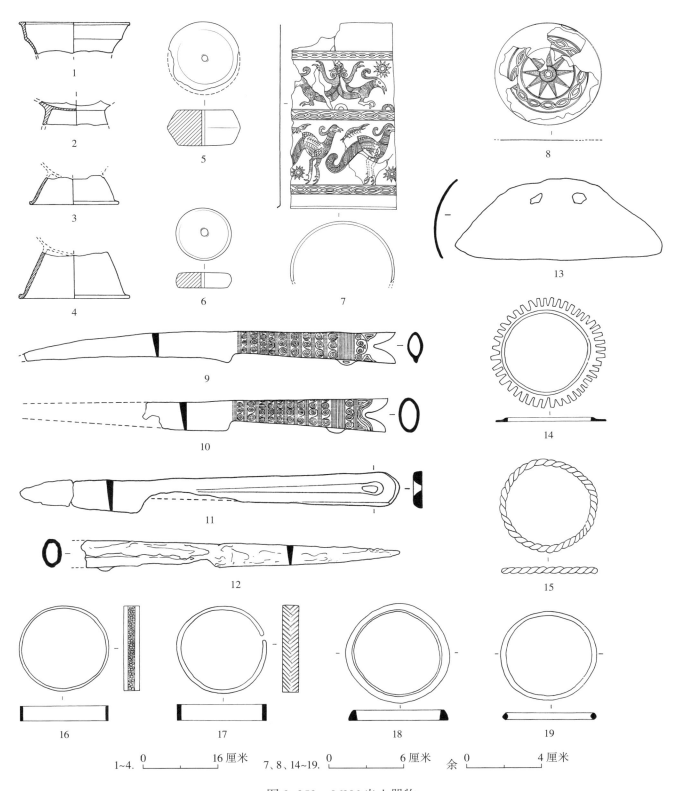

图 3-253　06M6 出土器物

1. 陶鼎 M6:21（T）　2. 陶鼎足 M6:27（T）　3. 陶鼎足 M6:22（T）　4. 陶鼎足 M6:23（T）　5. 陶纺轮 M6:2　6. 陶纺轮 M6:5　7. 铜臂甲 M6:13-1　8. 铜扣饰 M6:13-2　9. 铜削 M6:8　10. 铜柄铁削 M6:7　11. 铜削 M6:9　12. 铜柄铁削 M6:15　13. 铜爪镰 M6:3　14. 铜钏 M6:4-1　15. 铜钏 M6:4-2　16. 铜钏 M6:4-3　17. 铜钏 M6:4-4　18. 铜钏 M6:4-5　19. 铜钏 M6:4-6

2. 铜器 9 件。

臂甲 1 件。

M6：13-1，圆筒状，器薄。上缘向外卷曲，下缘平直，一侧有上下排列的三条裂缝。器表錾刻纹饰，以重线纹间以绞索纹为界线，纹饰分为上下两部分，饰太阳纹、动物纹等，线条极细，流畅工整。可能附着于皮革类物质表面。高 15.13、厚 0.05 厘米（图 3-253，7；彩版一三五，5）。

削 2 件。

M6：8，直刃，弧背，尖残。近銎口处，柄下缘有单系，未穿透。柄两面饰阴线重线纹间以螺旋纹，呈环带状并列，共九组。柄近刃部，两面正中各有一小穿孔。残长 20.1、柄长 8.57、銎口径 1.13~2.08、刃背厚 0.47 厘米（图 3-253，9；彩版一三五，4）。

M6：9，长柄，短刃。柄末端呈圆弧形，中央有一椭圆形穿孔；背面平，正面中线为一凹槽，横剖面呈 V 形。刃背侧与柄上缘位于同一直线上，前端下弧与刃相交成尖。器身略变形，不平直。柄下缘近刃部处残。总长 20.6、柄长 13.32、柄末端宽 1.96、柄厚 0.37~0.46、刃宽 1.85 厘米（图 3-253，11）。

爪镰 1 件。

M6：3，平面近梯形，背缘圆弧，刃缘平直。背侧并列两个穿孔。纵剖面呈弧线状，正面凸起。长 10.96、宽 4.48、厚约 0.1 厘米（图 3-253，13；彩版一三五，6）。

扣饰 1 件。

M6：13-2，平面近圆形，器薄。器表錾刻纹饰，以重线纹间以绞索纹为界，饰太阳纹等，线条极细，流畅工整。可能附着于皮革类物质表面。残甚。复原直径 8.2、厚 0.05 厘米（图 3-253，8）。

钏 1 件。

M6：4，共 6 件。M6：4-1，器体一面平，一面内缘凸起。芒状边缘，不甚规整，内缘近圆形。外径约 8.9、内径 6.3、内缘厚 0.3 厘米（图 3-253，14；彩版一三六，1）。M6：4-2，镯体呈绞索状。上下面合范铸造，外缘基本打磨平整，内缘范线较明显。外径约 7.6、厚 0.5 厘米（图 3-253，15；彩版一三六，2）。M6：4-3，镯面较宽，中部饰一周孔雀石片镶嵌带，由两周近圆形的孔雀石片和一周长方形孔雀石片组成，孔雀石片形制多不规整，有的可能为残片，部分脱落。镯内壁微弧。外径 6.84、镯面宽 1.24、孔雀石带宽 0.6 厘米（图 3-253，16）。M6：4-4，镯面较宽，内外壁均平直。镯面饰阴线连续 V 形纹。一侧残断，有裂隙。外径约 6.9、镯面宽 1.27、厚 0.31 厘米（图 3-253，17；彩版一三六，3）。M6：4-5，上缘较窄，直径小；下缘较宽，直径大。外壁斜直，内壁笔直。素面。上缘外径 7.4、下缘外径 7.9、上缘宽 0.2、下缘宽 0.6、镯面宽 0.8 厘米（图 3-253，18；彩版一三六，4）。M6：4-6，上下缘及内外壁中线均有棱，不甚规整，横剖面近菱形。外径 7.2、厚 0.5 厘米（图 3-253，19；彩版一三六，5）。

铜条 1 件。

M6：12-1，有若干条，残。器形、尺寸不明。

铜渣 1 件。

M6：20（T），有 3 块，残甚。器形、尺寸不明。

残片　1件。

M6∶19（T），有4片。似为容器残片，其中一片为口沿，尖唇，折沿，弧腹。器壁较厚。器形、尺寸不明。

3. 铜铁合制器　2件。

铜柄铁削　2件。

M6∶7，椭圆空心柄，鸭嘴形銎口，近銎口处柄下缘有单系，未穿透。柄与背侧在同一直线上。刃部近柄端仍为铜质，后接铁质刃部，似为焊接而成。刃前端残断不存。柄两面饰阴线重线纹间以螺旋纹，呈环带状并列，共九组。柄一面有五个镂孔，大小不等，形状不规则，应为铸造时铜液流淌不均所致。残长12.8、銎口径1.22~2.04、柄长8.35、刃宽1.67、刃背侧厚0.47厘米（图3-253，10；彩版一三六，6）。

M6∶15，铜质椭圆空心柄，柄下缘有一单系，未穿透；一面正中有一长条形小穿孔；锈蚀严重，末端残断不存。刃部近柄侧仍为铜质，前端为铁质刃，焊接而成，铁质刃部前端下弧，与刃相交成尖。总长17.2、柄长6.62、铁刃长8.4、刃背厚0.4厘米（图3-253，12）。

4. 铁器　1件。

扳指　1件。

M6∶10，圆筒状，中空。表面见木质物质附着痕迹。外径2.1、高2.06厘米（彩版一三六，7）。

5. 石器　1件。

砺石　1件。

M6∶28（T），一面平，另一面分两级。一侧有刻划的方格纹及两道凹弦纹。形制不规整。长7.42、宽6.52、厚1.48厘米（彩版一三六，8）。

6. 玉器　1件。

管　1件。

M6∶17，细长柱状，中心有穿孔。通体打磨光亮（彩版一三七，1）。

7. 玛瑙器　1件。

珠　1件

M6∶14，共6枚。白色。中间有一圆形穿孔。基本完整（彩版一三七，2）。

8. 绿松石器　1件。

管　1件

M6∶18，圆柱形，中心有穿孔。通体打磨光亮（彩版一三七，3）。

9. 孔雀石器　1件。

珠　1件

M6∶16，1串，由若干粒组成。大小不一（彩版一三七，4）。

10. 骨器　2件。

骨饰　2件。

M6∶11，残存6块，其中1块较完整，5块残。种属、器形、尺寸不明（彩版一三七，5）。

M6：12，残存 4 块，其中 1 块较完整，3 块残。种属、器形、尺寸不明（彩版一三七，6）。

11. 海贝　1 件。

海贝　1 件。

M6：6-2，共 17 枚。基本完整（彩版一三七，7）。

12. 螺壳　1 件。

螺壳　1 件。

M6：6-1，共 3 枚。基本完整（彩版一三七，8）。

（四）M7

长方形土坑竖穴墓，东北—西南向，被 M6 打破。墓坑长 3.4、宽 1.2 米。墓坑分三层：第①层（深度不详），肢骨较多，并且放在最上层的两边，有两个头骨在其中；第②层（深度不详），有一具较完整的骨架，放置在中部靠东壁，头部还放有两个头骨；第③层（深度不详），发现有七个头骨，另有大量肢骨。未见葬具。随葬品有铜剑 1 件、铜扣饰 1 件、铜泡 1 件、海贝 1 件，并在填土中有玉玦 8 件。

1. 铜器　3 件。

剑　1 件。

M7：5，椭圆空心茎，喇叭口茎首，茎首平面也为椭圆形；茎中部两面对称饰虫纹，一面纹饰下有一不规则穿孔，可能为铜液流淌不均所致。一字格，刃微曲。合范铸造，茎两侧范线明显。总长 31.6、茎长 8.4、茎首直径 3.05~3.96、格长 6.29、剑身中部宽 2.67、厚 0.42 厘米（图 3-254，1；彩版一三八，1）。

扣饰　1 件。

M7：1，平面呈圆形。正面微凹，呈浅盘状。中央有一周凸棱，边缘较厚。边缘有一穿孔，可能为铸造时铜液流淌不均所致。背后有一横扣。背面见织物包裹痕迹，经纬线交叉。同类器一般中心镶嵌玛瑙、主体镶嵌孔雀石片，据此推测这件为半成品。直径 7.48、高 0.66、横扣长 2.18 厘米（图 3-254，2；彩版一三八，2）。

铜泡　1 件。

M7：2，整器似伞盖状，中心呈圆丘状凸起。中心凸起部分饰两周阴线圆圈纹，其边缘饰一周阴线纹，似连续三角形纹，部分表面被铜锈覆盖，纹饰不清。背后有一长条形横挡。直径 3.13、高 0.79、横挡宽 0.24 厘米（图 3-254，3；彩版一三八，3）。

2. 玉器　8 件。

玦　8 件。

M7：4-1（T），有 2 块，均残甚。一侧均有穿孔。内缘呈缓坡状，可能为一面钻成。

M7：4-2（T），内外缘均近圆形，缺口一侧有穿孔，另一侧残。内缘呈缓坡状，可能为一面钻成（彩版一三八，4）。

M7：4-3（T），内外缘均近圆形，缺口一侧有穿孔，另一侧残。内缘呈缓坡状，可能为一面钻成。残甚。

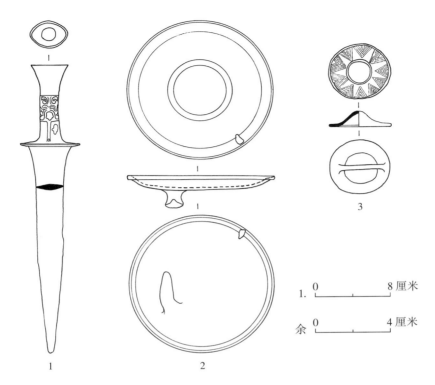

图 3-254　06M7 出土铜器

1. 剑 M7：5　2. 扣饰 M7：1　3. 泡 M7：2

M7：4-4（T），内外缘均近圆形，缺口两侧均有穿孔。内缘呈缓坡状，可能为一面钻成。残甚。

M7：4-5（T），内外缘均近圆形，缺口两侧均残。内缘呈缓坡状，可能为一面钻成。

M7：4-6（T），内外缘均近圆形，缺口两侧均有穿孔。内缘呈缓坡状，可能为一面钻成。略残（彩版一三八，5）。

M7：4-7（T），残甚。

M7：4-8（T），残甚，一侧有穿孔。

3. 海贝　1 件。

海贝　1 件。

M7：3，共 4 枚，均完整。其中 2 枚背部一侧有穿孔。

（五）M8

长方形土坑竖穴墓，墓向 280°。墓坑长 2.5、宽 1.5、深 3 米。墓底中部有一腰坑，长 1.1、宽 0.6、深 0.15 米。墓底有少量人骨，应为二次葬。未见葬具及随葬品。

（六）M11

长方形土坑竖穴墓，墓向 180°，打破 M12。墓坑长 3、宽 1.2~1.4、深 1.5 米。东壁及东南角有二层台，高 0.55 米，西壁中部凸出，西北角向外扩出，不甚规整。墓坑底部有一层青膏泥。未见葬具。

随葬品有陶侈口罐 1 件、铜矛 1 件、铜镞 1 件、铜镳斗 1 件、铜鍪 1 件、铜锄 1 件、铜带钩 1 件、五铢钱 1 件、铜柄铁剑 1 件、铁斧 1 件、环首铁刀 2 件、残铁件 4 件、砺石 2 件、玛瑙扣 7 件、绿松石扣 1 件、绿松石珠 1 件。

1. 陶器 1 件。

侈口罐 1 件。

M11：10，夹细砂黑陶。尖唇，唇部起一周凸棱，侈口，短斜直颈，圆鼓腹，小平底。手制，慢轮修整，内外壁抹平，内外壁均施黄色陶衣，大部分脱落。口径 12、腹径 15.6、底径 9.8、高 14.2 厘米（图 3-255，1；彩版一三九，1）。

2. 铜器 7 件。

矛 1 件。

M11：16，空心圆骹，骹口下饰三周凸棱纹，第一、二周凸棱纹间，两侧对称各有一圆形穿；骹中部两面对称也各有一穿，形制不规整。宽短矛叶，中线起脊，凸棱明显，为空心骹之延续。刃斜直，相交成锋。刃缘稍残。骹内残存木柲痕迹。总长 19.1、骹口径 2.08~2.21、矛叶长 11.1、宽 3.76 厘米（图 3-255，2；彩版一三八，6）。

镞 1 件。

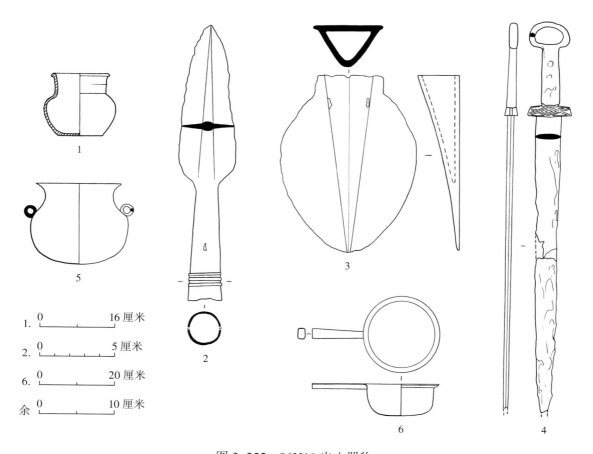

图 3-255　06M11 出土器物

1. 陶侈口罐 M11：10　2. 铜矛 M11：16　3. 铜锄 M11：1　4. 铜柄铁剑 M11：11　5. 铜鍪 M11：8　6. 铜镳斗 M11：9

M11：5，三角形镞身，中线起脊，与铤连为一体；脊两侧为血槽；两侧刃斜直锋利；锋两面中线起脊，剖面为菱形。空心圆铤，铤与镞身呈八字相接，交界处一面似有穿孔。铤末端残断不存。残长 4、镞身宽 1.3、铤径约 0.73 厘米（彩版一三九，3）。

鐎斗　1 件。

M11：9，侈口，折沿，器壁上部较笔直，下部圆弧，底较平。一侧口沿处接一直柄，为长方形空心柄。鐎斗口径 21.1、高 8.6、柄长 12.84 厘米（图 3-255，6；彩版一三九，2）。

鍪　1 件。

M11：8，侈口，束颈，折肩，微鼓腹，圜底。肩部两侧对称各有一圆环状耳。合范铸造，两侧范线明显。耳为单独铸好后焊接于肩部。口径 11.7、腹径 13.4、高 11.5 厘米（图 3-255，5；彩版一三九，4）。

锄　1 件。

M11：1，平面呈尖叶形，溜肩，器身最大径位于中部。正面正中凸起三角形空心銎，及底，銎口高于肩部。銎上部两侧各有两个穿孔，不对称，形制不规则。底部较圆钝。背面平，中线上并列两个穿孔，一个近肩部水平线，一个位于器体中部。銎内残存木柄。长 24.1、宽 18.7、銎口长 6.5、宽 5.56、顶宽 8.94、器身厚约 0.4 厘米（图 3-255，3；彩版一三九，5）。

带钩　1 件。

M11：15，正面近方形，饰两组凸起 S 形卷曲纹。背面为一长条状带钩。钩与方形钩面连接处还有一圆形穿孔，用以固定带钩。总长 4.58、钩面长 3.44、宽 3.15、高 2.6 厘米（彩版一三九，6）。

五铢钱　1 件。

M11：6，共 13 枚。其中 5 枚完整，7 枚基本完整，1 枚残。大小、厚薄不一，有外郭。"五"字既有两线斜直相交，也有两马蹄状相对；"铢"字顶部为三角形，"朱"字上下折角明显。其中 1 枚似为剪郭五铢。完整者直径 2.51~2.54、剪郭直径 2.38、厚 0.16~0.17 厘米（彩版一三九，7）。

3. 铜铁合制器　1 件。

铜柄铁剑　1 件。

M11：11，扁圆实心茎，椭圆形环状茎首。菱形镡，中部为凹口，表面饰阴线重菱形纹。剑身窄长，残断，锈蚀严重。茎、格为铜质，剑身为铁质，铜铁部分似为铸接而成。茎为二次铸造，套于原来的茎外。剑身近镡处表面见木质痕迹，可能原套有木鞘。残长 53.5、茎长 12.11、茎首直径 3.83~5.17、茎宽 2.49、茎厚 1.3、镡长 5.63、镡宽 1.2~1.6、镡厚 1.68、剑身宽 3.6 厘米（图 3-255，4；彩版一四〇，1）。

4. 铁器　7 件。

斧　1 件。

M11：2，平面近梯形。长方形空心銎，宽弧刃。表面锈蚀。长 15、銎口长 5.8、宽 4.19、刃宽 9.31 厘米（彩版一四〇，2）。

环首刀　2 件。

M11：3，椭圆形环首，刀部残断不存。环首直径 3.28~3.71、厚 1.05 厘米。

M11：27，椭圆形环首，长条状刃部，锈蚀严重。表面见木质物质，可能原套有木鞘。长 24.1、刃宽约 1.66、环首直径 4.35~4.82 厘米。

残铁件 4 件。

M11：4，锈蚀严重，器形不明。残长约 15 厘米。

M11：12，长条形，剖面为圆角方形，锈蚀。器形、用途不明。残长 12.58、宽 1.4、厚 0.67 厘米。

M11：13，从残断面看，似为扁圆条状。锈蚀严重，器形不明。残长 22.5 厘米。

M11：14，细长条状，锈蚀严重，可能为铁刀、削类器物。残长 20.5、宽约 1.2、厚 0.3 厘米。

5. 石器 2 件。

砺石 2 件。

M11：24，长条状，横剖面近圆角长方形，顶部稍薄，有一穿孔，两面对钻，走钻。器体表面打磨光亮（彩版一四〇，3）。

M11：25，长条状，横剖面近圆角长方形，顶部稍薄，有一穿孔，两面对钻，走钻。器体表面打磨光亮（彩版一四〇，4）。

6. 玛瑙器 7 件。

扣 7 件。

M11：17，乳白色。平面呈圆形，正面平整光亮，中央有尖状凸起，顶面平。背面微鼓，打磨光亮，正中有两穿孔，斜钻相通（彩版一四〇，5）。

M11：18，乳白色。平面呈圆形，正面平整光亮，中央有尖状凸起，顶面平。背面微鼓，打磨光亮，正中有两穿孔，斜钻相通（彩版一四〇，6）。

M11：19，乳白色。平面呈圆形，正面平整光亮，中央有尖状凸起，顶面平。背面微鼓，打磨光亮，正中有两穿孔，斜钻相通（彩版一四〇，7）。

M11：20，乳白色。平面呈圆形，正面平整光亮，中央有尖状凸起，顶面平。背面微鼓，打磨光亮，正中有两穿孔，斜钻相通（彩版一四〇，8）。

M11：21，肉色。平面呈圆形，正面平整光亮，中央有尖状凸起，顶面平。背面微鼓，打磨光亮，正中有两穿孔，斜钻相通（彩版一四一，1）。

M11：22，肉色。平面呈圆形，正面平整光亮，中央有尖状凸起，顶面平。背面微鼓，打磨光亮，正中有两穿孔，斜钻相通（彩版一四一，2）。

M11：23，乳白色。平面呈圆形，正面平整光亮，中央有尖状凸起，顶面平。背面微鼓，打磨光亮，正中有两穿孔，斜钻相通（彩版一四一，3）。

7. 绿松石器 2 件。

扣 1 件。

M11：7，平面呈圆角长方形，正面中心有尖状凸起。背面正中有两穿孔，斜钻对穿。通体打磨光亮。基本完整（彩版一四一，4）。

珠 1 件。

M11：26，算珠状。两面平，中心有穿孔，孔壁较直。通体打磨光亮。

（七）M25

长方形土坑竖穴墓，墓向200°，墓口被扰乱。墓坑长3、宽1.2、深1.45米。未见人骨及葬具。随葬品有陶尊1件、铜戈1件、铜镈1件。

1. 陶器　1件。

尊　1件。

M25：3，夹细砂黑陶。折腹。器表抹平，内壁略粗糙，内外壁均施黄色陶衣，大部分脱落。

2. 铜器　2件。

戈　1件。

M25：1，直援，斜直刃，无胡，直内。两面本近阑侧有翼，中部有一小圆形穿孔；下阑有一长条形穿孔；内近阑侧也有一圆形穿孔。内及援两面残存的表面见无序排列但方向一致的短线状凹槽。锈蚀严重，下阑处变形弯曲。总长17.4、阑长6.39、器体厚约0.25厘米（图3-256，1）。

镈　1件。

M25：2，平面呈长方形，剖面近长方形。扁圆空心銎，口沿残。器身两面平，中部饰两周凸棱纹，一面正中还有一穿孔，形制不规则。器体两侧范线明显。器身与底部分别铸造，再由底部向上卷曲包裹器体底缘形成封闭结构。銎内残存木柲。残长7.31、銎口长3.49、宽1.55、底宽3.83、厚1.86厘米（图3-256，2；彩版一四一，5）。

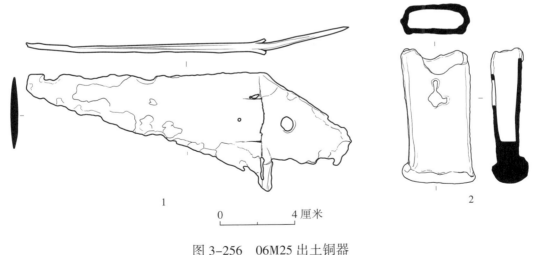

0　　　　4厘米

图3-256　06M25出土铜器
1. 戈 M25：1　2. 镈 M25：2

（八）M26

长方形土坑竖穴墓，墓向200°，墓口被扰乱，被M35打破。墓坑长3、宽1.1、深1.45米。未见人骨、葬具及随葬品。

（九）M35

长方形土坑竖穴墓，墓向200°，墓口被扰乱，被M36打破，并打破M26。墓坑长3、宽1.6、深1.12米。未见人骨及葬具。随葬品有陶纺轮1件、铜剑2件、铜镞5件、铜斧3件、铜锄明器1件、铜铲明器1件、砺石1件、木镯1件。

1. 陶器　1件。

纺轮　1件。

M35：5，夹细砂橙红陶。算珠形，两面边缘起凸棱，中部钻圆孔。素面。器表抹平，施黑褐色陶衣，大部分脱落，器表可见针眼状细孔。直径3.6、孔径0.3、厚1.2厘米（图3-257，1；彩版一四二，1）。

2. 铜器　12件。

剑　2件。

M35：1，扁平实心长条状茎，短三角形刃，两面中线起脊。腐化严重，表面呈气泡状。总长11.42、柄宽1.11~1.36、刃长6.93、宽2.19、厚0.5厘米（图3-257，2）。

M35：2，扁平实心茎，无格，剑身窄长，残。腐化严重，表面呈气泡状。铸造时范似错位。残

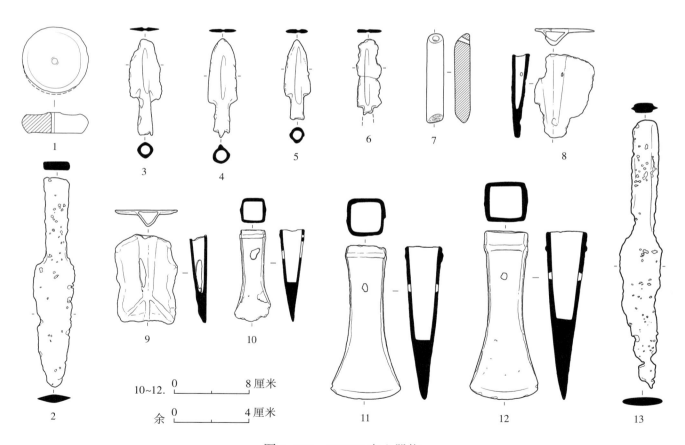

图3-257　06M35出土器物

1. 陶纺轮 M35：5　2. 铜剑 M35：1　3. 铜镞 M35：10-1　4. 铜镞 M35：10-2　5. 铜镞 M35：10-3　6. 铜镞 M35：10-5
7. 砺石 M35：11　8. 铜锄明器 M35：7　9. 铜铲明器 M35：8　10. 铜斧 M35：6　11. 铜斧 M35：4　12. 铜斧 M35：9　13. 铜剑 M35：2

长 14.6、茎长 5.52、茎宽 1.34、厚约 0.53、剑身宽 2.11 厘米（图 3-257，13）。

镞　5 件。

M35：10-1，宽扁镞身，两面中线为血槽，两侧刃及锋稍残。椭圆空心铤，最大径垂直于镞身；铤一面接近镞身底部有一穿孔，形制不规则；铤末端残，可能有尖状翼。铤两侧范线经打磨，起脊明显。残长 5.36、镞身宽 1.78、厚 0.16、铤径 0.82~0.92 厘米（图 3-257，3；彩版一四一，6）。

M35：10-2，圭首形扁平镞身，前端圆弧内收成锋；两面中线为血槽，较浅。空心圆铤，一面中线末端凸出一尖状翼，一侧的翼残，相对的另一面及另一侧无翼，可能已残断。长 5.49、镞身长 3.52、宽 1.55、厚 0.16、铤径 0.84 厘米（图 3-257，4；彩版一四一，7）。

M35：10-3，三角形宽扁镞身，两面中线为血槽，较宽，延伸至铤顶部。椭圆空心铤，最大径与镞身垂直；铤末端残断不存。铤两侧范线较明显，经打磨。残长 4.46、镞身长 3.15、宽 1.41、厚 0.19、铤径 0.73~0.87 厘米（图 3-257，5；彩版一四一，8）。

M35：10-4，宽扁镞身，两面血槽较宽。空心圆铤，残存镞身与铤交界部分。残长 2.53、宽 1.31、镞身厚 0.17、铤径 0.6~0.69 厘米。

M35：10-5，宽扁镞身，底平直，两侧刃残甚；两面中线为血槽。扁圆空心铤，残断不存。残长 4.5、镞身宽 1.42、厚 0.15、铤径 0.37~0.55 厘米（图 3-257，6）。

斧　3 件。

M35：4，空心方銎，瘦长器身，双面弧刃，较宽。銎口下饰一周凸棱纹；器体上部两面对称各有一穿孔，形制不规整。器身两侧范线明显。銎内残存木屑。长 16.5、銎口长 3.96~4.18、刃宽 7.58 厘米（图 3-257，11；彩版一四二，3）。

M35：6，空心方銎，瘦长器身，略束腰，双面刃，较宽，刃残。銎口下饰一周凸棱纹；一面的凸棱纹下及另一面的凸棱纹上、下各有一穿孔，共三个，形制不规整。器身两侧范线明显。残长 9.93、銎口长 2.58~2.62、刃残宽 3.65 厘米（图 3-257，10）。

M35：9，空心方銎，瘦长器身，双面弧刃，较宽。銎口下饰一周凸棱纹；器体上部两面对称各有一穿孔，形制不规整。器身两侧范线明显。长 18.2、銎口长 4.27~4.57、刃宽 7.26 厘米（图 3-257，12；彩版一四二，4）。

锄明器　1 件。

M35：7，平面呈尖叶形，肩较平，折角较明显。正面正中凸起三角形空心銎，銎近顶部的一侧有一穿孔，另一侧残。背面平。残甚，粉化严重。长 4.63、残宽 3.04、銎口宽 0.94、器体厚约 0.15 厘米（图 3-257，8）。

铲明器　1 件。

M35：8，平面呈长方形，斜肩，两侧刃及底刃均较平直，边缘残。正面正中凸起三角形空心銎，至底部分三叉。銎中部一侧有较大的裂隙。背面平。长 4.83、宽 3.28、銎口长 1.11、宽 0.88、器体厚约 0.2 厘米（图 3-257，9；彩版一四二，5）。

3. 石器　1 件。

砺石　1 件。

M35：11，圆柱形，上端有一圆形穿孔。残长 4.9、宽 0.9、厚 0.8 厘米（图 3-257，7；彩版一四二，6）。

4. 木器 1 件。

镯 1 件。

M35：3，有 3 段，均残（彩版一四二，2）。

（一○）M48

长方形土坑竖穴墓，墓向 200°，被 M36、M39、M51 打破。墓坑长 3、宽 1.16、深 2 米。未见人骨、葬具及随葬品。

（一一）M58

长方形土坑竖穴墓，墓向 115°，叠压 M143、M144。墓坑长 3.1、宽 1.85~2.3、深 0.55~0.95 米。西壁有二层台，墓底抹青膏泥。未见人骨及葬具。随葬品有陶单耳罐 1 件、铜鐎斗 1 件、铜锄 1 件、铜釜 1 件、铜带钩 1 件、五铢钱 1 件、铁矛 1 件、铁剑 1 件、铁斧 3 件、环首铁刀 1 件、残铁刃 1 件、残铁件 3 件、石砚 1 件（彩版一四三，1）。

1. 陶器 1 件。

单耳罐 1 件。

M58：10，泥质，夹极细白色掺和料颗粒，胎心浅褐色、黑色、红褐色相杂，内外壁橙红色、黑色相间，局部褐色。尖唇，盘口，直颈，折肩，圆鼓腹，圜底，单宽耳。素面。轮制，规整，可见轮修弦纹。内外壁抹平，口部内外壁磨光，内外壁施黄色陶衣，脱落殆尽，器表和断面皆可见细密针眼状细孔。口、颈、腹部部分残缺。口径 9.2、腹径 10.8、高 13.2 厘米（图 3-258，1；彩版一四三，7）。

2. 铜器 5 件。

鐎斗 1 件。

M58：3，宽折沿，沿面斜直，内勾唇，鼓腹，平底。折沿处有一空心短柄，剖面近梯形。腹部较残。合范铸造，器外壁范线明显。口径 16.7、腹径 14、高 9.8、柄长 6.9 厘米，柄剖面梯形上长 1.55、下长 2、高 1.3 厘米（彩版一四三，4）。

锄 1 件。

M58：1，平面呈尖叶形。溜肩，器体中部最宽；两侧刃圆弧，一侧近尖部残。正面中线凸起三角形空心銎，銎口即为锄顶部；銎背面微弧；銎中两侧各有一长条形穿孔。背面中部有一较大的椭圆形穿孔。长 20.4、宽 16.8、銎口长 5.4、宽 4.89 厘米（图 3-258，8；彩版一四三，2）。

釜 1 件。

M58：2，宽折沿，内勾唇，折肩，鼓腹，平底。残甚。唇部附有绞索状扁平耳，残存一个，变形。折沿处外壁贴铸有一铜质近方形的凸起，器底见四个对称小缓丘状凸起。范线明显。口径约 22、沿面宽 4.19、底径约 10.7、器壁厚 0.1、耳宽 0.95、耳厚 0.3 厘米。

带钩 1 件。

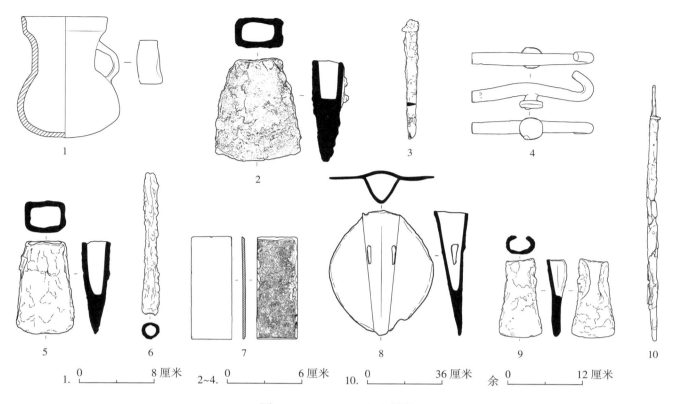

图 3-258 06M58 出土器物

1. 陶单耳罐 M58：10　2. 铁斧 M58：15　3. 环首铁刀 M58：13　4. 铜带钩 M58：14　5. 铁斧 M58：4　6. 铁矛 M58：8
7. 石砚 M58：11　8. 铜锄 M58：1　9. 铁斧 M58：6　10. 铁剑 M58：12

　　M58：14，钩身呈圆条状，剖面近圆形，一端较粗，另一端较细，向上回卷形成钩。器体中部接一圆柱，下为圆盘状扁平钮座。钩身通体打磨光滑。圆柱表面有铜液溢出的残留。长 9.56、高 3.26、钩身直径 0.7~0.95、钮径约 1.8、厚 0.3 厘米（图 3-258，4；彩版一四三，3）。

　　五铢钱　1 件。

　　M58：7，共 26 枚。其中，7 枚完整，10 枚基本完整，残片至少属于 9 枚。少量钱币粘贴紧密，无法剥离。完整者有外郭，"五"字呈两个相对的马蹄形，"铢"字顶部为三角形，"朱"字上下为平折角。直径约 2.58、孔径 0.92、厚 0.18 厘米。

　　3. 铁器　10 件。

　　矛　1 件。

　　M58：8，空心圆骹，扁平窄长矛叶，剖面近椭圆形。锋残。锈蚀。残长 23.4、骹口径约 2.3、矛叶宽 1.55、厚 1.16 厘米（图 3-258，6）。

　　剑　1 件。

　　M58：12，细长实心茎，剖面为长方形。菱形铜质镡，窄长剑身，较残。总长 127.8、茎长 16.2、茎宽 0.9~1.5、茎厚 0.6、镡残长 4.48、剑身宽 3.6、厚 1.28 厘米（图 3-258，10）。

　　斧　3 件。

　　M58：4，平面近梯形。空心方銎，双面刃，微弧。锈蚀。总长 15.6、銎口长 5.51、宽 4.09、厚 0.5~1、刃宽 8.26 厘米（图 3-258，5）。

M58：6，平面呈长梯形，器身瘦长，断銎。刃部基本平直，较扁薄。锈蚀。长 12.6、銎口长 4.05、宽 2.34、刃宽 6.17、厚 0.97 厘米（图 3-258，9）。

M58：15，平面呈梯形，器形宽短。长方形空心銎，双面刃，微弧。一角稍残。锈蚀。长 8.26、銎口长 3.58、宽 2.36、刃宽 6.76、厚 0.4 厘米（图 3-258，2；彩版一四三，6）。

环首刀 1 件。

M58：13，首残断不存。刃扁平窄长，似套有木鞘。残长 9.9、刃宽 1.3~1.8、刃背厚 0.67、刃缘厚 0.2 厘米（图 3-258，3）。

残铁刃 1 件。

M58：16-2，扁平长条状，残。与残铁件粘连在一起。残长 7.3、宽约 1.4、厚 0.2 厘米。

残铁件 3 件。

M58：5，有 2 件。锈蚀严重。从断面看，应为扁平刃部。残长分别为 7.71、6.29 厘米。

M58：9，有 2 件。从断面看，似为圆形条状物。残长分别为 3.03、2.69 厘米，直径 2.4~3 厘米。

M58：16-1，剖面近方形，一端为尖。残断。残长 7.8、直径约 0.8 厘米。

4. 石器 1 件。

砚 1 件。

M58：11，平面呈长方形，基本完整。长 17.4、宽 5.68、厚 0.52 厘米（图 3-258，7；彩版一四三，5）。

（一二）M68

长方形土坑竖穴墓，墓向 275°，打破 M72。墓口长 2.6、宽 1.6 米，墓底长 2.55、宽 1.2 米，深 2.5 米。墓底有大量骨骼摆放成长方形骨堆，有头骨和大量肢骨。未见葬具。随葬品有陶单耳罐 1 件、铜锄明器 1 件、骨饰 1 件，并在填土中有砺石 1 件。

1. 陶器 1 件。

单耳罐 1 件。

M68：1，夹细砂，夹有细小白色掺和料颗粒，黑色、浅褐色相间。尖唇，侈口，唇部外壁加厚，斜弧颈，溜肩，鼓腹，圜底，单宽耳。素面。轮制，规整，口沿内壁可见轮修弦纹。内外壁抹平，口部内壁抹光，内外壁均施褐色陶衣，绝大部分脱落。口沿、腹部部分残缺。口径 7、腹径 9、高 9.4 厘米（图 3-259，1；彩版一四四，1）。

2. 铜器 1 件。

锄明器 1 件。

M68：3，平面呈尖叶形。圆肩。正面中线凸起三角形空心銎，銎上有一穿孔。背面平。合范铸造，边缘未经打磨。长 5.89、宽 4.6、銎口长 2、宽 1.23、厚 0.23 厘米（图 3-259，2）。

3. 石器 1 件。

砺石 1 件。

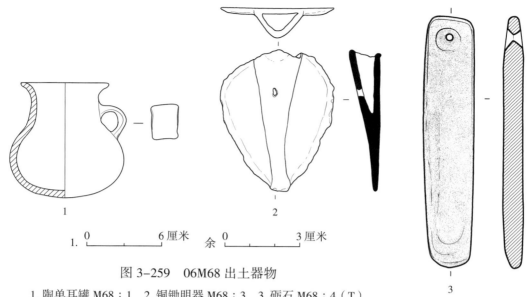

图 3-259 06M68 出土器物

1. 陶单耳罐 M68：1 2. 铜锄明器 M68：3 3. 砺石 M68：4（T）

M68：4（T），长条状，横剖面近圆角长方形，顶部稍薄，有一穿孔，两面对钻，走钻。器体表面打磨光亮。长 10.13、宽 2.06、厚 0.84 厘米（图 3-259，3；彩版一四四，2）。

4. 骨器 1 件。

骨饰 1 件。

M68：2，长条状，一端基本完整，另一端残（彩版一四四，3）。

（一三）M80

长方形土坑竖穴墓，墓向 120°，被 M55 打破，并打破 M84。墓坑长 2.1、宽 1.6、深 0.74 米。未见人骨及葬具。随葬品有陶单耳罐 2 件、陶纺轮 1 件、铜环 1 件、五铢钱 1 件、大泉五十 1 件、绿松石珠 1 件、琉璃珠 1 件。

1. 陶器 3 件。

单耳罐 2 件。

M80：1，夹粗砂，黑色、黄褐色相间。圆唇，短弧颈，溜肩，鼓腹，圜底，单宽耳。素面。轮制，规整，内外壁抹平，器表因陶土夹粗砂而略粗糙，内外壁均施黄色陶衣，大部分脱落。口径 7.8、腹径 8.8、高 8 厘米（图 3-260，1；彩版一四四，7）。

M80：6，泥质，夹极细掺和料颗粒，胎心深褐色偏黄，器表大部为橙红色、局部黑色。圆唇，侈口，短直颈，溜肩，圆鼓腹，单宽耳。素面。手制，慢轮修整，内外壁抹平，内外壁均施浅黄色陶衣，局部呈片状脱落，部分腹片表面有黑色烟炱痕迹。断面及器表均可见细密的针眼状细孔。口部、腹部及底大部分残缺。

纺轮 1 件。

M80：5，夹细砂，黑褐色、橙黄色相间。算珠形，器身中部起一周凸棱，中部对钻一圆孔。素面。

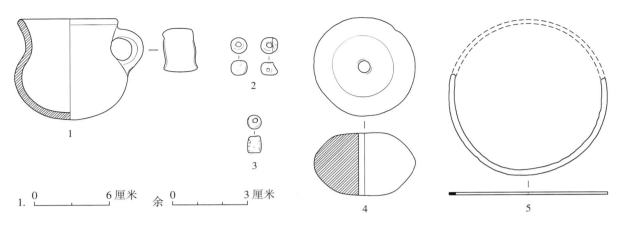

图 3-260　06M80 出土器物

1. 陶单耳罐 M80：1　2. 琉璃珠 M80：4-2　3. 绿松石珠 M80：4-1　4. 陶纺轮 M80：5　5. 铜环 M80：2

手制，慢轮修整，可见轮修弦纹。器表抹平，器表施黄色陶衣，大部分脱落。直径 4、孔径 0.5、厚 2.6 厘米（图 3-260，4；彩版一四四，8）。

2. 铜器　3 件。

环　1 件。

M80：2，至少 2 件。暗紫色。细环状，较残。直径约 6.2、宽 0.2、厚 0.12 厘米（图 3-260，5）。

五铢钱　1 件。

M80：3，共 25 枚。其中 13 枚完整，12 枚基本完整。"五"字呈马蹄形的共 13 枚，呈两线斜向交叉的共 9 枚，另有 3 枚因残缺或锈蚀而不明。直径约 2.6 厘米。

大泉五十　1 件。

M80：7，共 9 枚。其中 4 枚完整，3 枚基本完整，2 枚残。内外郭明显。大小不一。最大的直径 2.75、最小的直径 2.55 厘米（彩版一四四，4）。

3. 绿松石器　1 件。

珠　1 件。

M80：4-1，绿色。圆柱形，中心有穿孔。通体打磨光亮。基本完整。直径 0.56、孔径 0.16、高 0.69 厘米（图 3-260，3；彩版一四四，5）。

4. 琉璃珠　1 件。

琉璃珠　1 件。

M80：4-2，共 2 粒。蓝色，中间有一圆形穿孔。通体打磨光亮。基本完整。尺寸分别为直径 0.64、孔径 0.21、高 0.59 厘米，直径 0.69、孔径 0.21、高 0.53 厘米（图 3-260，2；彩版一四四，6）。

（一四）M90

长方形土坑竖穴墓，墓向 10°，西侧被盗洞打破，并打破 M102、M103、M141。墓口残长 3、宽 1.6 米，墓底残长 3、宽 1.54 米，深 0.3 米。双人仰身直肢，均头向北，骨骼保存基本完整。1 号个体位于墓室东侧，头与身体断开 0.2 米，2 号个体位于墓室西侧。在 1 号个体左侧还见一堆动物骨骼，其足端东侧紧邻有南北向肢骨若干。在 1 号个体以东有一个直径 0.7 米的不规则圆坑，残存头骨、肢骨等。未见葬具。随葬品有陶单耳罐 1 件、铜凿 1 件、铜锄 1 件、铜釜 1 件、铜环 1 件、五铢钱 2 件、铜印章 1 件（图 3-261A）。

1. 陶器 1 件。

单耳罐 1 件。

M90：5，夹细砂黑陶。尖唇，平沿，沿部起一周凸棱，喇叭口，直颈，颈部起三周凸棱，溜肩，鼓腹，圜底，单宽耳。轮制，规整，内外壁抹平，内外壁均施褐色陶衣，局部脱落。口径 9.3、腹径 11.2、高 12 厘米（图 3-261B，1；彩版一四五，1）。

2. 铜器 7 件。

凿 1 件。

M90：6，半圆空心銎，瘦长器身，束腰，双面窄刃，微弧。銎口下正面凸起部分及背面对称饰纹饰：上部为三周凸棱纹，中部为一横向 S 形螺旋纹，下部为两周凸棱纹，纹饰不明显。正面凸棱纹下，两侧各有一方向垂直的凸棱，与刃面起脊渐重合。背面上部微凸，下部平。銎口边缘正面凸起部分打磨平直，背面有两个凹口。整器打磨光滑平整，不见范线痕迹。长 10.57、銎口长 2.96、宽 1.93、刃

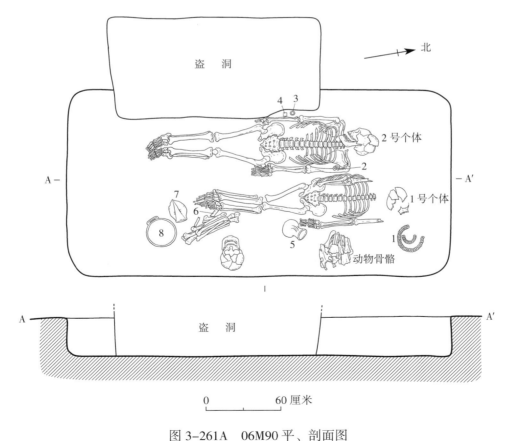

图 3-261A 06M90 平、剖面图
1、2.五铢钱 3.铜环 4.铜印章 5.陶单耳罐 6.铜凿 7.铜锄 8.铜釜

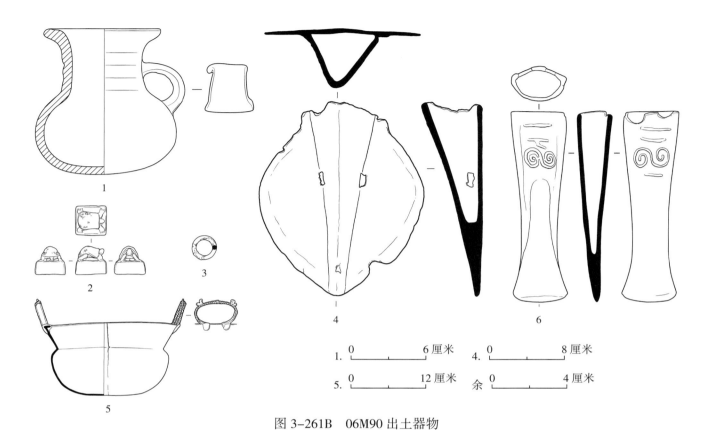

图 3-261B　06M90 出土器物

1. 陶单耳罐 M90：5　2. 铜印章 M90：4　3. 铜环 M90：3　4. 铜锄 M90：7　5. 铜釜 M90：8　6. 铜凿 M90：6

宽 2.98 厘米（图 3-261B，6；彩版一四五，3）。

　　锄　1 件。

　　M90：7，平面呈尖叶形。正面中央凸起三角形空心銎，銎口高于肩部。銎中部两侧各有一穿孔，近方形。背面平，銎口下及器体中部的中线上各有一圆形穿孔。基本完整，一侧刃近尖处稍残。长 21.5、宽 17.6、銎口长 7.76、宽 6.11、顶宽 9.73、器体厚 0.3 厘米（图 3-261B，4；彩版一四五，2）。

　　釜　1 件。

　　M90：8，内勾唇，宽折沿，侈口，弧腹，平底。唇上两侧对称各有一环状耳，绳索状，宽扁；一侧残，一侧耳上对称立两禽，可能为鸡，中间可能还有一立兽，残断不存。合范铸造，釜外壁见明显的范线；耳单独铸造，再焊接于唇上。口径 21.5、腹径约 18.4、底径约 10、总高 16.6、釜高 12.2、耳径 4.2~7.78、耳宽 1.1 厘米（图 3-261B，5；彩版一四五，4）。

　　环　1 件。

　　M90：3，横剖面近椭圆形。表面光洁。外径 1.4、环面宽 0.44、厚 0.32 厘米（图 3-261B，3；彩版一四五，5）。

　　五铢钱　2 件。

　　M90：1，共 99 枚。"五"字呈两直线交叉或略有弯曲状的，共 38 枚；"五"字呈两马蹄相对状的，共 61 枚。"钅"为三角形，"朱"字右侧上下均为直角。均有外郭。直径约 2.5~2.6 厘米（彩版一四六，1）。

M90：2，共 13 枚。"五"字呈两直线交叉的，共 6 枚；"五"字呈两马蹄相对状的，共 7 枚，2 枚残。"钅"为三角形，"朱"字右侧上下均为直角。均有外郭。直径约 2.43~2.62 厘米（彩版一四六，2）。

印章　1 件。

M90：4，平面呈方形，纵剖面近梯形，底面平，无字。顶面为龟形钮，表面印刻龟首、四足、尾。底面边长 1.71、高 1.62 厘米（图 3–261B，2；彩版一四五，6）。

（一五）M96

长方形土坑竖穴墓，墓向 100°，被 M70、M95 打破。墓坑长 2.4、宽 1.33 米。墓主人仰身直肢，性别、年龄不详，腰部有一些动物骨骼。未见葬具。随葬品有铜矛 1 件、铜镞 1 件、铜锄明器 1 件。

铜器　3 件。

矛　1 件。

M96：1，空心骹，近圆形，鸭嘴形骹口，骹口两侧圆弧。三角形矛叶，底部两侧折角明显；中线起脊，剖面近菱形，为空心骹之延伸；前端内收成锋，一侧刃稍残。器形短小。总长 13.09、骹长 6.47、骹口径 1.97~2.18、矛叶宽 2.81、厚 0.21~0.89 厘米（图 3–262，1；彩版一四六，3）。

镞　1 件。

M96：2，圭首形扁平镞身，两侧刃残。细长实心铤，大部分残断不存。残长 3.15、镞身宽 1、厚 0.15、铤宽 0.3、厚 0.17 厘米。

锄明器　1 件。

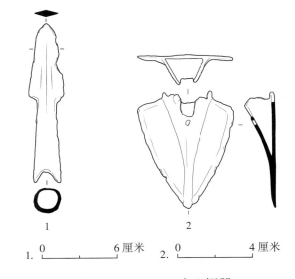

图 3–262　06M96 出土铜器
1. 矛 M96：1　2. 锄明器 M96：3

M96：3，平面近三角形，肩部折角明显。正面上部正中凸起三角形空心銎，銎口凸起部分呈凹字缺口，缺口下有一小穿孔。銎口背侧两角呈尖状凸棱。空心銎下部呈凸棱状。背面平。器形规整。长 6.37、宽 5、銎口长 2.63、宽 1.48、器体厚 0.15 厘米（图 3–262，2）。

（一六）M113

长方形土坑竖穴墓，墓向 90°，被水池打破，并打破 M118、M131。墓坑长 2.6、宽 1.3、深 1.75~2.1 米。墓壁四周敷以青膏泥，青膏泥高约 1、宽 0.18~0.2 米。墓底中部有一腰坑，长 0.85~0.95、深 0.17 米。墓主人仰身直肢，置于腰坑内，骨骼腐朽严重，残存少量肢骨，墓主人左肩压有一大石块，墓主头骨南侧有纺织物残迹。墓底留有木板痕。随葬品有陶尊 1 件、铜矛 1 件、铜戈 2 件、铜剑 2 件、铜镞 3 件、铜镦 1 件、铜箭箙 1 件、铜臂甲 1 件、铜钺 1 件、铜斧 4 件、铜凿 1 件、铜锄明器 1 件、铜铲明器 1 件、

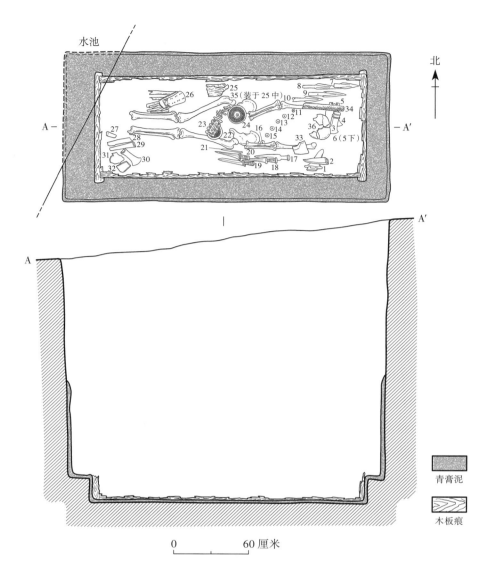

图 3-263　06M113 平、剖面图

1、5. 铜戈　2~4、30. 铜斧　6. 铜钺　7、9、10. 铜骹铁矛　8. 铜矛　11~16. 玛瑙扣　17、19. 铜剑　18、20. 铜柄铁剑　21、28. 铜柄铁削　22~24. 铜扣饰　25. 铜箭箙　26. 铜臂甲　27. 铜镦　29. 铜凿　31. 铜锄明器　32. 铜铲明器　33. 磨制石器　34. 纺织品　35. 铜镟　36. 陶尊

铜扣饰 3 件、铜骹铁矛 3 件、铜柄铁剑 2 件、铜柄铁削 2 件、磨制石器 1 件、玛瑙扣 6 件、纺织品 1 件，并在填土中有铜扣饰 1 件、木屑残片 1 件（图 3-263；彩版一四七，1）。

　　1. 陶器 1 件。

　　尊 1 件。

　　M113：36，夹细砂灰黑陶。斜肩。肩部饰宽约 2 厘米的网格纹。手制，慢轮修整，内壁可见细弦纹。内外壁抹平，内外壁均施褐色陶衣，大部分脱落。仅剩肩部残片。

　　2. 铜器 23 件。

　　矛 1 件。

M113：8，空心圆骹，骹口下两侧对称各有一穿孔，形制不规整。骹近矛叶端两面中线处各有一长条状穿孔。穿孔以下部分的骹中线似起脊，不明显。柳叶形矛叶，与骹呈八字相接，底部两侧折角不明显。矛叶中线起脊，剖面近扁菱形。两侧刃斜直，前端内收成锋。骹内残存少量木屑。基本完整，骹口边缘稍残。总长 24.2、骹口径约 2.2、矛叶长约 14.4、宽 3.5、厚 0.27~0.89 厘米（图 3-264A，1；彩版一四七，2）。

戈 2 件。

M113：1，曲援，无胡，直内。援锋呈三角形，下坠；本中部有一圆形穿孔，周围饰阴线短线纹一周，短线纹与阑之间还饰有阴线几何纹，见直线、锯齿纹，模糊不清。圆形穿孔至锋，援两面中线起脊，凸棱明显。本两侧各有一长条形穿孔。两侧刃缘较残。内近阑侧有一长方形穿孔，末端呈卷云纹状，一角残。内两面应有纹饰，已锈蚀不清。锋表面见黑色致密物质。总长 23.3、援长 16.6、中线厚 0.75、器体厚 0.16~0.46、本宽 8.25、阑长 10.48、阑宽 1.14、内长 6、内宽 3.8 厘米（图 3-264A，2）。

M113：5，曲援，无胡，直内。援锋下坠；本中部有一圆形穿孔，周围饰环状阴线短线纹一周，环状纹饰带至锋；援的两面中线起脊，凸棱明显。圆孔与阑之间，两面中部饰人头纹，似为两人侧站，双手相向，下为另一人头。本两侧各有一长条形穿孔。长方形内，近阑侧有一长方形穿孔，两面对称饰纹饰，中间一人蹲坐，两侧各侧立一人，中间的人将手伸向两侧，分别与同侧站立的人手相连。内末端饰勾云纹，中部为凹口。合范铸造，内、阑边缘的范线经大致打磨。器形规整。从出土时的照片看，应有木柲，现采集的应为木柲残片，见菱形网格纹。总长 26.5、援长 19.3、中线厚 0.64、援身厚 0.35、本宽 8.57、阑长 12.05、阑宽 1.2、内长 6.39、内宽 5、内厚 0.6 厘米（图 3-264A，3；彩版一四七，3）。

剑 2 件。

M113：17，椭圆空心茎，蛇首形茎首，较抽象，顶部呈短圆柱形，残；茎表面饰阴线直线纹，有较大的裂隙，下部一侧有一穿孔。无格。剑身底部呈八字形，刃斜直，较残。剑身底部两面各有一穿孔，形制不规整。锋稍残。合范铸造，茎两侧的范线打磨平整光滑，呈起脊状。残长 25.7、茎长 8.05、茎首宽 2.88、厚 1.64、剑身宽 3.34 厘米（图 3-264A，4）。

M113：19，椭圆空心茎，喇叭口茎首，茎首平面也为椭圆形，表面饰短线状镂孔；茎中部两面对称饰阴线纹饰，呈环带状分布，从茎首至格分别为两周勾连纹、一周双排小方点纹、一周勾连纹，分别以凸棱纹间以折线纹为界；茎底部两面饰两列麦穗纹，麦穗纹间有长条形穿孔，一面未穿透。一字格。剑身窄长，中线起脊，凸棱明显，刃稍残。合范铸造，茎两侧范线仅经大致打磨，茎首两侧的范线打磨平整光滑。总长 25.7、茎长 7.63、茎首直径 3.35~3.64、格长 5.55、格宽 1.52 厘米（图 3-264A，5；彩版一四七，4）。

镞 3 件。

M113：35-1，镞身近三角形，扁平，前端内收成锋，锋中线起脊，不明显；镞身底部两侧有倒刺，尖稍残。细长实心圆铤，残断。出土时装于箭箙中。残长 3.49、镞身长 2.94、宽 1.02、厚 0.17、铤径 0.28 厘米（图 3-264A，6）。

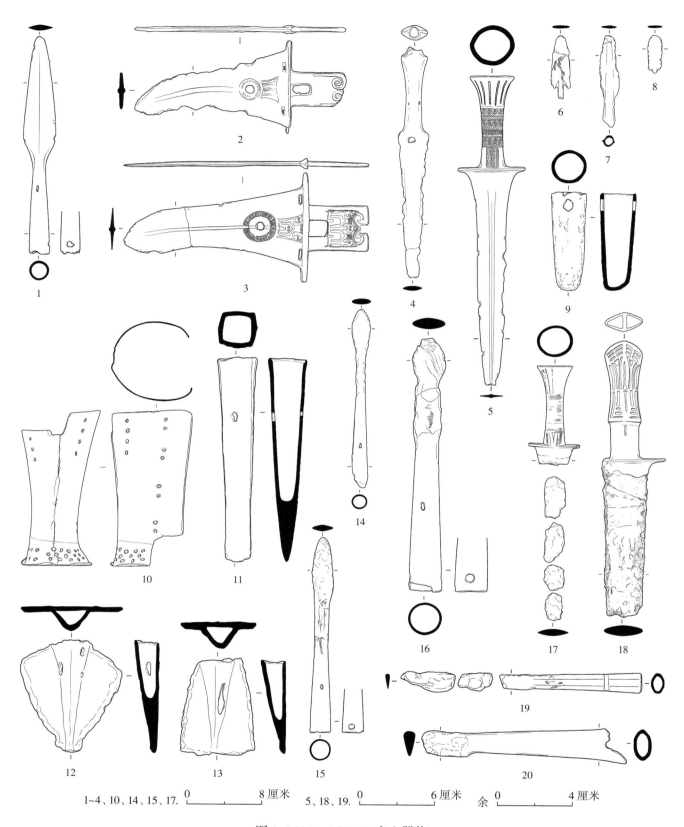

1~4、10、14、15、17. 0————————8厘米　　5、18、19. 0————6厘米　　余 0———4厘米

图 3-264A　06M113 出土器物

1. 铜矛 M113：8　2. 铜戈 M113：1　3. 铜戈 M113：5　4. 铜剑 M113：17　5. 铜剑 M113：19　6. 铜镞 M113：35-1　7. 铜镞 M113：35-2　8. 铜镞 M113：35-3　9. 铜镦 M113：27　10. 铜臂甲 M113：26　11. 铜凿 M113：29　12. 铜锄明器 M113：31　13. 铜铲明器 M113：32　14. 铜骹铁矛 M113：7　15. 铜骹铁矛 M113：9　16. 铜骹铁矛 M113：10　17. 铜柄铁剑 M113：18　18. 铜柄铁剑 M113：20　19. 铜柄铁削 M113：21　20. 铜柄铁削 M113：28

M113：35-2，扁平窄长镞身，似为柳叶形，刃残。空心圆铤，两侧范线经大致打磨，起脊明显，末端残断不存。出土时装于箭箙中。残长5.11、镞身长3.41、宽1.03、厚0.13、铤径0.66厘米（图3-264A，7）。

M113：35-3，圭首形扁薄镞身。窄铤，残。出土时装于箭箙中。残长2.1、镞身长1.9、宽0.81、厚0.09、铤宽0.24厘米（图3-264A，8）。

镦 1件。

M113：27，空心圆銎，銎口下两侧各有一穿孔，大小不一，形制不规整。底部内收，残。銎内残存木柲。残长5.47、銎口径1.9厘米（图3-264A，9）。

箭箙 1件。

M113：25，薄片状，残甚。可能呈筒状，一侧缘平直，另一侧缘微外卷。器表镌刻精美的纹饰，以蛇纹、圆丘状凸起及阴线绞索纹等为主。可能贴附于其他质地的箭箙表面。高约6.09、薄片厚0.03~0.05厘米。

臂甲 1件。

M113：26，剖面近圆形，一侧未封闭。上部直径大于下部直径，近下部略内收。上缘平直，下缘微外卷，边缘残。未封闭的两侧向外卷折成较厚的边缘。器体上下缘、未封闭部分的两侧缘均有穿孔，下缘密集，上缘似仅有两列，完整的一列有四孔；未封闭部分，完整的一侧穿孔离边缘较远，两个穿孔一组，共四组；另一侧的穿孔离边缘较近，两个穿孔一组，残存三组。上缘一半已残断不存，下缘残存的一角断口被磨平。器表光亮，素面。高17.8、上缘短径8.36、下缘短径7.7、厚约0.13厘米（图3-264A，10；彩版一四七，5）。

钺 1件。

M113：6，椭圆空心銎，瘦长器身，束腰，宽弧刃。器体上部饰两周纹饰：上周为纵向的重线套接绞索纹，下周为横向的重线套接绞索纹，上、中、下分别以重线间以锯齿纹为界。纹饰带下缘，刃部两面对称饰重线倒三角形纹。纹饰带上缘，两侧对称各有一系，均残。纹饰带中部，两面各有一穿孔，近椭圆形，不甚规整。合范铸造，銎两侧范线明显，仅经大致打磨，刃两侧范线打磨平整，呈起脊状。基本完整，刃缘稍残。长12.17、銎口径2.33~3.38、刃宽8.23厘米（图3-264B，1；彩版一四八，1）。

斧 4件。

M113：2，空心方銎，瘦长器身，宽弧刃。器体上部两面正中对称各有一椭圆形穿孔。合范铸造，銎两侧范线经大致打磨，刃部两侧范线打磨光洁，呈脊状。器形规整。基本完整，一侧刃角稍残。长14.09、銎口长3.54、宽3.44、刃宽8.23厘米（图3-264B，2；彩版一四八，2）。

M113：3，空心方銎，瘦长器身，宽弧刃。銎口下饰两周凸棱纹，一侧正中有单系；器体上部两面正中对称各有一小长方形穿孔。合范铸造，器体两侧的范线经打磨平整光滑不见痕迹，仅凸棱纹及单系上残存铸造痕迹。器体两面光洁。銎内残存木柄。长14.15、銎口长3.24、宽3、刃宽7.84厘米（图3-264B，3；彩版一四八，3）。

M113：4，空心方銎，瘦长器身，弧刃较宽。器体上部两面对称各有一长条状穿孔。一面的下部

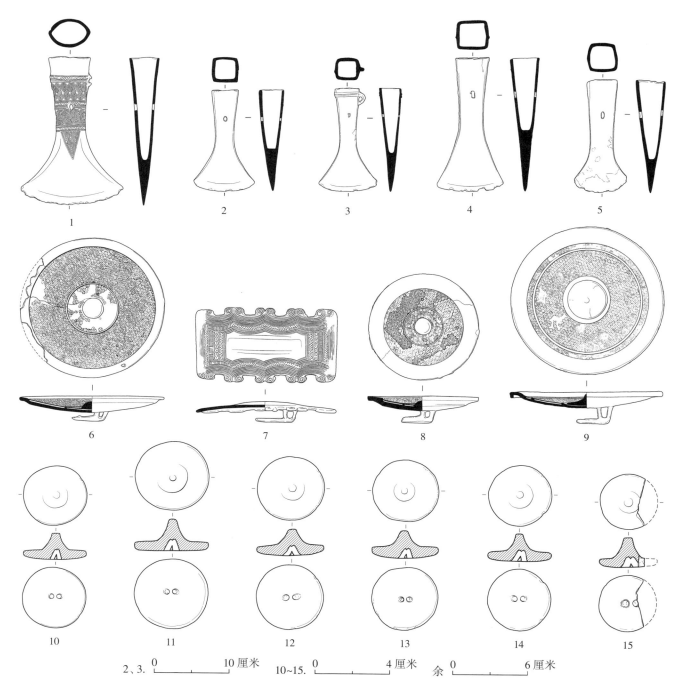

图 3-264B 06M113 出土器物

1. 铜钺 M113：6 2. 铜斧 M113：2 3. 铜斧 M113：3 4. 铜斧 M113：4 5. 铜斧 M113：30 6. 铜扣饰 M113：22 7. 铜扣饰 M113：23 8. 铜扣饰 M113：24 9. 铜扣饰 M113：38（T） 10. 玛瑙扣 M113：11 11. 玛瑙扣 M113：12 12. 玛瑙扣 M113：13 13. 玛瑙扣 M113：14 14. 玛瑙扣 M113：15 15. 玛瑙扣 M113：16

正中有较大的凹坑，内有铁锈。刃缘稍残。合范铸造，銎两侧见明显的范线，刃部两侧的范线基本打磨平整。銎内残存少量木屑。长 11、銎口长 2.58、宽 2.32、刃宽 5.34 厘米（图 3-264B，4；彩版一四八，4）。

M113：30，空心方銎，瘦长器身，双面刃，较宽，刃缘残。器体上部两面各有一穿孔，一面穿孔非常小。合范铸造，两侧范线打磨平整光滑，基本不见痕迹。銎内残存木柲。残长 9.55、銎口长 2.5、宽 2.47、刃残宽 4.36 厘米（图 3-264B，5；彩版一四八，5）。

凿　1件。

M113：29，空心方銎，瘦长器身，双面窄刃，刃缘稍残。器体上部两面对称各有一穿孔，形制不规整。合范铸造，器体两侧范线明显，仅经大致打磨。銎口下有一短凸棱，应为铸造痕迹。銎内残存木柄。长 11.5、銎口长 2.13、宽 2.09、刃宽 1.41 厘米（图 3-264A，11；彩版一四八，6）。

锄明器　1件。

M113：31，平面呈尖叶形。斜肩，肩部折角明显，两侧刃斜直，底部呈方形外凸。正面中央凸起三角形空心銎，銎口略高于肩平面；銎口下，两侧有穿孔，一侧两个，另一侧一个。背面平，銎口下的中线处也有一穿孔。长 6.39、宽 5.7、銎口长 2.46、宽 1.34、器体厚约 0.23 厘米（图 3-264A，12）。

铲明器　1件。

M113：32，平面呈梯形，正面中部凸起三角形空心銎，不及底；一侧有较大的裂隙，似为铸造时铜液流淌不均所致。背面平。边缘不平齐，未经打磨。长 5.22、銎口长 2.38、宽 1.28、刃宽 3.93、器体厚约 0.26 厘米（图 3-264A，13）。

扣饰　4件。

M113：22，平面呈圆形。正面微凹，呈浅盘状；中心镶嵌一乳白色、半透明的圆锥状玛瑙，周围为一周孔雀石片纹饰带，由十粒圆片状孔雀石组成一个三角形，一共九组三角形。其外，扣饰主体部分嵌满孔雀石片，排列紧密。孔雀石片均为圆形，中心有穿孔，直径不完全相同，仅用了极少量形制不规整的孔雀石片填满边缘。扣饰边缘为素面，较残，有一穿孔，可能为铸造时铜液流淌不均所致。背后有一横扣。直径 11.35、高 2.17、横扣长 2.66、内环孔雀石带直径 4.24（包括铜质边缘）、外环宽 2.85（不包括铜质边缘）厘米（图 3-264B，6）。

M113：23，平面呈长方形。器体正面微凸。中部顺长轴方向有一凸棱，凸棱上下各饰重线波浪纹间以折线纹，四组弧线相对称，上下缘各饰五组浪花纹。两侧饰折线、圆圈纹等，边缘平直。背面有一横扣。正面打磨光亮。器体与横扣分别铸造后再铸接而成。长 11.22、宽 5.74~6.31、横扣长 3.16 厘米（图 3-264B，7；彩版一四九，1）。

M113：24，平面呈圆形。正面微凹，呈浅盘状。中心为一乳白色圆锥状玛瑙，周围饰一周孔雀石带，内环为一周孔雀石片，外环为一周由三片孔雀石片组成的三角形，共 12 组。主体部分为一周嵌满孔雀石片的纹饰带。孔雀石片为圆形，中心有穿孔，大小基本一致，大部分脱落。素缘。背面有一横扣。背面见纺织物包裹的痕迹。基本完整。直径 8.9、高 2.03、内周纹饰带直径 3.2（包括铜质边缘）、外周纹饰带宽 1.54、横扣长 2.4 厘米（图 3-264B，8）。

M113：38（T），平面呈圆形。正面微凹，呈浅盘状。中心为一红色圆锥状玛瑙，周围饰一周孔雀石片，再外为孔雀石片组成的纹饰带。孔雀石片为圆形，中心有穿孔，形制、大小一致。扣饰边缘为素面，有一穿孔，可能为铸造时铜液流淌不均所致。背后有一横扣。直径 12、高 2.6、横扣长 2.7

厘米（图3-264B，9）。

3. 铜铁合制器 7件。

铜骹铁矛 3件。

M113：7，铜质空心圆骹，骹口残，骹中部偏上两面对称各有一小穿孔。骹下部渐内收，接铁质矛叶。矛叶后段呈细长扁圆条状，剖面近椭圆形；前段渐宽扁，呈宽短柳叶状。基本完整。总长19.8、骹长10.6、骹口径约1.7、矛叶后段长4.6、直径0.85~1、前段长4.6、宽2、厚0.7厘米（图3-264A，14）。

M113：9，铜质空心圆骹，骹口下两侧对称各有一近圆形的穿孔；骹中部一面有一穿孔，形制不规整，另一面相对称的位置粘有铁锈。骹下部略内收，接铁质矛叶。矛叶分两段，与骹相接的后段呈条状，剖面为椭圆形；前段渐宽扁，似柳叶形矛叶。锋表面似有竹篾类物质横向包裹的痕迹。总长21.5、骹长9.6、骹口径2.24~2.34、矛叶后段长5.5、直径1.43~1.56、前段长6.4、宽2.25、厚0.42~1厘米（图3-264A，15；彩版一四九，2）。

M113：10，铜质空心圆骹，骹口下两侧对称各有一圆形穿孔，一侧残；骹中部，一面有一长条形穿孔。骹表面光洁。骹下部略内收，接铁质矛叶。矛叶分两段，后段剖面近椭圆形，前段渐宽扁，较短小，残。残长14.25、骹长8.8、骹口径1.8、矛叶后段长2.9、直径1.16~1.41、前段残长2.55、宽1.8、厚0.7厘米（图3-264A，16）。

铜柄铁剑 2件。

M113：18，椭圆空心茎，大喇叭口茎首，茎首饰短线状镂孔，大部分线条封闭；茎表面饰阴线纹饰，呈环带状分布，见折线纹、曲线纹，一面基本被磨平，另一面被其他物质污染或覆盖，纹饰均模糊不清；茎近格侧，两面中部各有一长条形穿孔。一字格。剑身残断（归为同一个号的铁刃，可能部分不属于同一件器物）。茎、格及剑身底部为铜质，剑身大部分为铁质。铜质部分合范铸造，两侧范线经打磨平整光滑，基本不见痕迹，呈起脊状。残长26.2、茎长8.75、茎首直径3.45~3.73、格长5.65、格宽1.61、铜质部分长11、铁质部分残长约15.2厘米（图3-264A，17）。

M113：20，空心茎，分为两部分，上半部分剖面近菱形，中部内收；茎首较宽，呈圆角三角形，有一横梁架于茎首边缘；茎两面对称饰几何纹，一侧纹饰的凹陷内为长条形穿孔。下半部分剖面为椭圆形，表面光亮无纹；两面中线各有一长条形穿孔。一字格，一侧残。剑身宽扁，刃较平直，前端残断不存。茎及格为铜质，剑身为铁质。残长22.9、茎长9.9、茎首宽3.05、厚1.56、格残长4.78、剑身残长12.16、宽2.92~3.36、厚1.17厘米（图3-264A，18）。

铜柄铁削 2件。

M113：21，铜质空心柄，剖面呈八边形。柄末端较宽，与柄中部有明显分界。柄中部近刃侧，两面有长条形穿孔，一面仅一个，另一面平行于一条直线上有两个穿孔。刃部近柄侧为铜质，较柄略宽，剖面为长三角形，铁质刃部残甚。残长18.2、铜质部分长11.34、柄长8.8、宽1.63、厚1.04、刃背厚0.47厘米（图3-264A，19）。

M113：28，铜质扁圆空心柄，柄末端呈鸭嘴形，较圆弧，一侧残；柄上下缘起脊明显，器表打磨光亮。刃部近柄侧也为铜质，刃背侧与柄上缘位于同一直线上。铁质刃部残断不存。残长11.13、柄长 8.3、銎口径 1.05~1.79、刃背厚 0.56 厘米（图 3-264A，20）。

4. 石器　1 件。

磨制石器　1 件。

M113：33，残甚，尺寸不明。

5. 玛瑙器　6 件。

扣　6 件。

M113：11，乳白色。平面呈圆形，正面平整光亮，中央有尖状凸起，顶面平。背面微鼓，打磨光亮，正中有两穿孔，斜钻相通。直径 3.33、高 1.47 厘米（图 3-264B，10；彩版一四九，3）。

M113：12，肉色。平面呈圆形，正面平整光亮，中央有尖状凸起，顶面平。背面微鼓，打磨光亮，正中有两穿孔，斜钻相通。直径 3.87、高 1.73 厘米（图 3-264B，11；彩版一四九，4）。

M113：13，乳白色与肉色相间。平面呈圆形，正面平整光亮，中央有尖状凸起，顶面平。背面微鼓，打磨光亮，正中有两穿孔，斜钻相通。直径 3.6、高 1.47 厘米（图 3-264B，12；彩版一四九，5）。

M113：14，肉色。平面呈圆形，正面平整光亮，中央有尖状凸起，顶面平。背面微鼓，打磨光亮，正中有两穿孔，斜钻相通。直径 3.6、高 1.53 厘米（图 3-264B，13；彩版一四九，6）。

M113：15，乳白色。平面呈圆形，正面平整光亮，中央有尖状凸起，顶面平。背面微鼓，打磨光亮，正中有两穿孔，斜钻相通。直径 3.47、高 1.53 厘米（图 3-264B，14；彩版一五〇，1）。

M113：16，肉色。平面呈圆形，正面平整光亮，中央有尖状凸起，顶面平。背面微鼓，打磨光亮，正中有两穿孔，斜钻相通。残直径 3、高 1.6 厘米（图 3-264B，15）。

6. 木器　1 件。

木屑残片　1 件。

M113：37（T），残甚，器形不明。重 103.7 克。

7. 纺织品　1 件。

纺织品　1 件。

M113：34，残甚，器形、尺寸不明。

（一七）M133

长方形土坑竖穴墓，西北—东南向。墓坑长 2.66、宽 0.66~0.72、深 0.82 米。未见人骨、葬具及随葬品。

三、规模不详墓葬

（一）M14

长方形土坑竖穴墓，墓向 190°，墓坑北部被水池破坏。墓坑残长 1.72、宽 1.2、深 0.76 米。未见人骨及葬具。随葬品有陶侈口罐 1 件、陶口沿 4 件、陶片 5 件、铜矛 2 件、铜戈 1 件、铜削 1 件、铜凿 1 件、铜锥 1 件、铜扣饰 1 件、砺石 1 件。

1. 陶器　10件。

侈口罐　1件。

M14：6，夹粗砂，夹掺和料颗粒，部分颗粒稍大，胎心黑色，外皮浅黄色，器表橙黄色、灰褐色相间。圆唇，口微侈，直颈，溜肩，鼓腹，平底。轮制，规整，口沿内外壁及器身外壁磨光，器身内壁因陶质夹粗砂而略粗糙，内外壁均施黑色陶衣，大部分脱落。仅剩部分口沿、腹部、底部残片。底径5.52、残高3.31厘米（图3-265，1）。

口沿　4件。

M14：10，圆唇，直口。手制，内外壁抹平，粗糙，一片残片上有圆形钻孔，部分残片表面有浅黄色陶衣痕迹。器形不明。

M14：11，圆唇，直口，一残片上有两个圆形钻孔。手制，慢轮修整，内外壁抹平，部分残片可见浅黄色陶衣痕迹，器表可见针眼状小孔。器形不明。

M14：14，圆唇，喇叭口。手制，慢轮修整，内外壁抹平，内外壁均可见浅黄色陶衣痕迹，有两个圆形钻孔，器表可见针眼状小孔。器形不明。

M14：17，圆唇，喇叭口。轮制，内外壁抹平，内外壁均可见浅黄色陶衣痕迹，器表可见针眼状小孔。器形不明。

陶片　5件。

M14：12，折腹。手制，慢轮修整，内外壁抹平，内外壁均可见浅黄色陶衣痕迹，器表可见针眼

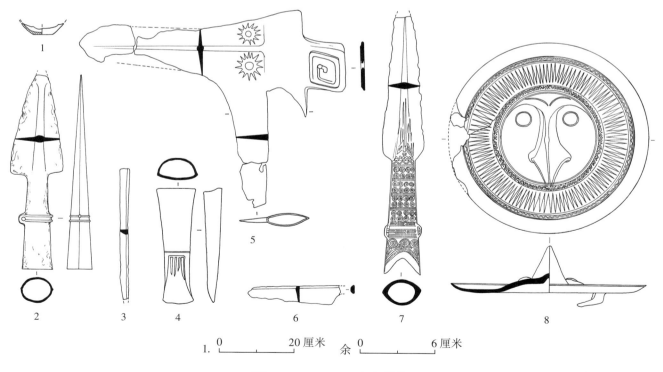

图3-265　06M14出土器物

1.陶侈口罐 M14：6　2.铜矛 M14：7　3.铜锥 M14：4　4.铜凿 M14：9　5.铜戈 M14：8　6.铜削 M14：5　7.铜矛 M14：2　8.铜扣饰 M14：1

状小孔。腹部残片。器形不明。

M14：13，手制，慢轮修整，内外壁抹平，内外壁均可见浅黄色陶衣痕迹，器表可见针眼状小孔。颈部残片。器形不明。

M14：15，折腹。轮制，外壁抹平，内外壁均可见浅黄色陶衣痕迹，内外壁可见针眼状小孔。腹部残片。器形不明。

M14：16，残片，器形、尺寸不明。

M14：18，残片，器形、尺寸不明。

2. 铜器　7件。

矛　2件。

M14：2，椭圆空心骹，鸭嘴形骹口，两侧骹口下对称各有一系，未穿透；骹表面饰阴线纹饰，共五组螺旋纹，以重线纹为界，呈环带状分布。柳叶形矛叶，锋残。矛叶底部两面饰倒三角形纹，三角形窄长，其中布满排列无序但方向一致的小线条，两面正中各有一穿孔。合范铸造，骹两侧起脊，范线打磨光滑。骹内残存木屑。残长20.9、骹口径2.1~2.94、矛叶残长11.52、宽3.22厘米（图3-265，7；彩版一五〇，2）。

M14：7，椭圆空心骹，骹中部饰两周凸棱纹，两侧各有一系，一侧残。三角形矛叶，锋稍残。矛叶中线起脊，为空心骹之延续，脊两侧的矛叶扁平。合范铸造，骹两侧起脊明显，范线打磨光滑。骹内残存木屑。残长15.9、骹口径1.95~2.54、矛叶残长7.8、宽4.28厘米（图3-265，2；彩版一五〇，3）。

戈　1件。

M14：8，直援，长胡，有鐏，短直内。援中线起脊，本中线两侧各饰一太阳纹。长胡一穿，阑侧为凹槽。扁圆空心銎，起脊明显，顶端封闭。内表面饰回形纹，中心有一穿孔。銎内残存木柲痕迹。援近锋侧残。总长20.5、宽15、内长3.3、内宽3.8、銎宽1.4厘米（图3-265，5；彩版一五〇，4）。

削　1件。

M14：5，柄残断不存。刃部背侧平直，刃缘斜直与背侧相交。器体一面平，正面背侧起脊。残长7.07、宽1.61、厚0.29厘米（图3-265，6）。

凿　1件。

M14：9，半圆空心銎，瘦长器身，束腰，单面窄刃，微弧。器体中部饰两周凸棱纹，其下饰五道纵向凸棱纹。刃面光滑。背面平。长9.15、銎口长3.05、宽1.65、刃宽2.42厘米（图3-265，4；彩版一五〇，5）。

锥　1件。

M14：4，细长条状，剖面呈钝角三角形，顶角较圆弧。顶面平，尖残。残长10.8、宽0.44~0.78、厚0.28~0.33厘米（图3-265，3）。

扣饰　1件。

M14：1，平面呈圆形。扣面微凹，呈浅盘状。正中凸起，饰鹰面纹，眼睛、喙部均写实，形态逼真，周围饰一周折线纹与小凸点纹相间的纹饰带，其外为一周较宽的细密芒纹，再外为一周折线纹与小凸点纹相间的纹饰带。边缘素面，稍残。背后有一横扣。直径15.9、高3.9、横扣长2.4厘米（图3-265，

8；彩版一五〇，6）。

3. 石器 1件。

砺石 1件。

M14：3，长条状，横剖面近圆角长方形，顶部稍薄，有一穿孔，两面对钻，走钻。器体表面打磨光亮（彩版一五一，1）。

（二）M32

长方形土坑竖穴墓，墓向210°。墓坑残长2.4、宽0.9、深0.95米。墓底仅见少量碎骨。未见葬具。随葬品有陶釜1件、铜锄明器1件。

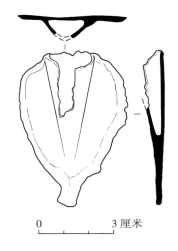

图3-266　06M32出土铜锄明器
M32：1

1. 陶器 1件。

釜 1件。

M32：2，夹粗砂黑陶。尖唇，直口。轮制，内外壁抹平，内外壁均施褐色陶衣，大部分脱落。残片。

2. 铜器 1件。

锄明器 1件。

M32：1，平面呈尖叶形。肩部圆弧，两侧刃斜直，底部呈扁平条状凸出。正面正中凸起空心銎，表面未封闭，可能为铜液流淌不均所致。背面平。两侧刃缘不平，未经打磨。长6.44、宽4.33、銎口长1.8、宽0.86、器体厚0.2厘米（图3-266）。

（三）M33

长方形土坑竖穴墓，东北—西南向。墓坑残长2.9、宽0.78~1.1、深1米。墓底仅见少量碎骨。未见葬具及随葬品。

（四）M34

长方形土坑竖穴墓，墓向190°。墓坑残长2.3、宽1、深0.6米。墓底仅见少量碎骨。未见葬具。随葬品有陶尊1件、陶片1件、铜针2件。

1. 陶器 2件。

尊 1件。

M34：2，夹粗砂灰黑陶，夹较多白色细小掺和料颗粒。圆唇，直口，圈足。轮制，圈足与腹部的连接面上可见轮修弦纹。口沿内外壁抹平，施褐色陶衣，脱落殆尽，圈足与器身一次成型。残碎严重，无法拼接。

陶片 1件。

M34：2-1，泥质黑陶，陶土经过淘洗，夹极细掺和料颗粒。肩近平，折腹。轮制，内壁可见轮修弦纹。内外壁抹平，内外壁均施褐色陶衣，脱落殆尽。器形不明。

2. 铜器　2件。

针　2件。

M34：1，剖面近长方形，一面略内凹。尖为圆锥状，稍残。顶部扁平，残。残长6.24、宽0.28、厚约0.12厘米（图3-267，1；彩版一五一，2）。

M34：3，剖面近长方形，一面略内凹。尖为圆锥状，残。另一端残断不存。残长3、宽0.2、厚0.12厘米（图3-267，2；彩版一五一，3）。

（五）M72

长方形土坑竖穴墓，西北—东南向，被M68打破。墓口残长0.9、宽0.7米，墓底残长0.67、宽0.65米，深2.1米。未见人骨及葬具。无随葬品，仅在填土中有铜镞3件、骨玦1件。

1. 铜器　3件。

镞　3件。

M72：1（T），明器。器形小，扁薄。三角形镞身。铤短小。总长1.76、镞身长1.43、宽0.72、厚0.05、铤厚0.09厘米（图3-268，1）。

M72：2-1（T），柳叶形扁平镞身，镞身两面中线大部分为血槽，不甚规整。细长实心铤，铤与镞身无明显分界。长4.14、镞身宽0.93、厚0.14、铤宽0.3、铤厚0.22厘米（图3-268，3；彩版一五一，4）。

M72：2-2（T），宽短镞身，底部圆弧，中部至铤末中线为血槽，锋两面中线起脊。扁平铤，一侧内凹，似为铸造时铜液流淌不均所致。总长3.04、镞身长2.06、宽1.16、厚0.3、铤宽0.6、铤厚0.13厘米（图3-268，2；彩版一五一，5）。

2. 骨器　1件。

玦　1件。

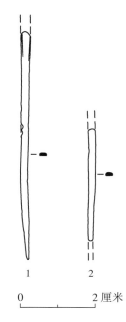

图3-267　06M34出土铜针
1. M34：1　2. M34：3

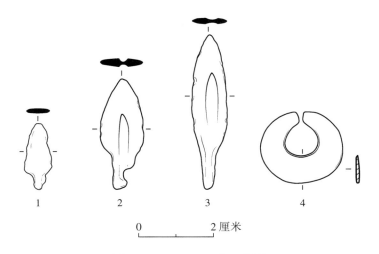

图3-268　06M72出土器物
1. 铜镞 M72：1（T）　2. 铜镞 M72：2-2（T）　3. 铜镞 M72：2-1（T）　4. 骨玦 M72：3（T）

M72：3（T），外缘为椭圆形，内缘近水滴形，偏向缺口一侧。缺口两端呈刀状，无穿孔。外缘边缘平直，内缘渐薄成刃状。器体扁平，磨制光滑平整。外径 1.94~2.18、内径 0.87~0.89、厚 0.13 厘米（图 3-268，4；彩版一五一，6）。

（六）M74

长方形土坑竖穴墓，墓向 280°。墓坑残长 2.37、残宽 0.7、深 1.6 米。墓底仅见少量肢骨。未见葬具。随葬品仅有陶壶 1 件。

陶器　1 件。

壶　1 件。

M74：1，夹细砂，口、腹部灰黑色，局部橙黄色。圆唇，侈口，高斜直颈，鼓肩，圆鼓腹。颈肩交接处饰四周弦纹，宽约 1.5 厘米，肩部左右各有一泥钉，泥钉下方饰复线三角形纹。手制，慢轮修整，内外壁抹平，内外壁均施褐色陶衣，大部分脱落。底部残缺。口径 11~11.5、颈高 8.3、腹径 20.6、残高 18 厘米（图 3-269；彩版一五一，7）。

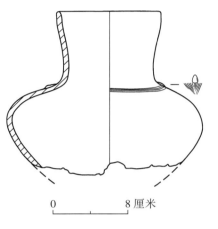

图 3-269　06M74 出土陶壶
M74：1

（七）M76

长方形土坑竖穴墓，墓向 270°，被 M75 打破。墓坑残长 2.4、宽 0.7、深 2.6 米。墓底有大量散乱骨骼，应是二次葬。未见葬具及随葬品。

（八）M79

长方形土坑竖穴墓，墓向 280°。尺寸不详。墓坑分三层（记录分为四层，第四层并入第三层）：第①层距墓口深 0.63 米，有 15 个颅骨分布在墓的两端，其余骨架略呈长方形，两侧由股骨、肱骨、胫骨等骨骼围边，中间填以椎骨、髋骨和肋骨等；第②层和第③层埋葬的无头躯干，残存肋骨等；在第①和第②层之间有随葬品。第①层随葬品有铜镞 2 件、砺石 1 件、玛瑙扣 2 件、绿松石扣 3 件；第③层随葬品有铜镞 2 件、铜扣饰 2 件、小铜泡 2 件、铜镖 1 件、铜柄铁剑 1 件、铁刀 1 件、环首铁刀 1 件、铁锥 1 件、残铁器 1 件、砺石 2 件、牙饰 2 件，并在填土中有铁刀 1 件。

1. 铜器　9 件。

镞　4 件。

M79①：5-1，圭首形扁平镞身。细长实心铤，剖面近菱形，不甚规整。铤与镞身中线起脊。总长 4.27、镞身长 2.9、宽 0.9、厚 0.14、铤宽 0.26、厚 0.17 厘米（图 3-270，1；彩版一五一，8）。

M79①：5-2，柳叶形扁平镞身，两面有血槽，前锋中线起脊，不甚明显。细长实心铤，铤两侧起脊较明显。镞身与铤无明显分界。长 4.7、镞身宽 1.05、厚 0.11、铤宽 0.2、厚 0.16 厘米（图 3-270，2；彩版一五一，9）。

M79③：2-1，扁平镞身，近三角形，底部两侧有翼；镞身中线起脊，两侧为血槽，锋残。空心

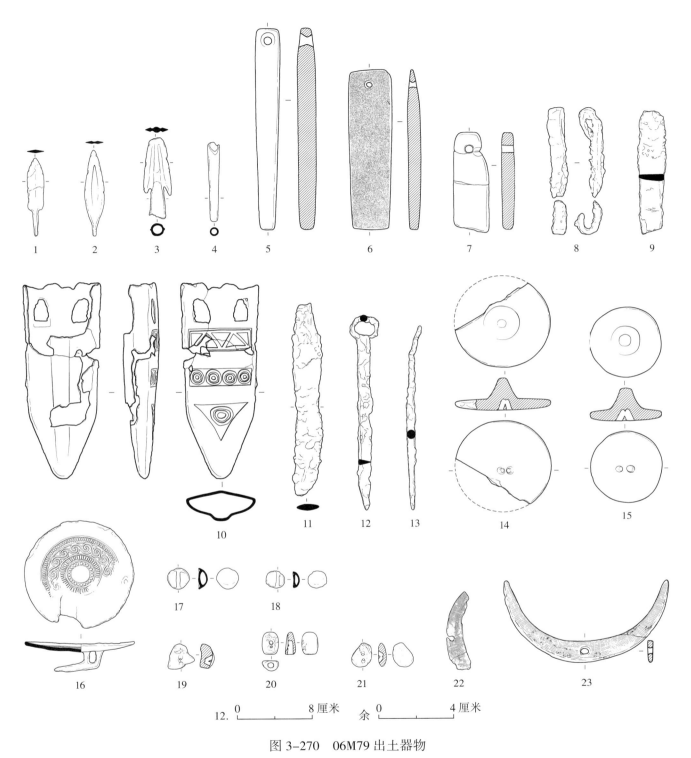

图 3-270 06M79 出土器物

1. 铜镞 M79①：5-1 2. 铜镞 M79①：5-2 3. 铜镞 M79③：2-1 4. 铜镞 M79③：2-2 5. 砺石 M79③：9 6. 砺石 M79①：2 7. 砺石 M79③：11 8. 残铁器 M79③：14 9. 铁刀 M79③：15（T） 10. 铜镖 M79③：5 11. 铁刀 M79③：7 12. 环首铁刀 M79③：8 13. 铁锥 M79③：1 14. 玛瑙扣 M79①：7 15. 玛瑙扣 M79①：6 16. 铜扣饰 M79③：6 17. 小铜泡 M79③：4-1 18. 小铜泡 M79③：4-2 19. 绿松石扣 M79①：1 20. 绿松石扣 M79①：3 21. 绿松石扣 M79①：4 22. 牙饰 M79③：10 23. 牙饰 M79③：12

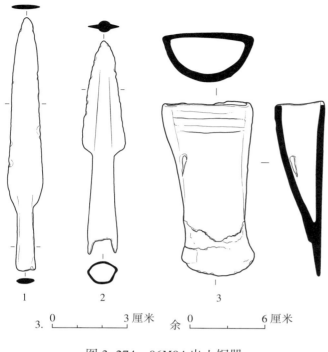

图 3-274　06M94 出土铜器

1. 矛 M94：2　2. 矛 M94：3　3. 凿 M94：1

M94：3，椭圆空心骹，鸭嘴形骹口，骹口两侧呈尖状凸起，两侧起脊明显。三角形短矛叶，矛叶与骹呈八字相连，底部两侧折角明显；矛叶中线起脊，凸棱明显，为骹之延续，至锋逐渐平缓。骹内残存木柲。长 17.5、骹口径 1.87~2.3、矛叶长 9.55、宽 3.36、中线厚 0.12~0.87、器体厚 0.12~0.2 厘米（图 3-274，2；彩版一五五，2）。

凿　1 件。

M94：1，半圆空心錾，束腰，单面圆弧刃，较窄。器体宽短。錾口下正面凸起部分饰两周凸棱纹，不明显。刃面较残。器体中部一侧有穿孔，似为铜液流淌不均所致。背面平。长 7.34、錾口长 3.69、宽 2.03、刃宽 2.95 厘米（图 3-274，3；彩版一五五，3）。

（一五）M97

长方形土坑竖穴墓，墓向 234°，打破 M91。墓坑残长 1.1、宽 0.52~0.65、残深 0.2~0.3 米。未见人骨及葬具。随葬品有铜戈 1 件、铜刺 1 件。

铜器　2 件。

戈　1 件。

M97：2，直援，长胡两穿，援与内间有扁圆空心錾，錾顶部封闭，直内。援两面中线起脊，凸棱高于援表面；两侧刃稍残，似为三角形锋。本两面对称饰纹饰，以阴线 S 形螺旋纹为主；中线凸棱两侧对称各有一小圆丘状凸起，周围饰太阳纹。长胡两面对称饰勾连 S 形螺旋纹，两侧以短线纹为界，末端稍残。内较短，近錾侧中部有一圆形穿孔。錾顶部、内侧均起脊明显。总长 20.6、援长 15、援前端宽 3.26、中线厚 0.46~0.68、本至胡宽 15.37、錾径 1.54~2.7、錾长 7.2、内长 2.6、内宽 3.3、厚 0.21 厘米（图

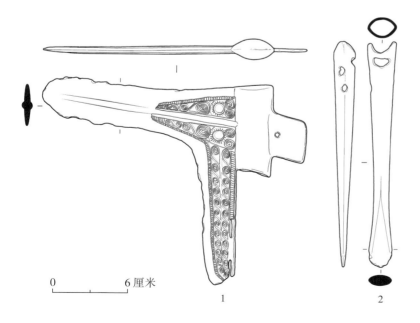

图 3-275　06M97 出土铜器

1. 戈 M97：2　2. 刺 M97：1

3-275，1；彩版一五五，4）。

刺 1件。

M97：1，出土时位于戈的内上，但两件不是复合兵器。椭圆空心銎，鸭嘴形銎口，銎口两侧较圆弧。銎口下一面有一较大的穿孔，一侧有另外两个稍小的穿孔，形制均不规则。銎细长，两侧起脊明显，下部内收，至前端渐宽扁，稍残，刃部形制不明。器形规整，整器打磨平整。长19、銎口径1.77~2.37、前端宽1.94、厚0.22厘米（图3-275，2）。

（一六）M99

长方形土坑竖穴墓，墓向280°，被M98打破，并打破08M250。墓坑残长1.28、宽0.7、深1.55米。墓主人仰身直肢，头向西，盆骨以上骨骼被M98打破，残存的骨骼保存基本完好。未见葬具。随葬品有铜镈1件、铜凿1件。

铜器 2件。

镈 1件。

M99：2，扁圆空心銎，銎口两侧微上翘；銎口下饰阳线纹饰，为两周凸棱纹间以折线纹；器体中部饰三周凸棱纹，不平直。器体两面平，两侧起脊明显。底面微弧，斜面。器体合范铸造，两侧范线经大致打磨；器体与底部分铸，再由底部向上卷曲，包裹器体底缘形成封闭结构。总长8.29、銎口长3.6、宽1.68、底宽3.93、底厚1.3厘米（图3-276，1；彩版一五五，5）。

凿 1件。

M99：1，半圆空心銎，銎口两侧微上翘，瘦长器身，束腰，单面弧刃。器体中部饰两周凸棱纹。正面刃面起脊呈凸棱状，刃部剖面为梯形。銎口处背面微外弧。长8.22、銎口长2.68、宽1.24、刃宽2.71厘米（图3-276，2；彩版一五五，6）。

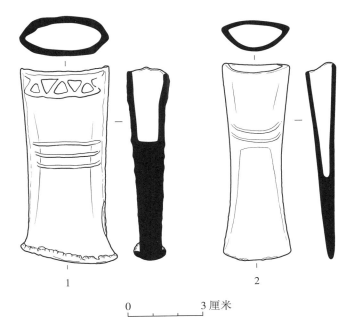

0   3厘米

图3-276 06M99出土铜器
1.镈 M99：2 2.凿 M99：1

（一七）M102

长方形土坑竖穴墓，墓向30°，被M90和盗洞打破，并打破M89、M103。墓坑残长2.1、残宽1、残深0.4米。墓底有少量碎骨。未见葬具。随葬品有铜矛1件、铜骹铁矛1件。

1. 铜器 1件。

矛 1件。

M102：1，空心圆骹，骹口下两侧对称各有一圆角长方形穿孔。短小矛叶，矛叶与骹呈八字相接，两侧底部较圆弧；斜直刃，前端渐收成锋；矛叶中线有较宽的凸棱，为骹之延伸，前端趋于扁平。规整。

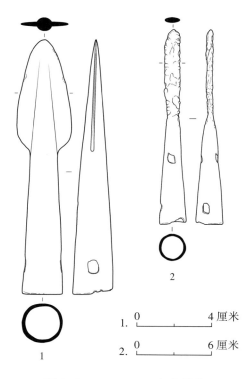

图 3-277   06M102 出土器物

1. 铜矛 M102：1 2. 铜骹铁矛 M102：2

总长 13.95、骹口径 2.2、矛叶长 6.17、宽 2.96、中线厚 0.17~1.15、矛叶厚 0.06~0.21 厘米（图 3-277，1；彩版一五六，1）。

2. 铜铁合制器   1 件。

铜骹铁矛   1 件。

M102：2，铜质空心骹，骹口不平直；骹口下两侧各有一穿孔，一侧为长方形，另一侧近方形；骹底部两面各有一穿孔，不甚规整。铜质骹下部渐内收，焊接铁质矛叶。矛叶呈窄长扁平条状，前端内收成锋。锋表面残存竹篾或藤条类物质包裹的痕迹。骹合范铸造，两侧范线经打磨，铸造时范稍有错位。总长 16.1、骹长 8.8、骹口径约 2.16、矛叶宽 1.26、厚 0.5 厘米（图 3-277，2；彩版一五六，2）。

（一八）M114

长方形土坑竖穴墓，西北—东南向，被盗洞严重破坏。墓坑残长 2.2、宽 0.85、深 1 米。墓底仅见少量肢骨。未见葬具及随葬品。

（一九）M118

长方形土坑竖穴墓，西北—东南向，被盗洞和 M113 打破。墓口残长 1.8、宽 0.9 米，墓底残长 1.6、宽 0.7 米，深 1.25 米。未见人骨、葬具及随葬品。

（二〇）M126

长方形土坑竖穴墓，近南北向，被盗洞严重破坏。墓坑残长 1.62、宽 0.8、深 0.72 米。未见人骨、葬具及随葬品。

（二一）M127

长方形土坑竖穴墓，墓向 25°，被 M111 打破，并打破 M107、M128、M129。墓坑残长 0.45、宽 0.55 米。未见人骨、葬具及随葬品。

（二二）M128

长方形土坑竖穴墓，墓向 320°，被 M111、M127、M129 打破。墓坑残长 0.3、宽 0.48 米。未见人骨、葬具及随葬品。

（二三）M129

长方形土坑竖穴墓，东西向，被 M111、M127 打破，并打破 M128。尺寸、葬式不明。

（二四）M130

长方形土坑竖穴墓，东北—西南向，被 M116、M117 打破。尺寸不详。未见人骨及随葬品，葬式不明。

（二五）M131

长方形土坑竖穴墓，南北向，被 M113 打破。墓坑残长 0.6、宽 1、深 1.4 米。未见人骨及葬具。无随葬品，仅在填土中有陶纺轮 1 件。

陶器　1 件。

纺轮　1 件。

M131：1（T），夹砂陶，陶土细腻，火候不均，器表一面呈斑驳的灰白色，一面黑色。圆饼形，底面较正面略宽，正面略鼓，底面内凹，中心有穿孔。最大径 3.5~3.59、孔径 0.47~0.58、厚 1.1~1.32 厘米（图 3-278；彩版一五六，3）。

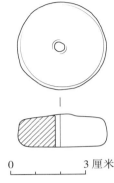

图 3-278　06M131
出土陶纺轮
M131：1（T）

（二六）M138

长方形土坑竖穴墓，墓向 120°，被灰坑、水沟打破，并打破 M136。墓坑残长 1.6、宽 0.7 米。墓底有少量破碎头骨残片。未见葬具。随葬品有陶侈口罐 1 件、陶壶 1 件、铜钏 1 件。

1. 陶器　2 件。

侈口罐　1 件。

M138：2，夹细砂红褐陶，杂粗砂颗粒。尖唇，侈口，长弧颈，斜肩，折腹，腹下部近底处内收，平底。素面。轮制，规整，内外壁抹平，内外壁均施黑色陶衣，大部分脱落。口沿、腹部部分残缺。口径 10.8、底径 7.2、高 16.4 厘米（图3-279，1）。

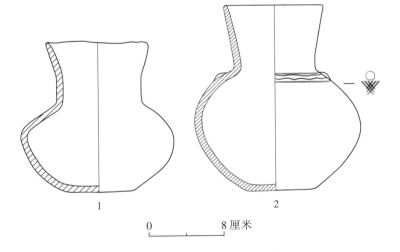

图 3-279　06M138 出土陶器
1. 侈口罐 M138：2　2. 壶 M138：3

壶　1 件。

M138：3，夹细砂黑陶。尖唇，侈口，长斜直颈，鼓肩，圆鼓腹，平底。颈肩交接处饰三周刻划水波纹，肩部左右各一泥钉，一侧泥钉缺失，泥钉下方饰刻划方格纹。轮制，规整，口沿内壁可见轮修细弦纹。口沿内壁、器身外壁抹光，外壁施黄色陶衣，脱落殆尽。腹部部分残缺。口径 10.4、颈高 7.2、腹径 17.4、底径 7~7.4、高 20.4 厘米（图3-279，2；彩版一五六，4）。

2. 铜器 1 件。

钏 1 件。

M138：1，镯面略内凹，上下缘平直。素面。残甚。镯面最宽 2.2 厘米，有的宽 1.73、1.57 厘米等，缘厚约 0.26、0.19、0.22 厘米等。